디지털 시대의 광고 용어 300

김병희·소현진·손영곤·이진균·지준형 공저

학지사비즈

디지털 시대의 광고 용어 300
발간사

광고 용어의 진화를 위하여

오래전부터 광고학자와 실무 전문가 사이에서 광고 용어 사전에 대한 검토, 개편, 집필에 관한 어젠다가 공공연하게 논의된 것은 디지털 시대에 접어들어 더욱더 힘을 얻었습니다. 트렌드와 변혁의 틈바구니 속에서 전공 학문의 주요 용어를 정의한다는 것은 매우 소중하면서도 어려운 결정의 시작이었습니다. 하지만 지난 2023년 12월 즈음에 서원대학교 김병희 교수님(제13대 한국광고PR실학회 학술연구위원장)과의 통화와 2024년 2월경 서울에서의 만남을 통해 아이디어가 구체화되었습니다. 그 후 광고 용어 사전에 대한 집필의 필요성과 방향성을 논의하면서 본격적으로 집필진을 구성하였고 미션을 추진하게 되었습니다.

이 저서의 집필에는 김병희 학술연구위원장님(서원대학교)을 비롯하여 지준형 교수님(국민대학교), 이진균 교수님(홍익대학교), 소현진 교수님(성신여자대학교), 손영곤 교수님(인천대학교) 등 다섯 분이 참여하였습니다. 집필위원을 중심으로 광고 용어의 범위, PR 용어와의 차별성, 용어 설명의 길이에 대해 많은 논의와 공감대가 이루어졌습니다. 다양한 현장 경험과 학문적 배경은 물론 업무 지식을 갖춘 집필위원들의 다양성이 용어집 저술의 원동력이 되었습니다. 그동안 투자한 시간과 노력에 비해 처음에 선정한 900여 개의 용어를 지면에서 모두 설명하지 못한 점은 아쉬운 대목입니다. 시작은 미약했지만 끝은 창대할 것이라는 기대와 학문적 사명감에서 시작했더라도, 광고 분야의 학문적 폭과 깊이를 체계화하고 이를 다시 풀어내는 작업은 별개의 일처럼 보였을 것입니다. 이미 발간된 기존의 용어집에서 제시된 정의와 내용을 섭렵하고 현재의 트렌드에 맞게 재해석하는 일도 어려운 작업이었을 것입니다.

이 용어집의 집필에 참여하신 다섯 분의 교수님들께서는 한 학기 이상의 주말과 휴일을 반납하고 용어 집필과 수차례의 상호협의를 거쳐 최종 검토에 이르기까지 수개월의 시간을 함께 하셨습니다. 각자의 노고와 헌신이 학문 발전에 기여한다는 동기 부여를 통해 작업을 진행한 부분을 특히 감사하게 생각합니다.

새롭게 선보이는 『디지털 시대의 광고 용어 300』을 앞으로도 보완하고 수정하는 작업이 지속적으로 필요할 것이라고 생각합니다. 시대와 환경이 변화하고 급변하는 트렌드를 반영해야 하는 전공의 특성에 따라, 앞으로도 여러 전문가의 참여와 보완 및 수정이 더해진다면 이 책이 '과거와 현재와 미래'를 가늠하는 광고 용어집으로 진화해 나갈 것으로 기대합니다. 완성도 높은 책을 만들기 위해 밤낮없이 자료를 검색하고 정리하고 검토하며 헌신하신 집필위원들의 노고와 학지사비즈 관계자들의 적극적인 도움에 진심으로 감사드립니다.

2024년 12월

한국광고PR실학회 제13대 회장 이제영

디지털 시대의 광고 용어 300

머리말

생생한 광고 통찰력의 발견

디지털 시대에 접어들어 광고산업에도 혁명적인 변화가 일어나고 있습니다. 스마트폰에 연결하면 때와 장소를 가리지 않고 세계 곳곳의 정보를 실시간으로 확인할 수 있습니다. 미디어 환경이 급변함에 따라 광고의 개념과 범위 그리고 광고산업의 패러다임도 바뀌고 있습니다. 디지털이란 용어가 처음 나왔을 때는 디지털이 기술 혁신의 개념이었지만, 이제 디지털은 단순한 기술 개념이 아닙니다. 디지털은 소비자의 생활을 바꾸고 광고의 개념과 범위 그리고 광고산업의 구조를 바꾸는 결정적 요인으로 작용합니다.

그동안 여러 광고 용어집이 나왔습니다. 기존에 출간된 광고 용어집은 나름의 목적에 따라 기획된 것이기에, 용어집마다 나름대로의 가치가 있었고 광고홍보학을 전공하는 학생들에게 많은 도움이 되었던 것도 사실입니다. 그러나 디지털 시대의 광고 현상을 충분히 반영하지 못하거나 기존의 4대 매체 환경에서의 광고 지식에 관련된 용어만을 소개하는 책도 있어서 아쉬움이 많았습니다. 가르치는 교수 입장에서도 배우는 학생들 입장에서도 안타까운 현실이었습니다. 디지털 시대에 접어들어 광고 생태계가 훨씬 더 복잡해진 상황에서 기존의 광고 용어만으로는 디지털 시대의 광고 현상을 깊이 있게 설명하기 어렵습니다.

또한 생성형 인공지능이나 검색 엔진에게 물어보면 표제어에 대한 설명이 바로 나오는데 굳이 용어집을 새로 출간할 필요가 있느냐는 반론도 있을 수 있습니다. 시의적절하고 타당한 지적입니다. 따라서 검색 도구가 알려 주는 결괏값의 수준이나 품질에 만족하신다면 굳이 이 용어집을 보지 않으셔도 됩니다. 그렇지만 검색 결과가 너무 평이해 뭔가 허전하다고 느끼셨던 분이라면 이 책에서 설명하는 깊이 있는 내용이 큰 도움이 될 것이라는 기대감도 있습니다. 검색 결과를 넘어서는 책을 쓰자는 문제의식을 바탕으로 감히 『디지털 시대의 광고 용어 300』이라는 제목의 책을 세상에 내보냅니다. 제목에 디지털 시대라는 이름을 붙인 이유는 기존의 광고 용어집을 넘어서 디지털 시대에 보편적으로 쓰이는 광고 용어를 선정했다는 취지였고, 300이라는 숫자를 넣은 것은 꼭 필요한 300개의 용어를 엄선했다는 의지의 표현이었습니다.

필자들은 처음에 종합된 900여 개의 용어에서 정리 정돈을 시도하며 하나씩 제거해 가는 과정을 거쳤습니다. 근대 철학의 아버지인 데카르트는 『방법서설』(1637)에서 나열의 중요성을 강조하며, 하나도 빠트리지 않는 완전한 나열(열거)은 전체를 검토했다는 근거라고 설명하며, 나열만 잘 해도 사물에 대한 구체적인 인식에 도달할 수 있다고 했습니다. 나열에서 더 나아가 정리 정돈을 잘 하면 중요한 것과 덜 중요한 것이 구별됩니다. 정리(整理)란 문제가 되거나 불필요한 것을 줄이거나 없애는 과정이고, 정돈(整頓)이란 어지럽게 흩어진 것을 바로잡고 다시 배열하는 일입니다. 왜 굳이 정리 정돈의 개념을 다시 소환하느냐 하면, 디지털 시대에 쏟아지는 수많은 새로운 용어를 모두 나열한 다음에 정리 정돈만 잘 해도 디지털 시대에 필요한 중요한 광고 용어를 선정할 수 있었기 때문입니다. 물론 이 용어집에는 아날로그 시대부터 쓰이던 광고 용어도 상당수 포함했습니다. 아무리 디지털 시대라고 해도 필수 용어를 모른다면 기초 체력을 다지지도 않고 경기에 나서는 운동선수와 별반 다를 바 없기 때문입니다. 수차례에 걸쳐 정리 정돈과 토론을 거쳐 최종적으로 확정한 광고 용어는 300개였습니다.

주제별로 한 분이 맡아 집필하려고 노력했지만 반드시 한 사람이 한 주제를 맡지 않고 각자가 자신 있는 표제어를 선택한 다음 주제별로 통합시키고, 해당 주제에서 가나다순으로 표제어를 다시 배열했습니다. 필자별로 집필한 표제어는 이렇습니다. 소현진 교수의 집필(001~045, 047~062, 076, 084, 087, 095), 손영곤 교수의 집필(046, 063~067, 069, 073~075, 078~083, 085~086, 089~094, 096~104, 141, 144~145, 147, 150, 152~164, 166~177), 이진균 교수의 집필(142~143, 146, 148~149, 151, 165, 178, 180~182, 184~189, 191~193, 195, 197~198, 201, 205, 209~212, 214~215, 217~219, 221, 223, 225~227, 229~234, 237, 239~245, 250, 253, 255, 257~261, 264~265), 지준형 교수의 집필(071, 088, 179, 183, 190, 194, 196, 199~200, 202~204, 206~208, 213, 216, 220, 222, 224, 228, 235~236, 238, 246~249, 251~252, 254, 256, 262~263, 266~276, 278~285, 291, 293, 297~299), 김병희 교수의 집필(068, 070, 072, 077, 105~140, 277, 286~290, 292, 294~296, 300) 내용입니다. 각 표제어를 선정하고 서로 윤독하는 과정을 거친 다음에 각 표제어를 가장 잘 쓸 수 있는 한 사람이 맡아 정확히 서술하려고 노력했지만, 혹시라도 표제어 설명에서 오류가 발견된다면 필자들 모두의 공동 책임입니다.

출판 여건이 어려운데도 기꺼이 출판해 주신 학지사비즈의 김진환 사장님과 최임배 부사장님, 그리고 원고를 검토해 더 좋은 책으로 만들어 주신 편집부의 김순호 이사님과 송새롬 대리님께도 고맙다는 인사를 전합니다. 바쁜 와중에도 이 책의 집필에 참여해 주신 필자들과도 출판의 기쁨을 함께 나누고 싶습니다. 기획에서부터 원고 마감에 이르기까지 결코 충분하지 않은 시간이었지만, 필자들께서는 꼭 필요한 알짜 지식만을 엄선해 공들여 원고를 써 주셨습니다. 감사하다는 인사만으로는 원고 집필에 쏟은 시간과 열정을 보상해 드릴 수 없겠습니다.

미디어 기술이 발달함에 따라 마케팅 커뮤니케이션의 패러다임도 진화를 거듭했고, 광고와 테크놀로지가 결합된 '광고 기술'은 광고 형태와 기법에 획기적인 변화를 가져왔습니다. 광고산업계에서는 빅데이터, 인공지능, 사물인터넷이라는 제4차 산업혁명의 핵심 기술을 바탕으로 데이터 기반의 마케팅 커뮤니케이션 활동을 전개하고 있습니다. 광고의 본질도 '널리 알리는 목적'에서 '폭넓게 모이게 하는 목적'으로 변하고 있고, 환경의 변화에 따라 광고의 개념과 범위도 달라지고 있고 PR산업과 겹치는 영역도 나타나고 있습니다. 따라서 이 책의 자매편인 『디지털 시대의 PR 용어 300』을 곁에 두고 참고하시면 디지털 시대의 전략 커뮤니케이션 현상을 보다 깊이 이해할 수 있습니다. 이 책은 아날로그 시대와 디지털 시대의 광고 용어를 포괄했으니, 모름지기 권위와 객관성에 빛나는 '디지로그' 광고 용어의 정수라고 할 수 있겠습니다. 독자 여러분, 낚싯바늘에 걸린 물고기처럼 파닥거리는 생생한 광고 통찰력을 지식의 차원이 다른 이 책에서 건져 올리시길 바랍니다.

2024년 12월
필자들을 대신하여 김병희

디지털 시대의 광고 용어 300

차례

제2장 | 광고전략의 핵심 요인 · 77

제3장 | **광고 크리에이티브 · 137**

제4장 | 광고와 미디어 · 183

제5장 │ 디지털 광고와 마케팅 · 237

제6장 | 광고와 브랜드 • 369

제7장 | 광고산업과 제도 · 395

디지털 시대의
광고 용어 300

[제 1 장]

광고와 소비자 행동

001 | 가치 소비 Value Consumption

　소비자가 자신의 개인적 신념, 생활 방식, 사회적 및 심리적 가치에 따라 제품이나 서비스를 선택하는 소비 행동을 말한다. 이는 구매결정 시 가격이나 품질만 고려하는 것이 아니라, 소비자가 중요하게 여기는 가치와 일치하는 제품을 구매하는 것을 의미한다. 소비를 통해 자신을 드러낸다는 점에서 미닝 아웃(meaning out) 소비라는 용어를 쓰기도 한다(정철희, 2022). 예를 들어, 환경보호, 윤리적 생산 등의 사회적 책임을 중요하게 생각하는 소비자는 이 점을 고려한 제품을 선호한다. 어떤 가게가 사회적으로 바람직한 착한 행동을 했을 때 가게 매출을 올려 줌으로써 혼을 낸다는 일명 '돈쭐 낸다'는 자신의 가치를 소비로 표현하는 가치 소비의 한 형태로 볼 수 있다. 따라서 가치 소비는 단순히 물질적인 만족을 넘어서, 소비자가 자신이 추구하는 삶의 방식과 일치하는 선택을 함으로써 더 큰 만족감을 얻는 소비 형태라고 할 수 있다.

참고문헌

정철희(2022). 슬기로운 가치소비 미닝아웃! 돈쭐로 표현하다. **충북 Issue &**
　　Trend, 47, 56-60.

002 | 가치와 라이프 스타일 Value and Lifestyle

　가치와 라이프 스타일(Value and Lifestyle: VALS)은 소비자의 심리적 특성과 일상의 생활양식을 바탕으로 시장을 세분화하는 도구로, 동기(motivation)와 자원(resource)을 기반으로 소비자를 여덟 가지 유형으로 분류한다. 동기란 소비자가 무엇을 중요하게 여기는지 의미하는 것으로, 원칙과 지식에 기반한 선택을 중시하는 이상(ideal), 성공과 사회적 지위를 중시하는 성취(achievement), 창의적이고 감정적 만족을 추구하는 자기표현(self-expression)이 있다. 자원은 소비자가 쓸 수 있는 경제적, 심리적, 물리적 자원의 수준으로 자원 수준에 따라 소비자의 행동과 구매 결정이 달라진다. VALS를 통해 기업은 각 소비자 유형에 맞는 마케팅 메시지와 전략을 개발할 수 있는데, 예를 들어 혁신자(innovator)에게는 최신 기술과 유행을 강조하는 광고가 효과적일 수 있으며, 신념형(believer)에는 전통적 가치와 신뢰성을 강조하는 메시지가 더 효과적일 수 있다(김광수, 우성택, 권은아, 2010).

참고문헌

김광수, 우성택, 권은아(2010). 광고학. 서울: 한나래.

003 | 감성적 반응 Emotional Response

소비자가 광고를 보는 동안 자연스럽게 갖게 되는 느낌으로 감정적 반응이라는 용어와 혼용된다. 감성적 반응을 측정할 때는 크게 차원적 접근과 유형적 접근으로 구분된다. 차원적 접근은 즐거움(pleasure), 각성(arousal), 지배력(dominance)과 같은 차원으로 감성을 분석한다(Mehrabian & Russell, 1974). 즐거움은 행복함, 흡족함, 희망적임, 유쾌함을 느끼는 정도로 정의되며, 각성은 자극받고 흥분하거나 열광적인 또는 활동적이라고 느끼는 정도를 의미한다. 지배력은 제약이 없거나 자유로운 기분을 느끼는 정도를 의미하는데, 자신이 속해 있는 상황에 영향을 미칠 수 있거나 제어할 수 있을 때 지배력이 높다고 느낀다. 유형적 접근으로는 플루칙(Plutchik, 1980)의 8가지 감정분류를 들 수 있는데, 플루칙은 두려움, 분노, 기쁨, 슬픔, 수용, 역겨움, 기대, 놀라움의 8가지 기본 감정으로 감성적인 반응을 분류하고 그 밖의 감정은 모두 여덟 가지 기본 감정의 결합으로부터 생겨난다고 했다. 예를 들어, 기쁨과 수용이라는 기본 감정이 합해지면 사랑이라는 새로운 감정이 일어난다는 것이다. 한편, 이자르드(Izard, 1977)는 10개의 기본 감정을 제안하고 이것을 DES(Differential Emotions Scale)로 명명했다. DES의 기본감정은 흥미, 즐거움, 놀라움, 고뇌(슬픔), 화남, 혐오, 경멸, 두려움, 수치심(부끄러움), 죄책감이 포함되어 있다. 오리온 초코파이의 정(情) 시리즈 광고는 감성적 반응을 활용한 대표적 사례로서, 사람 간의 사랑과 정을 강조한 에피소드를 활용해 소비자들이 감동과 따뜻함을 느끼게 해 초코파이의 브랜드 이미지를 강화했다.

참고문헌

Izard, C. E. (1977). *Human Emotions*. New York: Plenum.

Mehrabian, A., & Russell, J. A. (1974). *An Approach to Environmental Psychology*. The MIT Press.

Plutchik, R. (1980). A General Psychoevolutionary Theory of Emotion. In R. Plutchik & H. Kellerman (Eds.), *Theories of Emotion* (pp. 3-33). Academic Press.

004 | 감정 Emotion

특정 사건이나 상황에 대한 즉각적이고 강렬한 주관적 경험으로 대체로 기쁨, 노여움, 두려움, 슬픔, 즐거움 등의 마음 현상을 의미한다. 긍정적 감정으로는 기쁨, 감동, 사랑, 따뜻함 등이 포함될 수 있으며, 부정적 감정으로는 슬픔, 분노, 두려움, 불안 등이 있다(Plutchik, 1980). 효과적인 광고는 소비자의 감정을 유발해 제품이나 서비스에 대한 태도나 구매 의사를 형성할 수 있는데, 예를 들어 금연 캠페인 광고는 수용자가 광고를 보면서 자신이 폐암에 걸릴지도 모른다는 두려운 감정을 느끼게 해 금연을 결심하게끔 할 수 있다. 이렇게 감정을 활용해 소비자를 설득하는 광고 기법을 감정 소구라고 한다. 감정은 광고학에서 정서(情緖, affect)와 혼용되기도 하는데 연구자들에 따라 정서를 더 넓은 의미로 보기도 하며, 때로는 같은 의미로 사용하기도 한다(이학식, 임지훈, 2002). 코헨과 아르니(Cohen & Areni 1991)는 감정을 정서의 일부로 보아 정서를 감정보다 더 포괄적인 개념으로 규정했다.

참고문헌

이학식, 임지훈(2002). 소비관련 감정척도의 개발. 마케팅연구, 17(3), 55-91.

Cohen, J. B., & Areni, C. S. (1991). Affect and Consumer Behavior. In T. S. Robertson & H. H. Kassarjian (Eds.), *Handbook of Consumer Behavior* (pp. 188-240). Englewood Cliffs, N.J: Prentice-Hall.

Plutchik, R. (1980). A General Psychoevolutionary Theory of Emotion. In R. Plutchik & H. Kellerman (Eds.), *Theories of Emotion* (pp. 3-33). Academic Press.

005 | 계획된 행동 이론 Theory of Planned Behavior (TPB)

아젠(Ajzen, 1985)이 발표한 이론으로 이전에 발표한 합리적 행동 이론을 확장한 것이다. 계획된 행동 이론은 합리적 행동 이론의 주요 구성 요소인 태도와 주관적 규범에 지각된 행동 통제(perceived behavioral control)를 추가해 개인의 행동 의도를 더 정확하게 예측하고 설명할 수 있도록 발전시켰다. 지각된 행동 통제란 특정 행동을 수행할 수 있는 능력에 대한 개인의 신념으로, 실제로 행동을 수행할 수 있는 자원과 기회를 자신이 가졌는지에 대한 인식을 의미한다. 높은 지각된 행동 통제는 행동 의도를 강화하고 실제 행동으로 이어질 가능성을 높인다. 예를 들어, 흡연자가 금연을 결심할 때 금연에 성공할 것이라는 자신감이 높고 금연 프로그램 등의 지원이 풍부하다고 생각하면 금연을 시도할 의사가 높아지지만, 그 반대의 경우에는 금연 의도가 약해질 수 있다. 계획된 행동 이론은 건강 행동, 소비자 행동, 환경 행동 등 다양한 분야에서 행동 변화를 예측하고 설명하는 데 유용하게 쓰인다.

참고문헌

Ajzen, I. (1985). From Intentions to Actions: A Theory of Planned Behavior. In J. Kuhl & J. Beckmann (Eds.), *Action Control: From Cognition to Behavior* (pp. 11-39). Berlin, Heidelberg: Springer.

006 | 고전적 조건화 모형 Classical Conditioning Model

특정 반응을 일으킬 힘이 없는 중립 자극이 반응을 유발할 힘이 있는 무조건 자극과 연합해 반복 제시되는 과정을 통해 결과적으로 반응을 유발할 수 있는 조건자극으로 변화하는 과정이다. 예를 들어, 파블로프(Ivan Pavlov)의 실험에서 종소리(중립 자극)를 들은 개는 침을 흘리지 않지만, 음식(무조건 자극)을 본 개는 침을 흘리는 무조건 반응을 보인다. 이후 종소리와 음식을 여러 번 연합해 제시하면 나중에는 종소리만으로도 개는 침을 흘리게 되는데, 이러한 과정에서 중립 자극인 종소리는 침을 흘리는 반응을 만들어 낼 수 있는 조건 자극으로 변화하게 된다

(김영석, 2006). 고전적 조건화의 원리는 호감 있는 광고 표현물의 효과를 설명하는 데 적용될 수 있다. 호의적인 반응을 일으키는 광고 모델과 배경음악 등의 무조건 자극을 브랜드(중립 자극)와 결합해 반복적으로 제시하고, 이후에는 브랜드만 제시해도 소비자가 호의적인 반응을 보인다면 고전적 조건화가 발생한 것으로 판단할 수 있다.

참고문헌

김영석(2006). 설득커뮤니케이션. 경기: 나남.

007 | 공감 Sympathy

타인의 상태와 경험을 이해하고 그의 정서적 상태를 관찰자가 느끼는 것이다. 공감은 타인의 관점을 취해 볼 수 있는 인지적 공감과 타인의 감정을 대리적으로 체험하는 정서적 공감으로 이루어진 다차원적 개념이다. 인지적 공감은 다른 사람의 생각, 믿음, 감정과 같은 상태를 인식하는 능력을 의미하는 한편, 정서적 공감은 타인의 감정과 정서 상태를 공유하고 경험하는 능력이다. 예를 들어, 샤워 후 향수를 뿌리는 광고를 보면서 소비자가 '참 기분이 좋겠다.' '개운하겠다.' 등 향수를 뿌린 광고 모델이 느끼거나 원하는 것에 대해 생각하는 것은 인지적 공감이며, 광고를 보면서 소비자가 무의식적으로 마치 자신이 향수를 맡은 것처럼 기분 좋은 미소를 짓는 것이 정서적 공감이다. 소비자의 광고에 대한 공감은 성공적인 광고의 필수 요건으로, 광고에 대한 소비자 공감은 긍정적인 광고 태도 및 브랜드 태도의 형성에 이바지하는 것으로 알려져 있다(소현진, 2015).

참고문헌
소현진(2015). 광고에 대한 공감 반응이 광고태도 형성에 미치는 효과. 광고학
    연구, 26(4), 123-145.

008 | 관여도 Involvement

관여도는 소비자가 특정 제품, 서비스, 브랜드, 또는 광고에 대해 느
끼는 중요성이나 관심의 정도를 의미한다. 소비자의 관여도는 주로 개
인적 관심 정도, 구매 결정의 위험도 인식, 지각된 중요성 등으로 측정
되는데, 이는 소비자가 구매 결정 과정에서 얼마나 적극적으로 정보를
탐색하고, 그 제품이나 서비스에 대해 어느 정도 깊이 있게 생각하는지
를 반영한다(Zaichkowsky, 1985). 고관여도 상태의 경우 소비자는 해당
제품이나 서비스에 많은 관심을 가지고 정보를 적극적으로 찾고 평가
하는 반면에 낮은 관여도 상태에서는 이러한 과정이 덜 적극적으로 이
루어진다. 광고 및 마케팅 담당자는 소비자의 관여도를 파악해 적절한
마케팅 전략을 수립할 수 있다(Vaughn, 1980). 예를 들어, 고관여 제품
의 경우 상세한 정보 제공과 신뢰 구축이 중요하며, 저관여 제품의 경우
감정적 호소와 간결한 메시지가 효과적일 수 있다.

참고문헌
Vaughn, R. (1980). How Advertising Works: A Planning Model. *Journal of
    Advertising Research*, 20(5), 27-33.
Zaichkowsky, J. L. (1985). Measuring the Involvement Construct. *Journal of
    Consumer Research*, 12(3), 341-352.

009 | 광고 신뢰 Trust in Advertising

광고 신뢰는 특정 광고 표현물에 대한 믿음과 전반적 광고에 대한 신뢰로 구별될 수 있다. 일반적으로 개별 광고물의 내용에 대한 믿음을 표현하기 위해서는 광고 신빙성(advertising credibility)이란 용어를 사용하며, 광고 신뢰는 광고에 대한 일반적인 태도로서, 광고가 제품이나 서비스에 관한 정보를 얻는 믿을 만한 정보원이라는 신념과 광고에서 제공된 정보에 근거해 구매 관련 활동할 소비자의 의향을 의미한다. 광고 신뢰에 관한 연구에서는 광고에 근거해 구매한 제품에 대한 만족도가 높을수록 광고를 신뢰하는 경향이 높으며 광고가 허위 사실을 주장하는 것을 방지하는 광고 사전심의 등의 규제가 효과적으로 시행된다고 믿을수록 전반적인 광고 신뢰 수준이 높다고 알려져 있다(소현진, 2009). 광고 신뢰의 반대 개념으로는 광고의 주장과 의도에 대해 전반적으로 불신하는 태도인 광고 회의주의(advertising skepticism)가 있다.

참고문헌

소현진(2009). 광고신뢰: 척도개발 및 선행요인 탐구. 광고학연구, 20(4), 89-106.

010 | 광고 태도 Attitude toward the Ad

소비자가 광고물에 제시된 브랜드에 대해서가 아니라 광고물 그 자체에 대해 내리는 호의적이거나 비호의적인 평가를 의미한다. 이는 특정 광고물에 대해 갖는 감정적 혹은 인지적 평가로서, 광고의 메시지, 표현 방식, 미디어 등에 대한 반응이다(MacKenzie, Lutz, & Belch, 1986). 광고 태도는 광고 효과에 영향을 미치는 주요 변인으로 연구되고 있는데, 호의적인 광고 태도는 브랜드 태도, 구매 의도, 광고 회상 등에 긍정적인 영향을 미치는 것으로 알려져 있다. 연구에 따르면 광고물의 신뢰도, 소비자와의 정서적 연결과 감정이입, 광고의 창의성, 브랜드와의 관련성 등이 긍정적인 광고 태도 형성에 영향을 미치는 주요 요소로 나타났다. 한편, 특정 광고 표현물이 아닌 전반적인 광고에 대한 태도는 전반적 광고 태도(attitude toward advertising in general)라는 용어로 표현된다.

참고문헌

MacKenzie, S. B., Lutz, R. J., & Belch, G. E. (1986). The Role of Attitude toward the Ad as a Mediator of Advertising Effectiveness: A Test of Competing Explanations. *Journal of Marketing Research*, 23(2), 130-143.

011 | 광고 회피 Advertising Avoidance

소비자가 광고를 피하거나 무시하는 행동을 의미하며 주로 두 가지 유형으로 구분된다. 첫째, 적극적 회피(active avoidance)로 소비자가 TV 등을 시청할 때 광고가 나오면 채널을 변경(zapping)하거나, 온라인 매체 사용 시 광고 차단 프로그램을 설치하는 경우를 포함한다. 둘째, 소극적 회피(passive avoidance)로 광고가 재생될 때 다른 활동을 함으로써 광고를 피하는 광고 무시, 광고가 시작하면 음을 소거해 광고를 듣지 않는 소리 끄기, 온라인 광고 플랫폼에서 광고 건너뛰기 버튼을 누르는 광고 건너뛰기 등이 있다. 광고 회피의 주요 원인은 과도한 광고 노출, 광고와 소비자의 관련성 부족, 그리고 광고에 대한 부정적인 인식이 있으며, 특히 인터넷과 스마트TV 등의 디지털 뉴미디어 상황에서는 지각된 침입성, 상호작용성과 방해성, 프라이버시 염려와 광고 피로도가 광고 회피를 증가시키는 것으로 알려져 있다(전종우, 2022). 이를 해결하기 위해 광고 제작자는 개인화된 광고, 유익한 정보 제공, 창의적인 콘텐츠 등을 고안해야 한다.

참고문헌

전종우(2022). 프라이버시, 인공지능 유용성, 인공지능 기술에 대한 감정적 반응이 맞춤형 광고태도와 광고회피에 미치는 영향. 광고연구, 133, 5-26.

012 | 구매 의도 Purchase Intention

소비자가 특정 제품이나 서비스를 구매하려는 의향을 나타내는 개념으로 소비자의 구매 행동을 예측하고 마케팅 전략을 수립하는 데 중요한 역할을 한다. 구매 의도에 영향을 미치는 주요 요인으로는 제품 품질 인식, 브랜드 이미지, 가격, 광고와 프로모션, 가족, 친구, 소셜미디어 등의 사회적 영향력, 그리고 기존의 제품 경험과 만족 등이 있다(박미라, 이상복, 2022). 구매 의도는 실제 구매와 매우 관련성이 높은 것으로 알려졌으나, 구매 의도가 실제 구매로 연결되지 않는 경우가 있다. 이 경우의 주요 요인으로는 소비자의 구매력 부족, 더 저렴하면서 유사한 대체재의 존재, 제품 구매를 위한 시간이나 접근성의 부족 등이 있다. 판매자는 구매 의도와 구매 간의 장애요인을 해결하기 위해 노력해야 하는데, 특히 온라인 상거래에서는 편리한 결제 옵션과 빠른 배송, 쉬운 반품 등을 내세워 소비자가 장바구니에 담아 놓은 제품이 실제 결제가 되도록 촉진하는 전략을 쓴다.

참고문헌

박미라, 이상복(2022). 온라인 쇼핑몰 추천 서비스의 지각된 편의성, 개인화, 신
    뢰성이 소비자의 구매의도에 미치는 영향. 기업경영리뷰, 13(4), 55-75.

013 | 기분 Mood

특정 사건이나 자극으로 직접적으로 유발되지 않는, 비교적 약하고
지속적인 정서 상태를 의미한다. 이는 긍정적이거나 부정적일 수 있으
며 하루 혹은 그 이상 장시간 유지될 수 있다. 기분의 예시로는 우울하
다, 행복하다, 평온하다 등이 가능하다. 기분과 비슷한 개념으로 감정
(emotion)이 있는데, 감정은 특정 사건이나 상황에 대한 즉각적인 반응
으로 일반적으로 자극 대상과 관련된 개념인 반면 기분은 특별한 이유
없이도 발생할 수 있다(이학식, 임지훈, 2002). 소비자 행동 연구는 소비
자의 기분 상태와 소비자의 기억 과정 간의 관계에서 소비자가 자신의
기분 상태와 동일한 특성을 갖는 정보를 더 잘 기억한다는 것을 보여 준
다. 즉, 소비자가 슬플 때는 슬픈 정보를 더 잘 기억하고, 기분이 좋을 때
는 기분 좋은 정보를 더 잘 회상한다(양윤, 임명서, 2024). 또한 기억과 기
분 간의 관계에 관한 연구에서는 일반적으로 긍정적인 기분이 소비자가
정보를 기억하는 것을 돕는다고 보고하고 있으며, 따라서 제품 정보가
소비자에게 제공될 때 소비자의 기분 상태를 긍정적으로 만들어야 한다
고 제안한다(양윤, 임명서, 2024).

참고문헌

양윤, 임명서(2024). 소비자 심리학(3판). 서울: 학지사.
이학식, 임지훈(2002). 소비관련 감정척도의 개발. 마케팅연구, 17(3), 55-91.

014 | 기술수용 모형 Technology Acceptance Model (TAM)

새로운 기술의 수용과 사용을 설명하기 위해 개발된 이론적 틀로
서 프레드 데이비스가 1989년에 제안했다(Davis, 1989). 기술수용 모형
(TAM)에서는 새로운 기술을 수용하고 사용하는 과정에서 인지된 유용성
(perceived usefulness)과 인지된 사용 용이성(perceived ease of use)이 주
로 영향을 미친다고 설명한다. 인지된 유용성이란 사용자가 특정 기술
이나 시스템이 자신의 업무 성과를 향상할 것이라고 믿는 정도로서, 기
술이 유용하다고 느낄수록 사용 의도가 높아진다. 인지된 사용 용이성
은 사용자가 특정 기술이나 시스템을 쉽게 사용할 수 있다고 믿는 정도
로, 사용하기 쉽다고 느낄수록 유용하다고 인식하며 사용 의도도 높아진
다. 기술수용 모형은 이 두 요인이 기술 이용에 대한 태도(attitude toward
using)와 사용 의도(behavioral intention to use)에 영향을 미치고, 결국 실
제 사용 행동(actual system behavior)에 영향을 미친다고 제안한다.

참고문헌

Davis, F. D. (1989). Perceived Usefulness, Perceived Ease of Use, and User
Acceptance of Information Technology. *MIS Quarterly*, *13*(3), 319-340.

015 | 기억 Memory

소비자가 광고 메시지를 저장하고 회상하는 과정을 의미한다. 광고
가 효과적으로 전달되었는지, 그리고 광고 메시지가 소비자의 행동에
어떤 영향을 미치는지를 평가하는 데 필수적이다. 기억은 현시적 기억

(explicit memory)과 잠재적 기억(implicit memory)으로 나뉜다. 현시적 기억은 소비자가 특정 광고나 브랜드를 명시적으로 기억하는 경우로, 특정 광고와 브랜드를 직접 회상할 수 있다(유승엽, 2021). 한편, 잠재적 기억은 경험한 정보를 무의식적으로 저장하는 과정으로 특정 광고나 브랜드를 회상해 내지 못하더라도, 다양한 테스트를 통해 잠재의식에서 저장하고 있는 것을 의미한다. 광고 효과의 측면에서 현시적 기억은 브랜드 인지도를 형성하는 데 연관이 있으며, 잠재적 기억은 무의식적인 브랜드 태도 형성에 이바지할 수 있다. 한편, 소비자의 기억은 단기 기억(short-term memory)과 장기 기억(long-term memory)으로 구성되며 단기 기억은 입력된 정보를 처리해 이후 정보를 장기 기억으로 전달하는 역할을 수행한다. 단기 기억에서 처리할 수 있는 정보 용량은 제한되어 있으므로 너무 많은 정보가 제공될 때 정보 과부하가 일어날 수 있으므로 제한된 시간에 많은 정보를 제공하는 것은 바람직하지 않다.

참고문헌

유승엽(2021). 광고와 소비자 심리. 김병희, 마정미, 김봉철, 김영찬, 유현재, 유승엽, 최세정, 송기인, 소현진, 유승철, 남고은, 김여정, 한규훈, 정윤재, 윤태일, 정승혜. 디지털 시대의 광고학신론(pp. 177-222). 서울: 학지사.

016 | 노출 Exposure

광고 노출은 소비자가 광고를 보고 들을 수 있는 기회를 의미하는데, 광고 자극이 소비자의 청각, 시각, 미각, 촉각, 후각 등의 감각기관의 수용 범위에 들어온 상태를 말한다. 예를 들어, 운전 중일 때 옆에 선 버스의 차체에 그려진 광고가 시야에 들어온다면 그 광고는 소비자에게 노출된 상태다. 노출은 의도적 노출과 비의도적 노출로 나뉘는데, 의도적 노출은 소비자가 자신의 동기나 목표와 관련된 정보를 능동적으로 찾고 접촉하고자 할 때 나타난다. 마케터는 소비자의 의도적인 노출을 유도하기 위해 소비자의 목표를 인식시키거나 보상을 이용한다. 한편, 비의도적 노출인 우연적 노출은 소비자가 외부 정보에 우연히 수동적으로 마주치게 된 것을 의미하며, 대부분의 광고 노출은 우연적 노출에 해당한다(김재휘, 박은아, 손영화, 우석봉, 유승엽, 이병관, 2009). 광고 자극에 대한 정보 처리 과정은 일단 광고 자극이 소비자에게 노출되어야 시작되므로 미디어 기획자는 제한된 예산 내에서 잠재 고객에게 자사의 광고가 최대한 많이 노출되는 미디어 전략을 개발하고자 노력한다.

참고문헌

김재휘, 박은아, 손영화, 우석봉, 유승엽, 이병관(2009). 광고심리학. 서울: 커뮤니케이션북스.

017 | 단순 노출 효과 Mere Exposure Effect

특정 자극에 반복적으로 노출될수록 그 자극에 대해 긍정적인 감정이 증가하는 현상으로 사회 심리학자 로버트 자이언스가 1968년에 최초로 제안했다(Zajonc, 1968). 단순 노출 효과 연구에 따르면, 사람들은 낯선 자극에 반복적으로 노출될수록 그 자극을 더 긍정적으로 평가하게 되는데, 이 현상은 브랜드, 음악, 이미지 등 다양한 자극에 적용될 수 있다. 처음 들었을 때 별로였던 노래가 반복적으로 들을수록 좋아지는 경험이 단순 노출 효과의 사례다. 단순 노출 효과의 중요한 이론적 기여는 수용자가 자극을 지각하지 못해도 일단 반복 노출이 되면 친숙성

이 생겨 다른 자극보다 더 선호하게 된다는 사실을 밝힌 것이다. 단순
노출 효과는 소비자가 의식적으로 광고를 인지하지 못하더라도 광고를
반복해 제시함으로써 소비자에게 친숙함을 유발하고 결과적으로 광고
제품의 선호도를 높일 수 있다는 전략의 근거로 이용될 수 있다.

참고문헌

Zajonc, R. B. (1968). Attitudinal Effects of Mere Exposure. *Journal of Personality and Social Psychology*, 9(2), 1-27.

018 | 목표 소비자 Target Consumer

특정 제품이나 서비스를 구매할 가능성이 큰 고객 집단으로 마케팅
메시지를 전달하려는 주요 집단을 의미한다. 판매 위주의 마케팅 영역
에서는 목표 소비자라는 용어를 주로 사용하며, 메시지를 전달하는 광
고 커뮤니케이션 전략의 시각에서는 목표 수용자(target audience)라는
용어를 사용한다. 시장 조사와 데이터 분석을 통해 목표 소비자의 특성
을 명확히 파악하고 이들의 특성과 요구에 맞춘 마케팅 전략을 설계해
야 광고와 마케팅 활동의 효과를 극대화할 수 있다. 목표 소비자를 파
악하는 일반적인 기준은 나이, 성별, 소득 수준 같은 인구통계적 특성,
가치관, 태도, 라이프스타일 같은 심리적 특성, 구매 행동, 브랜드 충성
도 같은 행동적 특성이 활용된다(유종숙, 2018). 예를 들어, 의류 브랜
드는 10~20대 초반의 환경보호에 관심이 높은 젊은이를 목표 소비자
로 설정하고, 이들에게 친환경 소재를 사용한 의류를 판매할 수 있다.

참고문헌

유종숙(2018). 4차 산업혁명 시대의 광고기획 솔루션. 서울: 한울 아카데미.

019 | 사회적 학습 이론 Social Learning Theory

사회적 학습 이론은 인간의 행동이 관찰과 모방을 통해 학습된다는 개념이다. 이 이론의 주창자인 앨버트 반두라는 사람들이 다른 사람의 행동을 관찰하고 이를 모델링(modeling)해 자신의 행동을 형성한다고 주장했다(Bandura, 1977). 사회적 학습은 직접적인 경험뿐만 아니라, 타인의 행동과 그 결과를 관찰하는 대리 학습(또는 간접 학습)도 포함하는데, 사람들은 관찰 내용을 기억에 저장하고 나중에 유사한 상황에서 자기 행동을 결정하는 데 이 정보를 사용한다. 모델링과 대리 학습은 광고가 소비자 행동에 미치는 여러 효과를 설명할 수 있다. 예를 들어, 광고에서 유명인이 특정 제품을 사용하는 모습을 보면서 소비자는 이를 모델링해 그 행동을 모방할 가능성이 커진다. 또한 광고에서 모델이 제품 사용 후 얻는 긍정적 결과를 관찰하는 과정에서 대리 학습을 하게 되어 제품 구매를 고려할 수 있다.

참고문헌

Bandura, A. (1977). *Social Learning Theory*. NJ: Prentice Hall.

020 | 소비 가치 Consumption Value

개인이 소비생활의 영역에서 소비자로서 판단하고 행동할 때 영향을 미치는 기준이자 신념이다. 소비 가치 연구에 널리 적용되는 연구에 의하면 소비 가치는 기능적(functional) 가치, 사회적(social) 가치, 정서적(emotional) 가치, 인지적(epistemic) 가치, 상황적(conditional) 가치로 구성된다(Sheth, Newman, & Gross, 1991). 기능적 가치란 제품이 원하는 기능이나 효용을 충분히 제공하는 것을 의미하며, 사회적 가치는 소비자의 사회적 지위나 타인과의 관계에서 제품이 부합하는 정도를 말한다. 정서적 가치는 제품 사용으로 인해 정서적 만족감을 느끼는 정도를, 인지적 가치는 지적 호기심이나 새로움에 대한 욕구를 충족시켜주는 것을 뜻한다. 상황적 가치는 계절적 이벤트 등 특정 상황이나 조건에서 제품이 적절한 것으로 지각될 때 인식되는 가치를 의미한다. 이는 기업이 마케팅 전략을 세울 때 다양한 소비자 가치를 고려해 제품을 설계하고 홍보하는 데 도움을 준다. 예를 들어, 기능적 가치를 중시하는 소비자에게는 제품의 성능을 강조하는 반면에, 감정적 가치를 중시하는 소비자에게는 브랜드의 스토리텔링과 정서적 연결을 강조할 수 있다.

참고문헌

Sheth, J. N., Newman, B. I., & Gross, B. L. (1991). Why We Buy What We Buy: A Theory of Consumption Values. *Journal of Business Research*, *22*(2), 159-170.

021 | 소비자 경험 Consumer Experience

소비자가 제품이나 서비스를 구매하고 사용하는 과정에서 느끼는 전체적인 인식과 감정이다. 이는 단순히 구매 순간에 국한되지 않고, 구매 전, 구매 중, 구매 후의 모든 접점을 포함하며, 제품 사용 경험, 애프터서비스 등의 고객 서비스 경험, 실제 구매 과정에서 겪는 경험, 브랜드 경험, 디지털 채널에서의 상호작용이 포함된다. 예를 들어, 김지호와 서혜원(2021)은 유튜브 광고환경에서 소비자의 지각된 침입성과 통제감이라는 소비자 경험을 연구했으며, 옥정원(2023)은 옴니채널 환경에서의 소비자 경험 요소를 접근성, 개인화, 편리성, 동시성으로 도출했다. 소비자 경험은 브랜드 경험의 상위 개념으로 볼 수 있다. 예를 들어, 소비자 경험이 제품을 구매한 온라인 쇼핑몰의 사용 편의성, 제품 정보의 명확성, 결제 과정의 원활함, 배송의 신속성, 제품의 품질, 애프터서비스 등을 포함한다면, 브랜드 경험은 소비자가 특정 브랜드의 광고를 보고, 브랜드의 소셜미디어 콘텐츠를 접하고, 브랜드가 주최하는 이벤트에 참석하면서 느끼는 브랜드에 대한 전체적인 인식과 감정이다.

참고문헌

김지호, 서혜원(2021). 유튜브 광고 환경에서의 소비자 경험 연구: 지각된 침입성과 통제감을 중심으로. 소비자학연구, 32(5), 25-50.

옥정원(2023). 옴니채널 서비스에 대한 소비자 경험과 공감적 반응 관계에 관한 연구. 경영과 정보연구, 42(1), 25-38.

022 | 소비자 기대 Consumer Expectation

소비자가 제품이나 서비스에 대해 가지는 믿음이나 예측을 의미한다. 이러한 기대는 소비자의 만족도와 충성도에 상당한 영향을 미친다. 소비자 기대를 형성하는 요인으로는 과거 특정 제품이나 서비스를 사용했던 경험, 친구, 가족, 동료 등 다른 사람들의 경험과 의견, 기업의 광고, 프로모션 등의 마케팅 커뮤니케이션, 브랜드 평판, 경쟁 제품과의 비교가 있다. 이러한 요인을 통해 소비자는 제품이나 서비스의 기능과 성능에 대한 기대, 고객 서비스, 지원, 애프터서비스에 대한 기대, 지불한 가격에 대한 가치와 혜택에 대한 기대, 전반적인 구매 및 사용 과

정에서의 경험에 대해 기대하게 된다. 소비자의 기대와 실제 경험 간의
차이는 소비자 만족도와 충성도에 큰 영향을 미치며(Oliver, 1980), 기대
를 충족한 소비자는 긍정적인 구전을 통해 다른 소비자에게 영향을 미
칠 가능성이 크다.

참고문헌

Oliver, R. L. (1980). A Cognitive Model of the Antecedents and
    Consequences of Satisfaction Decisions. *Journal of Marketing Research*,
    17(4), 460-469.

023 | 소비자 만족 Consumer Satisfaction

소비자가 제품이나 서비스를 경험한 후 느끼는 긍정적 감정 상태로,
제품 경험 후 성취가 기대 이상으로 충족되었을 때 느껴지는 감정적인
반응이다. 소비자 만족은 높은 고객 충성도, 긍정적 구전, 긍정적 브랜
드 평판으로 이어지므로 소비자 만족도를 세밀하게 관리하는 전략이
필요하다. 소비자 만족을 관리하려면 정기적으로 소비자의 피드백을
수집해 제품이나 서비스의 개선에 반영해야 하며, 일관된 제품 및 서비
스 품질을 유지해 소비자의 기대를 충족시켜야 한다. 소비자 만족을 구
성하는 요인은 제품이나 서비스 유형에 따라 다른데, 전자상거래에서
의 소비자 만족은 일반적으로 편리성, 결제 및 배달과정, 웹사이트 안
정성, 제품 정보 및 보안으로 구성되는 것으로 알려져 있다(Choi, Seol,
Lee, Cho, & Park, 2008). 소비자 만족은 소비자 기대와 경험의 차이에서
유발되는 것이므로 마케팅과 광고 커뮤니케이션에서는 현실적인 기대
를 설정해 소비자가 과도한 기대를 하지 않도록 방지할 필요가 있다.

참고문헌

Choi, J., Seol, H., Lee, S., Cho, H., & Park, Y. (2008). Customer Satisfaction Factors of Mobile Commerce in Korea. *Internet Research*, 18(3), 313-335.

024 | 소비자 의사결정 여정 Consumer Decision Journey

소비자가 제품이나 서비스를 선택하고 구매하는 과정에서 거치는 단계들을 의미하며 일반적으로 다음 다섯 단계로 구성된다(유승엽, 2021). 첫 번째 문제 인식 단계다. 소비자는 어떤 필요나 문제가 있다는 것을 인식한다. 두 번째 정보 탐색 단계에서 소비자는 인식한 문제 해결을 위해 다양한 정보를 찾는다. 이는 검색, 친구나 가족의 추천, 광고 등을 포함한다. 세 번째 대안 평가 단계에서 소비자는 여러 대안을 비교하고 평가한다. 가격, 품질, 브랜드 평판 등이 주된 고려 요소다. 네 번째 구매 결정 단계에서 소비자는 최종 결정을 내리고 구매를 실행한다. 다섯 번째, 구매 후 행동 단계에서는 구매 후 만족도를 평가하며, 만족한 경우에는 재구매 가능성이 커지고 불만족한 경우에는 불평이나 반품이 발생할 수 있다.

참고문헌

유승엽(2021). 광고와 소비자 심리. 김병희, 마정미, 김봉철, 김영찬, 유현재, 유승엽, 최세정, 송기인, 소현진, 유승철, 남고은, 김여정, 한규훈, 정윤재, 윤태일, 정승혜. 디지털 시대의 광고학신론(pp. 177-222). 서울: 학지사.

025 | 소비자 행동 Consumer Behavior

소비자가 제품이나 서비스를 선택, 구매, 사용, 그리고 처분하는 과정에서 나타나는 모든 행동과 행동에 영향을 미치는 영향 요인을 의미한다. 소비자 행동에 영향을 미치는 요인은 크게 소비자의 나이, 직업, 소득 등의 개인적 요인, 소비자의 동기, 인지, 신념, 태도 등의 심리적 요인, 소비자가 속한 사회와 집단의 문화적 요인, 그리고 가족, 친구 등의 주변 사람들의 의견과 준거 집단의 의견인 사회적 요인이 있다(유승엽, 2021). 이들 요인은 상호작용해 소비자의 최종 구매 결정에 복합적으로 영향을 미친다. 소비자 행동의 분석을 통해 기업은 소비자 욕구를 충족시키고, 효과적인 마케팅 전략을 개발할 수 있다. 예를 들어, 소비자의 구매력과 구매 동기, 준거 집단의 문화 등을 이해하면 기업은 더 나은 제품을 개발하고 마케팅 캠페인을 최적화할 수 있다.

참고문헌

유승엽(2021). 광고와 소비자 심리. 김병희, 마정미, 김봉철, 김영찬, 유현재, 유승엽, 최세정, 송기인, 소현진, 유승철, 남고은, 김여정, 한규훈, 정윤재, 윤태일, 정승혜. 디지털 시대의 광고학신론(pp. 177-222). 서울: 학지사.

026 | 수면자 효과 Sleeper Effect

시간이 지남에 따라 메시지의 설득력이 증가하는 현상이다. 특히 신뢰성이 낮은 출처로부터 받은 정보가 처음에는 무시되거나 영향력이 적지만, 시간이 지나면서 출처에 대한 기억이 희미해지면서 메시지 자

체의 내용만 기억에 남아 메시지의 영향력이 강화되는 현상이다. 예를
들어, 선거 기간 동안 신뢰성이 낮은 매체나 논란이 많은 인물로부터 특
정 후보에 대한 부정적인 정보를 접한 유권자는 처음에는 그 정보를 신
뢰하지 않을 수 있다. 그러나 시간이 지나면서 출처에 대한 기억은 희
미해지고, 부정적인 메시지만 남아 후보자의 평가에 영향을 미칠 수 있
다. 결국 그 메시지가 유권자의 후보 평가에 장기적으로 영향을 미치는
것이다. 김윤과 이장한(2009)은 부정적인 감정을 유발한 광고의 상표
태도가 시간이 지나면서 개선되었다는 점을 보고하면서 광고로 인한
상표에 대한 부정적인 태도도 시간의 경과에 따라 긍정적으로 바뀔 수
있음을 보고했다.

참고문헌

김윤, 이장한(2009). 광고 유발감정과 시간의 흐름이 정보 수용자의 태도 변
    화에 미치는 영향: 수면자 효과를 중심으로. *Journal of The Korean Data
    Analysis Society*, 11(4), 2165-2177.

027 | 심리적 특성 Psychographics

소비자의 개인적인 내적 특성으로 동기, 태도, 성격, 가치관, 관심사,
라이프스타일 등을 포함한다(김재휘, 박은아, 손영화, 우석봉, 유승엽, 이
병관, 2009). 소비자의 심리적 특성은 구매의 이유를 제공하므로 시장
세분화와 광고전략 수립에 있어서 매우 중요한 역할을 한다. 광고 제작
자는 목표 소비자의 심리적 특성을 이해하고 광고 메시지를 이에 맞춰
제작하는 것이 필요하다. 예를 들어, 환경보호라는 가치와 건강한 식단
이라는 관심사를 가진 소비자 집단을 대상으로 하는 광고 메시지는 저

렴함과 편리함을 구매 동기로 고려하는 집단을 대상으로 하는 광고 메시지와 달라야 성공적인 결과를 기대할 수 있다. 소비자의 심리적 특성을 고려한 사례로서 나이키(Nike)는 "Just Do It" 캠페인을 통해 도전 정신과 성취감을 중시하는 소비자들에게 강력한 메시지를 전달했다. 이는 운동과 자기 계발을 중요시하는 심리적 특성을 가진 소비자들에게 큰 호응을 얻었다.

참고문헌

김재휘, 박은아, 손영화, 우석봉, 유승엽, 이병관(2009). 광고심리학. 서울: 커뮤니케이션북스.

028 | 아르 모형 AARRR Model

　디지털 마케팅과 스타트업에서 주로 사용되는 고객 여정 체계로서, 사용자 획득부터 최종 수익 창출에 이르기까지 5단계의 마케팅 로드맵을 제안하고 성공적인 마케팅 결과를 위해 각 단계의 지표를 관리할 것을 제안하는 모형이다. 다섯 단계는 획득(acquisition), 활성화(activation), 유지(retention), 추천(referral), 수익(revenue)으로 구성된다(Liao & Ruan, 2021). 획득은 웹사이트로 유입된 잠재 고객, 활성화는 제품이나 서비스를 처음 사용함으로써 얻는 긍정적인 경험의 정도, 유지는 신규 사용자가 재사용자 혹은 장기 사용자로 전환되는 정도, 추천은 소비자의 자발적 공유 정도, 수익은 매출의 지표화 정도이다. 각 단계에서 고객의 행동을 지표화해 개선할 부분을 발견해 비즈니스 성장을 도모할 수 있다.

참고문헌

Liao, J., & Ruan, Y. (2021). Research on APP Intelligent Promotion Decision Aiding System Based on Python Data Analysis and AARRR Model. *Journal of Physics: Conference Series*. 1856. https://iopscience.iop.org/article/10.1088/1742-6596/1856/1/012063/meta

029 | 아이다 모형 ADIA Model

마케팅과 광고에서 소비자의 구매 과정을 이해하고, 효과적인 광고전략을 설계하는 데 사용되는 소비자 행동 모형이다. AIDA는 주의(Attention), 흥미(Interest), 욕구(Desire), 행동(Action)의 약자로서, 소비자가 구매까지 가는 과정은 첫 번째 제품이나 서비스에 대해 인식하고, 두 번째 제품에 흥미를 느끼며, 세 번째 구매하고 싶은 욕구를 느끼고, 마지막으로 구매하는 단계로 구성되었다고 설명한다(우석봉, 2017). 소비자가 현재 구매 단계에서 어떤 단계에 있는지를 파악하고, 그 단계를 넘어 다음 단계로 전진할 수 있도록 광고전략을 설계하는 데 이론적 근거를 제공한다. 예를 들어, 소비자가 아직 주의 단계에 있다면 눈에 띄는 헤드라인, 시각적 요소, 독창적인 광고 디자인 등을 사용해 소비자의 주목을 받는 것이 광고의 목표가 될 수 있다.

참고문헌

우석봉(2017). 광고 효과의 심리학. 서울: 학지사.

030 | 아이드마 모형 AIDMA Model

소비자 행동 모형으로 AIDMA는 주의(Attention), 흥미(Interest), 욕구 (Desire), 기억(Memory), 행동(Action)의 약자이다(소현진, 2021). 소비자 행동은 소비자가 제품이나 서비스에 대해 인식하고, 흥미를 느끼며, 욕구를 느끼고, 기억에 남기고, 최종적으로 행동을 취하는 단계로 구성되었다고 설명한다. AIDMA 모형은 AIDA 모형에 기억(memory) 단계를 추가해 소비자가 제품이나 브랜드를 기억하는 것을 중요하게 여기는데, 소비자가 광고 노출 후 즉시 구매하지 않더라도 광고 메시지를 기억하고 나중에 구매할 가능성을 고려한 것이다. AIDMA 모형은 광고 정보의 수용과 처리 과정이 선형적으로 가정했다는 점에서 가장 큰 비판을 받는데, 실제로 광고 수용의 과정은 주의와 흥미를 거쳐 욕구가 발생하기도 하지만, 욕구가 먼저 일어나고 이후에 대상에 대한 흥미가 일어날 수도 있으며 이러한 것들이 동시에 발생할 수도 있음을 간과하고 있다는 비판을 받는다.

참고문헌

소현진(2021). 광고전략 모델과 애드 브리프 작성. 김병희, 마정미, 김봉철, 김영찬, 유현재, 유승엽, 최세정, 송기인, 소현진, 유승철, 남고은, 김여정, 한규훈, 정윤재, 윤태일, 정승혜. 디지털 시대의 광고학신론(pp. 289-316). 서울: 학지사.

031 | 아이사스 모형 AISAS Model

인터넷과 소셜미디어의 확산으로 변화된 소비자 행동을 설명하는 모형으로 AISAS는 주의(Attention), 흥미(Interest), 검색(Search), 행동(Action), 공유(Share)의 약자로 구성된다(소현진, 2021). 이 모형에 따르면 상품 관련 정보에 주목하고 흥미를 갖게 된 소비자는 해당 상품에 관한 정보를 소셜미디어, 뉴스, 구매 후기 등을 통해 검색한다. 검색을 통해 수집한 정보를 참고해 구매 행동을 결정해, 구매 후에는 자신의 사용 후기를 인터넷에 올리거나 다른 사람에게 말하면서 구매 경험을 공유한다. 아이다(AIDA) 혹은 아이드마(AIDMA) 모형에 비해 아이사스(AISAS) 모형의 특징은 소비자 심리 변화의 과정에서 욕구(Desire)와 기억(Memory)의 단계가 생략되고 행동에 해당하는 검색, 행동, 공유의 단계가 확대되었다는 점이다. 따라서 아이사스 모형에 기반한 광고전략은 소비자의 검색과 공유 활동을 지원하는 데 초점을 맞추게 된다.

참고문헌

소현진(2021). 광고전략 모델과 애드 브리프 작성. 김병희, 마정미, 김봉철, 김영찬, 유현재, 유승엽, 최세정, 송기인, 소현진, 유승철, 남고은, 김여정, 한규훈, 정윤재, 윤태일, 정승혜. 디지털 시대의 광고학신론(pp. 289-316). 서울: 학지사.

032 | 위계 효과 모형 Hierarchy of Effects Model

소비자가 광고와 마케팅 메시지에 반응하는 과정을 위계적 단계로

설명하는 이론적 모형이다. 위계 효과 모형에서 소비자가 구매로 이르
게 되는 단계는 주로 여섯 단계로 구성된다. 첫째, 인지(awareness) 단계
에서 소비자는 제품이나 서비스의 존재를 처음으로 인식하게 된다. 둘
째, 지식(knowledge) 단계에서 소비자는 제품이나 서비스에 대한 더 많
은 정보를 얻게 된다. 셋째, 호감(liking) 단계에서 소비자는 제품이나 서
비스에 대해 긍정적인 감정을 형성하게 되고, 넷째, 선호(preference) 단
계에서 소비자는 경쟁 제품보다 특정 제품을 선호하게 된다. 다섯째, 확
신(conviction) 단계에서 소비자는 제품 구매에 대해 확신을 하게 되며,
마지막으로 구매(purchase)에서 제품이나 서비스를 구매하게 된다(소현
진, 2013). 위계 효과 모형은 소비자의 구매 결정을 단계적으로 설명함
으로써, 각 단계에 최적화된 마케팅 전략을 구체화하는 데 기여했다.

참고문헌

소현진(2013). 광고 효과모형에 관한 문헌연구. 한국콘텐츠학회논문지. 13(12),
　　986-994.

033 | 윤리적 소비 Ethical Consumption

　가치와 신념에 기초한 소비를 통해 사회에 선한 영향을 미치고자 하
는 행위로, 자연뿐만 아니라 인간과 동물과 사회를 폭넓게 고려한 소비
를 의미한다. 소비자는 자신의 구매 결정에 있어 단순히 제품의 가격이
나 품질만을 평가하지 않고, 제품의 윤리적, 환경적, 사회적 가치를 고
려하는 행동을 지향한다. 윤리적 소비를 지향하는 소비자는 지속할 수
있는 재료를 사용한 제품과 친환경 포장 등의 제품을 선호한다. 또한
윤리적 소비는 생산과정에서 노동자의 인권 보장이나 공정한 임금 지

급을 고려해 공정무역 인증 제품이나 윤리적 노동 조건을 갖춘 제품을 택하게 된다. 윤리적 소비는 동물복지 또한 고려하는데, 윤리적 소비를 지향하는 소비자는 동물실험을 하지 않은 제품, 동물복지를 고려한 식품을 선택한다. 우리나라에서 윤리적 소비자는 누구인지 탐색하는 연구에서는 윤리적 소비가 비교적 젊은 세대인 2040세대를 주축으로 실천되며, 주로 사회경제적 수준이 높은 집단을 중심으로 이루어지고 있다고 보고했다(김재원, 김민지, 최샛별, 2023). 윤리적 소비와 유사한 개념으로 가치 소비가 있는데, 두 개념 모두 소비자가 사회적 책임과 개인의 신념에 따라 구매 결정을 내리는 점에서 유사하지만, 윤리적 소비는 주로 사회적, 환경적 책임에 중점을 두지만, 가치 소비는 개인의 삶의 가치와 일치하는 제품 선택에 중점을 둔다는 차이가 있다.

참고문헌

김재원, 김민지, 최샛별(2023). 한국사회에서 누가 윤리적 소비를 하는가?. 문화와 사회, 31(3), 279-326.

034 │ 인게이지먼트 Engagement

소비자가 광고를 얼마나 몰입해서 시청했는지를 보여 주는 개념으로, 소비자가 얼마나 깊이 정보를 파악하고, 이해하고 집중했는지를 측정하는 지표다. 인게이지먼트는 소비자가 단순히 광고를 보는 것을 넘어, 광고와 상호작용하고, 공유하며, 긍정적인 반응을 보이는 것을 포함한다. 소비자의 적극적인 참여를 유도하는 소셜미디어가 주요한 광고 매체로 등장하면서 인게이지먼트는 기존의 노출 중심의 광고 효과를 대체하는 새로운 대안으로 평가받고 있다(장수영, 황장선, 도선재,

2023). 인게이지먼트를 측정하는 주요 요소는 소비자가 광고를 주의 깊게 보는 정도, 클릭, 댓글, 좋아요 등 소비자가 광고와 상호작용하는 정도, 소비자가 광고를 통해 느끼는 긍정적 혹은 부정적 감정의 깊이 등이 있다. 인게이지먼트는 메시지 태도, 광고 태도, 구전 의도, 구매 의도에 이르는 다양한 광고 효과에 긍정적인 영향을 미친다.

참고문헌

장수영, 황장선, 도선재(2023). 페이스북 팬페이지 동영상 광고의 효과 메커니즘에 관한 연구: 미디어 인게이지먼트, 광고 인게이지먼트, 행동 인게이지먼트 간의 영향을 중심으로. OOH광고학연구, 20(1), 25-47.

035 | 인구통계적 특성 Demographics

소비자의 기본적인 인구학적 특성으로 주로 나이, 성별, 소득, 직업, 교육 수준, 결혼 상태, 가구 규모, 종교, 인종 등을 포함한다. 인구통계적 특성은 광고전략을 수립할 때 시장을 세분화하고 목표 소비자 집단을 설정하는 데 유용한 자료가 된다(안광호, 김동훈, 유창조, 2020). 예를 들어, 나이, 성별, 소득, 결혼 유무, 거주 지역의 인구통계적 특성을 사용해 시장을 세분화하고 그중에서 연 가구 소득 7천만 원 이상의 두 자녀를 가진 대도시 거주 45~55세 기혼 여성을 목표 소비자 집단으로 설정해 광고 캠페인 전략을 기획할 수 있다. 인구통계적 특성에 따라 선호도, 취향, 구매력, 구매 동기, 필요성 등이 달라지므로 인구통계적 특성을 고려해 광고전략을 수립하면 더 효과적으로 목표 소비자에게 다가가고, 광고 예산을 효율적으로 사용할 수 있다.

참고문헌
안광호, 김동훈, 유창조(2020). 촉진관리: 통합적 마케팅커뮤니케이션 접근(4판).
  경기: 학현사.

036 | 인지 Awareness

소비자가 특정 브랜드, 제품, 서비스 또는 광고 메시지를 알고 있는 정도이다. 브랜드를 알고 있는 정도를 브랜드 인지도, 제품이나 서비스를 알고 있는 정도를 제품 인지도, 광고를 알고 있는 정도를 광고 인지도라고 한다. 인지를 측정하는 가장 일반적인 방법은 소비자들에게 특정 브랜드나 광고를 얼마나 알고 있는지 물어보는 설문 조사를 실시하는 것이다(안광호, 이유재, 유창조, 2020). 이를 통해 비보조 인지(unaided awareness)와 보조 인지(aided awareness)를 측정할 수 있다. 비보조 인지는 외부의 도움 없이 기억해 내는 인지도를 말하는데, 소비자에게 특정 카테고리 내에서 떠오르는 브랜드 혹은 광고를 말해 보라고 요청해 측정한다. 보조 인지는 소비자에게 특정 브랜드나 광고를 보여주고, 해당 브랜드나 광고를 알고 있는지를 파악해 측정한다.

참고문헌
안광호, 이유재, 유창조(2020). 광고관리: 이론과 실제가 만나다(4판). 경기: 학현사.

037 | 인지 반응 Cognitive Response

소비자가 광고를 접하는 동안 비의도적으로 자연스럽게 떠올리는 생각이다. 소비자가 광고를 접한 후에 느끼는 감정적 반응과 함께 소비자의 광고 반응을 측정하는 요소로 사용되며 광고 효과에 영향을 미치는 주요 변수로 여겨진다. 광고에 대한 인지 반응은 대체로 광고 메시지 관련 생각과 광고 실행 관련 생각으로 구분할 수 있다(Benoit & Benoit, 2008/2011). 광고 메시지 관련 생각은 메시지에 대한 지지 주장과 반박 주장으로 구성되는데, 지지 주장은 소비자가 광고 메시지의 주장에 동감할 때 떠오르는 생각이고 반박 주장은 광고 메시지의 주장에 대항하는 주장을 할 때 발생하는 생각이다. 또한 광고 실행 관련 생각은 메시지 자체보다 광고의 실행 요소에 관한 생각으로, 광고 실행이 우수하고 좋다는 실행 지지와 광고 실행이 부자연스럽고 호감이 가지 않는다는 실행 격하로 구분할 수 있다.

참고문헌

Benoit, W., & Benoit, P. (2011). 설득 메시지: 그는 어떻게 내 마음을 바꾸었나 (*Persuasive Messages: The Process of Influence*). (이희복, 정승혜 역). 서울: 커뮤니케이션북스. (원저는 2008년에 출판).

038 | 인지부조화 Cognitive Dissonance

개인이 자신의 생각, 태도, 또는 행동 사이에 일관성이 없을 때 느끼는 불편함을 의미한다. 예를 들어, 흡연이 건강에 해롭다는 사실을 알고 있으면서도 흡연을 계속하는 사람은 인지부조화를 경험할 수 있다. 인지부조화는 심리적인 불편함이므로 사람들은 불편함을 줄이기 위해 다양한 부조화 감소 전략을 사용하게 된다(김영석, 2006). 첫째, 행동을 생각과 일치되는 방향으로 변화시킬 수 있다. 흡연의 폐해를 잘 알고 있는 흡연자가 금연을 시도하는 경우다. 둘째 생각을 바꾸어 행동과 일치시키려 한다. 흡연자가 "흡연이 그렇게 해롭지는 않아."라고 생각을 바꾸는 경우다. 마지막으로 새로운 정보를 추가해 불일치를 정당화하는 전략을 사용한다. 흡연자가 "이번 프로젝트로 스트레스가 너무 많아서 잠깐 흡연할 뿐이야."라고 정당화하는 경우다. 광고와 마케팅에서 인지부조화 이론은 소비자 행동을 이해하고, 효과적인 마케팅 전략을 개발하는 데 중요한 역할을 한다. 특히 소비자가 제품을 구매한 후 선택에 대한 의구심을 느끼는 구매 후 부조화의 경우 브랜드는 소비자의 부조화를 줄이기 위해 구매 후 긍정적인 피드백을 제공하거나, 제품의 우수성을 강조하는 후속 커뮤니케이션을 제공할 수 있다. 광고가 소비자의 기존 신념과 충돌할 때 인지부조화가 발생할 수 있는데, 건강한 생활을 지향하는 소비자는 패스트푸드 광고를 볼 때 불편함을 느낄 수 있다. 이럴 때 광고는 건강한 재료를 사용했다는 설득력 있는 정보를 제공해 소비자의 인지부조화를 줄일 수 있다.

참고문헌

김영석(2006). 설득커뮤니케이션. 경기: 나남.

039 | 인지 학습 이론 Cognitive Learning Theory

학습 과정에서 개인의 내적인 인지 과정을 중요시하는 이론이다. 자극에 대한 반응의 연합을 학습으로 간주한 행동 학습이론과 달리 인지 학습은 개인의 사고, 기억, 문제 해결, 이해 등의 정보 처리 과정을 통해 일어난 변화를 학습으로 간주한다. 즉, 학습은 정보를 습득하고 처리해서 이를 자신이 가지고 있는 기존의 지식과 신념에 통합하는 과정이다

(김영석, 2006). 인지적 학습의 대표적인 사례로 독일 심리학자 볼프강 쾰러(Köhler, 1925)의 침팬지와 바나나 실험이 있다. 쾰러는 침팬지에게 바나나에 도달할 수 있는 도구(예: 상자, 막대기)를 제공한 후 침팬지들이 갇힌 공간에서 높은 곳에 매달린 바나나를 어떻게 얻는지를 관찰했다. 침팬지들은 처음에는 실패했지만, 곧 상자와 막대기를 사용해 바나나를 따는 방법을 찾아냈다. 이 실험의 결과는 침팬지들이 단순히 시행착오를 통해서가 아니라, 문제를 파악하고 도구를 활용해 창의적으로 문제를 해결하는 통찰력을 가지고 있음을 보여 주었다. 이 실험은 인지적 학습의 중요한 사례로, 단순한 자극-반응의 반복이 아닌, 사고 과정과 문제 해결 능력을 통해 학습이 이루어진다는 것을 보여 준다.

참고문헌

김영석(2006). 설득커뮤니케이션. 경기: 나남.

Köhler, W. (1925). *The Mentality of Apes*. London: Routledge & Kegan Paul.

040 | 자아 이미지 Self-Image

　개인이 자신에 대해 가지고 있는 인식과 감정의 총체를 의미한다(양윤, 임명서, 2024). 이는 자신이 어떤 사람인지, 어떤 가치를 지니고 있는지, 사회적 역할과 위치가 무엇인지 등에 대한 개인의 주관적 평가로 구성된다. 자아 이미지는 크게 네 유형으로 분류된다. 첫째, 실제 자아 이미지(actual self-image)는 현재 자신에 대한 실제적인 평가와 인식이다. '나는 건강하고 활동적인 사람이야.'라는 인식이다. 둘째, 이상적 자아 이미지(ideal self-image)는 개인이 되고자 하는 이상적인 모습이나 상태를 의미한다. 예를 들어, 학생은 성공적이고 세련된 전문직을 자신이 되고 싶은 이상적 자아 이미지로 설정할 수 있다. 셋째, 사회적 자아 이미지(social self-image)는 다른 사람들이 자신을 어떻게 인식하고 있는지에 대한 이미지로서, '주변 사람들은 나를 활동적이고 진취적인 사람이라고 생각해.'라는 인식이다. 넷째, 이상적 사회적 자아 이미지(ideal social self-image)는 다른 사람들이 자신을 인식하기를 바라는 이미지로서, '다른 사람들이 나를 활동적이고 진취적인 사람이라고 봐주길 원한다.'면 활동적이고 진취적인 이미지가 이상적 사회적 자아 이미지다. 자아 이미지는 소비자 행동에 영향을 미치는데, 소비자는 자신의 실제 자아 이미지를 강화하는 데 기여하거나, 이상적 자아를 추구하는 데 부합하는 제품이나 브랜드를 선호하는 경향이 있다. 따라서 광고전략에서는 목표 소비자의 실제 자아, 이상적 자아, 사회적 자아와 이상적 사회적 자아와 일치하는 메시지를 개발하는 것이 바람직하다.

참고문헌
양윤, 임명서(2024). 소비자 심리학(3판). 서울: 학지사.

041 │ 자아 일치성 Self-Congruity

개인이 가지고 있는 자아 이미지와 제품이나 브랜드 이미지의 일치 정도를 의미한다. 자아 일치성 이론에 따르면 소비자는 서비스나 제품이 지닌 상징성을 의식해 자신의 자아 이미지와 일치하는 이미지를 지닌 서비스나 제품을 구매하고자 하는 경향성이 있다(Sirgy, 1982). 예를 들어, 높은 사회적 지위와 고급스러움을 추구하는 자아 이미지를 가진 소비자는 저렴한 가격과 실용성을 강조하는 브랜드보다는 최고의 품질과 전통을 강조하는 최고급 브랜드에 자아 일치성을 느껴 최고급 브랜드 제품을 구매할 가능성이 커진다. 자아 일치성을 활용한 사례로써, 에너지음료인 레드불은 "레드불은 너에게 날개를 달아 줘(Red Bull Gives You Wings.)"라는 광고 캠페인을 통해 에너지와 활력을 강조하며, 활동적이고 모험을 즐기는 실제 자아 이미지와 이상적 자아 이미지를 가진 소비자에게 다가가려고 한다. 이처럼 소비자가 자아 이미지와 일치하는 광고 제품이나 브랜드에 더 긍정적인 태도를 보이므로 광고와 마케팅 전략가들은 소비자의 공감을 얻고 브랜드 충성도를 높이기 위해 목표 소비자의 자아 이미지를 파악하고 이에 맞춰 브랜드 이미지를 구축하는 전략을 고안하려고 노력한다(김동후, 2021).

참고문헌

김동후(2020). 광고 효과의 심리. 이병관, 남승규, 부수현, 김철호, 김연주, 임혜빈, 유승엽, 안서원, 김동후, 염동섭, 전종우. 소비자 심리와 광고PR마케팅(pp. 259-284). 서울: 학지사.

Sirgy, M. J. (1982). Self-Concept in Consumer Behavior: A Critical Review. *Journal of Consumer Research*, *9*(3), 287-300.

042 | 자아 효능감 Self-Efficacy

개인이 특정 상황에서 목표를 달성할 수 있는 자기 능력에 대한 신념을 의미하며 개인의 행동, 동기, 그리고 성취에 큰 영향을 미친다. 자아 효능감이 높은 사람은 도전적인 목표를 설정하고 이를 달성하기 위해 더 열심히 노력하며, 어려운 상황에서도 포기하지 않고 문제를 해결하려고 한다. 예를 들어, 학생이 수학 문제를 잘 풀어낸 경험이 많으면, 수학에 대한 자아 효능감이 높아져 더 어려운 문제에도 도전하려고 하며

풀리지 않는 문제를 풀려고 끝까지 노력한다. 자아 효능감에 영향을 주
는 주요 요소로는 기존 경험, 모델링, 사회적 설득 등이 있다. 성공적인
경험은 자아 효능감을 강화하고, 실패 경험은 자아 효능감을 약화할 수
있다. 다른 사람의 성공을 관찰함으로써 자아 효능감을 높일 수 있다.
또한 자신과 유사한 사람이 성공하는 모습을 보는 모델링 과정을 겪으
면 자신도 할 수 있다는 신념이 강화된다. 다른 사람의 격려와 지지 또
한 자아 효능감을 높이는 데 중요한 역할을 한다. 소비자 행동 연구에
서는 구매결정에 대한 소비자의 자아 효능감이 높을수록 자신이 선택
한 상표에 대한 심리적 애착이 강화된다는 사실이 보고되었다(이세나,
정지윤, 김은혜, 전선규, 2017). 광고와 마케팅의 영역에서 자아 효능감은
소비자의 특정 제품이나 서비스에 대한 신념과 자신감에 영향을 미쳐
결과적으로 제품 구매와 사용에 영향을 미친다는 점에서 중요하다. 예
를 들어, 신기술 사용에 대한 자아 효능감이 높은 소비자는 새로운 제품
이나 기술을 시도할 때 두려움을 덜 느껴 신제품을 쉽게 수용하는 반면,
자아 효능감이 낮은 소비자는 새로운 기술 사용에 자신감이 없어 신제
품을 사용하지 않을 가능성이 크다.

참고문헌

이세나, 정지윤, 김은혜, 전선규(2017). 성공 혹은 실패한 구매 경험이 관련성
    없는 제품의 후속 구매결정에 미치는 영향. 경영학연구, 46(4), 929-952.

043 | 잠재의식 효과 Subliminal Effect

자극이 의식적으로 인식되지 않지만, 개인의 감정, 생각, 행동에 무
의식적으로 영향을 미치는 현상을 의미한다. 의식적으로 인지되지 않

을 정도로 매우 짧은 시간 동안 자극이 제시되거나 매우 낮은 강도로 자극이 나타나서 해당 자극을 보았다는 인식은 생기지 않지만, 자극이 무의식적으로 처리되어 행동에 영향을 미치는 효과다. 광고와 마케팅에서는 잠재의식 효과를 이용해 브랜드 인지도와 브랜드 태도를 높일 수 있다는 주장이 있다. 예를 들어, 브랜드 로고나 메시지를 짧은 시간 동안 노출해 소비자가 의식하지 못하는 사이에 브랜드 인식을 높일 수 있다거나, 특정 감정을 유발하는 이미지나 단어를 짧게 노출해 제품에 대한 무의식적인 긍정적인 감정 반응을 유도할 수 있다(Moore, 1982). 하지만 잠재의식 효과를 본격적으로 검증한 연구는 드물며 잠재의식 효과의 존재와 크기에 대한 명확한 증거도 부족하다(양윤, 임명서, 2024).

참고문헌

양윤, 임명서(2024). 소비자 심리학(3판). 서울: 학지사.

Moore, T. (1982). Subliminal Advertising: What You See Is What You Get. *Journal of Marketing*, 46, 38-47.

044 | 재인 Recognition

소비자가 특정 광고, 브랜드, 또는 메시지를 보거나 들은 적이 있는지를 평가하는 방법으로 인지 측정 중에서 보조 인지(aided awareness)에 해당된다. 이는 소비자가 광고를 봤을 때 '이 광고를 본 적이 있다.'라고 인식할 수 있는지를 평가하는 것으로 광고를 보여 주고 "이 광고를 본 적이 있습니까?"라는 질문에 대한 답이다(안광호, 이유재, 유창조, 2020). 재인의 측정은 브랜드 로고와 광고 이미지를 보여 주고 본 적이 있는 지 물어보는 시각적 재인, 광고의 음성 클립을 들려주고 들어 본적이 있는지 묻는 청각적 재인, 광고 슬로건이나 주요 메시지를 보여 주고 이를 기억하는지 확인하는 텍스트 재인이 있다. 높은 재인율은 소비자에게 잘 전달되고 기억되고 있음을 의미하는데, 재인율이 낮다면 소비자에게 잘 기억되기 위해 광고 메시지나 디자인을 조정해야 한다.

참고문헌

안광호, 이유재, 유창조(2020). 광고관리: 이론과 실제가 만나다 (4판). 경기: 학현사.

045 | 정교화 가능성 모형 Elaboration Likelihood Model (ELM)

정교화 가능성 모형은 페티와 카시오포가 1980년에 제안한 이론으로, 설득 과정에서 수신자의 정보 처리 동기와 능력에 따라 메시지를 처리하는 경로가 중심 경로와 주변 경로로 달라진다고 주장하며, 두 가지 경로 중에서 어느 하나를 통해 메시지가 처리되는지에 따라 설득의 결과가 달라진다는 점을 강조했다(Petty & Cacioppo, 1980). 중심 경로는 메시지의 내용과 논리적 근거에 집중하는 경우로, 주로 메시지 처리에 대한 높은 동기와 능력을 갖춘 사람들이 이 경로를 사용한다. 이 경로를 통해 설득이 이루어지면, 변화된 태도는 오래 지속되고 행동에 강한 영향을 미친다. 예를 들어, 소비자가 특정 제품에 대해 깊이 생각하고 분석해 구매 결정을 내리는 경우다. 주변 경로는 메시지의 표현적인 특성, 예를 들어, 광고 모델의 매력이나 배경음악 같은 주변적 요소에 의존하는 경우다. 이 경로는 메시지에 대한 동기나 능력이 낮을 때 주로 사용된다. 주변 경로를 통해 이루어진 설득은 비교적 일시적이며, 상황이나 맥락의 변화에 따라 쉽게 변할 수 있다. 단순히 유명인이 추천해서 제품을 구매하는 경우가 이에 해당한다. 이 모형은 광고나 마케팅 메시지를 설계할 때, 목표 대상의 정보 처리 동기와 능력을 고려해 설득 전략을 개발하는 데 중요한 이론적 틀을 제공한다.

참고문헌

Petty, R. E., & Cacioppo, J. T. (1980). The Elaboration Likelihood Model of Persuasion. *Advances in Experimental Social Psychology*, *19*, 123-205.

046 | 정박효과 Anchoring Effect

사람들이 불확실한 상황에서 판단을 내릴 때 외부에서 주어진 정보의 영향을 받아 그 정보의 근사치로 판단을 내리는 경향을 의미한다. 소비자들은 날마다 수많은 제품이나 서비스의 가격들을 접하게 된다. 주변에서 흔히 볼 수 있는 주유소 간판에 적혀 있는 휘발유 가격에서부터 집과 직장에서 접하게 되는 신문, TV와 인터넷 광고에 이르기까지 가격을 나타내는 숫자들은 곳곳에서 찾아볼 수 있다. 그리고 소비자들의 가정에 비치되어 있는 제품의 포장이나, 그들이 방문하는 쇼핑센터에 진열된 상품에도 가격은 표시되어 있다. 이렇게 많은 곳에서 제품이나 서비스의 가격을 쉽게 볼 수 있기 때문에 소비자들이 구매하고자 하는 특정 제품의 가격을 고려할 때 주변에 있는 가격 표시들은 하나의 초깃값(또는 인지적 기준; anchor)으로 작용한다. 이러한 소비자의 내적 준거 가격(internal reference price)에 영향을 미치게 되고 궁극적으로 소비자의 선택에 많은 영향을 미칠 수 있다(하영원, 김경미, 2011; Nunes & Boatwright, 2004).

사람들은 일상생활에서 크고 작은 의사결정을 내리고 끊임없이 방대한 정보를 처리해야 한다. 그러나 모든 결정을 심사숙고해 내리기에는 인간의 인지능력은 한 번에 처리가능한 정보의 범위와 양이 한정되어 있고 주어진 시간 또한 제한적이다. 이를 해결하기 위해 사람들은 합리적이고 체계적인 사고가 아닌 직관적이고 단순한 인지처리를 하게 된다. 이를 가리켜 휴리스틱(heuristics)이라고 한다. 휴리스틱은 다양한 영역에서 흔히 찾아볼 수 있으며, 사람들이 효율적인 판단을 내리도록 돕는 중요한 심리적 기제다(Tversky & Kahneman, 1974). 다만 문제는 중대한 결정을 내려야 하는 상황에서도 얼마든지 휴리스틱한 판단을 할 수 있다는 점이다. 판단편향에 따라 파생되는 주요 이론으로 확증편향, 틀짓기 효과, 정박효과 등이 있다.

참고문헌

하영원, 김경미(2011). 우연히 노출된 제품가격에 의한 정박 효과의 경계조건과 심리적 특성. 마케팅연구, 26(1), 47-71.

Nunes, J. C., & Boatwright, P. (2004). Incidental Prices and Their Effect on Willingness to Pay. *Journal of Marketing Research*, 41(4), 457-466.

Tversky, A., & Kahneman, D. (1974). Judgment under Uncertainty: Heuristics and Biases. *Science*, 185, 1124-30.

047 | 정보 처리 Information Processing

소비자가 광고나 마케팅 메시지를 인식하고 이해하며 기억하는 과정이다. 소비자 정보 처리의 과정은 주로 '노출 → 주의 → 지각 → 기억'의 주요 단계로 이루어진다(김재휘, 박은아, 손영화, 우석봉, 유승엽, 이병관, 2009). 노출은 소비자 정보 처리의 첫 단계로 광고 자극이 소비자의 청각, 시각, 미각, 촉각, 후각 같은 감각기관의 수용 범위에 들어온 상태를 말한다. 노출은 소비자가 광고 자극을 보고 들을 수 있는 기회를 의미하는데, 노출이 되어야 비로소 자극이 정보 처리가 될 기회를 얻는다. 주의는 소비자가 자극을 인지하고 그 자극에 정보 처리 능력을 집중하는 상태를 의미한다. 지각은 인지한 자극을 개인의 주관적 기준으로 이해하고 주관적 의미를 부여하는 과정이다. 같은 자극에 노출되더라도 개인의 기존 지식, 경험, 문화적 배경에 따라 소비자마다 지각의 결과는 다를 수 있다. 기억은 해석된 정보를 저장하는 단계로 기억에 저장된 정보는 이후 인출 과정을 통해 의사결정에 영향을 미칠 수 있다.

참고문헌

김재휘, 박은아, 손영화, 우석봉, 유승엽, 이병관(2009). 광고심리학. 서울: 커뮤니케이션북스.

048 | 제품 지식 Product Knowledge

소비자가 특정 제품에 대해 알고 있는 정보와 이해를 의미하며, 주관적 지식, 객관적 지식, 제품 경험 등의 세 가지 주요 요소로 구성된다 (이병관, 윤태웅, 2009). 주관적 지식은 소비자 자신이 제품에 대해 얼마나 알고 있다고 느끼는지를 의미하며, 객관적 지식은 제품의 특징, 기능, 혜택에 대해 소비자가 실제로 기억하는 정보다. 제품 경험은 소비자가 제품과의 직접 또는 간접적인 상호작용을 통해 얻은 경험을 포함한다. 소비자의 제품 지식은 정보 탐색, 제품 평가, 선택 과정에 영향을 미친다. 예를 들어, 제품에 대한 지식이 많다고 생각하는 소비자는 자신이 충분히 알고 있다고 생각해 추가적인 정보 탐색을 줄인다. 객관적 지식이 많은 소비자는 제품의 특성과 기능을 정확히 평가할 수 있어, 합리적인 구매 결정을 내릴 가능성이 높다. 주관적 지식이 많은 소비자는

구매 결정에 대한 자신감이 높아 제품 선택에 있어 확신하고 결정을 내리는 경향이 있다. 또한 실제 사용을 통해 얻은 지식인 제품 경험은 소비자가 제품에 대해 더 잘 알고 있다고 느끼게 하며, 쾌락재와 경험재의 경우 특히 그러하다. 제품 지식에 대한 소비자의 이해는 소비자의 지식 수준에 맞춰 광고 마케팅 메시지를 조정하는 데 활용할 수 있다.

참고문헌

이병관, 윤태웅(2009). 구조방정식 모형을 이용한 주관적 지식, 객관적 지식, 제품 경험의 인과적 관계 탐색: 제품 유형의 조절적 역할. 한국심리학회지: 소비자·광고, 10(2), 357-378.

049 | 조작적 조건화 모형 Operant Conditioning Model

행동주의 심리학자 스키너(Skinner)가 제안한 학습이론으로, 특정 행동이 그 결과에 따라 강화되거나 약화하는 과정을 설명한다. 조작적 조건화 모형의 주요 세 가지 개념으로 강화(reinforcement), 처벌(punishment), 소거(extinction)가 있다(김연주, 2021). 강화는 행동의 빈도를 증가시키는 방법으로 행동 뒤에 긍정적인 자극을 제공해 그 행동의 빈도를 증가시키는 정적 강화(positive reinforcement)와 행동 뒤에 부정적인 자극을 제거해 그 행동의 빈도를 증가시키는 부적 강화(negative reinforcement)가 있다. 예를 들어, 청소를 잘해 칭찬받는다면 정적 강화의 경우이고, 청소를 잘해 부모님의 잔소리가 멈춘다면 부적 강화다. 처벌은 행동의 발현을 약화하는 방법으로 행동 뒤에 부정적인 자극을 제공해 빈도를 감소시키는 정적 처벌(positive punishment)과 행동 뒤에 긍정적인 자극을 제거하는 부적 처벌(negative punishment)이 있다. 예를 들어, 청소하지 않아 벌을 준다면 정적 처벌의 경우이고, 청소하지 않아 매달 주던 용돈을 주지 않는다면 부적 처벌이다. 소거는 강화의 중단이 행동 빈도의 감소로 이어지는 현상으로 행동 후에 어떠한 반응도 없을 때 행동의 빈도는 줄어든다. 청소를 아무리 잘해도 더 이상 칭찬이 없어 행위의 빈도가 줄어드는 것이 소거다. 조작적 조건화는 광고와 마케팅에서 강화와 처벌을 통해 소비자의 특정 행동을 유도하는 데 효과적일 수 있다.

참고문헌

김연주(2020). 소비자 학습. 이병관, 남승규, 부수현, 김철호, 김연주, 임혜빈, 유승엽, 안서원, 김동후, 염동섭, 전종우. 소비자 심리와 광고PR마케팅(pp. 99-134). 서울: 학지사.

050 | 주의 Attention

소비자가 특정한 자극을 인지하고 그 자극에 초점을 맞추는 상태를 의미한다. 정보처리의 관점에서 주의는 특정 대상에 대한 정보처리 용량의 배분으로 정의된다. 즉, 정보를 의식적으로 처리하도록 인지적 용량을 특정 대상에 할당하는 것을 의미한다(양윤, 임명서, 2024). 주의는 노출과 더불어 소비자 정보 처리의 첫 번째 단계로 소비자의 주의를 끌어야만 지각과 이해 등의 다음 단계로 나아갈 수 있으므로 중요한 단계로 간주한다. 수많은 마케팅 자극을 처리할 만한 소비자의 주의 용량과 동기는 매우 제한되어 있으므로 마케터는 소비자의 주의를 끌어내기 위해 다양한 요인들을 고려해야 하는데, 일반적으로 수용자 요인과 자극 요인이 주의에 영향을 주는 것으로 알려져 있다. 수용자 요인으로는 사람들의 신념과 지식에 일치 여부, 수용자 자신과의 관련성이 높을수록 주의를 기울이는 것으로 나타났다. 또한 자극 요인으로는 눈에 띄는 현저한 자극, 쾌락적 자극, 신기한 자극 또한 간결한 자극 등이 주의를 끄는 요인으로 보고되었다.

참고문헌

양윤, 임명서(2024). 소비자 심리학(3판). 서울: 학지사.

051 | 준거 집단 Reference Group

개인이 자신의 신념, 태도, 가치, 행동을 형성하고 평가하는 데 기준으로 삼는 집단이다. 준거 집단은 개인이 자신을 비교하고 동화하고자 하는 집단으로, 그 집단의 규범이나 가치 및 기대가 개인의 행동과 의사결정에 영향을 미친다. 준거 집단이 개인의 행동에 영향을 미치는 방식으로 주로 정보적 영향(informational influence), 규범적 영향(normative influence), 동일시 영향(identificational influence)이 고려된다(김광수, 우성택, 권은아, 2010). 정보적 영향이란 준거 집단이 제공하는 정보에 의해 개인의 신념이나 행동이 영향을 받는 것으로 소비자가 친한 친구의 추천을 통해 특정 브랜드를 구매하는 경우다. 규범적 영향은 준거 집단의 규범과 기대에 부응하고자 하는 욕구 때문에 개인의 행동이 영향을 받는 것으로, 또래 친구들 사이에서 인기 있는 브랜드를 선택하는 것이 이에 해당한다. 동일시 영향은 개인이 자신이 속하고 싶은 집단과 동일시하고자 하는 욕구에 행동이 영향을 받는 경우로 선망하는 연예인의 취향을 모방하는 경우다. 광고와 마케팅에서는 선망하는 유명인의 광고 모델의 활용, 소비자와 유사한 인구통계적 그룹의 제품 후기 등 준거 집단의 영향을 활용해 소비자 행동을 유도한다.

참고문헌

김광수, 우성택, 권은아(2010). 광고학. 서울: 한나래.

052 | 지각 Perception

감각기관을 통해 받아들인 자극을 개인의 주관적 기준으로 해석해 의미를 부여하는 과정이다. 즉 단순한 감각 정보의 수용을 넘어, 개인의 경험, 기대, 문화적 배경 등에 의해 영향을 받아 주관적으로 해석하는 과정을 의미한다. 소비자의 지각 과정은 지각적 조직화(perceptual organization)와 지각적 해석(perceptual interpretation)으로 이루어진다(유승엽, 2021). 지각적 조직화는 단편적 감각 정보를 조직화하고 유용한 정보를 도출하는 과정으로 이를 통해 사람들은 복잡한 정보를 이해하고 의미를 부여한다. 예를 들어, 사람들은 여러 점을 모아 하나의 이미지로 인식한다. 자극을 조직화하게 되면 사람들은 그 자극을 해석하게 되는 지각적 해석의 과정을 거친다. 같은 자극에 대한 평가도 개인이 가지고 있는 독특한 경험과 동기 등에 따라 다른 해석이 가능하다. 예를 들어, '바다'라는 자극에 대해 즐거운 지난 여름휴가를 떠올리는 사람은 '신난다'라고 해석하지만 조난 사고를 당한 경험이 있는 사람은 '무섭다'라는 해석을 할 수 있다. 지각은 광고와 마케팅에서 매우 중요한 역할을 하는데 소비자가 어떻게 광고를 인식하고 해석하는지에 따라 광고의 효과가 달라지기 때문이다.

참고문헌

유승엽(2021). 광고와 소비자 심리. 김병희, 마정미, 김봉철, 김영찬, 유현재,

유승엽, 최세정, 송기인, 소현진, 유승철, 남고은, 김여정, 한규훈, 정윤재, 윤태일, 정승혜. 디지털 시대의 광고학신론(pp. 177-222). 서울: 학지사.

053 지각된 위험 Perceived Risk

소비자가 특정 상황에서 의도하지 않게 상황이 흘러갈 수 있다는 불확실성과 결과를 예측할 수 없어서 발생하는 우려를 의미하며, 특히 소비자가 구매 후 긍정적 결과를 예측할 수 없는 불확실성에서 인지하는 위험을 말한다. 예를 들면, 온라인 쇼핑에서 제품 배송의 위험이나 사생활 침해 위험, 관광지에서 식당 선택 시 느낄 수 있는 신체적 건강 위험, 기회 손실 위험 등이 있다(여영성, 이세진, 2023). 지각된 위험은 소비자의 구매 의사결정에 다양한 영향을 미치는데, 특히 지각된 위험이 높을수록 다양한 출처에서 정보를 수집하고자 하는 경향이 증가하며 구매 의사결정을 내리는 데 걸리는 시간이 오래 걸린다. 일반적으로 지각된 위험은 소비자의 구매 의도에 유의미한 부정적 영향을 미치는 것으로 보고되고 있다. 한편, 지각된 위험을 감소시키고 구매 결정에 영향을 미치는 요인으로는 높은 브랜드 신뢰도와 신뢰성 있는 사용자의 후기, 안전한 보증과 환불 정책 등이 있다.

참고문헌

여영성, 이세진(2023). 온라인 중고 거래에서 구매여정 단계별 지각된 위험에 영향을 미치는 요인: 거래비용이론의 적용. 광고PR실학연구, 16(4), 95-119.

054 | 최초 상기 Top of Mind

소비자가 특정 제품 카테고리를 생각할 때 가장 먼저 떠오르는 브랜드나 제품을 의미한다(홍재욱, 2000). 이는 브랜드 인지도의 가장 높은 수준으로 최초 상기 브랜드는 그 브랜드가 소비자의 마음에 깊이 각인되어 있다는 것을 뜻한다. 최초 상기 브랜드는 소비자가 필요를 인식하거나 구매를 결정할 때 가장 먼저 고려하는 브랜드로 간주할 수 있다. 따라서 최초 상기 브랜드는 다른 브랜드보다 선택될 확률이 높으며 시장에서 다수의 브랜드가 경쟁하는 상황에서 최초 상기는 강력한 경쟁 우위를 제공한다. 최초 상기는 브랜드 재구매와 브랜드 전환, 브랜드 구매의도와 밀접히 관련되어 있다는 다양한 연구 결과에 근거해(홍재욱, 2000), 기업들은 지속적인 광고 캠페인, 폭넓은 소셜미디어 마케팅, 브랜드 협찬 및 이벤트 등을 통해 소비자와 상호작용해 브랜드 경험을 제공하고 브랜드 최초 상기를 높이도록 노력하고 있다.

참고문헌

홍재욱(2000). 브랜드 최초상기가 구매행동에 미치는 영향. 광고학연구, 11(2), 61-87.

055 | 충동구매 Impulse Buying

소비자가 계획하지 않은 상태에서 순간적인 욕구 때문에 제품이나 서비스를 구매하는 비계획적 행위로 즉석에서 구매 결정을 내리는 것이다. 충동구매는 논리적이고 합리적인 의사결정 과정 없이 감정적이고 즉흥적인 반응으로 이루어지는 구매로 '사고 싶다.'라는 강력하고도 끈질긴 욕구를 수반하며, 소비자의 정서적 상태에 크게 의존한다. 충동구매 행동은 다양한 요인에 의해 영향을 받는다. 소비자 요인으로는 자기조절 능력, 플랫폼 요인으로는 사용 편리성, 프로모션 요인으로는 할인, 행사 같은 판매촉진과 광고 등이 있다. 특히 플랫폼의 사용 편리성은 충동구매에 매우 중요한 요인으로, 구매 과정에서의 불확실성과 모호함을 낮추어 소비자의 즉각적인 구매를 유도한다(장주결, 이세진, 2023). 소비자들은 우울함, 좌절, 무료함 등의 불유쾌한 기분을 벗어나기 위한 수단으로 충동구매를 활용하며, 즉각적 욕구 충족을 통해 행복감을 느낀다. 따라서 충동구매는 감정적 상태와 밀접하게 연관된 구매행동으로, 쾌락적 가치가 충동구매에 직접적인 영향을 미친다.

참고문헌

장주결, 이세진(2023). 라이브커머스에서 충동구매 행동에 영향을 미치는 요인 연구. 한국광고홍보학보, 25(2), 267-299.

056 | 태도 Attitude

특정 대상을 호의적 또는 비호의적 정도로 평가함으로써 표현되는 심리적 경향으로 개인의 비교적 지속적이고 일관된 평가, 감정, 행동 경향을 의미한다. 일반적으로 나는 "○○에 대해 긍정적이다." 혹은 "○○에 대해 부정적이다."로 표현된다. 태도는 세 가지 요소로 구성되었다고 여겨지는데, 첫째 대상에 대한 신념이나 지식인 인지적 요소, 둘째 대상에 대한 느낌이나 정서인 감정적 요소, 셋째 대상에 대한 행동 의도인 행동적 요소가 있다(김정현, 2022). 환경보호에 대한 태도를 예로 들면, "환경보호는 우리 미래를 위해 필요하다."라는 신념은 인지적 요소에 해당하며, "환경보호를 위해 힘쓰는 것은 즐겁다."라는 감정은 감정적 요소다. 한편, "나는 일회용 플라스틱 사용을 줄이기 위해 재사용할 수 있는 제품을 사용할 의향이 있다."라는 환경보호에 대한 태도 중 행동적 요소에 해당한다. 설득 메시지는 주로 신념(인지적 요소), 감정(감정적 요소), 행동 의도(행동적 요소)에 영향을 미쳐 태도를 형성 · 변화 · 강화하려고 시도한다. 태도의 세 요소는 서로 일관성을 유지하는 방향으로 변화하려는 경향이 있으므로 설득 메시지를 통해 한 요소를 변화시키면 전체적인 태도 변화의 결과를 기대할 수 있다.

참고문헌

김정현(2022). 설득 커뮤니케이션의 이해와 활용. 서울: 커뮤니케이션북스.

057 | 통찰 Insight

어떤 상황이나 문제에 대해 깊이 있는 이해를 통해 그 속에서 숨겨진 패턴이나 의미를 발견해 이를 바탕으로 창의적이고 혁신적인 해결책을 도출하는 것이다. 광고에서 통찰은 소비자 행동, 심리, 그리고 시장 트렌드에 대한 깊은 이해를 바탕으로 소비자의 행동 패턴을 분석하고 그들이 진정으로 원하는 것을 찾아내는 것이다. 이는 표면적인 데이터나 통계 이상의 것을 파악해, 소비자의 감정과 동기, 욕구를 정확히 짚어내는 것을 의미한다(이희준, 2020). 특정 제품이 왜 소비자에게 매력적인지, 어떤 감정적 반응을 일으키는지를 이해하고, 이를 광고에 반영해 소비자와 공감대를 형성하는 것이 통찰의 핵심이다. 소비자 통찰을 광고에 성공적으로 반영한 캠페인으로 맥도날드의 'I'm lovin' it' 캠페인을 사례로 들 수 있다. 맥도날드는 햄버거와 같은 패스트푸드 소비가 단순한 한 끼 때우기가 아니라 즐거운 경험과 관련이 있다는 점을 발견하고 음식의 품질뿐 아니라 맥도날드에서의 즐거운 경험을 강조한 글로벌 캠페인을 수행해 맥도날드의 브랜드 이미지를 강화하는 데 성공했다.

참고문헌

이희준(2020). 디지털 시대의 광고 인사이트. 윤일기, 남고은, 김규철, 이희준, 구승회, 이선구, 최승희, 이경아, 한규훈, 김소연, 황보현우. 디지털 시대의 광고 크리에이티브(pp. 79-107). 서울: 학지사.

058 | 필요와 욕구 Needs and Wants

필요(needs)는 생존과 기본적인 인간 생활을 유지하는 데 필수적인 것들로서, 예를 들어, 음식, 물, 주거, 의류 등이 포함된다. 한편, 욕구(wants)는 필요를 충족하기 위한 구체적인 형태나 방법으로, 문화적, 사회적, 개인적 요소에 따라 다양하게 나타난다(김민정, 김기옥, 2008). 예를 들어, 배고픔을 해결하기 위해서는 음식에 대한 필요를 느낀다. 음식에 대한 필요를 충족시키기는 방법으로 사람들마다 비빔밥, 떡볶이와 같은 특정한 다른 음식을 원하게 되고 이것은 특정 음식에 대한 욕구로 나타날 수 있다. 필요는 생존이나 생활을 위해 기본적인 항목이며 생리적 요인에 의해 주로 결정되므로 모든 사람에게 보편적이다. 한편, 욕구는 특정 상황과 개인에 따라 다르게 나타나며 문화적, 사회적 영향, 개인적 경험에 따라 변화하며 특정 브랜드나 스타일, 제품을 선호하는 형태로 나타난다. 소비자의 욕구는 다양하고 개별적이기 때문에, 광고와 마케팅에서는 소비자의 욕구를 분석해 제품 차별화를 시도한다.

참고문헌

김민정, 김기옥(2008). 소비욕구 측정을 위한 척도개발. 소비자학연구, 19(1), 1-23.

059 | 합리적 행동 이론 Theory of Reasoned Action (TRA)

아젠과 피쉬바인(Ajzen & Fishbein, 1975)이 제안한 행동 예측 이론으로 개인의 행동은 행동 의도(behavioral intention)에 의해 예측되며, 행동 의도는 태도(attitude)와 주관적 규범(subjective norm)의 영향을 받는다는 것이 핵심이다. 태도는 특정 행동에 대한 개인의 긍정적 또는 부정적 평가로서 행동에 대한 신념과 그 행동 결과에 대한 평가를 통해 형성된다. 예를 들어, 전기차 구매의 경우 '전기차는 친환경적이다.' '전기차는 연료비를 절감할 수 있다.'는 행동에 대한 신념이며, '환경보호는 중요하다.' '연료 절감은 나에게 중요하다.'는 행동 결과에 대한 평가이다. 신념과 평가가 긍정적이면 행동에 대한 태도는 긍정적일 것으로 기대할 수 있다. 주관적 규범은 특정 행동에 대한 사회적 압력이나 기대로, 가족이나 친구 같은 중요한 타인의 행동에 대한 의견과 그 의견에 대한 행위자의 순응 의지에 의해 결정된다. 즉, 전기차 구매에 대해 가족들이 찬성할 것으로 기대하고, 가족들의 의견에 따를 의사가 있다면 전기차 구매에 대한 주관적 규범은 긍정적이라고 판단할 수 있다. 합리적 행동 이론은 행동 의도를 결정하는 데 있어 태도뿐 아니라 사회적 압력인 주관적 규범을 고려했다는 점에서 행동 예측 모형의 정교화에 이바지했다는 평가를 받는다.

참고문헌

Ajzen, I., & Fishbein, M. (1975). *Belief, Attitude, Intention, and Behavior: An Introduction to Theory and Research*. Reading, MA: Addison-Wesley.

060 | 행동 학습 이론 Behavioral Learning Theory

학습은 외부 환경의 자극과 그에 따른 반응의 결과라고 가정하며, 환경과의 상호작용을 통해 행동이 변화하는 것을 학습으로 간주한다. 행동 학습 이론에서는 자극, 반응, 연합의 세 개념이 학습을 설명하는데, 먼저 학습이 이루어지기 위해서는 학습자에게 영향을 주는 '자극'이 있어야 하며, 다음으로는 자극에 대한 학습자들의 '반응'이 필요하며, 이때 자극과 반응을 서로 연합하는 것이 학습이며, 연합은 시행착오적인 연습이나 조건화에 의해 이루어지게 된다(김영석, 2006). 이처럼 행동 학습이론에서의 학습은 자극과 반응의 연합 또는 반응과 강화 간의 연합에 의한 행동 변화로서, 행동 학습이론은 정보를 습득하고 처리하고 내면화하는 등의 개인 내적인 인지 과정 없이도 학습이 이루어진다고 보는 특징이 있다. 행동 학습은 주로 인지의 변화보다는 관찰할 수 있는 행동의 변화에 초점을 맞추어 외부 자극과 반응의 연관성을 중요하게 관찰한다. 행동적 학습의 대표적인 이론으로는 고전적 조건화(classical conditioning)와 조작적 조건화(operant conditioning)가 있다.

참고문헌

김영석(2006). 설득커뮤니케이션. 서울: 나남.

061 | 혁신의 확산 Diffusion of Innovation

　에버렛 로저스(Everett Rogers)가 제안한 개념으로, 새로운 아이디어, 제품, 서비스 등 혁신이 사회에 수용되는 과정을 설명하는 이론이다. 혁신의 확산 이론은 혁신 수용자를 혁신자(innovator), 초기 채택자(early adopters), 초기 다수자(early majority), 후기 다수자(late majority), 지각 수용자(laggards)로 구분한다(Rogers, 2003). 신제품이 시장에 나오면 소수의 혁신자만이 구매하는데, 이들은 대체로 모험심이 강하고, 위험을 감수하며, 새로운 아이디어나 기술에 대한 열정이 크다. 혁신자들로부터 제품이 만족스럽다는 평가를 받으면 그 뒤를 이어 초기 채택자가 혁신을 재빠르게 수용해 제품이 시장에 안착할 가능성이 커진다. 초기 채택자는 시장의 리더 역할을 하는 사람들로, 신중하게 혁신을 평가하고 다른 사람들에게 영향을 미치는 의견 지도자의 역할을 하는 경향이 있다. 새로운 제품이 시장에 소개되고 신제품에 대한 인지도가 높아지면 다수의 소비자가 제품을 구매하는데, 조금 일찍 제품 구매를 시작하면 초기 다수자, 조금 늦게 합류하면 후기 다수자로 분류된다. 초기 다수자들은 혁신이 검증되고 안정적이라는 확신이 들 때 채택하므로 다른 사람들의 경험을 중요하게 생각하고, 일반적으로 사회적 평균보다 혁신을 빨리 받아들인다. 한편, 후기 다수자는 보수적이고 변화에 대한 저항이 크므로, 혁신이 대세가 될 때 채택하며 혁신의 확실한 이점을 본 후에야 채택하는 경향이 있다. 시장에서 소비자가 대부분이 신제품을 채택하고 난 뒤 매우 늦게 받아들이거나 혹은 거의 받아들이지 않는 집단이 지각 수용자다. 이들은 전통적이고 변화에 대한 강한 저항을 보이며 혁신보다는 기존의 방식을 선호한다. 혁신의 확산 단계에 따른 수용자의 분류는 혁신의 확산 과정을 이해하고, 각 그룹을 대상으로 마케팅 커뮤니케이션 전략을 개발하는 데 이바지한다.

참고문헌

Rogers, E. M. (2003). *Diffusion of Innovations* (5th ed.). Free Press.

062 | 회상 Recall

회상은 특정 자극 없이 소비자가 기억 속에서 광고나 브랜드 정보를 스스로 떠올리는 것으로 "최근 본 광고 중 기억나는 광고를 말해 보세요." 혹은 "○○ 제품군에서 생각나는 브랜드를 말해 보세요."라는 질문에 대한 답변이다(양윤, 임명서, 2024). 광고에 대한 회상은 광고 메시지가 소비자의 기억 속에 얼마나 잘 저장되었는지를 나타낸다. 소비자 정보 처리 이론에 따르면 기억에서 인출이 잘 되는 정보일수록 행동에 영향을 미칠 가능성이 높으므로, 광고에 대한 회상은 광고가 브랜드 선택 행동에 영향을 미칠 가능성을 높인다는 점에서 중요하다. 한편, 브랜드 회상은 소비자의 브랜드 고려군(brand consideration set)에 해당 브랜드가 속하는지 아닌지를 판별할 수 있는 지표로 여겨진다. 연구에 따르면, 소비자가 특정 카테고리에서 브랜드를 회상할 수 있을 때 그 브랜드가 고려군에 포함될 가능성이 높다(Nedungadi, 1990).

참고문헌

양윤, 임명서(2024). 소비자 심리학(3판). 서울: 학지사.

Nedungadi, P. (1990). Recall and Consumer Consideration Sets: Influencing Choice without Altering Brand Evaluations. *Journal of Consumer Research*, 17(3), 263-276.

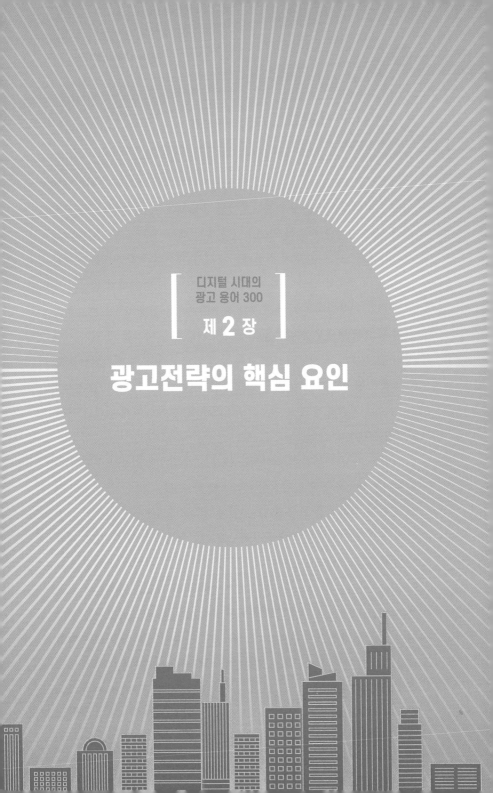

디지털 시대의
광고 용어 300

제 2 장

광고전략의 핵심 요인

063 │ 간접 광고 Product Placement (PPL)

PPL은 콘텐츠 내에 브랜드나 제품을 계획적으로 배치해 소비자에게 영향을 미치려는 마케팅 커뮤니케이션 활동이다. 주로 영화나 TV 프로그램 같은 영상 콘텐츠에 자연스럽게 특정 제품이나 브랜드를 배치해 시청자에게 노출함으로써 소비자들이 해당 제품이나 브랜드를 인지하고 호감을 갖도록 하는 의도다. 광고의 홍수 속에 광고회피 현상과 광고에 대한 거부감이 증가하는 것과 관련해 PPL은 잠재적으로 호소하는 간접 광고의 형태로 소비자들의 심리적 거부감을 제거할 수 있다는 특성이 있다. PPL은 전통적인 광고와 달리 프로그램 속에 배치되므로 프로그램과 광고 간의 구분을 모호하게 한다. 이 때문에 시청자들은 PPL을 광고로 인식하지 않고 프로그램의 일부로 받아들이게 된다(김재휘, 이해양, 2003).

기업은 자사 제품을 노출시키는 대가로 제작비의 일부를 부담하고, 제작사는 PPL을 통해 안정적인 제작비를 확보하는 것이 가능해지고 영상의 질과 경쟁력을 한층 높일 수 있다. 비용 측면에서 합리적일 뿐만 아니라 브랜드나 제품에 대한 주목도를 자연스럽게 높일 수 있고, 시청자에게 긍정적인 태도나 구매의도를 형성하게 할 수 있다는 특징을 갖고 있다. 이러한 특성으로 인해 PPL은 전통적인 광고의 한계점을 보완하는 광고 기법으로 프로그램 속에서 제품이나 브랜드 이미지를 부각시키는 데 효과적인 수단으로 자리를 잡고 있다. PPL은 초기에는 영화에만 국한되었으나 최근에는 영화뿐만 아니라 TV 드라마, 예능프로그램, 게임, 웹툰, 인터넷 개인방송 등 다양한 매체에서 PPL이 사용되고 있음을 쉽게 찾아볼 수 있다(성다혜, 이형석, 2018; 최윤슬, 유승엽, 2016).

참고문헌

김재휘, 이해양(2003). TV 드라마에 의해서 유발된 정서가 PPL 효과에 미치는 영향. 한국심리학회지, 4(2), 23-40.

성다혜, 이형석(2018). 인터넷 개인방송 BJ와 시청자 간의 의사사회적 상호작용, 사회적 거리감, 전문성이 PPL 효과에 미치는 영향: 설득지식모델을 중심으로. 융합사회와 공공정책, 11(4), 87-121.

최윤슬, 유승엽(2016). 웹툰 인게이지먼트 구성요인이 PPL 광고 효과에 미치는 영향: PPL 침입성의 매개효과를 중심으로. 광고학연구, 27(6), 241-266.

064 | 고객 가치 제안 Customer Value Proposition

고객 가치 제안은 기업의 제품이나 서비스가 소비자들에게 제공하는 가치를 말한다. 소비자들에게 우리 제품이나 서비스를 선택해야 하는 이유를 설득하고 약속하는 것이 고객 가치 제안이다. 고객 가치 제안은 기업의 경쟁력과 성장을 위한 중요한 요소의 하나다. 기업은 소비자들의 필요와 욕구를 파악해 차별화된 고객 가치 제안을 제공함으로써 소비자들의 구매를 유도하고 만족도를 높일 수 있으며, 수익증대를 달성할 수 있다. 고객 가치 제안이 중요한 이유는 다음과 같다(Anderson, Narus, & Van Rossum, 2006; Payne, Frow, & Eggert, 2017)

첫째, 고객 가치 제안은 경쟁력 강화에 필수적인 요소다. 경쟁이 치열한 시장에서는 차별화된 고객 가치 제안을 제공하는 기업들만이 그들의 경쟁력을 강화하고, 소비자들의 소비를 유도할 수 있다. 기업은 좋은 고객 가치 제안을 통해 경쟁사와 차별화된 제품과 서비스를 제공할 수 있으므로 경쟁 우위를 차지할 수 있다. 둘째, 고객 가치 제안은 소

비자 만족도 향상에 도움이 된다. 만족도가 높은 소비자들은 기업이 제
공하는 제품이나 서비스에 대한 신뢰도가 높으며, 재구매율도 증가하
게 된다. 또한 소비자들의 긍정적인 입소문 마케팅을 통해 기업의 성과
를 향상시킬 수도 있다. 셋째, 고객 가치 제안은 기업의 수익 증대에도
도움이 된다. 고객 가치 제안을 통해 기업은 가격에 대한 유연성을 가
질 수 있다. 가격에 대한 경쟁력을 가지고 수익을 창출하는 데도 도움
을 줄 수 있다. 소비자들은 가치 있는 제품이나 서비스에 대해 더 높은
가격을 지불하게 된다. 넷째, 고객 가치 제안은 지속적인 성장을 가능
하게 해 준다. 기업은 시장 트렌드에 민감하게 대응하고 새로운 기회를
창출함으로써 성장을 한다.

참고문헌

Anderson, J. C., Narus, J. A., & Van Rossum, W. (2006). Customer Value
　　　Propositions in Business Markets. *Harvard Business Review*, *84*(3),
　　　1-9.
Payne, A., Frow, P., & Eggert, A. (2017). The Customer Value Proposition:
　　　Evolution, Development, and Application in Marketing. *Journal of the
　　　Academy of Marketing Science*, *45*, 467-489.

065 | 고객 생애 가치 Customer Lifetime Value

　고객 생애 가치(CLV)는 어떤 고객으로부터 얻게 되는 이익 흐름의
현재 가치를 말한다. 고객 생애 가치는 "고객이 기업에게 제공할 것으
로 예상되는 수입에서 기업이 해당 고객을 획득하고 유지하는 데 소요
되는 관련 비용을 제외한 수치를 현재 가치로 환산한 것"이라고 정의할
수 있다(Dwyer, 1989). 즉, 고객 생애 가치는 판매자 입장에서 본 고객

의 가치, 다시 말해 고객이 판매자에게 제공하는 이익, 그것도 평생 동안 제공하는 이익을 의미한다. 고객 생애 가치는 한 명의 소비자가 특정 기업의 제품을 얼마나 많이 구매하는지를 가리키는 고객의 연간 거래액, 몇 년 동안 구매와 재구매가 발생하는지와 관련된 거래 지속 연수, 그중 원가나 제반 경비를 제외하고 얻을 수 있는 평균 이익률을 종합적으로 고려해 산출된다.

시장 환경과 마케팅 환경의 변화에 따라 기업에서는 새로운 고객을 창출하는 것 못지않게 가치 있는 고객을 유지하는 것도 중요한 과제라는 점을 인식하게 되었다. 기업에서는 수익성 높은 고객을 파악하는 활동을 우선적인 경영목표로 설정해야 한다는 움직임이 가시화되었다. 이는 개별 고객에게 최상의 제품과 서비스를 제공하는 것보다 고객의 수익성에 맞춘 최적의 제품과 서비스를 제공하는 것이 중요하다는 인식을 싹트게 했다(Haenlein, Kaplan, & Beeser, 2007).

기업의 경영활동 변화에 따라 고객 각각이 기업에게 가져다주는 수익을 수치로 환산하고 측정해 수익성 높은 고객을 기업의 자산(asset)으로 인식하려는 움직임이 대두했다. 이러한 요구에 의해 등장한 개념이 고객 생애 가치이다. 기업 입장에서 고객 생애 가치는 고객의 수익성을 파악하고 기업의 한정된 비용, 자원의 우선적 배분에 대한 의사결정을 지원하는 효과적인 도구로 활용될 수 있다. 즉, 잠재고객을 새롭게 유치하는 데 소요되는 비용(고객획득비용)과 기존 고객의 지속 구매를 이끌어내는 데 소요되는 비용(고객유지비용) 간 적정 수준을 유지하고 균형을 이루기 위한 의사결정의 기준으로 이용된다. 이후 많은 연구에서는 개별 고객의 수익성을 측정하거나 고객 생애 가치를 기준으로 고객을 세분화해 전략적으로 활용하고, 고객 생애 가치 변화를 분석해 기업의 마케팅 활동의 효과와 고객 구매행동의 변화를 파악하기도 한다

(Jain & Singh, 2002).

참고문헌
Dwyer, F. R. (1989). Customer Lifetime Valuation to Support Marketing Decision Making. *Journal of Direct Marketing*, 3(4), 8-15.

Haenlein, M., Kaplan, A. M., & Beeser, A. J. (2007). A Model to Determine Customer Lifetime Value in a Retail Banking Context. *European Management Journal*, 25(3), 221-234.

Jain, D., & Singh, S. S. (2002). Customer Lifetime Value Research in Marketing: A Review and Future Directions. *Journal of Interactive Marketing*, 16(2), 34-46.

066 | 관계 마케팅 Relationship Marketing

관계 마케팅이란 한 번 고객을 영원한 고객으로 만들기 위해 구매 전부터 구매 후까지 연속선상에서 지속적인 관계를 유지하기 위한 마케팅 활동을 말한다. 관계 마케팅은 재구매가 이루어지고 고정 고객이 있어야만 이윤이 창출된다는 개념과 밀접한 관련이 있다. 이때 특히 프로모션 활동이 중요한 역할을 담당하게 된다. 즉, 한 번 관계를 맺은 고객과 계속해서 그 관계를 유지하고 자산화하기 위한 촉진 중심의 마케팅이 관계 마케팅이다(황병일, 1999). 관계 마케팅 개념이 대두한 것은 전반적인 마케팅 핵심 개념이 변화했기 때문이다. 마케팅 환경은 생산이나 판매 중심의 시각에서 벗어나 소비자들의 '구매' 중심으로 변화했다. 이는 전 세계적인 현상으로 마케팅 연구의 흐름도 '관계' 중심으로 전환되었다(나혜수, 2008). 관계 마케팅은 기업뿐만 아니라 최종 소비자인 일반 고객에게도 도움이 되는 이른바 승승(win-win) 전략이다. 관계 마케팅은 단순히 소비자를 대상으로 서비스 또는 상품을 판매하는 것이 아니라 기업과 소비자가 공동의 이익을 만들기 위해 노력하는 마케팅의 한 영역이라 볼 수 있다.

고객을 오래 유지할수록 더 많은 이익을 얻을 수 있다는 사실은 이미 여러 사례에서 입증되었다. 고객이탈을 방지하면 기업은 매출 증대는 물론 고객의 충성도 상승, 고객가치 상승과 함께 기존 고객이 새로운 고객을 유치하는 효과도 창출한다. 기업과 고객 간 관계에 초점을 둔 관계 마케팅이 고객관계관리(Customer Relationship Management: CRM)이다(라선아, 이유재, 2015). 이처럼 관계 마케팅에서는 고객과 기업이 상호 의존적인 동반자 관계에 놓여 있다고 가정한다. 서로가 서로에게 도움이 되는 존재로 인식함으로써 지속적인 거래가 이루어지게 된다. 고객 입장에서 보면 오랜 거래를 통해 심리적인 안정감을 느낄 수 있고 또 여러 가지 혜택을 받기도 한다. 기업 입장에서는 끊임없이 신규 고객을 창출하기 위한 비용이나 자원을 절감할 수 있다. 관계 마케팅은 혁신적인 개념이 아니며, 일시적인 유행이나 새로운 사상도 아니다. 따라서 일회적인 관심으로 끝나서는 안 되며 지속적으로 실행해야 하는 활동이다.

참고문헌

나혜수(2008). 마케팅의 핵심 개념에 관한 국가 간 비교 연구: 미·일 마케팅 연구에서의 교환 및 거래 개념에 대한 인식의 변화를 중심으로. 대한경영학회지, 21(2), 639-669.

라선아, 이유재(2015). 고객만족, 고객충성도, 관계 마케팅, 고객관계관리 관련 문헌에 관한 종합적 고찰. 마케팅연구, 30(1), 53-104.

황병일(1999). 마케팅 사고의 변천과 마케팅 커뮤니케이션: 관계 마케팅 관점. 산학경영연구, 12, 1-27.

067 | 광고 기획자 Account Executives (AE)

광고회사에서 광고주가 의뢰한 광고의 제작을 기획하고, 광고 제작 일정 및 방향을 조정하며 광고주를 관리하는 역할을 담당하는 사람을 말한다. 흔히 광고 기획자를 AE(Account Executives)라고 한다. 광고주에 대해서는 광고회사를 대표하며, 광고회사에 대해서는 광고주 측의 대변자 역할을 한다. 광고회사 내에서는 광고주를 대신해서 일을 진행하고, 광고주에게는 광고회사를 대표해서 업무를 진행한다. 전반적인 광고기획을 입안하고 실행에 옮기므로 광고 관련 업무를 총괄하게 되며, 제작과정에서는 광고주와 제작팀 간 의사소통을 하는 중개자 역할을 한다. 따라서 광고주의 기업 및 그 기업이 속해 있는 산업, 제품을 꿰뚫고 있어야 함은 물론, 마케팅, 광고, 소비 트렌드 등에 폭넓게 알고 있어야 한다. 4차 산업혁명, 디지털 시대를 살아가면서 변화하는 무엇이며, 또 변화하지 않는 것은 무엇인지 간파하고 이를 풀어 나갈 수 있어야 한다(유종숙, 2018; 이희준, 2023).

광고 기획자에게 가장 필요한 능력은 바로 기획력이다. 광고주가 처한 상황이 무엇이고, 이를 어떻게 광고로 해결할 수 있을 것인지, 나아가 콘셉트를 잡아내는 것 모두가 광고 기획자의 업무 영역이다. 광고 기획자의 기획안을 바탕으로 광고 콘셉트의 결정, 광고시안, 제작, 매체 선정 및 집행 등 일련의 과정이 이루어지므로 광고 기획자를 오케스트라의 지휘자에 비유하기도 한다. 그러나 기획력이 우수하지 않은 광고 기획자는 광고주와 광고회사 간의 연락책이나 단순 전달자로 전락해 버릴 수 있다.

참고문헌

이희준(2023). 광고회사의 역할 변화와 기획자의 업무. 김병희, 이시훈, 이희준, 이진균, 김유나, 정세훈, 최인호, 김활빈, 지준형, 조준혁, 김희은, 민병운, 김동후, 염철, 유은아, 정승혜, 박종구, 심성욱, 지원배. 디지털 시대의 광고기획 신론(pp. 73-99). 서울: 학지사비즈.
유종숙(2018). 4차 산업혁명 시대의 광고기획 솔루션. 경기: 한울아카데미.

068 | 광고 브리프 Advertising Brief

광고 브리프는 광고 기획자가 작성하는 광고전략의 핵심 요약서로, 광고전략의 주요 아이디어를 명확하게 정리한 문서다. 이는 광고 기획자가 광고주에게 광고전략을 설명하거나, 제작팀 및 매체팀에 광고 제작이나 매체 기획을 의뢰할 때 지침서로 활용된다. 광고 브리프에는 프로젝트의 배경과 마케팅 목표, 광고전략 관련 핵심 상황 분석, 광고 캠페인의 목표 및 목표 청중 프로파일, 광고의 핵심 메시지와 브랜드 약속 및 뒷받침, 광고 콘셉트, 크리에이티브 가이드라인, 미디어믹스, 기타 고려 사항이 포함된다(소현진, 2021). 좋은 광고 브리프는 객관적, 비판적, 분석적, 창의적이라는 특징을 갖춘다. 첫째, 광고 브리프는 제품과 시장에 대한 객관적 사실에 기초해 현실적이고 타당한 근거에 기반해야 한다. 둘째, 보편적 상식에 비판적인 의문을 제기해 새로운 시각에서 문제를 정의할 수 있어야 한다. 셋째, 광고 브리프는 제품 및 브랜드 상황에 관련된 다양한 자료에 대한 철저한 분석에 근거해야 하며, 마지막으로, 데이터 분석 시 단순히 데이터를 해석하는 것을 넘어 창의적인 시선으로 접근해 통찰력을 발휘할 수 있어야 한다.

참고문헌

소현진(2021). 광고전략 모델과 애드 브리프 작성. 김병희, 마정미, 김봉철, 김
        영찬, 유현재, 유승엽, 최세정, 송기인, 소현진, 유승철, 남고은, 김여정,
        한규훈, 정윤재, 윤태일, 정승혜. 디지털 시대의 광고학신론(pp. 289-316).
        서울: 학지사.

069 | 광고전략 모형 Advertising Strategy Model

　광고전략 모형은 넓은 의미로는 광고기획을 가리키기도 하고, 좁은
의미로는 광고 커뮤니케이션 목적을 달성하기 위한 구체적인 프로그램
을 말한다. 광고회사에서는 오랜 시행착오 끝에 각 회사별로 독특한 광
고전략을 개발했으며, 광고 업무를 효율적으로 처리하기 위한 서식과
더불어 경쟁력 있는 전략 모두를 포괄하는 개념으로 확대되었다(김병희
외, 2017). 광고전략 모형은 보다 나은 광고, 보다 효과적인 광고를 만들
어 내기 위한 고민의 산물이다. 치열한 시장 경쟁 상황과 광고 혼잡 상
황(advertising clutter) 속에서 보다 효과적인 광고를 만들고자 하는 노
력, 그리고 집행된 광고의 효과를 체계적으로 측정, 평가해야 하는 필요
성은 아무리 강조해도 지나치지 않는다. 그렇기 때문에 실무 차원에서
광고 기획 업무에 일관된 흐름을 부여하고 관련 부서 간 커뮤니케이션
수단으로 활용될 수 있는 광고전략 모형의 필요성이 부각되고 있다.

　구체적으로 광고전략 모형의 필요성은 다음과 같은 세 가지 차원에
서 살펴볼 수 있다. 첫째, 광고전략 모형은 크리에이티브 콘셉트를 추출
하는 데 방향성을 제시하고 그 질을 높이는 데 도움을 준다. 둘째, 광고
전략 모형은 광고기획 업무와 관련된 광고회사 내부의 업무 표준화를

위한 도구이자 이들과 광고주 사이의 효과적인 커뮤니케이션을 하기 위한 수단으로 활용될 수 있다. 셋째, 광고전략 모형은 각 광고회사에서 제작하는 광고물에 대한 평가를 통해 효율적인 광고 관리를 가능하게 해 준다. 이 같은 광고전략 모형에 대한 필요성으로 인해 서구 선진 광고회사에서는 이미 오래전부터 각기 고유의 광고전략 모형을 개발, 이를 수정 보완해 실제 광고전략 기획과정에 활용하고 있다. 그러나 현재 우리나라 광고회사의 경우 대부분 자체 개발한 광고전략 모형을 갖고 있기보다는 서구 광고회사에서 사용하고 있는 전략 모형을 그대로 사용하고 있다. 우리나라 광고회사에서 주요 광고전략 모형은 사치 앤 사치(Saachi & Saachi)의 브리프(The Brief) 모형, 제이 월터 톰슨(J. Walter Thompson)의 티플랜(T Plan), 디디비니드햄(DDB Needham)의 ROI, 에프씨비(Foote, Cone & Belding: FCB)의 그리드(Grid) 모형, 오길비 앤 매더(Ogilvy & Mather)의 식스키스텝(Six Key Step) 등이 대표적이다(김병희, 김찬석, 김효규, 이유나, 이희복, 최세정, 2017; 소현진, 2021).

참고문헌

김병희, 김찬석, 김효규, 이유나, 이희복, 최세정(2017). 100개의 키워드로 읽는 광고와 PR. 서울: 한울.

소현진 (2021). 광고전략 모델과 애드 브리프 작성. 김병희, 마정미, 김봉철, 김영찬, 유현재, 유승엽, 최세정, 송기인, 소현진, 유승철, 남고은, 김여정, 한규훈, 정윤재, 윤태일, 정승혜. 디지털 시대의 광고학신론(pp. 289-316). 서울: 학지사.

---

070 | 광고 캠페인 Advertising Campaign

광고 캠페인은 광고 목표를 달성하기 위해 수립된 광고전략에 의거해 일정 기간 실시되는 일련의 계획적, 지속적인 광고활동을 말한다. 때로는 수년 동안 동일한 광고 캠페인을 지속하는 경우도 있으나 보통 1년 이내 캠페인이 대부분이다. 광고 메시지 측면에서 광고 캠페인은 정해진 광고 주제에 기초해 목적한 순서대로 일련의 광고를 집행하는 활동이다. 광고 캠페인은 어떤 제품이나 서비스에 대해 일정 기간 동안 지속된 광고물들의 집합이라고 할 수 있으며, 이러한 광고물들은 일관된 소구방식과 전달내용을 담아 이루어진다. 모든 캠페인 활동은 매우 치밀하고 세심하면서도 사려 깊은 장기적 전략하에 준비되어야 한다. 광고 캠페인 또한 광고 목표를 달성하기 위해 반복 노출을 통한 지속적인 누적 효과의 결과로 의도한 소비자 반응을 이끌어 내기 위한 고도의 사고가 집약되어 전개된다.

또한 광고 캠페인은 단순히 일정 기간 실시된 광고물의 집합을 의미하지 않는다. 광고를 만들게 된 상황에서 출발해 광고를 집행하고 난 이후의 결과를 사전에 전략적으로 기획한 산물이다(김병희, 2023; 유종숙, 2018). 자사, 경쟁사, 소비자 등 해당 제품이 직면한 시장을 분석하는 일부터, 광고전략을 세우고, 광고물을 만들고, 광고물을 매체에 집행하며, 효과를 조사해 결과를 피드백 한 후 다음 광고에 반영해 효과를 극대화시키는 일련의 과정과 활동을 가리켜 광고 캠페인이라고 한다.

광고 캠페인은 어떤 특정 시기에 특별한 목적으로 실시되는 광고 활동을 의미하지 않는다. 언제 어느 때고 전개하는 광고 활동 모두가 각각의 광고 캠페인이 된다. 흔히 광고 캠페인을 가시적인 형태로 나타난 광고 제작물에 한정해 생각하는 경향이 있다. 하지만 광고 캠페인은 제작물뿐 아니라 그 광고를 실시하게 된 배경, 그와 같은 광고를 노출시키는 매체의 선정, 광고 외의 다른 프로모션 활동과 유기적이고 일관된 관계 등이 집대성된 결과물로 볼 필요가 있다. 광고 캠페인이라는 말은 광고가 주도적인 역할을 하는 캠페인이라는 의미로 해석해야 한다.

참고문헌

김병희(2023). 광고기획의 개념과 광고기획의 과정. 김병희, 이시훈, 이희준, 이진균, 김유나, 정세훈, 최인호, 김활빈, 지준형, 조준혁, 김희은, 민병운, 김동후, 염철, 유은아, 정승혜, 박종구, 심성욱, 지원배. 디지털 시대의 광고 기획 신론(pp. 19-49). 서울: 학지사비즈.

유종숙(2018). 4차 산업혁명 시대의 광고기획 솔루션. 경기: 한울아카데미.

071 | 광고 콘셉트 Advertising Concept

광고 콘셉트는 광고 캠페인의 핵심 아이디어 또는 핵심 메시지로, 광고가 소비자에게 전달하려는 주된 내용이다. 광고 콘셉트에 근거해 광고 제작 및 표현, 크리에이티브 전략, 미디어 전략 등 커뮤니케이션 전략의 방향이 결정되므로, 명확하고 효과적인 광고 콘셉트를 도출하는 것은 광고 기획에서 매우 중요한 과정이다. 좋은 광고 콘셉트는 명확성, 차별성, 연관성, 호소력을 갖춰야 한다(유종숙, 2018). 먼저 광고 콘셉트는 소비자에게 명확하고 쉽게 이해되어야 하며, 경쟁사와 차별화되는 독창성을 갖추어야 한다. 또한 브랜드의 가치와 연관성이 있어야 하고, 소비자의 감정을 자극해 강한 인상을 남길 수 있어야 한다. 광고 콘셉트는 일반적으로 짧은 어구 혹은 하나의 단어로 표현하는 것이 일반적인데, 에이스 침대의 '좋은 잠', 시몬스 침대의 '흔들리지 않는 편안함', 신라면 건면의 '깔끔하다' 등을 사례로 들 수 있다.

참고문헌

유종숙(2018). 4차 산업혁명 시대의 광고기획 솔루션. 서울: 한울 아카데미.

072 | 광고 프레젠테이션 Advertising Presentation

광고 프레젠테이션은 광고회사가 광고주에게 광고 캠페인의 아이디어와 전략을 제안하는 과정을 말한다. 광고 캠페인의 성공을 좌우하는 중요한 단계로써 광고회사의 창의력과 전문성을 효과적으로 전달하고 광고주를 설득하는 데 중점을 둔다. 기획, 준비, 실행, 후속 조치의 단계로 이루어지며, 각 단계에서 세심한 준비와 전략이 필요하다(Smith & Taylor, 2004).

광고 프레젠테이션의 첫 번째 단계는 기획이다. 광고 캠페인의 목표와 타깃 소비자 그룹을 명확히 정의하고, 광고주의 요구와 기대를 반영한 메시지 전략을 수립한다. 아울러 시장 조사와 소비자 분석을 통해 얻은 데이터를 바탕으로 광고주의 제품이나 서비스에 적합한 크리에이티브 아이디어와 전략을 개발한다.

준비 단계에서는 프레젠테이션의 구조와 내용을 구체화한다. 프레젠테이션 자료를 시각적으로 매력적이고 이해하기 쉽게 제작하며, 주요 메시지와 아이디어를 강조한다. 아울러 스토리보드, 샘플 광고, 데이터 차트 등 다양한 시각 자료를 활용해 클라이언트가 제안 내용을 쉽게 이해하고 공감할 수 있도록 해야 한다. 또한 발표자는 프레젠테이션 연습을 통해 자신감을 높이고, 광고주의 예상 질문에 대한 답변을 준비한다.

실행 단계에서는 광고회사가 광고주 앞에서 제안 내용을 발표한다. 발표자는 명확하고 설득력 있게 광고 캠페인의 전략과 아이디어를 설명하며, 광고주의 관심을 끌기 위해 다양한 시각적 요소와 사례를 활용한다. 이러한 과정에서 발표자의 태도와 커뮤니케이션 스킬이 매우 중요한 역할을 한다. 발표자는 광고주의 반응을 주의 깊게 관찰하고, 필요시 즉각적으로 대응하며, 질문에 대해 명확하고 구체적인 답변을 제공해야 한다(Kotler & Armstrong, 2017).

마지막으로, 후속 조치 단계에서는 광고주의 피드백을 수집하고, 이를 바탕으로 제안을 수정하거나 보완한다. 광고회사는 광고주와의 지속적인 커뮤니케이션을 통해 제안 내용에 대한 추가 설명을 제공함으로써 광고주가 제안 내용을 충분히 이해하도록 지원한다. 이러한 과정을 거쳐 광고회사는 광고주의 요구와 기대에 부합한 최종 광고 캠페인을 확정한다. 광고 프레젠테이션은 광고회사와 광고주 간의 신뢰와 협력을 구축하는 중요한 과정이다. 효과적인 광고 프레젠테이션을 통해 광고회사는 창의성과 전문성을 입증하고, 광고주의 기대를 충족시키며, 성공적인 광고 캠페인을 위한 기반을 마련할 수 있다.

참고문헌

Kotler, P., & Armstrong, G. (2017). *Principles of Marketing* (17th ed.). Pearson Education.

Smith, P. R., & Taylor, J. (2004). *Marketing Communications: An Integrated Approach*. Kogan Page Publishers.

073 | 광고 핵심 메시지 Advertising Key Message

광고 핵심 메시지는 특정 광고 캠페인을 통해 소비자에게 전달하려고 하는 제품이나 서비스와 관련된 주요 내용을 말한다. 광고 메시지에는 광고 제품이나 서비스가 소비자 관점에서 제공해 줄 수 있는 핵심 가치, 소비자가 당면한 문제를 어떻게 해결해 줄 수 있는가에 대한 방안, 그리고 경쟁사 대비 차별화된 요소 등이 담겨 있어야 한다. 성공적인 광고가 되기 위해서는 여러 가지 요건들이 두루 충족되어야 한다. 그 중에서도 광고 메시지는 매우 중요한 역할을 담당한다. 광고의 목적은 표적 수용자들에게 제품이나 서비스의 가치를 효과적으로 전달하는 무엇보다 필요하다. 이를 위해 광고의 핵심 메시지를 선정할 때 고려해야 할 점은 다음과 같다(김운한, 정차숙, 2022; 오현숙, 2022; 천현숙, 2009).

첫째, 간결하면서도 강력한 표현을 사용해야 한다. 광고에 관한 한 소비자는 생각하기 싫어하는 존재다. 즉 '인지적 구두쇠'라는 점을 유념해야 한다. 강조하고 싶은 것이 아무리 많더라도 짧은 광고시간과 지면에 많은 메시지를 담으면 정보 과부하로 인해 오히려 역효과를 불러일으킬 수 있다. 단일 집약적 제안(single minded proposition)에서 볼 수 있듯이 광고 메시지에는 한 가지 단일 아이디어만 제시해야 한다. 둘째, 광고는 기본적으로 상대방을 설득시키기 위한 커뮤니케이션 활동이다. 제품이나 서비스를 제공하는 입장이 아니라 소비자들이 그 제품이나 서비스를 이용해야 하는지 당위성을 제공해야 한다. 소비자가 제품과 서비스를 사용함으로써 얻을 수 있는 실질적인 혜택과 경험을 나누고 소비자들이 필요로 하는 정보와 가치를 제공해야 한다. 이와 같은 광고 메시지는 광고기획 단계에서 검토되어야 하며 소비자에게 제품이나 서비스의 가치를 명확하게 전달될 수 있도록 해야 한다. 그러나 처음부터 완벽한 핵심 메시지를 만들 수는 없다. 광고의 핵심 메시지는 끊임없는 고민의 산물이다.

참고문헌

김운한, 정차숙(2022). 광고크리에이티브(2판). 서울: 서울경제경영.
오현숙(2022). 크리에이티브를 위한 광고전략 수립. 김병희, 오현숙, 류진한, 최은섭, 박인성, 김정우, 윤일기, 최승희, 정상수, 전훈철, 변혜민, 전종우, 박하영, 김유나, 김신엽. 디지털 시대의 광고 크리에이티브 신론(pp. 49-79). 서울: 학지사.

천현숙(2009). 광고 크리에이티브의 원리와 공식(개정판). 서울: 커뮤니케이션북스.

074 | 광고 효과 Advertising Effects

광고 효과는 광고 커뮤니케이션 활동에 의해 사전에 설정한 광고 목표가 달성된 정도를 말한다. 광고 목표가 무엇인가에 따라 광고 효과는 다르게 나타난다. 광고 효과는 광고주 입장에서 보면 광고를 통해 산출되는 제품 판매에 따른 이익을, 광고 기획자에게 광고 효과는 메시지가 수용자에게 어떻게 전달되는가를 가리키는 개념으로 입장에 따라 차이를 보인다. 광고 효과는 주로 설득커뮤니케이션 관점에서 브랜드 태도 변화에 초점을 맞추고 있으며, 2000년 이후 폭발적으로 성장한 것으로 보고되었다(소현진, 2013, 2016). 광고주가 광고를 기획하고 전개하는 이유는 광고를 통해 사전에 의도한 효과를 거두기 위해서다. 광고는 기본적으로 소비자에게 노출되고 광고에서 전달하고자 하는 내용이 전달되어야 그 효과를 기대할 수 있다. 광고를 아무리 예술적으로 훌륭하게 제작했다고 해도 소비자들에게 전달되지 않으면 무용지물일 수밖에 없다. 즉, 광고 효과는 소비자들에게 전달하는 수단이나 그릇인 적절한 매체와 비히클의 선택, 광고를 통해 전달하고자 하는 내용에 대한 지각부터 판매 반응을 보일 수 있도록 하는 크리에이티브가 조화를 이루어야 나타나는 복합적 산출물이다. 일반적으로 광고 효과는 단계적 혹은 위계적으로 발생하는 것으로 설명한다. 위계효과 모형은 광고 효과를 소비자가 광고를 접했을 때 경험하는 일련의 인지적(cognitive), 정서적(affective), 행동적(conative) 반응으로 설명할 수 있다. 위계효과 모형에서 제시하는 각 단계에 대한 소비자 반응인 브랜드 인지, 지식, 태도, 구매의도 등은 광고 효과를 측정하는 기본 단위로 널리 활용되고 있다.

참고문헌

소현진(2013). 광고 효과 모형에 관한 문헌연구: 모형의 검토와 제언. 한국콘텐
　　츠학회논문지, 13(12), 986-994.

소현진(2016). 광고 효과 연구의 문헌 분석: 광고연구를 중심으로. 광고연구,
　　109, 43-75.

075 │ 구매시점 광고 Point of Purchase Advertising (POP)

　구매시점 광고는 소비자들이 구매하는 장소, 즉 매장에서 행해지는 광고를 말한다. 구매시점 광고는 매장 안팎에 제시되거나 부착되는 광고물로 고객의 구매행동에 직접적인 영향을 미치게 된다. 다른 매체를 이용한 광고와 비교해 볼 때 구매시점 광고의 가장 큰 특징은 구매자 중심의 광고라는 점을 들 수 있다. 일반적으로 광고는 제품이나 서비스를 판매하는 입장에서 이루어진다. 반면에 구매시점 광고는 소비자가 원하는 시점에 광고를 보게 되며 제품에 대한 정보를 얻게 된다는 측면에서 구매자, 소비자 중심의 광고라 할 수 있다. 이처럼 구매시점 광고는 소비자가 구매하려고 하는 시점에 광고를 함으로써 제품을 구매하도록 유도하는 매개체 역할을 하는 광고다. 다시 말해 구매시점 광고는 소비자(구매자) 스스로 직접 선택하고 구매하도록 유도하는 광고라는 점에서 다른 매체를 통한 판매자 중심의 광고와는 차이가 있다. 타 매체를 통한 광고를 보완하는 광고로 효과가 매우 높다.

　이와 같은 구매시점 광고는 다음과 같은 장점이 있다(박종미, 고한준, 김민정, 2008; Reinares-Lara, & Martín-Santana, 2019). 첫째, 판매하는 제

품과 함께 이루어지므로 구매 충동을 일으키는 데 효과적이다. 둘째, 색상, 형태, 움직임, 동작 등을 자유롭게 사용할 수 있다. 셋째, 시장 세분화를 하는 데 적합하다. 넷째, 대중매체를 통한 광고를 보완하는 기능을 담당한다.

그러나 구매시점 광고는 장점 못지않게 제약 요소도 있다. 첫째, 광고 장소를 통제하기 어렵다. 둘째, 매장의 협조를 받아 내기 어렵다. 셋째, 훼손되기 쉽다는 점은 구매시점 광고가 안고 있는 한계이다. 말 없는 제2의 판매원으로 기능하는 구매시점 광고에 대한 인식 또한 변하고 있다. 많은 광고가 소비자의 관심을 유발하기 위해 제작되듯이 구매시점 광고 역시 소비자 스스로가 구매시점에서 발견되거나 인지할 수 있도록 소비자의 관심을 유발해야 한다.

참고문헌
박종미, 고한준, 김민정(2008). 구매시점 광고(Point-of-Purchase) 효과에 대한 탐색적 연구. OOH광고학연구, 5(3), 49-68.
Reinares-Lara, P., & Martín-Santana, J. D. (2019). Managing Point of Purchase Advertising: Effectiveness in Terms of Recall and Recognition. Journal of Retailing and Consumer Services, 49, 289-296.

076 | 그리드 광고전략 모형 GRID Model

광고전략을 개발하기 위해 사용되는 그리드 광고전략 모형은 소비자의 관여도와 정보 처리 방식에 따라 효과적인 광고전략을 제안한다. 리처드 보근(Richard Vaughn)이 1980년에 모형을 제안하고, 광고회사 FCB(Foote, Cone & Belding)에서 처음 개발해 FCB 그리드 모형이라고도 한다. 그리드 광고전략 모형은 소비자의 관여도를 고관여도(high involvement)와 저관여도(low involvement)로 구분하고, 정보 처리 방식을 이성적 사고(thinking)와 감성적 사고(feeling)로 구분한 후, 이것을 조합해 네 가지 광고전략 방식을 제안했다(Vaughn, 1980). 고관여−이성적 사고는 주로 자동차, 보험, 전자제품 등 고가의 제품에 해당하며, 이때 소비자는 상세한 정보와 논리적 근거를 바탕으로 결정을 내리므로 정보 중심의 광고가 효과적이다. 고관여−감성적 사고는 주로 패션, 보석, 고급 자동차 등 소비자의 감성을 자극하는 제품에 해당하고, 광고는 감정적인 호소와 이미지 중심의 메시지를 통해 소비자의 감성을 자극해야 한다. 저관여−이성적 사고는 주로 가정용품 등 일상적인 소비재에 해당하고 단순하고 반복적인 광고를 통해 브랜드 인지도를 높이고, 구매를 촉진하는 것이 중요하다. 저관여−감성적 사고는 주로 스낵, 음료수 등 감각에 기반한 충동구매에 해당한다. 충동구매의 상황에서는 재미있고 창의적인 광고를 통해 소비자의 감정을 자극하고, 브랜드 인지를 강화하는 것이 효과적이다.

참고문헌

Vaughn, R. (1980). How Advertising Works: A Planning Model. *Journal of Advertising Research*, 20(5), 27-33.

077 | 글로벌 광고 Global Advertising

글로벌 광고와 국제 광고는 유사한 개념이지만 차이가 있다. 글로벌 광고는 지역 광고(local advertising)와 대비되는 개념으로 국가와 상관없이 전 세계를 대상으로 동일하게 집행하는 광고를 의미하는 반면에, 국제 광고(international advertising)는 여러 국가에서 차별화된 광고를 집행하는 것을 말한다. 즉, 글로벌 광고는 기획, 제작, 집행, 평가의 전 과정에서 전 세계를 대상으로 수행하지만 국제 광고는 국가별로 상이한 상황을 고려해 이에 적합한 광고를 각각 수행하는 것이다. 그렇지만 이런 구분은 대부분의 경우에 명확하지 않으며 보통은 두 용어를 혼용하는 경우가 많다(최세정, 2017). 글로벌 광고가 증가하는 이유는 여러 가지가 있지만 가장 중요한 것은 제품이나 서비스의 판매를 한 국가나 지역에만 국한하지 않고 다수의 국가로 확장한 글로벌 기업들의 등장과 성장 때문이다.

글로벌 광고전략을 수립할 때는 표준화(standardization) 전략을 적용할 것인지 현지화(localization) 전략을 적용할 것인지 결정해야 한다(정만수 외, 2014). 공통된 가치와 성향을 가진 소비자를 대상으로 표준화 전략을 적용할 때는 유사한 광고 메시지를 전 세계에 공통적으로 활용할 수 있다는 장점이 있다. 반면에 국가별로 문화적 차이가 있기 때문에 각 지역에 적합한 광고를 활용하는 현지화는 언어를 비롯한 문화적 차이를 고려해야 한다. 현지화 전략에서는 문화적 성향을 고려해야 하는데 개인주의-집단주의(individualism-collectivism), 권력 거리(power distance), 남성성-여성성(masculinity-femininity), 불확실성의 회피(uncertainty avoidance), 장기적-단기적 지향성(long-term vs. short-term orientation) 같은 5가지의 문화적 차원이 중요하며(De Mooij, 2004/2007; Hofstede, 1980), 홀(Hall, 1984)이 제시한 고맥락 문화와 저맥락 문화의 차원도 글로벌 광고에서 중요하다.

참고문헌

정만수, 김유경, 이경렬, 전영우, 김병희, 최영균, 심성욱(2014). 글로벌 시장과 국제광고. 서울: 서울경제경영.

최세정(2017). 글로벌 광고. 김병희, 김찬석, 김효규, 이유나, 이희복, 최세정.
    100개의 키워드로 읽는 광고와 PR(pp. 215-217). 경기: 한울엠플러스.

De Mooij, M. (2007). 소비자행동과 문화 (*Consumer Behavior and Culture: Consequences for Global Marketing and Advertising*). (김유경, 이상훈, 김병희 역). 경기: 나남. (원저는 2004년에 출판).

Hall, E. T. (1989). *Beyond Culture*. New York: Anchor Books.

Hofstede, G. (1980). *Culture's Consequences: International Differences in Work-Related Values*. Beverly Hills, CA: Sage.

078 | 대량 마케팅 Mass Marketing

대량 마케팅은 모든 고객들에게 똑같은 상품을 똑같은 방법으로 마케팅하는 것을 의미한다. 다양한 소비자들이 다양한 구매행동을 보이는 것을 시장(마켓)이라고 하는데, 이러한 시장 전체에 대해 하나의 제품이나 서비스를 대량 생산하고 대량 판매하면서 대대적인 판촉활동을 전개하는 마케팅 활동을 대량 마케팅이라고 한다. 산업혁명 이후 대량 생산 시대가 개막되면서 기업은 수많은 일반 대중을 대상으로 상품을 생산하게 되었고, 실제로 고객을 한 사람, 한 사람 만나서 대화를 나누고 욕구를 확인하는 것은 불가능해졌다. 하나의 상품을 대량생산해 값싸게 공급하는 것에 관심을 두고 진행되는 마케팅 활동이 대량 마케팅이다. 대량 마케팅을 전개하면 가장 큰 시장을 대상으로 하며, 그로 인해 비용을 최소한으로 절감하고 제품과 서비스를 저렴하게 제공할 수 있다. 판매자는 균일한 품질을 갖춘 제품의 개발과 생산에만 주력하면 이익을 창출할 수 있다. 그러나 대량 마케팅은 소비자의 기호나 취향을 반영하지 못할 수 있다. 대량 마케팅은 공급이 부족하거나 생산물자가 충분하지 않았던 시대에는 적합한 마케팅 활동이 될 수 있었다. 대량 생산과 대량 판매가 통용되는 시대에는 일반적으로 적용되지 않는다(Tedlow & Jones, 2015). 지속가능한 개발이라는 주제가 글로벌 테마로 공론화되면서 UN을 중심으로 세계는 환경, 사회, 윤리 및 경제 문제를 다루기 위한 축으로 지속가능성이라는 개념을 채택했다. 마케팅 연구와 실무에서 지속가능 개발 의제가 수용되기 시작하면서 대량 마케팅 시대는 막을 내리고 있다(남상민, 강명주, 노정구, 2016).

참고문헌
남상민, 강명주, 노정구(2016). 글로벌 환경위기, 지속가능한 개발, 그리고 지속가능 마케팅: 지속가능한 개발 콘셉트의 기존 마케팅 콘셉트로의 통합 혹은 개념적 확장?. 마케팅논집, 14(4), 25-52.

Tedlow, R. S., & Jones, G. G. (Eds.). (2015). *The Rise and Fall of Mass Marketing*. New York: Routledge.

079 | 마케팅 믹스 Marketing Mix

마케팅 믹스는 기업의 마케팅 목표를 달성하기 위해 여러 가지 마케팅 수단을 조화롭게 결합하는 것을 말한다. 기업이 표적 수용자들로부터 원하는 반응을 얻기 위해 사용하는 기업에서 통제할 수 있는 마케팅 변수들을 활용해 시너지 효과를 창출하는 것을 가리켜 마케팅 믹스라고 한다.

마케팅 믹스 요소는 다양하지만 보통 네 가지 P(4Ps), 즉 제품(Product), 가격(Price), 유통(Place), 판매촉진(Promotion)이 가장 널리 활용된다. 기업에서는 이들 4P를 시장, 자사, 경쟁사 상황을 복합적으로 고려한 마케팅 활동을 전개한다. 마케팅 믹스는 기업의 상품과 서비스를 판매하기 위한 전략이며, 동시에 목표한 시장에서 원하는 바에 대응하기 위한 설계 전략이기도 하다(Gilaninia, Taleghani, & Aziz, 2013). 이러한 이유로 마케팅 믹스는 마케팅의 가장 기본이 되는 개념이다.

마케팅은 기업의 목적 달성을 위해 제품, 가격, 유통 및 판매촉진을 계획하고 실행하는 과정이다. 마케팅 활동은 시장에서 기업의 경쟁력을 높이는 것과 직결되어 있으므로 마케팅 능력을 배가시키기 위해 노력을 아끼지 않고 있다. 마케팅 믹스는 마케팅 목표를 효과적이고 효율적으로 달성하기 위해 마케팅의 다양한 요소를 표적 고객에 따라 조합하고 실행하는 과정을 의미하며, 이는 경영성과로 이어지게 된다. 마케팅 믹스에 의해 긍정적인 시너지 효과를 거두기 위해서는 일관성의 원칙(consistency principle)과 보완성의 원칙(complementary principle)이 지켜져야 한다. 이를테면 제품 개념에 해당하는 콘셉트(concept)가 정해지고 나면 그 콘셉트와 제품 전략, 유통 전략, 가격 전략, 판매촉진 전략 간에는 상호일관성이 유지되어야 하고, 다시 4P 전략을 구성하는 하위 믹스 요소들과도 일관성이 유지되어야 한다. 또한 4P 전략 간에는 상호 보완성이 있어야 한다. 제품 믹스에 의해 해결되지 않는 부분은 다른 마케팅 믹스 요소를 통해 보완할 수 있어야 한다.

참고문헌

Gilaninia, S., Taleghani, M., & Aziz, N. (2013). Marketing Mix and Consumer Behavior. *Arabian Journal of Business and Management Review*, 2(12), 83-58.

080 | 메시지 전략 Message Strategy

광고에서 메시지 전략은 소비자들의 관심을 끌고, 브랜드 가치를 전달하고 소비자들이 원하는 행동을 불러일으키도록 메시지를 구성하는 것을 말한다. 소비자들이 수많은 광고와 메시지로 넘쳐 나는 오늘날과 같은 경쟁 시장에서는 브랜드가 고유한 가치 제안을 효과적으로 전달하는 것이 중요해졌다. 여기서 메시지의 영향력이 발휘된다. 올바른 단어를 선택하면 표적 고객이 브랜드를 인식하는 방식이 크게 달라질 수 있으며 궁극적으로 메시지 전략의 성공 또는 실패를 결정할 수 있다. 광고를 포함한 설득 커뮤니케이션에서 메시지는 목표 고객인 소비자를 원하는 방향으로 움직이게 만드는 데 있어서 중요한 역할을 하는 핵심적인 요소다. 이러한 이유로 어떻게 메시지를 구성할 것인가라는 문제는 지속적으로 많이 다루어져 왔다.

기본적으로 소비자에게 전달하는 메시지는 소비자에게 필요한 정보를 제공하거나 소비자를 설득하기 위한 내용으로 구성된다. 이런 메시지는 메시지 자체의 특성과 그것이 제시되는 방식에 따라서 커뮤니케이션의 효과에 영향을 미치게 된다. 이를 가리켜 메시지 효과라고 한다(Statt, 1997). 설득 효과를 높이기 위한 광고 메시지 형식이나 처리 방식과 관련해서는 지속적인 연구가 이루어져 왔다. 메시지 주장의 측면성과 관련해서는 일면(one-sided message) 대 양면(two-sided message), 결론 제시 형태와 관련해서는 명시적 결론과 암시적 결론, 메시지 제시 순서와 관련된 초두효과(primacy effect)와 최신효과(recency effect), 메시지 소구형태와 관련해서는 이성소구와 감성소구 등으로 구분해 그 효과 차이를 살펴보고 있다. 이외에도 조절초점이론(regulatory focus theory), 해석수준이론(construal level theory), 설득지식모델(persuasion knowledge model) 등 심리학적 이론에 근거한 설득 메시지 구성에 따른 소비자 반응의 차이를 확인하기 위한 많은 연구가 진행되고 있다 (Eisend, & Tarrahi, 2022; Lanaj, Chang, & Johnson, 2012; Lee, 2019).

참고문헌

Eisend, M., & Tarrahi, F. (2022). Persuasion Knowledge in The Marketplace: A Meta-Analysis. *Journal of Consumer Psychology*, *32*(1), 3-22.

Lanaj, K., Chang, C. H., & Johnson, R. E. (2012). Regulatory Focus and Work-Related Outcomes: A Review and Meta-Analysis. *Psychological Bulletin*, *138*(5), 998-1034.

Lee, S. J. (2019). The Role of Contractual Level in Message Effects Research: A Review and Future Directions. *Communication Theory*, *29*(3), 319-338.

Statt, D. A. (1997). *Understanding the Consumer: A Psychological Approach*. London: Macmillan.

081 | 메시지 프레이밍 Message Framing

메시지 프레이밍이란 동일한 메시지를 표현할 때 메시지의 표현 형식을 달리하는 것을 말한다. 메시지 프레이밍은 긍정적 혹은 부정적 언어 차이로 인해 소비자의 마음속에서 구성되는 이슈나 메시지에 대한 생각의 차이를 갖도록 위해 소비자에게 제시되는 설득 메시지를 다르게 구성하는 것을 의미한다. 같은 사안이나 광고 메시지라 하더라도 이를 어떻게 나타내는가에 따라 메시지의 설득효과는 커다란 차이를 보이는 점에 주목하는 것이 메시지 프레이밍이다. 프레이밍(framing)이란 현실을 바라보는 다양한 시각들 가운데 메시지의 특성 요소로 수용자의 생각의 범위를 만드는 일련의 과정이다. 수용자는 메시지 자체가 제시하는 틀(frame)을 바탕으로 사건을 해석하거나 태도를 형성해 자신의 행동이나 의사결정을 하는 경향이 있다(Kahneman & Tversky, 1979).

프레이밍 효과(framing effect)는 같은 내용을 다르게 제시 또는 구성함으로써 메시지에 노출된 대상이 다른 의사결정을 하도록 이끌어 내는 것을 말한다(Shiv, Edell, & Payne, 1997). 사람들은 어떠한 하나의 사물을 볼 때 각각 다른 표준점, 가치함수, 가중함수를 가지고 있다. 따라서 동일한 내용의 정보를 다른 표준점을 기준으로 제시해 표준점을 이동시킴으로써 자신의 가치함수를 적용해 그곳에서 본인의 손실이나 이득을 느끼게 함으로써 다른 의사결정을 이끌어 낼 수 있다. 결국 같은 메시지라 할지라도 그것을 어떻게 표현하느냐에 따라 그 효과가 달라질 수 있다는 것이 메시지 프레이밍의 기본 가정이다. 메시지 구성의 설득효과와 관련해서는 상반된 연구 결과가 보고되고 있다. 설득효과는 메시지 프레이밍 외에도 수많은 영향 요인에 의해 발생할 수 있기 때문이다. 일부는 긍정적인 메시지 구성이 부정적인 메시지 구성보다 더욱 설득적이며 (이병관, 윤태웅, 2012), 반대로 부정적인 프레이밍이 더욱 설득적이라는 연구 결과가 나타났다(Ainiwaer, Zhang, Ainiwaer, & Ma, 2021).

참고문헌

이병관, 윤태웅(2012). 공익광고의 프레이밍 효과에 관한 연구 메타 분석. 한국광고홍보학보, 14(2), 33-60.

Ainiwaer, A., Zhang, S., Ainiwaer, X., & Ma, F. (2021). Effects of Message Framing on Cancer Prevention and Detection Behaviors, Intentions, and Attitudes: Systematic Review and Meta-Analysis. *Journal of Medical Internet Research*, 23(9), e27634.

Kahneman, D., & Tversky, A. (1979). Prospect Theory: An Analysis of Decision Making under Risk. *Econometrica*, 47, 263-291.

Shiv, B., Edell, J. A., & Payne, J. W. (1997). Factors Affecting the Impact of Negatively and Positively Framed Ad Messages. *Journal of Consumer Research*, 24(3), 285-294.

082 | 미시 마케팅 Micro Marketing

미시 마케팅은 말 그대로 '소규모' 또는 '세분화된' 마케팅을 의미한다. 기업이 소비자 한 사람 한 사람을 세밀하게 분석하고 이해해 그들의 개별적인 요구와 취향에 맞춘 맞춤형 제품이나 서비스를 제공하는 마케팅 전략이 미시 마케팅이다. 기업의 대량생산과 이에 따른 불특정 다수를 대상으로 하는 마케팅 활동이 대량 마케팅(mass marketing)이라면 다품종 소량생산에 적합한 판매방식이 미시 마케팅이다. 대량 마케팅이 TV광고를 중심으로 한 판매촉진방법을 사용하는데 비해 미시 마케팅은 세분시장을 정확하게 마케팅할 수 있는 DM, 케이블TV광고, 구매시점 광고 등을 적절하게 사용한다. 미시 마케팅이 등장하게 된 배경에는 마케팅 패러다임이 기업 중심에서 소비자 중심으로 전환된 것과 밀접한 관련이 있다. 그러나 이와 같은 패러다임의 변화에 따라 마케팅을 일관된 전체로 보지 않고 특정 현상에만 관심을 기울인다는 비판도 제기되고 있다(Gołębiewski, 2015).

오늘날 소비자들은 각기 저마다 개성적이고 독특한 요구를 가지고 있다. 이에 따라 기업들은 소비자들의 다양한 요구를 만족시키기 위해, 그들 한 사람 한 사람을 '개별적인 시장'으로 바라보는 관점이 필요하게 되었다(Hapoienu, 1990). 미시 마케팅은 기업이 제품이나 서비스를 개발하고, 마케팅 전략을 수립할 때, '누가' '어떤 상황에서' '어떤 요구를

가지고 있는지'를 세밀하게 파악하고 이를 바탕으로 최적의 해결책을
제공하는 것을 목적으로 한다. 고객들의 구매 기록을 분석해 충성도가
높은 고객을 분류해 이들의 특성에 맞는 마케팅 기법을 개발하는 방법
론도 꾸준히 개발되었다(최국렬 외, 2007). 또한 미시 마케팅은 기업이
소비자들의 변화하는 행동 패턴과 선호도를 빠르게 파악하고 대응할
수 있게 해 준다. 이는 기업이 시장의 변화에 빠르게 대응하고, 변화하
는 소비자 요구에 맞춘 제품이나 서비스를 제공함으로써 시장을 선도
하는 역할을 수행할 수 있도록 해 준다. 결국 미시 마케팅은 개별 소비
자의 요구를 정확히 파악하고, 이를 만족시키는 제품이나 서비스를 제
공함으로써 소비자 만족도를 높이고, 기업의 경쟁력을 강화하는 경영
전략인 동시에 마케팅 전략이다.

참고문헌

최국렬, 김병수, 조대현, 석경하, 배화수, 이종언, 정우석(2007). 마이크로마케
    팅 방법론 개발: 재구매 예측을 위한 변인분석. *Journal of The Korean
    Data Analysis Society*, 9(3), 1317-1328.

Hapoienu, S. L. (1990). The Rise of Micromarketing. *The Journal of Business
    Strategy*, 11(6), 37-42.

Gołębiewski, J. (2015). Evolution of Theory of Marketing: A Micro-and a
    Macro Approach. *Annals of Marketing Management & Economics*, 1(1),
    13-22.

083 | 벤치마크 Benchmark

벤치마크란 기업이 경쟁력을 높이기 위해 다른 회사나 업계의 우
수 사례를 배우고 참고하는 경영 기법을 말한다. 벤치마크는 토지

를 측량할 때 참고하기 위해 땅에 박는 돌을 뜻하는 단어에서 유래했다. 이러한 벤치마크를 세우거나 이용하는 활동을 일컬어 '벤치마킹(benchmarking)'이라고 한다. 기업들도 이처럼 경쟁사 분석과 성과 비교를 통해 혁신과 발전을 도모하는 활동이 강조되면서 벤치마크라는 말이 경영 용어의 하나로 자리 잡게 되었다. 기준이 되는 대상을 설정하고 그 대상과 자신이 처한 상황을 비교 분석하는 행위를 벤치마크라고 하며, 벤치마킹이란 어떤 기업이 다른 기업의 제품이나 조직의 특징을 비교 분석해 그 장점을 보고 배우는 경영전략이다. 하지만 마케팅 현실에선 스타트업과 대기업의 '모방' 논란이 끊이지 않는 것도 사실이다(최창원, 반진욱, 조동현, 2023). 벤치마크를 활용함으로써 얻을 수 있는 가장 큰 장점은 이미 앞서 이루어져 어느 정도 검증이 된 길을 따라가는 것이므로 목표나 지향점이 명확하다는 점을 지적할 수 있다. 또한 벤치마킹을 통해 업계의 동향을 지속적으로 파악하면 기업의 경쟁력을 유지하기 용이하다는 장점도 있다. 이처럼 벤치마킹은 유사한 다른 경쟁 기업의 성과와 비교해 부족한 부분이나 개선해야 할 부분을 파악하는 것이다. 더 나은 성과를 거두기 위해 준거가 될 수 있는 모범 사례와 혁신적인 전략을 확인하는 활동이 벤치마크인 셈이다.

참고문헌

최창원, 반진욱, 조동현(2023. 2. 23.). '벤치마킹'과 '베끼기' 사이, 아슬아슬한 카피캣. 매경이코노미.

084 | 브리프 광고전략 모형 Saachi & Saachi's The Brief

브리프(brief)란 광고 캠페인을 기획하고 실행하기 위해 작성되는 한

두 장 길이의 짧은 문서다. 브리프의 주요 구성 요소로는, 첫째, 캠페인의 배경과 마케팅 목표, 둘째, 광고전략 개발과 관련된 브랜드의 핵심상황 분석, 셋째, 광고 캠페인의 목표 및 목표 수용자의 인구 통계적, 심리적, 행동적 특성, 넷째, 광고의 핵심 메시지와 그것을 지지하는 자료, 다섯째, 광고 캠페인의 크리에이티브 전략과 미디어 전략 방향, 여섯째, 캠페인의 예산과 일정, 일곱째, 광고 효과를 평가할 기준 및 방법을 포함한다(소현진, 2021). 브리프 광고전략 모형은 이러한 브리프의 구성요소를 채워나가는 과정을 통해 광고 목표를 명확히 하고 효과적인 광고·마케팅 캠페인 전략을 수립하는 데 유용하다.

참고문헌

소현진(2021). 광고전략 모델과 애드 브리프 작성. 김병희, 마정미, 김봉철, 김영찬, 유현재, 유승엽, 최세정, 송기인, 소현진, 유승철, 남고은, 김여정, 한규훈, 정윤재, 윤태일, 정승혜. 디지털 시대의 광고학신론(pp. 289-316). 서울: 학지사.

085 | 세분화 표적화 포지셔닝 STP

시장의 세분화(Segmentation)와 표적화(Targeting) 및 포지셔닝(Positioning)의 두문자를 따서 STP라는 용어가 태어났다. 마케팅 환경의 변화에 따라 마케팅 전략에서도 일대일 마케팅(one-to-one marketing), 대중 마케팅(mass marketing), 제품 다양화 마케팅(product-variety marketing)에서 표적 마케팅(target marketing)으로 전환되고 있다(박찬수, 2023). STP는 표적 마케팅을 가장 극명하게 그리고 집약적으로 설명한 마케팅 전략이다. 욕구가 유사한 소비자 집단별로 전체 시장을 구분하고(시장 세분화), 기업의 마케팅 목표를 달성하는 데 가장 적합하다고 판단되는 소비자 집단을 선택 혹은 표적화해(표적 시장 선정), 선택된 표적시장에서 차별적 경쟁 우위를 확보하기 위해 제품이나 서비스를 적절하게 위치시키는 것, 즉 포지셔닝 전략을 개발하는 모든 과정을 가리켜 STP라고 한다.

소비자들의 기호나 취향은 매우 다양하며 이에 따라 모든 소비자의 선호도를 반영한 제품이나 서비스를 제공하는 것은 불가능하다. 이러한 이유로 기업에서는 모든 시장의 니즈에 부응할 수 없으므로 시장을 구분해 접근하는 것이 일반적이다. 그리고 어느 시장에 진출하고 집중하는 것이 효과적인지 파악해 특정 시장을 선정한다. 또한 그 시장에서 경쟁사와의 차이점을 부각시킬 수 있는 소비자 마음속의 위치를 결정하는 과정을 거치게 된다. 이를 가리켜 STP, 즉 시장 세분화, 표적 시장 선정, 포지셔닝이라고 한다.

세분화는 이른바 마케팅 지향적 사고의 출발점이다. 시장 세분화는 하나의 시장을 여러 세분 시장으로 나누는 것을 의미한다. 즉, 상이한 욕구를 가지고 있는 특정 제품이나 브랜드에 대해 서로 유사한 욕구나 혜택, 또는 태도나 구매 행동을 나타내는 소비자끼리 군집화해 서로 다른 성향을 가지고 있는 소비자들과 분리시키는 과정을 시장 세분화(segmentation)라고 한다. 다양한 변수에 근거한 시장 세분화가 이루어지면 기업은 각 세분시장에 대해 수익성, 접근가능성, 측정가능성, 차별화 가능성 등의 기준으로 평가한다. 세분화 이후 몇 개의 세분시장을 공략할 것이며, 또 어떠한 세분시장을 목표 시장으로 선택할 것인지를 결정하게 된다. 가능한 세분시장 중 기업이 표적으로 해 마케팅 활동을 수행함으로써 유리한 성과를 제공해 줄 것으로 판단되는 매력적인 시장을 선택하는 과정을 가리켜 표적 시장 선정(targeting)이라고 한다. 세분화와 표적 시장을 선정한 후 기업은 제품을 표적시장 고객의 마음속에 조직 제품과 이미지의 차별적 위치를 점유할 수 있는 전략, 즉 포지셔닝하기 위한 계획을 세워야 한다. 포지셔닝(positioning)이란 자사제품이 경쟁사의 제품과는 다른 차별적인 특징으로 요구를 보다 잘 충족시킬 수 있다는 것을 소비자들에게 인식시키는 활동을 가리킨다(Ries & Trout, 2001). STP 전략은 소비자들이 다양하고 그 속성과 추구 혜택 등이 이질적인 데 비해 조직의 자원이 한정되어 있다는 점, 그리고 자원 투입 효과는 선택과 집중을 했을 때 더 커진다는 점에서 그 필요성이 더욱 강조되고 있다. STP 전략을 수립하는 과정에서 스토리텔링을 덧붙이는 시도도 이루어지고 있다(McDougal, Syrdal, Gravois, & Kemp, 2023).

참고문헌

박찬수(2023). 마케팅 원리(7판). 경기: 법문사.

McDougal, E. R., Syrdal, H. A., Gravois, R., & Kemp, A. (2023). Telling the Tale: Applying a Strategic Brand Storytelling Process for STP Planning. *Journal of Strategic Marketing*, *31*(7), 1296-1316.

Ries, A., & Trout, J. (2021). 포지셔닝 (*Positioning: The Battle for Your Mind*). (안진환 역). 서울: 을유문화사. (원저는 2001년에 출판).

086 | 소셜 커머스 Social Commerce

　　소셜 커머스는 소셜미디어와 온라인 미디어를 활용하는 전자상거래를 말한다. 소셜 커머스는 소셜 네트워크 서비스(Social Network Service: SNS)를 상업적으로 활용하고자 하는 시도 속에 탄생한 거래의 새로운 흐름이다. 개인의 SNS는 사회적 관계망을 위한 커뮤니티 속에서 친밀관계를 유지하는 사적 공유의 공간으로 출발했으나, 이후 제품과 서비스에 대한 정보공유가 이루어지는 새로운 시장으로 발전하게 되었다. SNS는 구매를 권유하거나 혹은 구매를 유도하기 위한 의견을 제시함으로써 실제 소비자의 구매 의사결정에 많은 영향을 주는 새로운 형태의 소매유통의 통로로 활용할 수 있는 핵심 마케팅 미디어 도구로 급부상하게 되었다. 소셜 커머스는 기존의 e-커머스에 SNS가 결합한 형태다. 소셜 커머스는 온라인 공동구매나 e-커머스와 유사하지만 차이점도 존재한다. 소셜 커머스는 온라인 공동구매와 공동구매 형태의 소셜 커머스 모두 일정 규모 이상의 고객들이 함께 참여하면서 낮은 거래 가격을 만들어 간다는 점에서 유사한 측면이 있다. 다만 소셜 커머스는 소셜 네트워크와 결합해 실시간성, 확산성 및 네트워크를 연결고리로 판매자 네트워크와 구매자 네트워크를 모두 연결할 수 있다는 점에서 차이를 보인다.

소셜 커머스는 소비자들의 미디어 이용 환경의 변화, 기술 발달이 맞물리면서 끊임없이 진화하고 있다(김아름, 김혜선, 2013; 이혜선, 권예지, 장시연, 이희준, 2024; Esmaeili & Hashemi, 2019). 오늘날 소셜 커머스는 라이브 커머스, 인플루언서 마케팅 등으로 확장되고 있다. 라이브 커머스는 전자상거래 플랫폼과 실시간 비디오 스트리밍 방송이 결합된 전자상거래의 한 형태다. 라이브 커머스는 영상 콘텐츠와 텍스트 기반 채팅 기능이 접목되어 실시간으로 진행된다. 라이브 커머스의 실시간 스트리밍에 등장하는 인물은 중요한 정보원으로 소비자의 구매의도에 영향력을 발휘한다. 특정 네트워크 안에서 의견형성과 다수의 의사결정에 영향을 미치는 개인을 뜻하는 인플루언서(influencer)는 라이브 커머스를 시청하는 소비자들의 구매 의사결정 과정에 작용한다.

참고문헌

김아름, 김혜선(2013). 소셜 커머스의 현황과 발전방향. 소비자정책교육연구, 9(2), 99-121.

이혜선, 권예지, 장시연, 이희준(2024). 라이브커머스, 인플루언서 마케팅, 메타버스 광고는 어떤 이유로 광고인가?: 2030 소비자 대상 혼합 연구 방법의 적용. 한국언론학보, 68(2), 140-184.

Esmaeili, L., & Hashemi G, S. A. (2019). A Systematic Review on Social Commerce. *Journal of Strategic Marketing*, 27(4), 317-355.

087 | 알오아이 광고전략 모형 DDB Needham's R.O.I.

광고회사 디디비 니드햄(DDB Needham)에서 광고 기획서를 작성하기 위한 안내 지침으로 제작한 광고전략 모델이다. 알오아이(R.O.I.)란 광고가 성공하기 위한 필수적인 세 요소로 상관성(relevance), 독창성(originality), 영향력(impact)을 의미한다(소현진, 2021). 상관성은 광고 메시지가 목표 소비자와 광고 제품에 얼마나 밀접히 관련되어 있는가를 의미하며, 독창성은 광고가 얼마나 새롭고 차별화된 아이디어를 제시하는가를 의미한다. 영향력이란 광고가 얼마나 소비자의 감정에 강력하게 호소할 수 있는가를 말한다. 알오아이 전략 모형은 다음과 같은 다섯 개의 질문에 답을 함으로써 광고전략을 구성하게 된다. 첫째, 광고의 목표는 무엇인가? 즉, 목표 수용자가 광고를 보고 난 뒤에 하게 될 행동은 무엇인가? 둘째, 목표 수용자는 누구인가? 즉, 누구에게 광고를 전달할 것인가? 셋째, 어떤 경쟁적인 혜택을 소비자에게 약속할 것인가? 그리고 그 약속을 뒷받침하는 근거는 무엇인가? 넷째, 어떤 브랜드 개성으로 상표를 차별화할 것인가? 다섯째, 어떤 매체를 통해 광고 메시지를 전달할 것인가?

참고문헌

소현진(2021). 광고전략 모델과 애드 브리프 작성. 김병희, 마정미, 김봉철, 김
　　영찬, 유현재, 유승엽, 최세정, 송기인, 소현진, 유승철, 남고은, 김여정, 한
　　규훈, 정윤재, 윤태일, 정승혜. 디지털 시대의 광고학신론(pp. 289-316). 서
　　울: 학지사.

088 │ 이벤트 Event

　　이벤트는 마케팅 관련 특정 목적을 달성하기 위해 계획된 특별한 활
동이나 행사를 말한다. 마케팅 커뮤니케이션의 중요한 도구 중 하나로
사용된다. 제품 출시, 프로모션, 박람회, 콘퍼런스, 스포츠 경기, 콘서트
등 다양한 형태로 진행될 수 있다. 이를 통해 브랜드 인지도를 높이고,
소비자와의 직접적인 상호작용을 통해 긍정적인 브랜드 경험을 제공하
는 데 긍정적인 영향을 미친다. 이벤트의 주요 목적 중 하나는 브랜드
와 소비자 간의 직접적인 상호작용을 촉진하는 것이다. 소비자는 이벤
트를 통해 브랜드를 직접 경험하고, 제품이나 서비스를 시연해 볼 수 있
는 기회를 가지며, 이를 통해 브랜드에 대해 긍정적인 인식을 형성하게
된다. 브랜드 인지도를 높이고, 새로운 고객을 유치하는 데에도 효과적
이다. 예를 들어, 기업이 진행하는 대규모 페스티벌을 통해 해당 브랜
드를 광범위한 타깃 소비자 그룹에게 노출시킴으로써 브랜드 인지도를
높일 수 있다. 최근에는 이벤트와 소셜미디어를 결합해 더욱 강력한 효
과를 발휘할 수 있다. 소셜미디어를 통해 이벤트 진행의 전 과정을 실
시간으로 공유하고, 참가자들의 반응을 유도함으로써 더 많은 소비자
에게 해당 브랜드를 알릴 수 있다(Tuten & Solomon, 2017).

한편, 성공적인 이벤트의 기획과 실행을 위해서는 몇 가지 요소를 고려해야 한다. 먼저, 명확한 목표 설정이 필요하다. 이벤트의 목적이 브랜드 인지도 제고인지, 제품 판매 증대인지, 고객 관계 강화인지 명확히 하고, 이에 맞춰 전략을 수립해야 한다. 또한 타깃 소비자 그룹을 정확히 정의해 이들의 관심사와 요구에 부합하는 이벤트를 기획해야 한다. 이벤트의 개최 장소와 일정도 중요한 고려 요소다. 이벤트 개최 장소는 참석자의 접근성과 편의성을 고려해 선정해야 하며, 이벤트의 성격과 분위기에 적합해야 한다. 또한 개최 일정은 타깃 소비자가 참석할 시간을 고려해 설정해야 하며, 다른 경쟁 이벤트와 겹치지 않도록 해야 한다. 독창적인 아이디어도 필요하다. 이벤트의 테마와 진행방식은 참석자들에게 잊지 못할 경험을 제공할 수 있어야 한다. 이를 통해 브랜드에 대한 긍정적 감정을 유도해야 하기 때문이다. 후속 조치도 중요하다. 이벤트가 끝난 후 참석자들의 피드백을 수집하고, 다음 이벤트를 개선할 수 있는 인사이트를 도출해야 한다. 또한 이벤트에서 수집한 데이터를 활용해 지속적인 고객 관계를 유지하고, 마케팅 효과를 극대화할 수 있는 후속 마케팅 활동을 계획해야 한다(Wilson, 2014). 이벤트는 브랜드와 소비자 간의 직접적인 상호작용을 통해 긍정적인 브랜드 경험을 제공하고, 브랜드 인지도를 높이는 중요한 마케팅 커뮤니케이션 도구다. 효과적인 이벤트 기획과 실행을 통해 기업은 새로운 고객을 유치하는 동시에 기존 고객과의 관계를 강화할 수 있다.

참고문헌

Tuten, T. L., & Solomon, M. R. (2017). *Social Media Marketing*. Sage Publications.

Wilson, R. (2014). *Event Marketing: How to Successfully Promote Events, Festivals, Conventions, and Expositions*. McGraw-Hill Education.

089 | 자기시장 잠식 Cannibalization

자기시장 잠식이란 브랜드 확장으로 인해 신제품이 출시되면서 동일 시장에서 같은 기업에서 제공하는 기존 제품의 판매량이나 시장점유율을 빼앗는 것을 의미한다. 자기잠식은 동족 살해를 뜻하는 카니발리즘(cannibalism)에서 유래하였다. 자기시장 잠식은 신제품을 출시할 때 실제로 발생할 수 있는 가장 큰 위협인 동시에 신제품을 개발할 때 부정적인 영향을 미치는 것으로 알려져 있다. 자기시장 잠식은 신제품이 기존 제품을 얼마나 대체하게 되는가 하는 관계를 밝히는 것과 깊은 관련이 있다. 자기시장 잠식은 새롭게 출시하는 제품이 기존 제품과 대체 관계가 있을 때 발생하는 대체 현상의 하위 개념이다.

기업은 지속적으로 수익을 창출하고 시장점유율을 확보하기 위해 끊임없이 어떤 새로운 제품이나 서비스를 제공해야 하는가에 대한 연구개발을 추구한다. 그와 동시에 기업은 기존 제품도 지속적으로 판매될 수 있도록 기대한다. 하지만 좋은 신제품이 계속 출시되고 고객들이 그런 제품들을 소비한다면 당연히 기존 제품에 대한 소비는 감소해, 신규 고객이 아닌 기존 제품의 고객층이 신제품으로 이동하는 현상이 발생한다. 이런 현상을 설명한 것이 '자기잠식효과'다. 이는 전통적인 산업만이 아니라 모바일 앱에 이르기까지 다양한 제품, 산업군에서 공통적으로 찾아볼 수 있다(고동희, 2017; 이예령, 김우경, 최정혜, 2023). 한 기업에서 새롭게 출시한 제품이나 기술이 기존에 그 기업에서 판매하고 있던 다른 제품이나 기술의 영역까지 침범해 해당 매출에 부정적인 영향을 끼치게 되는 것을 가리켜 자기잠식이라고 한다. 다만 자기잠식 문제를 최소화하는 것이 기업의 수익을 극대화하는 것과는 관련성이 없음도 유넘해야 한다(Zhang, Chen, Xiong, Yan, & Liu, 2021). 자기잠식효과는 새로운 제품이 출시가 되면, 비슷한 포지셔닝 라인에서 판매되고 있던 기존 제품에 크든 작든 영향을 미칠 수밖에 없는 필연적인 과정이다.

참고문헌

고동희(2017). 제품다양화와 자기잠식. 산업조직연구, 25(1), 77-100.

이예령, 김우경, 최정혜(2023). 신규 애플리케이션 출시가 기존 시장 생태계에 미치는 영향: 디지털 헬스케어 사례를 중심으로. 한국경영과학회지, 48(2), 31-48.

Zhang, F., Chen, H., Xiong, Y., Yan, W., & Liu, M. (2021). Managing Collecting or Remarketing Channels: Different Choice for Cannibalisation in Remanufacturing Outsourcing. *International Journal of Production Research*, 59(19), 5944-5959.

090 | 제품수명주기 Product Life Cycle (PLC)

제품수명주기는 신제품이 시장에 출시된 후 도입, 성장, 성숙, 쇠퇴와 같은 일련의 과정을 거쳐 시장에서 사라지게 되는 것을 인간의 수명에 빗대어 설명한 이론을 말한다. 하나의 제품은 사회적 수요와 기술 수준에 따라 아이디어가 탄생해 제품으로 구체화된다. 이와 같은 도입 단계에서 제품에 대한 경제적 가치가 확인되면 시장 수요가 증가하면서 성장 단계로 접어들게 된다. 수요의 증가에 따라 기업의 생산이 늘고 이윤도 점차 커지게 되면 시장에 참여하는 기업들이 하나둘 증가하면서 경쟁이 치열해지게 된다. 마침내 시장 참여 기업들의 매출이 점차 감소하는 성숙 단계로 이행한다. 이때 생산자들은 제품수명주기를 예측하고 이에 대한 대비책을 강구해야 한다. 시장의 반응이 냉담해지면 판매와 이윤이 급속히 감소하는 쇠퇴의 단계를 맞이하게 되기 때문이다. 이와 같은 제품수명주기 이론은 신제품 개발, 제품관리의 분야에도 두루 적용되고 있다(허광호, 이유미, 유영진, 김진회, 오유상, 김인재, 2021; Cao & Folan, 2012).

이러한 시장의 제품 수명에 대한 이해가 있으면 마케팅 관리 측면에서 제품 계획을 체계화하고 합리적으로 관리할 수 있다. 단계별로 변화하는 수요에 대응해 어떤 제품을 계열에 추가시키며 어떤 제품을 계열에서 탈락시킬 것인지 판단할 수 있다. 제품수명주기는 광고나 커뮤니케이션 활동에도 영향을 미친다. 광고 제품이 제품수명주기의 어느 부분에 있는가에 따라 광고 목표는 차이를 보인다. 광고 목표의 차이는 어떠한 매체를 중심으로 커뮤니케이션 활동을 전개해야 하는가도 결정짓는 요소다. 도입기에 해당하는 신제품의 경우라면 광고 캠페인은 브랜드 인지도를 확보하는 데 목적을 두고 진행된다. 매체 목표도 브랜드 인지도 증대를 위한 도달률을 강조하는 전략을 설정해야 한다. 반면에 시장이 성숙기에 있는 제품에서는 도달률보다 꾸준한 반복이 중요할 수 있다.

참고문헌

허광호, 이유미, 유영진, 김진회, 오유상, 김인재(2021). 4차 산업혁명의 관점에서 제품수명주기관리의 지식영역 적용도 분석. 지식경영연구, 22(2), 209-225.

Cao, H., & Folan, P. (2012). Product Life Cycle: The Evolution of a Paradigm and Literature Review from 1950-2009. *Production Planning & Control, 23*(8), 641-662.

091 | 중사용자 Heavy User

일반적으로 특정 제품을 가장 많이 소비하거나 자주 소비하는 사람 혹은 계층을 가리켜 중사용자(heavy user)라고 한다. 중사용자에 대비되는 개념으로 경사용자(light user), 보통량 사용자(medium user), 비사용자(non user) 등이 있다. 인구통계학적 변수, 라이프스타일 등과 더불어 시장 세분화를 위한 기준으로 이용되는 경우가 많다. 제품 광고를 할 때 보통 헤비 유저를 1차 타깃(main target)으로 하는 경우가 대부분이다. 중사용자(헤비 유저)에 대한 명확한 기준이나 정의는 없다. 다만 다른 사람에 비해 상대적으로 많은 시간을 특정 제품이나 서비스를 이용하는 데 할애하는 사용자를 지칭하는 용어로 사용되고 있다. 이른바 파레토 법칙을 원용해 상위 20%에 해당하는 사용자를 중사용자고 부르기도 하며 충성도가 높은 고객을 가리키는 용어로 사용되기도 한다.

중사용자에 주목하는 이유는 이용량이 많을수록 더 혁신적이며 신제품을 더 적극적으로 수용하고 시도할 가능성이 높은 계층이기 때문이다. 열성적 사용자(passionate user)는 혁신적인 신제품이라면 혁신 사용자(innovator)가 될 수 있고, 이미 시장에 출시되어 있는 제품이라면 신규 고객에 비해 기업에 더 많은 수익을 창출할 수 있는 고객이 될 수 있다. 이러한 이유로 시장 세분화를 위한 하나의 기준으로 사용량에 따라 경사용자, 중사용자를 구분해 많이 활용하고 있다(Teng, Ni, & Chen, 2018; Verkasalo, López-Nicolás, Molina-Castillo, Bouwman, 2010). 중사용자와 경사용자의 비교는 사용자 행동 패턴을 분석해 사용자 또는 소비자를 깊이 이해하고, 그들에게 적합한 마케팅 전략을 수립하는 데 활용되고 있다. 중사용자와 경사용자의 구분은 겉으로 드러난 행동 자체를 이해하고 세분시장을 파악하는 목적으로 이용할 수도 있다.

참고문헌

Teng, H. J., Ni, J. J., & Chen, H. H. (2018). Relationship between e-Service
Scape and Purchase Intention among Heavy and Light Internet
Users. *Internet Research*, 28(2), 333-350.

Verkasalo, H., López-Nicolás, C., Molina-Castillo, F. J., & Bouwman,
H. (2010). Analysis of Users and Non-users of Smartphone
Applications. *Telematics and Informatics*, 27(3), 242-255.

092 | 지속가능 소비 Sustainable Consumption

지속가능성은 기업의 지속가능한 발전을 위해 기업과 산업의 역할이
강조되면서 나타난 새로운 경영 패러다임이다. 지속가능성은 기업의
사회적 공헌활동의 강화와 환경 중시 경영활동 등을 포괄하는 개념으
로 제기되고 있으며, 경영활동의 큰 화두로 자리 잡았다. 지속가능 소
비(sustainable consumption)는 지속가능성의 개념을 소비 맥락으로 접
근한 관점을 지칭한다. 현대사회의 높은 소비수준이 지구자원의 고갈
과 환경오염, 사회적 격차를 야기한다는 문제의식이 확산되면서 지속
가능 소비에 대한 논의가 시작되었다. 한편, 지속가능 소비 인식의 확
산은 기업의 경영활동에도 변화를 초래했다. 기업의 모든 경영활동과
정을 사회적 책임성, 환경적 건전성 및 경제적 수익성을 바탕으로 통합
해 지속가능한 발전을 추구하는 경영활동의 대안으로 대두한 것이 지
속가능 마케팅(sustainable marketing)이다.

지속가능 마케팅에서는 사회에서 기업에 대해 요구하는 바를 최대한
고려하고 이를 충족시키는 것이 중요하다. 이러한 이유로 지속가능 마

케팅은 '시장 중심(market-driven)'이 아닌 '시장주도형(market driving)' 마케팅 활동이다(Sheth & Parvatiyar, 2021). 기업의 사회적 책임 활동 (Corporate Social Responsibility: CSR), 공유 가치 창출(Creating Shared Value: CSV), 환경, 사회, 지배구조(Environment, Social, Governance: ESG) 등은 이러한 연장선상에서 대두한 개념이다(김동후 외, 2023; 이원준, 2018). 오늘날 기업의 윤리 경영은 선택사항이 아닌 경영철학인 동시에 전략적인 축이 되고 있다. 지속가능 마케팅은 기업의 마케팅 활동에 대한 비판적 시각과 더불어 소비자들의 환경에 대한 관심도가 증가한 것과 궤를 같이한다. 지속가능 소비는 천연자원의 사용 및 독성물질, 폐기물, 오염 배출을 최소화하면서 재화와 서비스를 사용하는 소비 활동을 말한다. 지속가능 소비는 녹색소비, 윤리적 소비, 책임 있는 소비 등으로 표현되기도 한다. 지속가능 소비는 소비로 인한 환경적, 사회적 영향을 줄이는 데 기여하는 소비로 이해할 수 있다.

참고문헌

김동후, 김미경, 김현진, 성용준, 윤영혜, 이성미, 정연욱, 정영주, 조수영 (2023). 소비자와 기업의 새로운 연결, ESG 커뮤니케이션. 서울: 학지사비즈.

이원준(2018). 4차 산업혁명의 논의와 경영 및 마케팅 관리의 변화. Korea Business Review, 22(1), 177-193.

McDonagh, P., & Prothero, A. (2014). Sustainability Marketing Research: Past, Present and Future. *Journal of Marketing Management*, *30*(11-12), 1186-1219.

Sheth, J. N., & Parvatiyar, A. (2021). Sustainable Marketing: Market-driving, Not Market-driven. *Journal of Macromarketing*, *41*(1), 150-165.

093 | 직접 마케팅 Direct Marketing

직접 마케팅(Direct Marketing)이란 우편, 전화, 팩스, 이메일 또는 인터넷을 이용해서 고객으로부터 어떤 반응이나 대화를 이끌어 내는 것을 말한다. 중간 유통단계를 거치지 않은 채 생산자와 소비자, 생산자와 소매점 간에 직접적으로 거래하는 행위를 가리켜 직접 마케팅이라고 한다. 생산자 직판, 카탈로그 등에 의한 통신판매, 무점포 판매가 직접 마케팅에 해당한다. 생산자 입장에서는 중간상의 유통 마진을 절약할 수 있으나 직접 유통에 소요되는 비용도 발생할 수 있으므로 이에 대해서도 고려해야 한다. 직접 마케팅은 마케팅의 관리 및 경영에서 일반적으로는 생산자부터 도소매 유통까지의 경로를 단순하게 직접 고객에게 접근해 고객으로부터 직접 주문을 받아 판매하는 마케팅 방법이다. 전통적인 마케팅에서는 광고를 통해 소비자의 욕구를 환기시켜 제품을 구매하도록 하는 과정을 거친다. 이에 비해 직접 마케팅은 소비자와 직접 거래를 연결하는 단축된 경로를 가진 마케팅이다.

직접 마케팅은 광고 수행을 위한 다양한 마케팅 기법을 활용함으로써 다양한 결과를 가져올 수 있다. 직접 마케팅은 고객지향이라는 마케팅의 기본 이념을 바탕으로 다양한 분야에서 경쟁이 치열해지면서 고객만족은 기업의 궁극적인 목표로 자연스럽게 받아들여지게 되었다. 소비자 개개인의 욕구를 알아내기 위해 개개인의 정보를 수집하고 이를 축적해 운영할 필요성이 절실해졌다. 직접 마케팅은 연령, 소비습관 등 특정 타깃에 대한 이해가 전제되어야 한다(Perčić & Perić, 2021). 나아가 고객의 욕구가 급격히 다양화되고 있기 때문에 고객만족의 실현을 위해서는 고객을 하나의 집단이 아닌 개개인으로 이해해야 하는 상황이 되었다. 이렇게 하기 위해서는 고객 개개인에 대한 자료를 데이터베이스화할 수밖에 없었고 이에 따라 직접 마케팅에 대한 필요성이 제기되었다(Housden & Thomas, 2012). 나아가 고객이 상품을 구매할 때 그 상품의 기능만을 구매하지 않는다는 점도 지적할 수 있다. 즉, 상품과 함께 제공되는 기업의 부가 서비스를 중시하게 되었고 기업은 기능을 통한 상품 차별화에 한계가 있는 상황에서 차별적인 고객만족을 주기 위해서 고객과 관련된 자료를 축적해야 한다.

참고문헌

Housden, M., & Thomas, B. (2012). *Direct Marketing in Practice*. Routledge.
Perčić, K., & Perić, N. (2021). The Effectiveness of Direct Marketing Media Regarding Attitudes of Different Target Groups of Consumers in Serbia. *Periodica Polytechnica Social and Management Sciences*, *29*(1), 21-32.

094 | 차별화 Differentiation

차별화는 경쟁사와 비교해 제품, 가격 등을 특별하게 함으로써 소비자의 선호를 창출하고 시장점유율의 확대를 꾀하려는 정책을 말한다. 차별화 대상이 가격이라면 가격차별화이고, 품질이나 디자인이라면 제품 차별화라고 한다. 차별화 대상이 광고일 경우에는 광고 차별화라고 한다. 그렇다고 해서 차별화를 유통, 인지도, 디자인 등의 측면에서 기존의 것과 단순히 차이를 보이는 것만으로 해석해서는 안 된다(Sharp & Dawes, 2001). '더 나은 것(better)'이 아닌 '다른 것(different)'이 되어야만 시장에서 두각을 나타낼 수 있다(홍성태, 조수용, 2015). 마케팅 방법에는 전체 시장을 확보하기 위해 전체 소비자와 전체 제품을 구분하지 않고 공략하는 무차별적 마케팅을 하는 방법과 성격이 서로 다른 소비자들의 욕구를 바탕으로 세분시장을 정의하고 세분시장별로 차별적 마케팅을 하는 방법이 있을 수 있다. 차별화 마케팅은 세분시장의 차이를 고려해 마케팅의 방법을 달리해 접근하는 방법이다.

무차별적 마케팅 또는 대량 마케팅(mass marketing)과 비교해 볼 때 차별화 마케팅 전략은 여러 가지 장점이 있다. 세분시장의 소비자 특성과 욕구를 무시하고 동일한 제품이나 동일한 방법으로 마케팅을 하는 것보다 세분시장별 소비자의 특성과 욕구에 더 적합한 제품, 더 적합한 가격설정, 더 적합한 배송을 통해 소비자만족을 높일 수 있으며, 이는 매출 상승으로도 이어질 수 있다. 반면에 각 시장별로 차이를 둔 마케팅을 진행하는 만큼 소요되는 비용도 증가하게 된다. 하지만 이러한 마케팅의 결과로 판매량이 증가할 수 있기 때문에 판매액과 비용에 따른 수익성을 판단해 마케팅을 진행해야 한다. 차별적 마케팅을 할지, 비차별적 마케팅을 할지는 판매액과 비용, 시장의 특성 등 다양한 사항을 고려해 결정해야 한다. 소비자의 욕구가 다양하지 않아 시장이 세분화되지 않았거나, 유통망이 넓고 원가 경쟁력을 가지고 있는 경우, 빠른 시간 내에 인지도 향상을 목표로 하는 경우에는 차별화 전략보다는 비차별적 마케팅이 유리할 수도 있다.

참고문헌

홍성태, 조수용(2015). 나음보다 다름. 서울: 북스톤.

Sharp, B., & Dawes, J. (2001). What Is Differentiation and How Does It Work?. *Journal of Marketing Management*, 17(7-8), 739-759.

095 | 크로스위치 광고전략 모형 Dentsu's Crosswitch

크로스위치(Crosswitch)란 크로스 미디어 커뮤니케이션 캠페인을 통해 '소비자의 마음에 스위치를 켠다.'라는 뜻으로 다양한 미디어 채널을 통합해 무관심한 소비자가 자연스럽게 브랜드에 흥미를 갖게 하는 전략을 의미한다(Dentsu Crossmedia Development Project Team, 2008/2009). 대부분의 광고전략 모형이 소비자에게 어떤 메시지를 전달해 브랜드 태도를 변화시킬 것인가에 집중한 것에 비해 크로스위치 전략 모형은 소비자가 브랜드에 자연스럽게 주목하고 능동적으로 행동하는 흐름을 만들어 내는 데 주목해 소비자가 브랜드와 상호작용하는 모든 단계에 핵심 아이디어가 전달되도록 설계하는 전략이다(소현진, 2021). 예를 들어, 새로운 스마트폰을 출시한 A사는 신제품의 주요 기능과 디자인을 강조하는 아침 TV 광고를 통해 잠재 고객에게 강력한 첫인상을 남기고, 버스의 교통 광고를 통해 신제품의 대세감을 전달하며, 소셜미디어의 인플루언서를 통해 제품 리뷰와 언박싱 동영상을 공유해 소비자 참여를 유도하고, 사전 구매 예약자에게 특별 할인을 제공하는 이메일 캠페인을 집행함으로써 소비자가 브랜드에 흥미를 갖게 할 수 있다.

참고문헌

소현진(2021). 광고전략 모델과 애드 브리프 작성. 김병희, 마정미, 김봉철, 김영찬, 유현재, 유승엽, 최세정, 송기인, 소현진, 유승철, 남고은, 김여정, 한규훈, 정윤재, 윤태일, 정승혜. 디지털 시대의 광고학신론(pp. 289-316). 서울: 학지사.

Dentsu Crossmedia Development Project Team (2009). 크로스위치: 세계 No.1 광고대행사 덴츠의 크로스미디어 커뮤니케이션 전략 (Crosswitch). (휘닉스커뮤니케이션즈 마케팅플래닝 본부 역). 경기: 나남. (원저는 2008년에 출판).

096 통합 마케팅 커뮤니케이션
Integrated Marketing Communication (IMC)

　통합 마케팅 커뮤니케이션(IMC)은 각각 별개의 것으로 취급해 오던 커뮤니케이션 도구, 즉 광고, PR, 인적판매, 판매촉진, 뉴미디어 등의 촉진 믹스(promotion mix) 요소들을 통합적인 관점에서 배합하고 일관성 있게 메시지를 전달해 표적 고객층의 행동에 직접 영향을 줄 목적으로 수행하는 커뮤니케이션 활동을 말한다. 통합 마케팅 커뮤니케이션은 그 목적이 제품이나 서비스를 판매하는 데 있지 않다. 이는 통합 마케팅 커뮤니케이션 관련 연구의 흐름에서 공통적으로 찾아볼 수 있는 내용이다(강경수, 2009, 2010; 조정식, 성민정, 2014; Porcu, del Barrio-García, & Kitchen, 2012). 다양한 광고 활동과 기업의 내외부 커뮤니케이션을 통합하고 사회적 가치를 구현하기 위해 커뮤니케이션 프로그램 전체를 기획, 개발, 실행, 평가하는 전략적 과정으로 확대된 개념이 통합 마케팅 커뮤니케이션이다.

　소비자는 단 한 편의 광고만으로 어느 기업이나 브랜드를 기억하는 것도, 판매원의 말만으로 기억하는 것도, 기업 로고만으로 기억하는 것이 아니다. 주변의 모든 정보원으로부터 산출되고 전달되는 정보들을 접하고 이를 적절히 결합해 하나의 전체적인 기억구조(schema)로 특정 기업을, 특정 제품을, 특정 브랜드를 느끼고 알게 된다. 즉, 기업과 고객과의 모든 커뮤니케이션 도구들과 주고받은 정보의 조각들을 나름대로 재구성해 인식한다. 따라서 고객이 제품과 브랜드를 기업이 목적하는 방향으로 인지하게 하고, 호의적인 태도를 갖게 하며, 구매하도록 하는 세 가지 목적을 효과적으로 달성하기 위해 마케팅 커뮤니케이션 수단

들, 즉 믹스 요소들을 하나의 통합된 관점에서 구성, 조율, 활용하는 것이 중요하다. 이를 통해 통합 마케팅 커뮤니케이션을 수행할 수 있다.

참고문헌

강경수(2009). 해외 IMC 연구의 동향과 향후 과제 해외 광고 주요 학술지에 게재된 논문의 내용분석. PR연구, 13(2), 167-208.

강경수(2010). 국내 IMC 연구의 현황과 미래의 연구방향. 한국광고홍보학보, 12(2), 96-142.

조정식, 성민정(2014). 커뮤니케이션 패러다임의 전환 및 발전: 통합적 마케팅 커뮤니케이션(IMC) 문헌 분석을 중심으로. 광고학연구, 25(8), 35-70.

Porcu, L., del Barrio-García, S., & Kitchen, P. J. (2012). How Integrated Marketing Communications(IMC) Works?: A Theoretical Review and an Analysis of Its Main Drivers and Effects. *Communication & Society*, 25(1), 313-348.

097 | 틈새 마케팅 Niche Marketing

틈새 마케팅이란 기존의 세분시장 틈 사이에 또 하나의 소비자의 욕구가 존재하는 더욱 세분화한 시장을 공략하기 위한 마케팅이다. 어떤 기준에 의해 전체 시장을 몇 개의 동질적인 특성을 갖는 시장으로 구분하는 것을 시장 세분화라고 한다. 틈새시장은 아직 충족되지 않은 욕구가 있는 작은 시장이며 세분시장 내에서도 존재할 수 있다. 틈새시장은 시장 기회를 찾기 위한 목적으로 소비자의 독특한 새로운 욕구를 찾아 시장 세분화의 기준을 더욱 많이 적용해 설정한 상대적으로 작은 시장을 의미한다. 소비자의 욕구가 점점 더 분화되고 있는 추세와 맞물려 틈새시장을 공략하는 마케팅 활동도 증가하고 있지만, 틈새시장은 그

규모가 작고 시장 자체도 동태적이기 때문에 신속성과 전문성이 수반되지 않으면 실패할 가능성이 높다는 점도 유념해야 한다. 시장이 더욱 세분화되어 감에 따라 각 세분시장에 관련된 새로운 기술이 끊임없이 출현하고 있고, 경쟁은 더욱 치열해지고 있다. 이에 따라 기업들은 더 작은 시장을 찾아내는 데 마케팅의 초점을 맞추고 있다. 이러한 마케팅 전략을 틈새 마케팅이라 한다. 종래에도 기업들은 점점 더 작은 표적 시장에 초점을 맞추어 왔으며, 어떤 산업분야에서는 이미 '니치를 하지 않으면 니치를 당하는' 실정에 이르렀다.

많은 마케팅 담당자가 이미 실행중인 틈새 마케팅 전략을 보다 정교화시킬 방안이나 어떻게 틈새 마케팅을 할 것인가에 대한 방안을 강구하고 있다. 틈새시장을 공략해 대기업으로 성장한 기업의 발전 사례를 보더라도 시장 성장에 따른 외부 효과보다는 기업 차원의 품질 향상에 기인한 바 크다(임형록, 2008). 그러나 틈새 마케팅을 어떻게 실행해야 하는가에 대해서는 일반적인 기준이나 지침은 사실상 존재하지 않는다.

틈새 마케팅은 크기가 작은 시장에 주목하라는 의미로 이해해서는 안 된다. 기업의 매스 마케팅적인 사고, 습관, 행동에서 탈피해 작게 행동함으로써 성장을 도모하라는 것으로 해석해야 한다. 여기서 작게 행동한다는 말이 가리키는 것은 모든 것을 시장 및 고객의 관점에서 세밀하게 자료를 수집, 분석 및 해석해 선정된 시장의 욕구를 충족시킬 수 있는 방안을 끊임없이 찾아내는 과정을 의미한다. 이러한 과정이 누적되다보면 틈새시장도 거대한 시장으로 성장해 간다는 논리다. "작게 행동함으로써 더 크게 될 수 있다(getting bigger by acting smaller)"는 역설적 논리가 틈새 마케팅의 핵심이다(Toften & Hammervoll, 2013).

참고문헌

임형록(2008). 니치 마케팅과 시장선점우위. 마케팅관리연구, 13(4), 35-55.

Toften, K., & Hammervoll, T. (2013). Niche Marketing Research: Status and Challenges. *Marketing Intelligence & Planning*, 31(3), 272-285.

098 │ 파레토 법칙 Pareto Principle

파레토 법칙은 20%의 충성스러운 고객들이 전체 매출의 80%를 창출하고, 20%의 핵심제품이 기업 전체 매출의 80%를 차지하며, 20%의 기업구성원이 전체 업무의 80%를 수행하는 현상을 말한다. 파레토 법칙은 이탈리아의 경제학자이자 사회학자인 빌프레도 파레토(Vilfredo Pareto)가 이탈리아 인구의 20%가 이탈리아 전체 국토의 80%를 보유하고 있음을 발견한 것에서 유래했다. 파레토 법칙은 다른 말로 80대 20 법칙이라고도 한다. 여기서 20%의 주요문제를 해결하면 나머지 80%는 저절로 해결된다는 '주요한 소수와 사소한 다수(the vital few and the trivial many)'라는 개념이 제기되었다. 파레토 법칙에 기초해 마케팅 분야에서는 매출의 대부분을 차지하는 상위 소수 소비자들을 공략하는 마케팅 전략이 활성화되기도 했다. 이러한 파레토 법칙과는 달리 2004년 미국의 인터넷 비즈니스 관련 와이어드(Wired)의 편집장인 크리스 앤더슨(Chris Anderson)은 롱테일(long tail)을 법칙을 제안했다(Anderson, 2006). 롱테일 법칙은 80%의 '사소한 다수'가 20%의 '핵심적인 소수'보다 더 많은 가치를 창출한다는 이론으로 역파레토 법칙이라고도 한다(Anderson, 2006).

롱테일 법칙 또는 역파레토 법칙은 구글(Google), 애플(Apple), 아마존(Amazon), 이베이(eBay) 등 사업적으로 성공을 이룬 IT 기업들을 분석하는 과정에서 파레토 법칙과는 대비되는 현상을 발견하면서 제기되

128

었다. 이른바 '파레토 법칙'은 전체 매출의 80%가 20%의 충성 고객에 의해 이루어지고 업무 성과의 80%는 잘나가는 우수 직원에 의해 달성된다는 비지니스의 황금률로 그동안 해석되어 왔다. 하지만 인터넷의 발전에 따라 대량 생산, 대량 소비 시장은 약화되고, 다양하지만 규모가 작았던 시장, 즉 긴 꼬리 시장이 매력적으로 부각했다. 롱테일 현상은 수요 곡선의 꼬리 부분을 이루고 있는 틈새 상품들이 머리 부분인 히트 상품과 더불어 시장을 주도하고 있음에 주목한다(이한원, 전나리, 최우철, 김병기, 2009; 전성민, 2014). 즉, 전체 상품의 20%가 전체 매출액의 80%를 차지한다는 파레토 법칙이 붕괴되는 반면, 하위 80%의 상품이 상위 20%의 상품 매출에 버금가는 현상을 의미한다.

참고문헌

이한원, 전나리, 최우철, 김병기(2009). 롱테일의 성공과 실패에 관한 사례연구: 9가지 법칙을 중심으로. Journal of Management Case Research, 43, 539-572.

전성민(2014). 소셜 커머스 시장의 롱테일 현상에 대한 실증 연구. 한국전자거래학회지, 19(1), 119-129.

Anderson, C. (2006). *The Long tail: Why The Future of Business Is Selling Less of More*. New York: Hyperion.

099 | 판매촉진 Sales Promotion (SP)

판매촉진이란 기업이 제품이나 서비스를 책정된 가격에 구매하거나 구매를 계속하도록 유도할 목적으로 해당 제품이나 서비스의 효능에 대해 실제 및 잠재고객을 대상으로 정보를 제공하거나 설득하는 마케팅 활동을 말한다. 판매촉진은 크게 최종소비자를 대상으로 하는 소비자 판촉, 중간상인을 대상으로 하는 중간상 판촉과 회사의 자체 판매원을 대상으로 하는 판매원 판촉으로 나누어진다. 대표적인 것으로는 가장 일반적으로 알려져 있는 쿠폰, 샘플 제공, 가격촉진 등을 비롯해 경품, 할인권제공, 무료 시용, 상품전시회 개최, 구매시점 광고, 리베이트 (rebate) 등 다양한 방법들이 있다. 마케팅에 성공하려면 고객의 욕구를 충족시키는 제품을 만들고 적절한 가격을 책정하는 것만으로는 충분하지 않다. 좋은 제품이 있다는 것을 현재 또는 잠재고객에게 알리고, 구매하도록 설득하고, 구매를 유인할 수 있는 여러 가지 인센티브를 제공해야 한다. 마케팅 믹스 중 이러한 역할을 하는 것을 판매촉진이라고 한다. 판매촉진은 제품의 존재를 알리고, 구매하도록 설득하고, 유인하는 다각적인 과업을 수행해야 하므로 보통 하나의 수단만으로는 충분하지 않다. 이 때문에 판매촉진 유형에 따른 효과를 살펴보는 연구가 많이 이루어졌다(김용범, 최자영, 2019; 김주영, 민병필, 2005). 소비자들의 구매를 자극하기 위해 여러 가지 판매촉진 수단을 적절하게 조합하는 것을 촉진 믹스(Promotion Mix)라고 한다. 광고, PR, 구전, 인적판매 등의 수단이 모두 촉진 믹스에 포함된다. 촉진 믹스는 제품 형태, 타깃, 제품수명주기단계, 구매의사결정단계에 따라 달라진다. 기업의 정책이나 처한 상황에 따라 중점을 두는 방식은 다를 수 있으나 마케팅 목표를 극대화할 수 있는 최적의 믹스를 구성하는 것이 가장 중요하다.

참고문헌

김용범, 최자영(2019). 판매촉진의 부메랑 효과: 판매촉진유형과 브랜드 명성을 중심으로. **경영학연구**, 48(4), 913-933.

김주영, 민병필(2005). 판매촉진 수단 유형의 판촉효과 비교. **경영학연구**, 34(2), 445-469.

100 | 포지셔닝 Positioning

포지셔닝이란 자사 브랜드가 표적 고객의 마음속에 경쟁자와 대비해 독특하고 차별적인 위치를 차지할 수 있도록 만드는 커뮤니케이션 작업을 말한다. 포지셔닝은 어떤 제품이 경쟁제품에 비해 차별적 특성을 갖도록 제품개념을 정하고, 이에 따라 개발 및 생산된 제품을 소비자들의 지각 속에 적절히 위치시키는 노력이다. 포지셔닝의 기준은 제품의 속성, 이미지, 사용상황, 사용자, 경쟁제품 등이 있다. 포지셔닝 개념은 마케팅 활동에서 매우 중요한 역할을 수행하고 있어 처음 제시된 이후 학계, 실무업계 모두로부터 큰 주목을 받아 왔다(Saqib, 2021). 포지셔닝을 문자 그대로 해석하면 '어떤 대상을 적절한 위치에 자리 잡게 한다.'는 의미를 담고 있다. 포지셔닝 개념은 광고 컨설턴트인 잭 트라우트(Jack Trout)가 처음 제안했다. 이후 동료 컨설턴트인 알 리스(Al Ries)와 함께 "포지셔닝이 시장의 혼란 속을 관통하다(Positioning cuts through chaos in market)"라는 글을 통해 널리 알려지게 되었다. 잭 트라우트와 알 리스는 마케팅에서는 실제보다는 '인식'이 더 중요하고, 고객도 중요하지만 '경쟁자'도 중요하게 고려해야 한다고 주장했다.

포지셔닝의 의의는 마케팅 활동을 더 좋은 제품을 제공하기 위한 경쟁이 아니라 소비자의 인식 속에 자사 제품이 차별적인 위치를 차지하도록 하기 위한 전쟁으로 규정하고 있다는 점에서 찾을 수 있다. 마케팅의 본질은 고객을 만족시키는 것이 아니라 경쟁사를 이기는 데 있다는 논리를 확립했다(Ries & Trout, 2001). 잭 트라우트와 알 리스는 어떻게 자사 브랜드가 소비자의 마음속으로 파고들어 갈 수 있을 것인가에 대한 해답을 제시하고자 했다. 그들은 창의적인 광고 크리에이티브 작성도 중요하지만 이를 뛰어넘어 광고에 대한 전략적인 접근이 필요함을 주장했다. 그들은 자사 브랜드의 경쟁적 위상 시장 선도자인가 추종자인가 등에 따라 추구해야 할 포지셔닝 전략이 달라져야 한다는 상황적 전략의 개념을 도입했다. 포지셔닝은 시장 세분화, 그리고 표적 시장의 선정과 결합되어 '시장 세분화 – 표적 시장 선정 – 포지셔닝'으로 집약되는 STP라고 하는 마케팅 전략 수립 프레임워크가 확립되었다.

참고문헌

Ries, A., & Trout, J. (2021). 포지셔닝 (*Positioning: The Battle For Your Mind*). (안진환 역). 서울: 을유문화사. (원저 2001년 출판).

Saqib, N. (2021). Positioning Strategies: A Literature Review. *Journal of Cardiovascular Disease Research*, 6(6), 2516–2631.

101 | 푸시 전략 마케팅 Push Strategy Marketing

통합 마케팅 커뮤니케이션(IMC)을 실행하기 위한 기본 전략으로는 푸시 전략(push strategy)과 풀 전략(pull strategy)의 두 가지가 있다. 푸시 마케팅(push marketing)은 제품을 생산한 후 공격적 물량 공급을 통해 고객들에게 브랜드를 각인시키는 효과를 기대하는 마케팅 전략을 말한다. 푸시 전략은 제조업자가 소비자를 향해 제품을 밀어낸다는 의미를 담고 있다. 제조업자는 도매상에게, 도매상은 소매상에게, 소매상은 소비자에게 제품을 판매하게 만드는 전략이 푸시 전략이다. 푸시 전략은 인적판매를 통하거나 가격할인, 수량할인 같은 중간상을 대상으로 하는 판매촉진을 주로 사용해 실행한다.

푸시 마케팅의 가장 흔한 예는 어느 판매처에 가더라도 진열대에 배치되어 있어 소비자들에게 가장 익숙한 브랜드(혹은 제품)가 되도록 하는 것에서 찾아볼 수 있다. 즉, 소비자들이 '선택할 수밖에 없도록 만드는' 것이 푸시 마케팅의 전형적인 방법이다. 그렇기 때문에 푸시 마케팅에서 최대치 생산은 무엇보다 중요한 필수 조건이다. 이러한 방법은 소위 강력한 브랜드력과 시장을 선도하고 있는 기업이 활용하면 효과는 극대화될 수 있다. 푸시 전략을 택할 것인지 아니면 풀 전략을 택할 것인지는 기업이나 제품이 직면한 상황에 따라 다르게 적용되어야 한다. 어떤 마케팅 커뮤니케이션 믹스를 사용할 것인가는 기업의 IMC 전략에 따라 차이를 보이게 된다. 아울러 4차 산업혁명을 대표하는 파괴적 혁신은 소비자들의 구매의사 결정과정에도 영향을 미치고 있다는 점도 주목해야 한다(김대진, 박다인, 박종석, 2018). 푸시 전략과 풀 전략은 각기 개별적으로 이루어지고 하지만 상호보완적 성격을 띠고 있음도 유념해야 한다(Vieira, Severo de Almeida, Gabler, Limongi, Costa, & Pires da Costa, 2022).

참고문헌

김대진, 박다인, 박종석(2018). 데이터 마이닝 기법을 통한 마케팅 전략 변화에 대한 연구. Korea Business Review, 22(2), 177-194.

Vieira, V. A., Severo de Almeida, M. I., Gabler, C. B., Limongi, R., Costa, M., & Pires da Costa, M. (2022). Optimising Digital Marketing and Social Media Strategy: From Push to Pull to Performance. Journal of Marketing Management, 38(7-8), 709-739.

102 | 풀 전략 마케팅 Pull Strategy Marketing

푸시 전략이 제조업자 입장에서 소비자들에게 '밀어내는' 것이라면, 풀 전략(Pull Strategy)은 푸시 전략과는 대조적으로 제조업자 쪽으로 당

긴다는 의미를 담고 있다. 풀 전략의 마케팅에서는 소비자에게 직접 소구하는 프로모션 믹스를 주로 이용한다. 제품 이미지가 소비자에게 영향을 끼쳐 소비자 스스로가 그 제품에 대한 구매 욕구를 발생시켜 소비자 스스로 제품을 구매하도록 '끌어당기는' 판매 촉진책이 풀 전략의 핵심이다. 소비자를 대상으로 적극적인 커뮤니케이션 활동을 해 소비자들이 제품을 찾게 만들고, 중간상들은 소비자가 원하기 때문에 제품을 취급할 수밖에 없게 만드는 전략이 풀 전략이다. 풀 전략의 대표적인 형태로는 광고, PR 등을 주로 이용하며, 쿠폰, 견본, 경품 제공 등과 같은 판매촉진수단도 많이 이용된다. 풀 전략은 제품의 최종 구매자인 소비자에게 작용해 판매목적을 달성하려는 전략을 가리킨다. 푸시 전략 이후 풀 전략으로 이어지는 효과를 검증하는 연구도 진행되었다(Vieira, Severo de Almeida, Gabler, Limongi, Costa, & Pires da Costa, 2022). 푸시 전략은 제품 인지나 태도를 형성하는 데, 구매의도를 높이는 데는 풀 전략이 효과적이다(안보섭, 최승연, 2010). 풀 전략 마케팅은 제조업체가 최종 소비자들을 상대로 직접 진행하는 적극적 판촉 활동을 통해 소비자들이 자발적으로 제품을 '선택하도록 만드는' 방식을 취한다. 기업에서 풀 마케팅 전략을 실행하면 광고 활동과 소비자 대상 판매촉진의 비중은 커지게 된다. 풀 마케팅을 염두에 두고 생산되는 제품들은 개발 전부터 철저하게 고객들의 수요를 분석하고 이를 반영하지 않으면 안 된다. 이를 통해 대대적 판매촉진활동이나 광고활동으로 인한 비용 부담에서 오는 리스크를 최소한으로 줄여야 한다.

참고문헌

안보섭, 최승연(2010). 키즈 마켓에서 아동의 구매유형에 따른 Marketing PR(MPR)의 효과연구. 한국광고홍보학보, 12(2), 143-181.
Vieira, V. A., Severo de Almeida, M. I., Gabler, C. B., Limongi, R., Costa, M., & Pires da Costa, M. (2022). Optimising Digital Marketing and Social

Media Strategy: From Push to Pull to Performance. *Journal of Marketing Management*, *38*(7-8), 709-739.

103 | 풀 커버리지 Full Coverage

풀 커버리지는 표적 시장 선정(targeting) 과정에서 모든 세분시장에 제품과 서비스를 투입하는 것을 말한다. 상대적으로 자원이 풍부한 대기업이 선택할 수 있는 강자의 전략이다. 기업들이 이용하는 시장 커버리지 전략에는 세 가지가 있다(안광호, 2021; 이규현, 2016). 첫째는 시장을 구성하고 있는 소비자들의 욕구와 필요가 모두 동일하다고 보고 한 가지 마케팅 믹스로 전체 시장에 소구하려는 전략인 비차별화 마케팅이다. 둘째는 두 개 혹은 그 이상의 세분시장을 표적 시장으로 선정하고 각각의 세분시장에 적합한 제품과 마케팅 프로그램을 개발해 공급하는 차별화 마케팅이다. 셋째는 기업의 자원이 제약되어 있을 때 한 개 혹은 소수의 세분시장에서 시장 점유율을 확대하려는 전략을 말한다.

풀 커버리지는 이 중 두 번째 차별화 마케팅을 위한 시장 커버리지 전략과 관련되어 있다. 즉, 제품과 시장의 두 요인만을 놓고 볼 때 시장 커버리지 전략에는 ① 단일 구획 집중화, ② 제품 전문화, ③ 시장 전문화, ④ 선택적 전문화, ⑤ 풀 커버리지로 구분된다. 단일 구획 집중화는 특정 하나의 시장, 영역에 집중해 한 가지 제품이나 서비스를 투입하는 유형이다. 제품 전문화는 단 하나의 제품만을 모든 소득계층에 생산, 판매하는 형태다. 시장 전문화는 중간 정도의 소득계층을 대상으로 TV, 에어컨, 세탁기 등 여러 제품을 공급하는 것과 같이 단일 시장 구획, 영역에 여러 제품을 생산, 판매하는 전략이다. 선택적 전문화는 몇 개의 세분시장만을 표적으로 해 진출하는 것을 가리킨다. 풀 커버리지는 모든 세분시장에 각기 상이한 제품을 생산, 판매하는 형태다. 세분시장에 맞는 개별적인 마케팅 전략을 수립하고 실행해야 하는 관계로 이를 모두 포괄할 수 있는 능력과 자원이 있는 기업에서 추구할 수 있는 시장진입 전략이다.

참고문헌

안광호(2021). 마케팅 관리적 접근(2판). 경기: 학현사.
이규현(2016). 한 권으로 끝내는 마케팅의 모든 것. 대한민국 마케팅. 서울: 한국평생교육원.

104 | 혜택 Benefit

혜택(Benefit)이란 제품과 서비스에 요구되는 가치, 효과, 효용을 말한다. 즉, 소비자가 제품이나 서비스를 사용함으로써 얻을 수 있는 그무엇이 곧 혜택이다. 단순히 제품과 서비스를 판매하는 것이 아니라 그것을 소비자가 이용해서 얻을 수 있는 무형의 혜택으로 제공하는 것이 무엇보다 필요하다(안광호, 이유재, 유창조, 2020). 소비자 혜택과 관련해 고려되는 광고전략 모형의 하나가 고유판매제안(Unique Selling Proposition: USP) 전략이다. 고유판매제안(USP) 전략은 경쟁 제품에는 없는 독특한(Unique) 혜택을 기반으로 판매(Selling)가 이루어질 수 있도록 반복적으로 강하고 명확하게 '제안(Proposition)'하는 전략을 의미한다. 제품이나 서비스가 주는 USP는 분명 소비자에게 혜택을 주는 것은 사실이다. 하지만 USP는 기업에서 주장하는 혜택일 뿐, 소비자가 공감하는 혜택과 반드시 일치한다고 볼 수 없다. 소비자가 공감할 수 있는 혜택을 제공하는 광고 메시지를 개발해야 한다. 제품이나 서비스에 있는 어떤 장점 때문만이 아니라 그 제품이나 서비스를 경험한 소비자 스스로가 구매하지 않으면 안 되겠다는 마음이 들도록 해야 한다. USP 가 생산자 측면의 용어라면, 혜택은 제품 구매를 통해 얻는 물리적, 심리적 이익이라고 하는 소비자 용어로 대체된 개념이다.

참고문헌

안광호, 이유재, 유창조(2020). 광고관리(4판). 경기: 학현사.

디지털 시대의
광고 용어 300

제 3 장

광고 크리에이티브

105 │ 감성 소구 Emotional Appeal

광고의 소구 유형은 광고물의 시각적 표현 방식과 광고 메시지의 제시 방법에 따라 크게 이성 소구와 감성 소구로 구분하는데, 감성 소구는 소비자의 감정을 자극해 관심이나 구매를 유도하는 기법이다(차인혜, 김보연, 2019). 로맨스, 향수, 동정, 흥분, 기쁨, 두려움, 죄의식, 슬픔 등의 개인적 감정과 자아 이미지 고취 및 과시 등, 타인들과의 관계에서 비롯되는 사회 지향적 감정을 통해 긍정적 혹은 부정적인 감정을 이용해 소구하는 유형이다. 감성 소구 광고는 소비자의 감성적 요소를 자극해 광고하는 제품이나 서비스에 대해 긍정적인 감정을 유발하려고 시도한다. 구매 동기를 유발하기 위해 긍정적 감정이나 부정적 감정을 유발하려고 시도하는데, 부정적 감성 소구 광고에서는 소비자의 공포, 죄책감, 부끄러움에 소구하고, 긍정적 감성 소구 광고에서는 소비자의 사랑, 자신감, 즐거움 등에 소구한다. 감성 소구는 소비자의 감정이나 사회심리적 맥락을 고려하는 화장품, 패션, 음료수 같은 일상 생활용품 광고에 자주 사용된다. 감성 소구 광고에서는 정서형 헤드라인이 주로 쓰이는데 자칫하면 카피가 아닌 시 쓰기가 될 가능성이 있고 상품과의 상관성(relevance)을 망각할 수 있으므로 특히 주의해야 한다.

참고문헌

차인혜, 김보연(2019). 광고의 이성소구와 감성소구 메시지 성격에 따른 수용자 반응에 관한 연구. 기초조형학연구, 20(1), 537-551.

106 | 고유판매제안 Unique Selling Proposition

상품마다 지닌 고유한 판매 소구점을 찾아내 소비자들에게 제안해야 한다는 고유판매제안(USP)은 리브스가 『광고의 실체(Reality in Advertising)』에서 체계화시킨 광고 표현 전략이다. 이 전략은 광고 효과를 높일 수 있는 메시지를 개발해야 한다는 이론적 토대로 작용했다. 리브스는 어떤 상품에서 고유판매제안(USP)을 도출하려면 세 가지 사항을 고려해야 한다고 강조했다. 즉, 광고 상품을 사용하면 특별한 혜택을 얻을 수 있다는 사실을 제안해야 하고, 그 제안은 경쟁사가 따라할 수 없고 제안하기 어려운 단일 메시지여야 하며, 그 제안은 수백만 소비자를 움직일 수 있을 만큼 강력해야 한다는 것이다(Reeves, 1961). 고유판매제안은 주먹구구식의 주관적 느낌으로 광고를 만들어 오던 기존의 관행에 경종을 울리며 광고 창작에서도 과학적 접근의 필요성을 환기하기에 충분했다. 이 전략을 적용할 때는 경쟁 상품이나 브랜드에서 자사 상품과 경쟁 상품 사이에 나타나는 물리적·기능적 차이와 경쟁사에서 제안하기 어려운 비교 우위점(comparative advantage)을 찾아내 자사 상품의 핵심 메시지를 결정해야 한다(김병희, 2024). 상품과 서비스를 구매해야 하는 이유를 소비자에게 제시하는 고유판매제안 전략은 광고 크리에이티브의 다양한 맥락에서 활용되어 왔다. 1960년대에 제안된 이 전략은 상품의 고유한 특성을 부각하는 경성 판매(hard selling) 전략이었는데, 디지털 시대에도 여전히 두루 쓰이고 있다. 전략의 핵심은 상품의 고유한 특성을 소비자 혜택으로 표현할 핵심 메시지를 결정한 다음, 핵심 카피를 지속적으로 반복하고 강조하는 데 있다.

참고문헌

김병희(2024). 디지털 시대의 카피라이팅 신론: 챗GPT를 활용한 광고 카피 쓰기.
　　서울: 학지사비즈.
Reeves, R. (1961). *Reality in Advertising*. New York: Alfred Knopf.

107 | 광고 기호학 Advertising Semiotics

　사회문화적 맥락 속에서 광고에 나타난 기호의 의미를 밝히는 것이 광고 기호학이다. 광고는 카피와 비주얼 측면에서 기호학적 의미를 가진다. 프랑스의 소쉬르(Saussure)는 기호를 외연적 의미(denotation)와 내포적 의미(connotation)로 구분했다. 미국의 퍼스(Peirce)는 기호를 대상과의 관계로 설명하고, 유상(類像, icon) 기호, 지표(指標, index) 기호, 상징(象徵, symbol) 기호라는 3분법으로 분류했다. 광고기호학은 1960년대에 이론적 체계를 갖추고 광고연구의 정성적 방법으로 사용되었다. 한국에서도 1990년대에 주목할 만한 성과를 얻었으며 대부분의 연구가 소쉬르의 구조주의 계열의 기호학적 방법이나 퍼스의 화용론 중심으로 진행되었다. 광고기호학 분야는 광고 이미지의 언어적 분석, 소쉬르의 구조주의 언어기호학의 통합적 접근, 레비스트로스의 신화학적 접근, 구조적 이데올로기 분석, 그레마스의 서사 구조 분석, 퍼스의 정보기호학적 분석, 퍼스의 시각기호학적 분석, 퍼스와 모리스의 통합기호학적 분석, 화용론적 텍스트 이론 분석, 소쉬르와 퍼스의 융합기호학적 분석이라는 10가지 틀을 갖는다(조창연, 2016). 광고 기호학에서 기호학적 사각형(semiotic rectangle)은 광고 메시지의 심층적 의미 작용의 구조를 파악하는 데 유용한데(정승혜, 2015), 텍스트 내에서 의미 작용의 가치

체계를 시각적으로 배치함으로써 이분법적 이항 대립을 넘어 의미 생성의 과정을 논리적으로 설명한다는 장점이 있다.

참고문헌

정승혜(2015). 기호학적 사각형. 광고 연구의 질적 방법론. 서울: 커뮤니케이션북스.

조창연(2016). 광고기호학의 핵심 이론. 서울: 커뮤니케이션북스.

108 | 광고 디자인 Advertising Design

　언어적 정보와 시각적 정보가 심상화되면 제품에 대한 기억이 증가하며 구매에 대한 기대감 형성에도 영향을 미친다는 광고반응 모형(Advertising Response Model)은 광고 디자인의 중요성을 환기했다(김병희, 2014). 나아가 언어적·시각적 자극이 동시에 제시되는 경우가 그렇지 않은 경우보다, 언어적 자극보다 시각적 자극이 더 많이 활용될 경우 기억이 향상된다는 이중부호화 모형(Dual Coding Model)에서도 광고 디자인이 중요하다는 사실을 실증적으로 보여 주었다(Thompson & Paivio, 1994). 광고 디자인의 기본원리는 근접성(proximity), 정렬(alignment), 균형(balance), 통일성(unity)이다(Altstiel & Grow, 2006). 근접성의 원리란 관련되는 항목들을 물리적으로 서로 가깝게 배치함으로써, 관련된 항목들이 무관한 조각들의 묶음으로 보이지 않고 응집된 모습으로 보이도록 하는 것이다. 근접성은 시각적 흐름이 확대되도록 전략적으로 디자인된 요소들의 연계성을 만들어 낸다. 정렬은 각각의 요소들이 다른 요소들과 시각적으로 연계되는 것을 말하며, 요소의 우선순위를 정하면 정렬을 효율적으로 하며 강력한 시각적 흐름을 만들어

낸다. 균형에는 대칭(symmetry)과 비대칭(asymmetry)이 있다. 완벽한 대칭은 지루한 느낌을 주기도 하지만, 비대칭으로 인한 대비는 시각적 흥미를 더한다. 통일성(unity)은 모든 요소들을 시각적으로 밀착시키며 조화를 통해 일체감을 만들어 내는 원리다.

참고문헌

김병희(2014). 광고 창의성과 크리에이티브에 관한 연구 동향과 전망. 광고학
　　　연구, 25(8), 71-103.

Altstiel, T., & Grow, J. (2006). *Advertising Strategy: Creative Tactics From
　　　the Outside/In*. Thousand Oaks, CA: Sage.

Thompson, V. A., & Paivio, A. (1994). Memory for Pictures and Sounds:
　　　Independence of Auditory and Visual Codes. *Canadian Journal of
　　　Experimental Psychology*, 48(3), 380-391.

109 | 광고 수사학 Advertising Rhetorics

　광고 수사학은 소비자를 보다 효과적으로 설득하기 위해 언어적 · 시각적 메시지를 궁리하는 광고 창작의 기술과 방법이다. 카피라이터는 '무엇을 말할 것인지'보다 '어떻게 말할 것인지'를 고민한다는 점에서, 광고 수사학은 말과 글을 다루는 카피라이터의 솜씨가 가장 잘 드러나는 영역이다. 언어의 적합성, 언어의 명확성, 언어의 장식성, 언어의 정확성도 카피라이터의 능력에 따라 달라진다. 광고 카피도 언어 표현의 일종이라는 점에서 언어학적 지식을 공부하면 카피를 쓸 때 도움이 된다. 카피라이터가 음운론(phonology), 의미론(semantics), 구문론(syntactics), 화용론(pragmatics) 같은 언어학적 지식을 공부해 카피라이팅에 활용하면 카피를 더 잘 쓸 수 있다.

광고 수사학을 통해 기대할 수 있는 메시지의 부각 효과는 여섯 가지다. 상품 특성의 부각 효과, 소비자 혜택의 부각 효과, 일반적인 주장의 부각 효과는 내용적 측면(메시지의 설득력 향상)에 관련되며, 브랜드 이름의 부각 효과, 광고 상황의 부각 효과, 주목성의 부각 효과는 형식적 측면(전달 기술의 향상)에 관련된다(박영준, 김정우, 안병섭, 송민규, 2006). 그리고 광고 수사학에 의한 카피 쓰기 차원에서 광고 수사학을 4가지의 대분류 아래에 31가지의 수사법으로 소분류 할 수 있다(김병희, 2024). 비유의 수사법에는 직유법, 은유법, 풍유법, 의인법, 활유법, 환유법, 제유법, 의태법, 중의법, 돈호법이 있고, 변화의 수사법에는 도치법, 인용법, 의문법, 반어법, 역설법, 명령법, 대구법, 생략법이 있다. 강조의 수사법에는 과장법, 반복법, 영탄법, 열거법, 점충법, 점강법, 대조법, 파격어법이 있고, 소리의 수사법에는 두운법, 모운법, 각운법, 의성법, 동음이의어법이 있다.

참고문헌

김병희(2024). 디지털 시대의 카피라이팅 신론: 챗GPT를 활용한 광고 카피 쓰기. 서울: 학지사비즈.

박영준, 김정우, 안병섭, 송민규(2006). 광고언어론: 언어학의 눈으로 본 광고. 서울: 커뮤니케이션북스.

110 | 광고 창의성 Advertising Creativity

창의성에 대한 연구는 주로 심리학 분야에서 가장 먼저 수행되었다. 그동안 심리학과 경영학 등 여러 학문 영역에서 발표된 창의성의 정의는 100가지 이상이 있으나 학계에서 일반화된 창의성의 정의는 없다.

심리학 분야에서 수행된 창의성 연구 경향을 종합하면, 신비주의적 접근, 실용주의적 접근, 심리역동적 접근, 심리측정적 접근, 인지적 접근, 사회−성격적 접근, 그리고 종합적 접근 등 7가지 맥락에서 연구되어 왔다(Sternberg & Lubart, 1999). 7가지 연구전통은 4가지 연구경향으로 구체화되는데, 창의성의 네 가지 측면(4P) 중 어느 한 부분을 강조해 연구 대상으로 하느냐에 연구 영역이 달라진다. 즉, 광고학계의 창의성 연구 전통은 크게 창의적인 결과물(Product)에 대한 연구, 창의적인 발상과정(Process)에 대한 연구, 창의적인 인물(Person)의 특성에 대한 연구, 창의성 향상에 영향을 미치는 환경이나 설득 맥락(Persuasion)에 대한 연구 같은 4P 접근법이 있다(White & Smith, 2001).

첫째, 창의적인 결과물에 대한 연구에서는 특정 광고물의 창의성을 어떻게 평가할 것인지에 관심을 갖고, 광고물에 대한 종합적인 반응보다 광고물의 창의성 여부의 측정을 시도하고 광고 창의성의 구성 요인을 밝히는 데 주목했다. 둘째, 창의적인 발상 과정에 대한 연구에서는 창의적인 아이디어를 도출할 수 있는 선행요인이나 발상 과정의 내적 구조를 규명하는 데에 관심을 갖고 보다 효과적인 광고 창의성 향상을 위한 실천 전략을 모색하는 연구들이다. 셋째, 창의적인 인물의 특성에 대한 연구에서는 크리에이티브 천재들이나 창의적인 인물의 특성에 대한 연구로써 창의적인 개인의 기질이나 창작 방법론을 알아보고 크리에이터의 특성을 유형화하는 연구들이다. 넷째, 창의성 향상에 영향을 미치는 환경이나 설득 맥락에 대한 연구에서는 조직과 제도적인 환경 요인이 광고 창의성 향상에 구체적으로 어떤 영향을 미치는가에 주목했으며, 광고 창의성과 직무성과의 관련 양상을 고찰했다. 첫 번째의 창의적인 결과물에 대한 연구에 해당되는 인쇄광고와 텔레비전 광고의 창의성 수준을 평가하는 척도개발 연구도 수행되었다. 인쇄 광고의 창의성 수준은 독창성, 적합성, 명료성, 상관성이라는 4가지 구성요인에 따라, 텔레비전 광고의 창의성 수준은 독창성, 정교성, 상관성, 조화성, 적합성이라는 5가지 구성요인에 따라 평가해야 한다는 것이다. 텔레비전 광고와 인쇄 광고에서의 중복된 요인을 합치면 광고 창의성의 평가 요인은 독창성, 정교성, 상관성, 조화성, 적합성, 명료성이라는 6가지다 (Kim, Han, & Yoon, 2010). 광고 창의성의 연구 전통에서 기존의 4P 접근법에서는 광고 창의성의 향상에 중요한 영향을 미치는 창의적인 환경(Place)을 배제한 한계가 있는데, 앞으로의 연구에서는 5P(Product, Place, Process, Person, Persuasion) 접근방법을 고려할 필요가 있다(김병희, 2014).

참고문헌

김병희(2014). 광고 창의성과 크리에이티브에 관한 연구 동향과 전망. 광고학연구, 25(8), 71-103.

Kim, B. H., Han, S., & Yoon, S. (2010). Advertising Creativity in Korea: Scale Development and Validation. *Journal of Advertising*, *39*(2), 93-108.

Sternberg, R. J., & Lubart, T. I. (1999). The Concept of Creativity: Prospects and Paradigms. In Robert J. Sternberg (Ed.), *Handbook of Creativity* (pp.3-15). New York, NY: Cambridge University Press.

White, A., & Smith, B. L. (2001). Assessing Advertising Creativity Using the Creative Product Semantic Scale. *Journal of Advertising Research*, *41*(6), 27-34.

111 | 광고 카피 Advertising Copy

광고 카피는 좁은 의미에서 헤드라인과 보디카피를 가리키기도 하고, 넓은 의미에서 시각적 표현을 포함한 광고물을 구성하는 모든 것을 가리키기도 한다. 카피는 광고 메시지를 지탱하고 유지하는 메시지의 등뼈다. 현대 광고에서는 글이나 말로 표현된 것을 카피로 보는 협의의 개념보다 광고 메시지를 구성하는 전체적인 구성요소로 보는 광의의 개념으로 카피를 이해하려는 관점이 우세하다. 광고 용어로서의 카피는 대략 다음과 같은 세 가지 의미를 담고 있다. 첫째, 좁은 의미의 카피는 헤드라인과 본문(body copy)을 의미한다. 둘째, 본문 이외의 오버헤드라인, 서브 헤드라인, 슬로건(브랜드 슬로건, 기업 슬로건, 캠페인 슬로건), 리드, 소제목을 의미한다. 셋째, 브랜드 이름, 기업 이름, 가격 표시, 상품의 사양(speck: 사용 기간, 사용법, 기타), 광고주 요구사항 등이다(김병희, 2024).

넓은 의미의 카피는 광고물을 구성하는 모든 것(시각적 표현 포함)이다. 일반적으로 사용되는 카피의 의미는 첫째 둘째 셋째의 의미를 합한 것을 가리키는 개념이다. 따라서 광고의 등뼈인 카피는 광고의 여러 구성 요소 중 글이나 말로 표현되는 모든 것을 의미한다고 하겠다. 카피를 쓰는 과정을 카피라이팅(copywriting)이라고 하며, 카피를 쓰는 사람을 카피라이터(copywriter, 카피 창작자)라고 한다. 따라서 넓은 의미에서의 카피는 광고 메시지를 표현하는 아이디어 전체를 지칭한다. 카피의 구성 요소는 인쇄 광고에서 헤드라인(headline), 오버라인(overline), 서브헤드(subhead), 보디카피(body copy), 슬로건(slogan), 캐치프레이즈(catch phrase), 캡션(caption) 등이다. 전파 광고에서는 동영상을 제외한 자막 부분과 소리로 전달하는 모든 메시지가 카피에 해당된다.

참고문헌
김병희(2024). 디지털 시대의 카피라이팅 신론: 챗GPT를 활용한 광고 카피 쓰기. 서울: 학지사비즈.

112 | 광고 헤드라인 Advertising Headline

광고 헤드라인은 크리에이티브 콘셉트를 비약시켜 표현하는 광고의 핵심 메시지로, 대부분의 광고에서 가장 중요한 요소다. 헤드라인은 보디카피나 비주얼 같은 광고의 구성요소 중에서 소비자의 기억을 활성화하는 데 결정적인 영향을 미친다. 광고학계와 광고업계에서는 대체로 블라이(Bly, 1985)가 제시한 헤드라인의 4가지 기능을 지지해 왔다. 첫째, 소비자의 주목유발 기능이다. 헤드라인은 광고 효과 과정을 설명하는 고전적 모형인 AIDMA 법칙에서 첫 번째 단계인 소비자의 주목(Attention)을 유발하는 기능이 있다. 둘째, 소비자의 선택 기능이다. 헤드라인은 소비자 중에서 광고의 표적 소비자를 선택해 광고의 목표 집단을 호명하는 기능을 수행한다. 셋째, 전체 메시지의 전달 기능이다. 자세한 내용은 보디카피를 참고하라는 식으로 여지를 남기지 말고 헤드라인 자체에서 전체 메시지를 전달해야 한다는 뜻이다. 넷째, 보디카피로의 유인 기능이다. 헤드라인은 그 자체로 전체 메시지를 전달해야 하지만 소비자에게 보디카피를 읽고 싶은 마음이 일어나도록 유인하면 메시지의 효과가 더 높아진다.

광고 헤드라인은 카피라이터가 작성한 여러 대안 중에서 채택된 하나의 메시지 유형인데, 우리나라 광고인들이 인식하는 헤드라인 유형(type of headline)은 9가지로 분류할 수 있다(김병희, 2007). 상품을 어떻게 쓰는지를 친절하게 알려 주는 설명형, 상품 사용의 혜택을 제시하는 혜택형, 상품의 기능을 실제로 증명해 보이는 실증형, 광고 상품을 쓰지 않으면 시대감각에 뒤처질 수 있다고 암시하는 경고형, 상황을 유머러스하게 전달하는 유머형, 상품 정보를 시적으로 표현하거나 감성적으로 표현하는 정서형, 상품 정보를 언론의 보도 뉴스처럼 전달하는 뉴스형, 소비자의 궁금증을 유발하고 호기심을 자극하는 호기심형, 새로운 생활양식을 제안하는 제안형이 9가지 헤드라인 유형이다.

참고문헌

김병희(2007). 광고 헤드라인의 유형분류에 관한 연구. 광고연구, 75, 9-34.

Bly, R. W. (1985). *The Copywriter's Handbook*(pp. 13-18). New York: Dodd, Mead & Company.

113 | 기사형 광고 Advertorial

기사형 광고는 광고(advertising)와 기사(editorial)를 합쳐 만든 조어로, 광고와 콘텐츠를 혼합해 보도 기사와 같은 형식을 구현하는 광고다. 기사형 광고는 일반 기사의 형식을 갖추고 있지만, 광고주의 로고가 드러나거나 상단에 '전면광고' '광고물' 'PR페이지' 같은 문구가 표시된다. 기사형 광고의 메시지 형식은 기사와 유사하지만 그 내용은 특정 제품이나 브랜드와 관련된다. 대체로 기사나 프로그램에 비해 광고는 소비자의 신뢰를 얻기 어렵기 때문에, 광고에 기사 형식을 적용하면 신뢰도를 높여 광고 효과도 올라갈 것이라는 기대감에 따라 기사형 광고가 인기를 얻게 되었다. 그렇지만 기사형 광고가 지나치게 만연하면 광고를 기사로 오인하게 함으로써 윤리적 쟁점을 야기할 수 있다. 2016년부터 활동을 시작했던 '네이버카카오뉴스제휴평가위원회'에서도 기사와 광고를 철저히 구별할 것을 권고했다. 각 매체에서 기사형 광고(advertorial)를 게재하는 데에 대해서는 이견이 없지만, 포털에 노출하는 기자(입력자)의 성명(by-line)이 구체적으로 명시되지 않고 보도되는 광고성 기사는

'기사로 위장한 광고'로 간주해 벌점을 부과했다(김병희, 심재철, 2016).

　　한편, 전통적인 기사형 광고(advertorial)의 본래 취지와는 달리 2016년 9월 28일부터 「청탁금지법(김영란법)」이 시행되자 한국형 애드버토리얼이 우리나라 신문지면에 등장하기 시작했다. 국민권익위원회가 "언론사에 협찬 명목으로 금품을 제공한 경우, 정당한 '권원(어떤 행위를 정당화하는 법률상의 원인)'이 없는 한 제재 대상"이라고 밝히자, 신문사들이 '정당한 권원'을 제시하기 위한 방편으로 협찬 기사에 대해 '애드버토리얼'이라는 명칭을 붙이기 시작했다. 신문업계는 협찬 기사가 '부정한 금품수수'로 제재받을 가능성이 높아지자, 이에 위배되는 것을 피하기 위해 '정당한 권원'을 마련하기 위해 전통적인 기사형 광고와는 다른 의미에서 '애드버토리얼(advertorial)'이란 용어를 적극적으로 활용했다. 신문업계는 사실상 기사형 광고인 것을 별지 특집에 '애드버토리얼'이라 이름 붙여 광고성 협찬에 대한 「청탁금지법」의 적용을 피하려 했다. 광고주와의 계약에 따라 게재한 콘텐츠이지만 광고주로부터 협찬금을 받더라도 '부정한 금품수수'가 아닌 '정당한 권원'이 있다는 것을 주장하기 위해서였다. 한국형 애드버토리얼은 기사형 광고의 본래 취지와는 다르다는 점에서 광고적 가치평가에 있어 신중을 기할 필요가 있다.

참고문헌

김병희, 심재철(2016). 뉴스 어뷰징과 검색 알고리즘. 서울: 커뮤니케이션북스.

114 │ 레이아웃 Layout

　　레이아웃은 서적, 잡지, 신문, 광고, 카탈로그 등을 제작할 때 시각적 효과를 고려해 사진, 그림, 문자, 표제, 상표 등을 지면에 배열하고 구

성하는 과정을 의미하며, 광고 디자인은 레이아웃을 통해 구체성을 띠
게 된다. 광고에서의 레이아웃이란 일러스트레이션, 사진, 헤드라인,
서브헤드, 보디카피, 슬로건, 캡션, 제품사진 및 로고타입 같은 광고의
모든 요소들을 구성하고 배치하는 과정이자 계획이다(Altstiel & Grow,
2006). 인쇄 광고의 레이아웃을 할 때는 근접성, 정렬, 균형, 통일성 같
은 디자인의 네 가지 원리를 고려했는지, 여백을 효과적으로 사용했는
지, 논리적인 시각적 흐름을 갖는 레이아웃인지, 광고의 느낌과 잘 어울
리는 서체를 선택했는지, 보디카피의 크기와 비율을 적절하게 고려했
는지 판단해야 한다. 인쇄광고의 레이아웃 형태는 몬드리안(mondrian),
그리드(grid), 픽처윈도우(picture window), 카피헤비(copy heavy), 프
레임(frame), 실루엣(silhouette), 타입스페시먼(type specimen), 컬러필
드(color field), 밴드(band), 액시얼(axial), 서커스(circus) 같은 11가지의
인쇄광고 레이아웃 형태가 학계에서 가장 보편적으로 받아들여지고 있
다(Jewler & Drewniany, 1998). 인쇄광고의 레이아웃에 따라 광고 효과
도 달라지기 때문에, 제품 유형에 알맞은 레이아웃 형태를 적용할 필요
가 있다(김병희, 허정무, 2009).

참고문헌

김병희, 허정무(2009). 제품유형별 레이아웃 형태가 광고 효과에 미치는 영향.
광고학연구, 20(2), 183-202.
Altstiel, T., & Grow, J. (2006). *Advertising Strategy: Creative Tactics From the Outside/In*. Thousand Oaks, CA: Sage.
Jewler, A. J., & Drewniany, B. L. (1998). *Creative Strategy in Advertising* (6th ed.). Belmont, CA: Wadsworth Publishing Company.

115 │ 배경 음악 Background Music

광고의 배경 음악은 텔레비전 광고나 라디오 광고 및 디지털 광고에서 배경으로 쓰이는 음악을 뜻하며 광고의 전반적인 분위기를 이끌어 가거나 고조시킨다. 방송광고의 청각적 요소에는 배경 음악(BGM), 징글(Jingle), 광고 노래(CM Song)가 있다. 광고 노래는 광고 음악의 한 형태이지 광고 음악 전부는 아니다. 배경 음악이 광고에 사용된 모든 음악을 지칭하지만, 광고 노래는 하나의 음악 장르다. 그동안의 연구에서는 배경 음악이 광고 효과에 영향을 미친다는 입장과 배경 음악이 광고 효과와 무관한 표현 요소에 불과하다는 입장이 맞서고 있다. 그럼에도 배경 음악이 광고 메시지를 친숙한 멜로디와 함께 소비자 머릿속에 오랫동안 기억시키는 효과가 있다고 보는 경향이 우세하다. 친근한 멜로디의 배경 음악은 광고에 대한 소비자의 주목도를 높이고 보다 오랫동안 소비자의 기억을 촉진하고 브랜드 이미지를 형성하는 데 효과적이다.

광고 효과와 관련하여 배경 음악은 6가지 기능을 발휘한다. 배경 음악이 광고 메시지에 대한 소비자의 주목을 유도한다는 주목성, 배경 음악이 광고 메시지에 대한 호의적인 감정을 유발해 광고 효과를 높인다는 효과성, 배경 음악이 광고에 대한 정서적 반응을 유도한다는 감정성, 배경 음악이 어떤 브랜드의 속성과 자산을 기억시킨다는 기억성, 배경 음악이 단절된 메시지 요소들을 서로 연결시켜 화면에 리듬감을 부여한다는 구조성, 배경 음악이 광고 대상인 표적 수용자를 선별한다는 선별성이다(최일도, 2008). 텔레비전 광고의 창의성을 평가하기 위한 척도 개발에서도 "영상과 배경 음악이 어울린다."라는 항목이 '조화성' 요인에 포함되었다. 조화성이란 광고 표현 요소들의 조화로운 구성 여부를 의미하는 요인이다(김병희, 한상필, 2008). 카피 요소와 영상 요소가 조화를 이루었느냐 그렇지 않았느냐에 따라 영상 광고의 품질이 달라지기 때문에, 광고 창작에서 배경 음악을 활용할 때는 기억의 단서(mnemonic device)를 정교하게 배치해 메시지를 구성해야 한다. 한편, 라디오 광고에서의 배경 음악은 영상이 없는 상태에서 소리만으로 장면을 상상하게 하는 '마음의 극장(theater of the mind)'을 만드는 데도 결정적인 영향을 미친다.

참고문헌

김병희, 한상필(2008). 텔레비전 광고의 창의성 척도개발과 타당화. 광고학연구, 19(2), 7-42.
최일도(2008). 광고 배경 음악에 의한 브랜드 인식의 유형과 형태에 대한 분석 연구. 한국광고홍보학보, 10(3), 373-403.

116 | 보디카피 Body Copy

보디카피는 헤드라인에서 제시한 핵심 광고 메시지를 보완하며, 상품과 서비스에 대한 보다 구체적인 정보를 제공함으로써 소비자가 광고 메시지를 확신하도록 하는 데 영향을 미친다. 보디카피가 제 기능을 다 하게 하려면 설명하는 내용이 이해하기 쉽고 체계적으로 제시될 필요가 있다. 광고 메시지 분할의 3-4-3 모형에 의하면, 비주얼이 30%, 헤드라인이 40%, 그리고 보디카피가 30% 정도로 광고 메시지를 구성하는 데 영향을 미친다(김병희, 2024). 보디카피 역시 헤드라인에 못지않게 광고 효과에 상당한 영향을 미치기 때문에 첫 문장을 강하고 직접적으로 쓸 필요가 있다. 보디카피는 상품과 서비스에 대한 구체적인 정보를 친절하게 안내한다는 점에서 중학생 수준에서 이해할 수 있는 일상적인 언어로 써야 한다. 보디카피는 재빨리 쓰고 나중에 다시 그럴듯하게 다듬는(write hot, polish cool) 과정을 반복하는 것이 효율적이다.

일반적으로 통용되는 보디카피의 유형에는 이야기(story)형, 탄착점(bullet point)형, 경구형(one-liner)이라는 3가지가 있다(Altstiel & Grow, 2006). 보디카피를 쓸 때 고려해야 할 5가지 강조점을 우에조 노리오(植條則夫, 1991)의 권고를 바탕으로 제시하면 다음과 같다. 보디카피의 첫 줄에서 헤드라인의 여운을 이어받아 호소하는 내용을 흥미롭게 강조할 필요가 있다는 카피의 흥미성, 카피의 모든 구성요인을 통일시키는 맥락에서 보디카피를 써야 한다는 카피의 통일성, 핵심적인 내용을 정확히 전달하는 선에서 보디카피를 단순 명쾌하게 써야 한다는 카피의 단순성, 필요할 경우에는 보디카피의 중요한 부분을 시각적으로 강조해야 한다는 카피의 강조성, 매체의 특성에 적합한 보디카피를 써서 소비자의 공감을 유발해야 한다는 카피의 설득성이 그것이다. 헤드라인만으로 광고가 완성되는 것은 아니며, 보디카피는 광고의 완성도에 상당한 영향을 미친다. 따라서 카피라이터는 보디카피 쓰기에 더 많은 시간과 열정을 투자해야 한다.

참고문헌

김병희(2024). 디지털 시대의 카피라이팅 신론: 챗GPT를 활용한 광고 카피 쓰기. 서울: 학지사비즈.

우에조 노리오(植條則夫). (1991). 카피 교실(맹명관 역)(pp. 39-45). 서울: 들녘.

Altstiel, T., & Grow, J. (2006). *Advertising Strategy: Creative Tactics From the Outside/In*(pp.178-179). Thousand Oaks, CA: Sage.

117 | 부당 광고 Unfair Advertising

　　부당 광고는 광고 내용이 거짓이거나 소비자를 기만하고 오도할 가능성이 있는 부정적인 광고 전체를 아우르는 말이다. 부당 광고에는 진실성이 없는 허위광고, 사실을 확대 해석한 과장광고, 소비자를 속이려는 의도가 있는 기만광고, 거짓은 아니지만 소비자들이 사실과 다르게 인식하도록 잘못 유도하는 오도광고, 근거 없는 내용으로 경쟁사를 비난하는 비방광고 등이 있다(최민욱, 2020; Lim & Choi, 2020). 사실과 다르게 알리거나 부분적으로 사실일지라도 전체적으로 소비자를 오인시킬 우려가 있거나 객관적으로 입증되지 않았는데도 '최고' '최대' '최소' 같은 용어를 사용하면 허위광고(falsity advertising)이며, 소비자의 관점에서 과장 여부가 쉽게 나타날 정도로 상품에 대한 객관적 사실과 효능을 부풀렸다면 과장광고(exaggerated advertising)다. 중요한 사실을 은폐하거나 광고 메시지가 상품에 관한 사실과 달라 소비자를 속일 우려가 있다면 기만광고(deceptive advertising)이며, 잘못된 광고 메시지로 소비자들이 상품에 대해 잘못된 인식을 갖도록 오도(誤導)했다면 오도광고(misleading advertising)다. 그리고 경쟁 브랜드를 근거 없는 내용으로 비방하거나 경쟁사의 불리한 사실만을 알렸다면 비방광고(slander advertising)에 해당된다.

참고문헌

최민욱(2020). 부당 광고. 이희복 외. 광고와 사회 그리고 광고비평(한국광고학회 광고지성총서3)(pp.215-247). 서울: 학지사.

Lim, K. K., & Choi, Y. (2020). Do Regulations Curb Greenwash Advertising in Korea? Focusing on the 2016 Revision of the Environmental Technology and Industry Support Act. 광고PR실학연구, 13(3), 36-60.

118 | 부정 소구 Negative Appeal

　긍정 소구가 어떤 상품이나 서비스를 구매하면 어떠한 이익이나 만족을 얻을 수 있다는 약속이라면, 부정 소구는 어떤 불이익이나 괴로움을 피할 수 있다는 약속이다. 광고에서 상품의 장점이나 혜택 등을 부정적인 상황과 관련지어 소비자에게 호소하는 메시지도 부정 소구에 해당된다. 긍정적으로 소구한 메시지는 수용자의 긍정적 반응을 유발해서 광고에서 제시한 해결책을 수용하게 하는 반면에, 부정적으로 소구한 메시지의 경우에는 공포심이나 불안감을 유발해 회피하거나 포기하게 만들기도 한다. 이처럼 같은 메시지라도 소구 방식의 차이에 따른 효과를 메시지 프레이밍(message framing) 효과라고 한다.

　긍정적 프레이밍에 의한 메시지란 메시지를 통해 권고되는 제안 사항을 채택할 경우 얻게 될 물리적·심리적 혜택이나 긍정적 결과를 강조하는 형식이고, 부정적 프레이밍의 메시지란 권고안을 채택하지 않을 경우 입게 될 물리적·심리적 손실 및 부정적 결과를 강조하는 형식이다(Kahneman & Tversky, 1979). 예를 들어, 비계가 10% 들어 있는 쇠고기에 대해 "순 살코기 90%의 쇠고기"라고 표현하면 긍정 소구이고, "비계 10%의 쇠고기"라고 표현하면 부정 소구다. 동일한 메시지를 부정적으로 표현했을 때가 메시지를 긍정적으로 표현했을 때보다 효과가 낮다는 연구도 있고 결과가 반대로 나타난 연구도 있으니, 광고하는 브랜드의 특성과 여러 요인에 따라 메시지 프레이밍 효과가 달라진다고 할 수 있다.

참고문헌

Kahneman, D., & Tversky, A. (1979). Prospect Theory: An Analysis of

Decision under Risk. *Econometrica*, 47(2), 263-292.

119 | 비교 광고 Comparative Advertising

비교 광고란 객관적으로 측정가능한 속성이나 가격에 따라 경쟁 브랜드와의 차별적 우월성을 강조하기 위해 브랜드 이름과 모양 또는 상징 정보를 통해 자사 광고에 경쟁 브랜드를 노출하는 광고다. 우리나라에서는 2001년 9월 1일에 법적 지침이 마련된 이후부터 비교 광고가 활성화되었다. 비교 광고는 장점과 단점이 있으며 유사한 상황이라도 소비자에게 어떻게 전달하느냐에 따라 광고 효과가 달라질 수 있다. 비교 광고의 장점은 상품 정보를 구체적으로 비교해 상품 간의 차이를 쉽게 이해할 수 있도록 도와주고, 어떤 속성이 중요한지 소비자에게 명확하게 전달하고, 소비자가 경쟁 상품과 서비스에 대해 합리적 선택을 할 수 있게 도와주며, 실제 구매에 도움이 되는 실질적인 정보를 제공함으로써 경쟁하는 제품끼리의 품질 개선에 영향을 미칠 수 있다는 점이다. 반면에 비교 광고의 단점은 자사 광고에서 경쟁 브랜드의 노출을 반복하다 보면 경쟁 브랜드가 더 기억될 가능성이 있고, 과도한 경쟁으로 인해 가격이 하락되면 기업에 손해가 될 수 있다는 점이다. 비교 광고를 자주 하면 자칫 경쟁 브랜드의 인지도를 높여 줄 수 있고 소비자들이 비교 내용을 잘못 받아들인다면 의도한 광고 효과를 기대할 수 없으므로 주의해서 실행해야 한다. 비교 광고를 잘 활용하면 효과를 볼 가능성이 높지만, 자칫 잘못하면 경쟁 브랜드를 비방하는 비방광고가 되어 소비자의 반감을 살 수도 있으므로 특별한 주의를 기울여야 한다.

참고문헌

정지나, 임혜빈, 오성수, 이병관(2018). 비교/비비교광고가 광고 제품 태도에
　　미치는 영향 연구: 극대화 성향과 정보 처리 유형의 조절효과. 광고학연구.
　　29(8), 7-31.

120 | 서체 Typography

　서체는 시각 커뮤니케이션에서 문자라는 시각 언어를 통해서 메시지
와 정보를 전달하는 가장 본질적인 수단이다. 인쇄 광고는 비언어적 표
현인 비주얼과 언어적 표현인 서체가 결합해 메시지를 전달한다. 대부
분의 인쇄 광고에서는 시각 이미지와 카피의 적절한 조화를 통해서 메
시지를 전달하며, 사람들은 문자를 통해 시각적으로 지식과 정보를 받
아들인다. 인쇄 광고에서 서체는 시각 언어와는 구별되는 가시 언어에
해당되며, 서체에 있어서 가장 중요한 것은 문자의 강약을 조절해 브랜
드의 개성을 효과적으로 전달하는 데 있다. 현대의 서체는 레이아웃에
서 중요하게 작용하는 기준선(baseline)을 벗어나 자유롭게 글자의 레
이아웃을 조정하고 유기적인 형태와 리듬감을 부여해 시각적 메시지를
더욱 강하게 표현할 수 있다. 또한 글자 사이의 간격이나 행간, 크기와
두께 등을 유연하게 조정하거나 의미를 보완할 수 있다. 최근 한글 서
체의 두드러진 특징은 캘리그라피 형식을 통해 손 글씨의 형태를 적극
적으로 활용한다는 사실이다. 손 글씨를 활용한 서체는 디지털 폰트와
는 차별화된 시각적 호소력과 소비자의 정서를 자극해 감성적 공감을
이끌어 내는 데 매우 효과적이다.

참고문헌

최승희(2022). 인쇄 광고의 창작. 김병희, 오현숙, 류진한, 이희복, 최은섭, 박
　인성, 김정우, 윤일기, 최승희, 정상수, 전훈철, 변혜민, 전종우, 박하영, 김
　유나, 김신엽. 디지털 시대의 광고 크리에이티브 신론(pp. 273-305). 서울: 학
　지사.

121 | 성적 소구 Sex Appeal

　성적 소구란 광고에서 성적 자극을 유발하는 카피나 시각 자료를 활
용해 의도하는 소비자의 반응을 얻고자 하는 기법인데, 바람직한 성적
소구 광고가 필요하다. 성적 자극은 직접적인 신체 노출 외에도 간접
적으로 사람 마음속에 성적 상상을 불러일으키는 것도 포함된다. 모델
의 노골적인 노출뿐만 아니라 문자나 언어, 몸짓 등 특정 상징을 사용해
성적 암시를 드러내는 것도 넓은 의미에서 성적 소구 광고에 해당된다.
광고에서 성적 소구는 주목을 유발할 가능성이 높지만 오로지 성적 소
재만 강조하는 광고는 문제가 있으니 과도한 성적 소구는 자율 규제를
적용해야 한다. 예를 들어, 인터넷신문의 광고 자율규약 및 시행세칙에
서 음란 및 선정 등 청소년 보호에 부적절하다고 판단되는 광고를 이미
지, 텍스트, GIF, 상품 및 서비스와의 상관관계 같은 기준에 따라 선정
성 여부를 판단하고 있다.

　바람직하지 않은 성적 소구를 판단하는 기준인 선정성 수준의 구
체적인 유형은 ① 성행위를 은유·암시하는 표현을 사용한 광고(이미
지/텍스트), ② 성기를 은유·암시하는 표현을 사용한 광고(이미지, 텍
스트), ③ 서혜부, 둔부, 가슴을 강조한 표현을 사용한 광고(이미지),

④ GIF를 활용한 선정적 표현을 사용한 광고, ⑤ 특정 신분과 계층을 성적 대상화한 표현을 사용한 광고(텍스트), ⑥ 상품과 상관관계 없는 선정적 표현을 사용한 광고(텍스트), ⑦ 선정적 표현을 사용한 웹툰과 웹소설 광고(이미지, 텍스트) 등이 있다. 광고 선정성의 등급은 카피(문구), 이미지(사진, 일러스트, gif, 동영상), 카피+이미지, 음란한 사운드 포함 여부라는 4가지 기준에 따라 구별할 수 있다(김병희, 2020). 그리고 선정성의 정도를 상, 중, 하로 구분해 광고 심의에 적용하면 비교적 객관적인 기준에 따라 평가할 수 있다.

참고문헌

김병희(2020). 인터넷신문에서 선정적 광고의 증가 원인과 규제 방안의 탐색. 광고PR실학연구, 13(4), 33-57.

122 | 스토리보드 Storyboard

스토리보드란 텔레비전 광고를 촬영하기 전에 영상 아이디어를 시각적으로 표현한 이야기의 판으로, 각 장면별로 카메라와 피사체의 움직임을 설명하고 어떤 내용을 어떻게 찍을 것인지 촬영에 필요한 사항을 미리 그려 놓은 촬영을 위한 청사진이나 설계도와 같다(박인성, 2022). 스토리보드는 완성될 광고물에 대한 매우 개략적인 수준의 표현물이다. 영상 광고의 스토리보드에는 대개 여러 컷의 빈칸이 있다. 빈칸이 텔레비전 화면의 네모난 창틀 모양과 같아 '프레임(frame)'이나 '컷(cut)'이라고 한다. 광고 창작자들은 스토리보드에 크리에이티브 콘셉트를 전달할 수 있는 핵심 장면(key frame, 광고에서 가장 기억에 남는 장면)이 포함되어 있는지 반드시 확인해야 한다. 광고 촬영장에서 스토리보드의 기능은 매우 중요하다. 촬영장에서 각 장면의 촬영이 끝나면 스토리보드에서 촬영이 끝난 프레임은 지우기도 하는데, 그대로 두면 혼동을 일으킬 수 있기 때문이다. 촬영에 관여하는 모든 사람들이 작업의 진행 상태를 알 수 있도록 촬영용 스토리보드는 잘 보이는 곳에 놓아두어야 한다. 스토리보드는 광고주뿐만 아니라 광고 총괄 감독, 촬영 감독, 촬영 후에 후반 작업을 하는 여러 스태프가 광고의 완성도를 이해하도록 하는 데 기여한다. 디지털 시대에는 인공지능 알고리즘이 영상 광고의 이야기 줄거리를 구성하고 스토리보드를 그리기도 한다. 한국방송광고진흥공사의 '아이작(Ai analysis System for Ad Creation: AiSAC)'은 1만 8천여 건의 광고 영상 데이터를 바탕으로 스토리보드를 제작할 수 있다. 인공지능이 빅데이터에 딥러닝 기술을 접목시켜 스토리보드를 제작하는 수준에까지 이르렀으니, 이제 광고 제작의 모든 단계를 인공지능을 활용해 진행할 수 있다.

참고문헌

박인성(2022). 광고물 창작 과정의 이해. 김병희, 오현숙, 류진한, 이희복, 최은섭, 박인성, 김정우, 윤일기, 최승희, 정상수, 전훈철, 변혜민, 전종우, 박하영, 김유나, 김신엽. 디지털 시대의 광고 크리에이티브 신론(pp. 169-195). 서울: 학지사.

123 | 슬로건 Slogan

스코틀랜드 지방의 고원 민족이나 변경민족이 위급한 상황이 닥쳐올 때 다급하게 외친 함성에서 시작된 슬로건은 '군인의 복창소리(army yell)'라는 뜻이 내포되어 있다. 광고에서 쓰이는 슬로건은 브랜드 개성을 설명하는 짧고 강력한 카피라고 할 수 있다. 슬로건과 헤드라인은 기능 면에서 차이가 있다. 슬로건이 독립성, 다회성, 완전성, 의미전달에 치중한 데 비해, 헤드라인은 종속성, 일회성, 불완전성, 주목 · 유도 · 창의라는 특성을 갖는다(이희복, 2006). 즉, 슬로건은 비주얼이 없어도 독자적으로 기능을 발휘하며, 일정 기간 반복해서 노출되고 장기간 활용이 가능하며, 그 자체로 의미가 충분하므로 활용하는 동안 완전함을 추구하고, 메시지 중심의 의미전달에 한정해 활용된다. 이에 비해 헤드라인은 광고에 활용되는 슬로건에 종속적이며, 지속해서 활용되지 않고 단발성 광고에 활용되며, 광고가 달라지면 바뀌기 때문에 불완전하며, 개별 광고의 주목 효과나 창의적인 표현에 치중한다는 것이다.

슬로건의 특성을 규명하기 위해 박영준(2001)은 기업의 슬로건을 언어적 기법으로 분석하고, 슬로건의 특성을 브랜드 표현, 표기문자, 구성 형식, 대구와 대조, 두운과 각운, 직유와 은유, 대상 표현, 전달 의미, 메시지를 성격, 정보 제공으로 구분해 설명했다. 그리고 슬로건은 용도에 따라 기업 슬로건, 캠페인 슬로건, 그리고 브랜드 슬로건의 세 종류로 구분할 수 있다. 기업의 철학을 나타내기 위해 기업 이름 앞에 쓰는 것이 기업 슬로건이고, 어떤 캠페인을 이끌어 가는 주제를 제시하는 것이 캠페인 슬로건이다. 그리고 어떤 브랜드의 특성이나 소비자 혜택을 제시하기 위해 활용하는 것이 브랜드 슬로건이다. 효율적인 언어의 활용을 통해 간결하면서도 힘 있게 메시지를 전달하는 슬로건이 좋은 슬로건이다. 그렇게 쓴 슬로건이 기업 이미지의 구축이나 상품 이미지의 형성에 영향을 미칠 수 있다.

참고문헌

박영준(2001). 기업 슬로건의 언어적 기법에 대한 분석. 이중언어학, 19, 273-297.

이희복(2006). 도시 브랜드의 슬로건 분석: 수사적 기법을 중심으로. 스피치와
커뮤니케이션, 5, 69-102.

124 | 실증형 Demonstrations

실증형은 상품의 장점을 직접 제시하는 기법으로 광고 상품이 경쟁
사 상품에 비해 확실한 장점을 지니고 있을 때 효과적이다. 상품의 특
성을 거침없이 보여 주는 이 방법은 경쟁우위에 있는 상품일수록 효과
가 크지만, 때로는 상품력에서 우열을 가리기 힘든 상황에서 경쟁사보
다 자사 상품의 이미지를 선점하기 위해 사용되기도 한다. 이 기법을
활용하는 데 있어서 실증하는 내용이 평범하게 구성되면 수용자의 흥
미를 유발하지 못할 가능성도 높다. 따라서 지나친 자기 자랑이나 평범
한 내용을 제시하기보다 소비자의 흥미를 끌 수 있는 창의적인 아이디
어를 바탕으로 실제로 증명하는 노력이 필요하다(김병희, 2024). 광고
창작자는 어떻게 하면 보다 설득력 있고 매력적으로 실증하고 그에 어
울리는 카피는 무엇인지 고민해야 한다. 광고 헤드라인의 유형에서도
실증형은 상품의 기능을 실제로 증명하거나 상품의 특성을 입증함으로
써 소비자 스스로가 반응하도록 유도하는 헤드라인이다. 이는 상품의
기능이나 특성을 실제로 증명함으로써 소비자의 태도 변화를 시도하는
형식인데, 이때 추상적인 표현을 삼가고 구체적이고 실증적인 헤드라
인을 써야만 효과를 기대할 수 있다.

참고문헌

김병희(2024). 디지털 시대의 카피라이팅 신론: 챗GPT를 활용한 광고 카피 쓰기.
서울: 학지사비즈.

125 | 아이디어 발상 Idea Generation

아이디어의 어원은 고대 그리스 철학자 플라톤(Platon, BC 428?-347?)
이 제시했다. 플라톤은 존재자의 원형을 이루는 영원불변한 실재를 이
데아(idea)라고 했는데, 이는 인간이 지향하는 가장 완전한 상태나 모
습을 의미한다. 다시 말해서 인간이 지향하는 이상향이 이데아인 셈인
데, 바꿔 말하면 그런 상태는 현실에 존재하지 않는다. 광고 창의성 측
면에서 광고 아이디어란 뜻밖의 발견(serendipity)이자, 전혀 새로운 그
무엇을 만들어 내는 것이 아니라 이미 존재하는 낡은 요소들의 새로
운 결합에 지나지 않는다. 일본의 창의성 전문가 다카하시 마코토(高橋
誠, 2008)의 조사에 의하면, 세상에는 300가지 이상의 아이디어 발상법
이 존재한다. 여러 연구자들이 제시한 아이디어 발상법은 대체로 172
가지로 정리되는데 전략용, 전술용, 실행용으로 구분할 수 있으며 과제
의 목적과 성격에 따라 아이디어 발상법의 평가와 선택 기준이 달라져
야 한다. 모든 문제를 해결해 주는 절대적인 아이디어 발상법은 없기
때문에 주어진 과제의 성격에 따라 그때그때 다른 기법들을 적용해야
한다. 전통적으로 자주 거론되는 광고 아이디어 발상법에는 영(James
Webb Young)의 5단계 발상법, 오스본(Alex Osborn)의 브레인스토밍
(brainstorming) 발상법, 케이플즈(John Caples)의 연상력 발상법, 브레
인스토밍의 문제점을 보완하기 위해 창안된 로르바흐(Bernd Rohrbach)
의 브레인라이팅(Brainwriting) 기법, 베이커(Stephen Baker)의 360도 발
상법, 에벌(Bob Eberle)의 스캠퍼(SCAMPER) 발상법 등이 있다(김병희,
2014).

참고문헌

김병희(2014). 아이디어 발상법. 서울: 커뮤니케이션북스.

다카하시 마코토(高橋誠)(2008). 아이디어 발상 잘하는 법(이근아 역). 서울: 더
난출판.

126 | 양면 광고 Spreads Advertising

양면 광고란 신문이나 잡지를 펼쳤을 때 두 개의 지면에 걸쳐 게재한 광고를 뜻한다. 광고 실무계에서는 영어를 그대로 차용해 '양면 스프레드(Double Page Spread)' 광고라고 부르기도 한다. 양면에 걸쳐 광고를 싣기 때문에 넓은 지면을 활용해 독자들에게 많은 정보를 강력한 메시지로 전달할 수 있다는 장점이 있다(Altstiel & Grow, 2006/2008). 신문에서 광고의 세로 길이가 5단이고 두 개의 지면에 걸쳐 가로로 길게 광고를 게재했다면, 5단의 양면 광고다. 신문을 펼쳤을 때 주목도를 높이기 위해 7단, 8단, 10단, 전면의 양면 광고도 가능하다. 잡지에서는 전면의 양면 광고를 하거나, 상단에는 기사가 하단에는 광고가 실리는 1/2쪽의 양면 광고를 할 수도 있다. 양면 광고를 디자인할 때는 양쪽 지면의 균형을 맞추기 위해 소재의 크기, 소재의 위치, 카피의 분량, 카피의 스타일에서도 균형을 맞추는 것이 보편적이다. 잡지에서는 광고하는 브랜드를 더 강조하기 위해 여러 페이지로 이어지는 3쪽 이상의 양면 광고를 시도하는 경우도 있다.

참고문헌

Altstiel, T., & Grow, J. (2008). 100전 99승 광고 크리에이티브 전략 (*Advertising Strategy: Creative Tactics From the Outside*). (김병희, 김유경, 이귀옥, 이상훈, 한규훈 역) 서울: 커뮤니케이션북스. (원저는 2006년에 출판).

127 | 위협 소구 Fear Appeal

위협 소구는 소비자에게 어떤 불안감이나 공포심을 유발해 제품과 브랜드에 대한 관심을 유도하는 소구 방법으로 공포 소구라고도 한다. 위협 소구 광고에서는 광고하는 제품이나 브랜드를 사용하지 않는다면 좋지 않은 일이 일어나거나 시대에 뒤떨어지는 사람일 수 있다는 부정적인 결과에 관한 메시지를 전달해 부정적인 정서를 유발하고 나쁜 결과를 피할 수 있는 해결책을 광고 메시지로 제시하는 경우가 많다. 위협 소구 메시지의 하나는 행동의 해로운 결과에 대한 정보를 제시해 문제를 언급하는 것이고, 다른 하나는 그러한 부정적인 결과를 피할 수 있는 해결책을 제시하는 것이다. 그러나 위협의 수준이 너무 강할 경우에는 부정하거나 회피하려는 심리를 유발할 수 있으므로 적절한 위협 수준이 필요하다. 위협 소구의 유형은 신체적 위협과 사회적 위협으로 나눌 수 있다. 신체적 위협 소구는 권고하는 설득 메시지에 응하지 않을 경우에 발생할 수 있는 신체적 위협을 강조하고, 사회적 위협 소구는 다른 사람이나 집단에 의한 사회적 부인(외면, 무시, 소외 등)의 위험을 강조한다. 위협 소구의 강도와 설득 관계에서 위협을 유발하는 메시지의 설득력은 해결책의 정교화 수준과 동의하는 수준에 따라 평가할 수 있다. 위협을 낮게 지각한 경우에는 그 문제를 심각하게 받아들이지 않는데 이 경우에는 해결책의 정교화를 요구하지 않는다. 위협 소구 광고에서 묘사된 것 이상의 강한 위협을 느끼면 소비자들이 해로운 결과에 대해 심각하게 받아들이는데, 이 경우에는 문제 자체나 그것의 중요성을 부인하게 된다(Keller & Block, 1995).

참고문헌

Keller, P. A., & Block, L. G. (1995). Increasing the Persuasiveness of Fear Appeals: The Effect of Arousal and Elaboration. *Journal of Consumer Research*, 22(4), 448-459.

128 │ 이성 소구 Rational Appeal

　광고에서의 소구(訴求)란 광고물을 통해 광고 수용자의 반응을 유도하는 다양한 메시지의 설득 방식으로 크리에이티브 콘셉트를 구체화하는 과정이며, 소비자에게 호소할 목적으로 특히 강조하는 내용을 '소구점'이라고 한다. 광고를 기획할 때는 먼저 소구할 대상에게 상품의 어떤 혜택을 강조해 마음을 움직일 것인가 하는 소구점을 결정해야 한다. 이성 소구는 상품이나 서비스의 이점과 기능을 강조해 소비자의 합리적인 판단을 유도하는 메시지 전략으로(차인혜, 김보연, 2019), 제품이나 서비스의 기능과 성능 및 가격 등을 논리적인 방법으로 제시하는 형태를 의미한다. 이성 소구는 사람의 감정에 호소하는 감성 소구와 달리 논리적 설명을 중심으로 이성에 호소하는 광고 메시지다. 즉, 상품 속성, 경쟁 우위, 가격의 장점, 소비자 혜택을 비롯한 객관적 가치나 경제적 가치를 호소하는 메시지 구성 방법이다.

참고문헌

차인혜, 김보연(2019). 광고의 이성소구와 감성소구 메시지 성격에 따른 수용자 반응에 관한 연구. 기초조형학연구, 20(1), 537-551.

129 │ 일러스트레이션 Illustration

일러스트레이션은 넓은 의미에서 사진과 회화 및 컴퓨터 그래픽을 비롯해 도표나 도형 같은 문자 이외의 시각적으로 표현된 것을 뜻하지만, 좁은 의미에서는 손으로 그린 드로잉(drawing)을 뜻한다. 출판 분야에서는 여백을 채우는 장식적 기능을 강조하며 일러스트레이션을 컷(Cut)이나 삽화로 지칭한 경우도 있었지만, 디지털 시대에는 일러스트레이션이 목표 지향적인 시각 언어와 커뮤니케이션 아트라는 독립 장르가 되었다(최승희, 2022). 일러스트레이션은 시각적으로 간단명료하게 메시지를 전달하기 때문에 광고 효과에 상당한 영향을 미친다. 상품의 특성을 부각시키거나 상품의 소비자 혜택을 강조하기 위해 일러스트레이션을 활용한다면 시각적 과장 효과가 광고에 사진을 활용했을 때보다 더 잘 표현될 수 있다. 컷어웨이 드로잉(cutaway drawing), 청사진(blueprints), 겹치기(overlays), 고스트 이미지(ghosted images) 같은 그래픽 처치는 사진보다 일러스트레이션을 통해 더 잘 표현된다. 다른 방법으로 보여 줄 수 없을 때 일러스트레이션이 효과적인 경우가 많다. 일러스트레이션은 소비자의 흥미를 유발하는 메시지를 전달하기에 유용한 수단이다. 광고에서 일러스트레이션을 표현 요소로 활용하면 브랜드 메시지를 시각적으로 자유롭게 표현할 수 있고, 사진에서 느낄 수 없는 감성을 유발할 수 있다.

참고문헌

최승희(2022). 인쇄 광고의 창작. 김병희, 오현숙, 류진한, 이희복, 최은섭, 박인성, 김정우, 윤일기, 최승희, 정상수, 전훈철, 변혜민, 전종우, 박하영, 김유나, 김신엽. 디지털 시대의 광고 크리에이티브 신론(pp. 273-305). 서울: 학지사.

130 | 일상의 단면형 Slice of Life

　　일상의 단면형은 마치 단편소설처럼 일상생활의 한 장면을 포착해 자연스럽게 상품을 쓰면서 느끼는 소비자 혜택과 연결시키는 표현기법이다. 이때 광고에 제시되는 상황을 의도하지 않은 듯이 자연스럽게 포장함으로써 수용자의 공감을 얻는 것이 창의성의 열쇠다(김병희, 2024). 구매 이유를 쉽게 제시할 수 있다는 점 때문에 많이 활용되는 기법이나, 제대로 광고를 만들기가 그렇게 쉽지는 않다. 이 기법에서는 생활에서 일어난 상황을 진솔하게 묘사해 상품을 사용함으로써 얻을 수 있는 소비자의 혜택으로 자연스럽게 연결하는 문제가 핵심 쟁점이다. 일상의 단면형과 유사한 표현 기법에 라이프스타일형이 있다. 당신이 이런 스타일의 사람이라면 혹은 이런 집단의 사람이 되고 싶다면 이 상품을 사용해 보는 것이 좋다라는 메시지를 직접 혹은 간접적으로 전달하는 방법이다. 라이프스타일형에서는 일상의 단면형에서 보이는 판매 메시지보다 비주얼과 음악적 요소가 더 강조된다며 별도로 분류하는 경우도 있으나, 굳이 두 가지를 구분할 필요는 없다.

참고문헌

김병희(2024). 디지털 시대의 카피라이팅 신론: 챗GPT를 활용한 광고 카피 쓰기. 서울: 학지사비즈.

131 | 유머 소구 Humor Appeal

　　유머 소구는 같은 내용이라도 소비자를 웃게 만들고 상황을 재미있게 전달하는 스타일로 광고 브랜드에 대한 호감을 유발할 가능성이 크다. 광고에 재미있는 장면을 제시하거나 대중매체에서 유행하는 소재를 차용해 광고 메시지로 연결하는 것이 유머 소구다. 유머 소구는 광고에 대한 소비자의 거부감을 현저하게 줄이며 브랜드에 대한 긍정적인 태도를 형성하는 데 기여하며, 소비자에게 웃음을 유발함으로써 광고하는 브랜드에 대한 태도를 긍정적으로 형성한다(이시훈, 안주아, 정일형, 김광협, 2014). 장점에도 불구하고 유머 소구의 한계도 있다. 소비자들이 같은 유머를 반복해서 보면 일반 광고에 비해 부정적인 감정을 유발할 수 있고, 유머러스한 분위기 때문에 브랜드에 대한 핵심 메시지가 소멸할 가능성도 있다. 유머 소구 광고가 상품 판매를 하고는 있는지, 아니면 적어도 브랜드 이름은 강조하고 있는지 확인해야 한다. 어떤 소비자에게는 유머러스한 메시지가 유머로 다가가지 않을 가능성도 있다. 따라서 유머는 주관적이라는 사실을 명심하고 보편적인 유머 소구가 될 수 있도록 각별히 신경 써야 한다. 소비자들의 관심을 유발하고 소비자를 즐겁게 하는 유머 소구 기법을 적용한 광고를 만들어야 높은 광고 효과를 기대할 수 있다.

유머형의 표현 기법은 문자 그대로 광고에 절묘하고 재미있는 상황을 제시해 웃음을 유발하는 기법이다. 유머 감각이 있는 사람은 다른 사람에게 호감을 주듯이 유머 광고 역시 광고 브랜드에 대한 호감을 유발할 가능성이 높다. 이 기법에서는 재미있는 에피소드를 광고 콘셉트와 연결하지만, 유머의 정도가 너무 강하면 오히려 핵심 광고 메시지가 유머에 묻혀 버릴 가능성이 높다. 오길비(Ogilvy)는 텔레비전 광고의 목적이 소비자를 즐겁게 하기 위한 것이 아니라 그들에게 물건을 팔기 위한 것이라고 했다. 사람들이 광고를 좋아하는 것과 물건이 팔리는 것과는 아무 상관이 없다는 것이다. 유머 광고는 소비자의 주목을 끄는 데는 효과적이지만 때로는 너무 산만하고 혼돈스러워 광고 메시지의 이해에 장해요인으로 작용하기도 한다. 광고에 대한 주목만이 능사는 아니다. 따라서 브랜드 메시지를 훼손하지 않으면서 소비자에게 소구하는 유머 광고를 창작해야 한다.

참고문헌

이시훈, 안주아, 정일형, 김광협(2014). 광고 소구유형에 따른 뇌파의 활성화 및 광고회상과의 관계: 위협, 유머, 성적 소구를 중심으로. 광고연구, 101, 62-94.

132 | 유명인 보증형 Celebrity Endorsements

유명인(celebrity)이란 일반적으로 많은 사람들이 널리 알고 있는 사회적으로 명성이 있는 사람을 가리킨다. 광고 모델의 관점에서 볼 때 유명인은 그들이 광고하는 제품이 아닌 다른 분야에서 거둔 업적을 바탕으로 일반 사람들에게 알려진 개인을 말한다. 유명인은 사회적으로 널리 알려진 공적 인지도가 있는 실제로 존재하거나 가상적인 인물을 모두 포괄하는 개념이다. 유명인 보증형은 자신의 전문 분야에서 일가를 이룬 각 분야의 스타급 전문가들이 광고 모델로 등장해서 해당 광고 상품을 추천하는 기법이다. 여기서 말하는 전문가란 스포츠, 문화예술, 정보통신 같은 여러 분야에서 전문가 이미지를 가지고 있는 사람을 의미하며, 가수와 탤런트 및 영화배우 같은 대중스타를 의미하지는 않는다. 이 기법은 각 분야에서 전문성을 인정받은 유명인을 광고에 출연시켜 배타적인 이미지 효과를 기대할 수 있으며, 모델의 비중에 따라 광고에 대한 주목률이 달라지고 손쉽게 소비자들의 모방 심리를 자극할 수 있다(김병희, 2024).

유명인을 광고 모델로 쓰면 소비자에게 널리 알려진 인물을 등장시켜 광고 제품에 관심을 끌 수 있고, 유명인이 연출하는 선호도나 매력을 제품과 연결시킬 수 있기 때문이다. 유명인 모델이 널리 사용되고 있는 이유는 유명인이 광고 메시지에 대해 소비자들의 주의를 끄는 데 효과적이고, 유명인의 인지도와 이미지가 소비자들의 제품태도와 구매의도에 긍정적으로 전이된다는 가정에 기인한다. 유명인 모델은 제품과 서비스에 대한 판매활동을 촉진하는 기능과 더불어 모델이 갖고 있는 부가적 가치나 이미지를 소비자에게 전이하는 기능까지 담당한다(Choi & Rifon, 2012; McCracken, 1989). 유명인과 관련된 효과 연구 동향을 살펴보면 다음과 같이 구분할 수 있다(손영곤, 2014). 즉, 광고 모델의 유형(유명인, 전문가, 일반인)에 따른 효과, 광고 모델의 속성(신뢰성, 전문성, 매력성, 호감성, 유사성 등)에 따른 효과, 광고 모델과 제품이나 브랜드와의 일치 여부 지각에 따른 효과, 광고 모델 출연 형태(모델 수, 모델 인종, 중복 출연)에 따른 효과로 구분할 수 있다. 그러나 유명인에게 어떤 스캔들이 발생할 경우 기업 이미지나 브랜드 자산(brand equity)에 부정적인 영향을 미칠 수 있으므로 모델 선정에 신중을 기해야 한다. 인지도가 높은 유명인을 모델로 기용하면 소비자의 모방 심리를 자극한다는 데는 이견이 없으나, 사전에 모델의 향후 활동이나 영향력을 예측해 광고 모델을 결정해야 한다. 일반적으로 유명인 보증형 광고에서 반드시 추천한다는 말을 쓰지 않아도 되며, 대신 소비자에게 유명인이 보증한다는 내용만 전달하면 된다.

참고문헌

김병희(2024). 디지털 시대의 카피라이팅 신론: 챗GPT를 활용한 광고 카피 쓰기. 서울: 학지사비즈.

손영곤(2014). 메타분석에 의한 국내 유명인 모델의 광고 효과 연구 현황 및 개
관. 한국광고홍보학보, 16(2), 183-220.

Choi, S. M. & Rifon, N. J. (2012). It Is a Match: The Impact of Congruence
between Celebrity Image and Consumer Ideal Self on Endorsement
Effectiveness. *Psychology & Marketing*, *29*(9), 639-650.

McCraken, G. (1989). Who Is The Celebrity Endorser?: Cultural Foundations of
The Endorsement Process. *Journal of Consumer Research*, *16*, 310-321.

133 | 증언형 Testimonials

증언형은 상품을 실제로 써 본 적이 있는 사람이 등장해, 스스로 사
용해 본 경험을 직접 증언하는 표현기법이다. 이때 광고 모델의 호소력
이 중요하기 때문에 잘 알려진 빅 모델보다 연기력이 조금 부족해도 신
뢰감을 주는 보통 사람들이 보다 효과적이다. 소비자는 무명 모델의 경
험과 진술에 자신을 동일시해 광고 주장에 동의할 가능성이 높다. 상품
을 사용해 본 일반인이 등장해 "이것은 진실입니다(This is the truth),"라
고 증언하기 때문에 더욱 신뢰감을 줄 수 있다(Roman & Mass, 1992). 평
범한 보통 사람들이 지나치게 연기를 잘하면 소비자는 빅 모델의 등장
으로 오인할 수 있으므로 광고 모델이 너무 연기를 잘 하면 일부러 어
색하게 하라고 주문할 필요가 있다. 카피 창작에서 생생한 현장의 언어
를 있는 그대로 살리는 것이 중요하다. 지나치게 감각적이거나 세련된
카피는 증언형 광고 카피에 적합하지 않다. 따라서 카피라이터는 책상
에 앉아 카피를 쓰기보다 시장에 나가 카피를 채집하는 노력이 필요하
다. 존 케이플스는 자신의 경험을 총망라해 광고 아이디어를 내는 12가
지 방법을 제시했는데, 12가지 중에서 "고객의 증언에 관해 연구하라."

도 있다(Caples, 1983). 디지털 시대에도 증언형 광고는 여전히 효과적이다.

참고문헌

Caples, J. (1983). *How to Make Your Advertising Make Money*. Englewood Cliffs, NJ: Prentice-Hall. pp.23-37.

Roman, K., & Mass, J. (1992). *The New How to Advertise*. New York, NY: St. Martin's Press. p.21.

134 | 징글 Jingle

　징글은 광고 음악의 일종으로 상업적으로 쓰이는 짧은 길이의 곡을 뜻한다. 텔레비전이나 라디오의 광고 음악에서 주로 활용되는 징글은 기억하기 쉽게 인상적인 멜로디로 제작되며 광고 슬로건을 효과적으로 전달하도록 짧고 참신한 표현으로 만들어진다(강서희, 2013). 징글의 판매 효과를 믿었던 광고인들은 아무것도 판매할 필요가 없었다고 데이비드 오길비가 말했을 정도로 징글이 광고 효과에 미치는 영향은 강력하다. 소비자들은 영상 광고의 카피는 기억하지 못해도 징글을 흥얼거리기도 하며, 1970년대에는 코카콜라 광고의 징글이 대중음악으로 개작되어 음반 수백만 장이 판매되기도 했다. 맥도널드, 펩시, 코카콜라 같은 글로벌 광고주들은 광고용 징글을 발표할 때 이벤트를 전개하기도 했다. 잘 만들어진 징글은 대중문화의 일부가 되며 오랜 기간 형태를 유지하거나 형태를 바꿔 가며 지속되기도 한다. 징글의 마지막 부분에서 특별히 강조하기 위해 삽입한 효과음을 '찌르기(stinger)'라고 한다. 따라서 영상 광고의 창작에서 외우기 쉬운 징글을 개발해 활용하면 높은 광고 효과를 기대할 수 있다. 광고 음악 중에서도 광고 메시지의 청각 효과를 주도하는 징글의 중요성은 아무리 강조해도 지나치지 않다.

참고문헌

강서희(2013). 광고 내 징글(Jingle)이 기억촉진요소로서 브랜드 기억에 미치는 영향에 관한 연구. 이화여자대학교 대학원 석사논문.

135 │ 창의주성 Creotaxis

세상에 존재하는 모든 유기체는 주변 환경에 따라 반응하거나 끌리는 주성(走性, taxis)이 있다. 창조를 뜻하는 '크레오(creō)'에 끌림을 의미하는 '택시스(taxis, 走性)'를 더해, 창의성의 수준에 따라 수용자의 마음이 끌리거나 회피하는 경향이 '창의주성(創意走性, creotaxis)'이다(Kim, 2012). 창의주성의 개념에 따라 에디슨(EDISON) 발상법이 도출되었다. 창의주성 개념에 의한 아이디어 발상의 단계는 탐색(E), 발견(D), 부화(I), 구조화(S), 조망(O), 연결(N)이다. 이 단계를 거쳐 아이디어를 내면 효과를 기대할 수 있는데, 이는 일찍이 영(Young, 1975)이 제시한 섭취, 소화, 부화, 조명, 증명이라는 5단계 발상법을 디지털 시대에 알맞게 수정 보완한 것이다.

에디슨 발상법의 구체적인 발상 단계는 다음과 같다. 탐색(Exploration) 단계에서는 수용자에게 '유익한' 자료를 널리 수집하되 창의주성의 '적합성' 요인을 고려해 적절하고 도움이 되는 정보만을 탐색해야 하며, 발견(Discovery) 단계에서는 탐색 단계에서 수집한 정보 중에서 수용자에게 깊은 울림을 주는 '인상적인' 혜택을 발견해야 한다. 부화(Incubation) 단계에 접어들면 초벌 아이디어들을 수용자들이 '믿을 만

한' 아이디어로 발전시키되 창의주성의 '정교성' 요인을 고려해 완성도
를 높여야 하며, 구조화(Structure) 단계에서는 수용자들이 '경이로운' 반
응을 나타내도록 아이디어를 통일성을 갖춘 체계로 발전시키되 창의주
성의 '독창성' 요인을 고려해야 한다. 조망(Outlook) 단계에서는 그동안
의 아이디어를 간추려 수용자에게 '간단명료한' 메시지로 다가가도록
솜씨를 발휘하되 창의주성의 '명료성' 요인에 신경 써 분명한 메시지가
되도록 해야 하며, 연결(Network) 단계에 접어들면 여러 분야에 '적용
할 만한' 아이디어인지 적용가능성을 판단해야 한다. 에디슨 발상법에
서 생각의 방향성은 개입 · 참여(engagement), 차별화(differentiation),
통찰력(insight), 포화 상태(saturation), 객관성(objectivity), 새로운 시도
(new-trial)다. 에디슨 발상법의 핵심은 아이디어 발상자가 창의적인 결
과물에 대한 수용자의 반응에 항상 주목할 필요가 있다는 사실이다.

참고문헌

김병희(2014). 에디슨 발상법: 창의주성 개념에 의한 광고 아이디어 발상법의
    탐색. 광고PR실학연구, 7(1), 7-31.

Kim, B. H. (2012). Creotaxis in Advertising: A Migratory Response Elicited by
    Creative Advertising. *Proceedings of the 2012 International Advertising
    and Integrated Marketing Communications Conference*. Anaheim: CA.
    pp.46-49.

Young, J. W. (1975). *A Technique for Producing Ideas*. Lincolnwood, IL:
    NTC Business Books.

136 | 챗GPT 활용 카피라이팅 Copywriting with ChatGPT

챗GPT 활용 카피라이팅은 카피라이터가 카피를 쓰기 전에 챗GPT에

게 초벌 카피를 써 달라고 주문하고 챗GPT가 써 준 카피를 바탕으로 수정하고 보완해서 완성하는 카피라이팅을 의미한다. 챗GPT는 글, 문장, 오디오, 이미지 같은 기존의 데이터를 바탕으로 전체를 설명하는 데 필요한 여러 요소인 매개변수(parameter)를 활용해 새로운 콘텐츠를 쓰는 생성형 인공지능의 일종이다. 챗GPT는 광고 카피라이팅에 있어서도 매우 유용한 도구로 활용할 수 있다. 새로운 아이디어를 도출하거나, 어떤 목표의 소비자에게 적합한 표현을 찾는 데도 챗GPT는 도움이 된다. 챗GPT를 작동하게 하는 프롬프트 공학(prompt engineering)의 기본기를 조금은 알아야 챗GPT를 활용해 카피를 쓸 수 있다(김병희, 2024). 프롬프트란 답을 얻는 데 필요한 입력값인데, 입력값을 정하는 프롬프트 작성법이 무엇보다 중요하다. 질문하는 방법에 대한 8가지 지침을 고려해 자신이 원하는 프롬프트(질문 내용)를 한번 써 보면 도움이 되며, 챗GPT에게 구체적으로 질문하는 방법 8가지는 다음과 같다. 즉, 질문을 가급적 구체적으로 서술해야 하며, 챗GPT에게 어떠한 기능을 부여하고, 유명인이 쓰는 스타일로 요청해 보고, 결과의 포맷을 구체적으로 지정해야 한다. 그리고 원하는 답변 내용의 사례를 제시하고, 결과물을 쓰는 프로세스를 알려 주고, 예를 들어 "초등학생에게 설명하듯 써 주세요."처럼 문체와 어조를 구체적으로 지정하고, 답변에 대한 자체 검토를 요청해 볼 필요가 있다(송준용, 애드리치, 2023). 카피라이터는 챗GPT를 카피라이팅의 도구로 활용하되 초벌 카피를 써 주는 도구로만 활용해야 하며, 챗GPT가 생성하는 아이디어는 초벌일 뿐이니 초벌 카피를 다양한 각도에서 발전시켜 나가야 한다. 챗GPT가 써 준 초벌 카피를 실제 상황에서 테스트해 보고 반응을 분석하면 더 효과적인 카피를 얻을 수 있다. 카피라이터는 챗GPT를 활용하면서도 자신만의 창의성을 발휘해 독특한 광고 카피를 계속 써 나가야 한다.

참고문헌

김병희(2024). 디지털 시대의 카피라이팅 신론: 챗GPT를 활용한 광고 카피 쓰기.
　　서울: 학지사비즈.
송준용, 애드리치(2023). 프롬프트 작성법. 오스트랄로GPT쿠스(pp. 67-69). 서
　　울: 여의도책방.

137 | 카피 플랫폼 Copy Platform

　카피 플랫폼은 카피라이팅에 필요한 핵심 전략을 작성한 기본적인 진술문이다. 기차역에 플랫폼이 없다면 기차가 손님을 싣고 떠날 수 없듯이 카피라이팅을 위해 카피라이터(기차)가 반드시 싣고 떠나야 하는 핵심 정보(승차권을 가진 손님)들의 집합이다. 훌륭하게 작성된 카피 플랫폼은 상품의 특성과 소비자 혜택, 경쟁 구도에서의 강점과 약점, 표적 수용자에 대한 구체적인 정보, 메시지의 느낌, 그리고 상품에 대해 설명하는 가장 중요한 한 마디(one thing)를 포괄해야 한다(김병희, 2024). 카피 플랫폼은 광고의 삼각형인 상품과 시장과 소비자의 3가지 영역을 먼저 설명한 다음 마지막으로 크리에이티브 전략에 필요한 '한 마디 말'을 제시하는 것으로 마무리된다. 카피 플랫폼은 크게 4가지 영역을 고려해 작성해야 한다(Altstiel & Grow, 2006).

　첫째, 상품 영역이다. 상품(서비스) 영역에서는 특성이나 혜택을 중요한 순서대로 나열하며 이때 "그래서?"라는 질문을 반복함으로써 상품의 소비자 혜택을 추출하는 데 주안점을 두어야 한다. 둘째, 소비자 영역이다. 소비자 영역에서는 소비자의 인구통계적 특성, 심리적 특성(라이프스타일, 태도, 개성, 구매 행태 등), 상품(서비스)을 구매함으로써 충

족되는 욕구 등을 차분하게 분석할 필요가 있다. 셋째, 시장 영역이다. 시장 영역에서는 시장 및 시장 점유율에서의 주요 경쟁자, 상품(서비스)의 비교우위 및 비교열위 분석, 시장에서의 상품(서비스)의 위치, 경쟁 상품과 비교한 가격의 위치 등을 분석해 기술한다. 넷째, 크리에이티브 영역이다. 크리에이티브 전략 부분에서는 상품(서비스)에 대해 설명하는 한 마디 말(key word)을 제시하는 것이 가장 중요하다. 즉, 어떤 상품(서비스)에 대해 "한 마디로 말한다면 ……이다."라는 구체적이고 차별적인 내용을 기술해야 한다. 그런 다음에 상품과 시장과 소비자에 대한 사실적인 내용과 각종 통계치를 제시하면 카피 플랫폼이 완성된다.

참고문헌

김병희(2024). 디지털 시대의 카피라이팅 신론: 챗GPT를 활용한 광고 카피 쓰기. 서울: 학지사비즈.

Altstiel, T., & Grow, J. (2006). *Advertising Strategy: Creative Tactics from the Outside/In*(pp. 365-366). Thousand Oaks, CA: Sage.

138 | 크리에이티브 전략 Creative Strategy

크리에이티브 전략은 개별 광고 메시지의 일반적인 본질과 특성을 규정하는 지도 원리나 기법으로 광고 소구의 일종으로, 크리에이티브 전략에 따라 광고 메시지를 어떤 스타일로 전달할 것인지 결정된다. 크리에이티브 전략의 주요 요소는 메시지 전략(message strategy), 크리에이티브 콘셉트(creative concept), 실행 스타일(execution style)이다. 일찍이 프레이저는 경쟁 상황을 고려한 여러 가지 광고전략을 종합해, 본원적 전략, 선점 전략, 고유판매제안 전략, 브랜드 이미지 전략, 포지

서닝 전략, 공명 전략, 정서 전략 등 7가지 표현전략 모형을 제시했다 (Frazer, 1983). 이 모형은 여러 연구에서 광고 표현전략의 일반적 가이드라인으로 평가되었다. 7가지 표현전략 내용을 보다 구체적으로 살펴보면 다음과 같다.

같은 상품 범주에 있는 어떠한 브랜드라도 할 수 있는 일반적인 메시지를 구사하는 본원적(generic) 전략, 경쟁 브랜드 간에 기능적 차이가 거의 없을 때 상품과 서비스의 우월성을 강조해 이미지를 먼저 차지하려는 선점(preemptive) 전략, 자사 상품과 경쟁 상품 간의 물리적이고 기능적인 차이에 따라 상품의 고유한 특성을 소비자 혜택으로 제시하는 고유판매제안(Unique Selling Proposition: USP) 전략(Reeves, 1961), 경쟁 상품과의 차별점이 거의 없는 상태에서 심리적 차별화를 강조하는 브랜드 이미지(brand image) 전략, 자사의 브랜드를 경쟁 브랜드의 강약점과 비교한 다음 상대적으로 틈새가 보이는 위치에 자리매김하는 포지셔닝(positioning) 전략(Ries & Trout, 1981), 소비자가 모방할 수 있는 상황을 제시해 소비자 스스로 그 상황을 경험하도록 하는 공명(resonance) 전략, 인간의 다양한 감정에 소구하는 정서(affective) 전략이 7가지 표현 전략이다.

참고문헌

Frazer, C. F. (1983). Creative Strategy: A Management Perspective. *Journal of Advertising, 12*(4), 36-41.

Reeves, R. (1961). *Reality in Advertising*(pp.46-69). New York: Alfred Knopf.

Ries, A., & Trout, J. (1981). *Positioning: The Battle for Your Mind*. New York, NY: McGraw-Hill.

139 | 크리에이티브 콘셉트 Creative Concept

크리에이티브 콘셉트는 광고 표현의 방향을 제시하는 표현의 구심점이자 방향이다. 광고 콘셉트와 크리에이티브 콘셉트는 구분되어야 하는데, 광고 콘셉트가 메시지 콘셉트라면 크리에이티브 콘셉트는 그 메시지를 전달하는 표현 콘셉트다. 광고 콘셉트가 메시지 중심(what to say)이라면 크리에이티브 콘셉트는 그 메시지를 전달하는 방식(how to say)에 더 초점을 맞춘다(오현숙, 2022). 콘셉트 구성 단계의 마지막 단계가 크리에이티브 콘셉트를 도출하는 작업이다. 결국 제품 콘셉트나 광고 콘셉트를 통해 만들어지는 궁극적인 결과물은 크리에이티브 콘셉트이며, 소비자에게 노출되는 표현물이 크리에이티브이기 때문에 크리에이티브 콘셉트를 도출하는 과정은 광고 기획과정에서의 최종 마무리에 해당된다(류진한, 2022). 크리에이티브 콘셉트를 도출할 때는 광고 콘셉트를 고려해 소비자들에게 어떻게 효과적으로 메시지를 전달할 것인지에 더 초점을 맞춰야 한다.

뜻밖에도 크리에이티브 콘셉트와 헤드라인을 구분하지 못하는 광고 창작자들도 있다. 크리에이티브 콘셉트가 광고 표현의 방향을 제시하는 표현의 구심점이라면, 헤드라인은 그 구심점에 근거해 다양한 카피라이팅을 시도한 다음 최종적으로 선택되는 카피다. 정해진 크리에이티브 콘셉트를 바탕으로 광고전략과 표현전략을 수시로 점검하는 자세야말로, 전략에 충실한 카피를 쓰는 요체이자 전략을 빛내 주는 카피라이팅의 지름길이다. 같은 크리에이티브 콘셉트에서 각각 다른 수많은 헤드라인이 나올 수 있다. 크리에이티브 콘셉트의 공감도와 아이디어의 완성도 사이에 관계성이 높으면 높을수록 창의적인 결과물(creative product)을 얻을 가능성이 높다. 아이디어가 아무리 창의적일지라도 그것이 크리에이티브 콘셉트와 맞지 않는다면 무용지물이다.

참고문헌

류진한(2022). 크리에이티브 브리프와 콘셉트 도출. 김병희, 오현숙, 류진한, 이희복, 최은섭, 박인성, 김정우, 윤일기, 최승희, 정상수, 전훈철, 변혜민, 전종우, 박하영, 김유나, 김신엽. 디지털 시대의 광고 크리에이티브 신론 (pp. 81-111). 서울: 학지사.

오현숙(2022). 크리에이티브를 위한 광고전략 수립. 김병희, 오현숙, 류진한, 이희복, 최은섭, 박인성, 김정우, 윤일기, 최승희, 정상수, 전훈철, 변혜민, 전종우, 박하영, 김유나, 김신엽. 디지털 시대의 광고 크리에이티브 신론 (pp. 49-79). 서울: 학지사.

140 | 토막 광고 Spot Advertising

토막 광고란 어떤 방송 프로그램이 끝나고 다음 방송 프로그램이 시작되기 전에 중간에 비교적 짧게 나가는 프로그램과 프로그램 사이의 광고로, 방송 프로그램의 스폰서가 아닌 광고를 뜻한다. 스폿(spot) 광고나 SB(Station Break) 광고라고도 한다. 스테이션 브레이크란 문자 그대로 방송이 쉬는 시간이란 뜻이다. 방송광고는 보통 프로그램 광고(일반 광고)와 토막 광고로 구분되는데, 방송 프로그램의 전, 중, 후에 바로 붙는 광고가 프로그램 광고이며, 프로그램과 프로그램 사이에 나가는 광고가 토막 광고다. 예를 들어, '1100SB'라고 하면 오전 11시의 토막 광고를 의미한다. 미국에서는 전국 광고가 아닌 지역 광고를 스폿이라 부른다. 프로그램과 프로그램 사이의 구간은 채널 이동이 많이 이루어지기 때문에, 20초나 30초 길이의 토막 광고는 정규 프로그램에 들어

가는 광고에 비해 광고료가 저렴하다. 국립국어원은 2006년에 스폿 광고를 대신할 우리말을 공모해 '반짝 광고'라는 용어를 제시했지만(국립국어원, 2006), 광고업계에서는 '토막 광고'라는 용어가 보편적으로 쓰이고 있다. 이 밖에도 멀티스폿(multi spot) 광고라는 용어가 있는데, 토막 광고와는 개념이 전혀 다르다. 비슷한 줄거리를 가진 여러 편의 광고를 동시에 노출해 다품종 소량생산 식으로 주목을 유도하는 것이 멀티스폿 광고인데, 여러 편의 광고를 차례로 내보내는 시리즈 광고와도 다르다.

참고문헌

국립국어원(2006). 다듬은 말. https://www.korean.go.kr/front/imprv/refineList.do?mn_id=158

디지털 시대의
광고 용어 300

제 **4** 장

광고와 미디어

141 | 결합 미디어 Through The Line (TTL)

결합 미디어(TTL)는 에이티엘(ATL)과 비티엘(BTL)을 결합한 커뮤니케이션 활동을 말한다. ATL이 전통적인 4대 매체(TV, 라디오, 신문, 잡지)를 이용한 커뮤니케이션 활동이라면, BTL은 4대 매체 중심에서 벗어나 다양한 프로모션 수단을 활용한 커뮤니케이션 활동이다. TTL은 ATL과 BTL을 모두 활용하는 커뮤니케이션 기법을 의미한다. 즉, 다양한 미디어를 적극적으로 이용해 브랜드에 대한 커뮤니케이션 활동을 하는 것이 TTL이며, 소셜미디어, 동영상 광고, 디스플레이 배너 등이 TTL에 해당한다. 통합 마케팅 커뮤니케이션(IMC) 활동이 보편화되고 ATL과 BTL의 구분도 모호해지면서 이들 두 전략을 통합하는 커뮤니케이션 전략이 대두했다. ATL과 BTL이 갖고 있는 각각의 장점은 살리면서 약점은 보완하는 활동도 급부상했다. ATL과 BTL 각각의 특성을 적절히 혼합한 마케팅 커뮤니케이션 전략을 가리켜 "ATL/BTL 하이브리드 마케팅(hybrid marketing)" 또는 "Through The Line Marketing"이라고 한다.

전통적인 매스 미디어를 이용한 마케팅(ATL)과 더불어 미디어 콘텐츠 속으로 들어가 소비자들에게 브랜드를 직간접으로 경험하게 하는 PPL, PR, 프로모션 등의 BTL 마케팅이 통합적으로 전개되어야 커뮤니케이션 효과를 극대화할 수 있다는 것이 결국 TTL이다. 광고나 디지털 커뮤니케이션 리터러시 개념의 확대와 더불어 마케팅 프로모션 활동도 변화하고 있다(엄남현 외, 2022; Shaddiq, Iyansyah, Sari, & Zainul, 2021). 소비자를 기다리는 미디어 전략에서 벗어나 적극적으로 소비자를 찾아가는 미디어 전략이 중요해지고 있는 현실이다.

참고문헌

엄남현, 유승철, 권예지, 김지은, 조재희, 이희복, 김은지, 이지영(2022). 디지털 시대의 광고 리터러시. 서울: 서울경제경영.

Shaddiq, S., Iyansyah, M. I., Sari, S., & Zainul, H. M. (2021). The Effect of Marketing Promotion Management on Public Service Advertising in Strengthening Digital Communication. *Strategic Management Business Journal*, 1(2), 1-16.

142 | 고시간 시청대 Prime Time

방송에서 하루 중 청취율 또는 시청률이 가장 높은 시간대를 뜻한다 (Nielsen, 2011). 프라임은 가장 중요하다는 의미로 시청률이나 청취율이 가장 높아 광고비도 가장 비싸다. 고시간 시청대는 드라이브 타임 (drive time), 골든아워(golden hours), 골든타임(golden time), 피크타임 (peak time) 등으로도 불린다. 전통적 의미의 프라임 타임은 월요일부터 금요일까지 저녁 8시부터 11시까지를 뜻하지만 조금 더 면밀히 살펴보면 미국의 경우 저녁 9시 15분부터 30분까지 시청률이 정점에 이르며 10시 45분부터 11시까지 가장 낮은 시청률을 보인다(Nielsen, 2011). 또한 TV 시청에 대한 성별차이는 없으나 연령대의 차이는 존재하는데, 대체로 18~49세의 경우 고시간 시청대의 후반인 저녁 9시 45분부터 10시 사이 늦게 시청하며 8시에서 8시 15분에 가장 시청률이 낮은 것으로 보고되고 있다.

미국 FCC(Federal Communication Commission)는 1971년 가을에 고시간 시청대 접근 규칙(prime time access rule)을 제정해 고시간 시청대를 3시간으로 제한했으며 이때 지역 방송국이 지역 커뮤니티 관련 방송을 할 수 있도록 의무화했으나 1995년에 이 규칙은 폐지됐다(CBS news, 2015). 최근 유럽의 경우도 OTT(Over-The-Top) 서비스나 주문형 비디오 서비스(Video-On-Demand: VOD) 등 스트리밍 미디어 서비스 이용 시간이 저녁 시간대에 집중되는 것으로 나타나 전통적인 TV의 고시간 시청대를 대체함을 알 수 있다(Tana, Eirola, & Nylund, 2019). 이는 개인적·사회적 수준에서 스트리밍 미디어 서비스의 소비 패턴과 행위가 기존 전통매체 소비 행태에 큰 변화를 초래하고 있음을 보여 주고 있다.

참고문헌

CBS News (2015). Why Is Prime Time The Way It Is?. https://www.cbsnews.com/texas/news/why-is-prime-time-the-way-it-is/

Nielsen (2011). What Time is Really Primetime. https://www.nielsen.com/insights/2011/what-time-is-really-primetime/

Tana, J., Eirola, E., & Nylund, M. (2020). When Is Prime-Time In Streaming Media Platforms and Video-on-demands Services?: New Media Consumption Patterns and Real-Time Economy. *European Journal of Communication*, 35(2), 108-125.

143 | 광고기반 무료 스트리밍 텔레비전 FAST TV

광고기반 무료 스트리밍 텔레비전(Free Ad-supported Streaming TV: FAST)은 광고를 시청하는 대신 무료로 콘텐츠를 감상할 수 있는 광고 기반 비즈니스 모형의 스트리밍 TV 채널 서비스나 플랫폼을 뜻하며, 주 사업자로 LG채널, 삼성TV플러스, 플루토(Pluto) TV 등이 있다. 사실 2019년에 문을 닫은 '에브리온 TV'가 광고기반 무료 스트리밍 텔레비전의 시초라고 할 수 있는데, 현재 KT에 흡수된 현대케이블방송

(HCN)과 판도라TV가 협력해 2012년 에브리온 TV를 만들었다. 에브리온 TV의 무료 채널 방식과 광고 수익 모형은 지금의 광고기반 무료 스트리밍 텔레비전과 매우 흡사하다. 국내는 현재 '무료 OTT'로 소개되고 있다. 그러나 엄밀히 말해 FAST 서비스는 사업자가 정해진 편성표에 따라 콘텐츠를 제공하기 때문에 소비자가 특정 콘텐츠 시청시간의 처음과 끝을 정할 수 있는 넷플릭스, 디즈니 플러스 등 구독료 기반 스트리밍(subscription-based VOD) 또는 유튜브 등 광고 기반 스트리밍(ad-based VOD) OTT 서비스와는 다르다. 즉, 기본적으로 이들 OTT 서비스는 스트리밍 비디오(streaming video)를 제공하는 콘텐츠 제공자(content provider)로 시청자는 다운로드 없이 직접 콘텐츠를 시청할 수 있다(Frade, de Oliveira, & Giraldi, 2021).

그러나 광고기반 무료 스트리밍 텔레비전은 보고 싶을 때 특정 콘텐츠를 시청하는 것이 아니라 기존 방송 채널처럼 채널 편성표에 따라 제공되며 다만 광고를 시청하는 대신 콘텐츠가 무료로 제공된다는 것이다(김종원, 2022). 광고기반 무료 스트리밍 텔레비전의 가장 인기 있는 콘텐츠는 뉴스, 스포츠, 영화, 키즈 콘텐츠다. 뉴스는 지상파의 지역 뉴스 및 케이블방송의 지역 채널 뉴스의 시청률이 높다. 스포츠도 지역의 고교 및 커뮤니티 스포츠 등 생활과 밀접한 스포츠가 인기를 얻고 있다. 영화도 롱테일 성격이 강한 고전, 인디영화가 주류를 이루며, 키즈는 키즈 유튜버의 콘텐츠가 강세를 보이고 있다(김종원, 2022). 광고기반 무료 스트리밍 텔레비전은 콘텐츠 제공자와 TV 제조업체가 협력해 인터넷이 연결된 스마트 TV를 통해 서비스를 제공하며 그에 따라 소비자의 시청패턴에 맞는 맞춤형 광고를 기대할 수 있다.

참고문헌

김종원(2022). 새로운 OTT, FAST의 가치, 방송영상 트렌드 인사이트. https://

www.kocca.kr/trend/vol32/index.html

이기종(2024). 전자부품 전문 미디어 디일렉. https://www.thelec.kr/news/
articleView.html?idxno=26833

Frade, J. L. H., de Oliveira, J. H. C., & Giraldi, J. D. M. E. (2021).
Advertising In Streaming Video: An Integrative Literature Review and
Research Agenda. Telecommunications Policy, 45(9), 102-186.

144 | 광고 점유율 Share of Voice (SOV)

광고 점유율(Share Of Voice: SOV)은 특정 산업이나 분야의 전체 광고 집행 비중에서 개별 기업이 차지하는 광고의 비중을 의미한다. 광고 점유율은 자사의 총광고량을 시장 내의 총광고량으로 나눈 값으로, 시장 내에서 자사의 광고가 차지하는 비율이다. 광고 점유율은 상대적인 개념이라 자사의 광고량과 경쟁사의 광고량에 따라 수치가 달라진다. 즉, 자사에서 광고 집행을 많이 하더라도 경쟁사에서 광고를 더 많이 늘린 경우 광고 점유율은 낮아질 수 있다. 반대로 자사에서 광고 집행을 적게 하더라도 경쟁사가 광고 집행을 하지 않았거나 적게 했다면 광고 점유율은 높게 나타날 수 있다. 광고 점유율은 시장 내에서 경쟁사의 광고가 자사의 광고와 경쟁하고 있는 상황을 고려할 수 있는 변수로 활용될 수 있다. 광고 점유율은 광고 예산을 수립하는 데도 활용할 수 있다(권오범, 2010; 양윤직, 2010). 일반적으로 광고 점유율은 시장 점유율(Market Share)과 동일한 비율로 설정한다. 그러나 초기 시장 도입 제품이나 새로운 광고 캠페인이 전개될 때 시장 내 위상을 높이기 위해서는 당연히 높은 광고 점유율이 필요하다. 반대로 시장 독과점인 브랜드는 광고 점유율이 낮더라도 충분히 시장 점유율을 유지하고 확대할 수 있다. 적절한 광고 점유율을 결정하기 위해서는 마케팅 담당자의 전략적 판단이 중요하다. 현재의 시장 점유율이 10%인데 광고 점유율을 20% 이상까지 끌어올리고 싶은 경우도 있고, 또 어떤 브랜드는 시장점유율이 30%인데 광고 점유율은 10%에 불과한 경우도 있기 때문이다.

참고문헌

권오범(2010). 실전 미디어 플래닝 노트(개정판). 경기: 한국학술정보.
양윤직(2010). 디지털 시대의 광고 미디어 전략. 서울: 커뮤니케이션북스.

145 | 광고 침입성 Advertising Intrusiveness

광고 침입성이란 매체를 통해 노출되는 광고가 소비자가 접하고 있는 내용의 흐름을 방해하거나 차단하는 정도를 말한다. 광고 침입성은 소비자가 콘텐츠를 이용할 때 원하지 않는 마케팅 활동으로 인해 개인의 인지과정이나 업무가 방해되는 정도다. 정보를 검색하거나 이용할 때 광고는 이용자의 정보처리를 방해할 수도 있는데 이때 광고를 침입적인 것으로 간주해 짜증이 유발되는 것도 광고 침입성이다. 결국 침입성은 소비자가 인지적인 정보처리과정이 방해받을 때 발생하는 소비자의 인식 또는 심리적 결과라고 할 수 있다. 광고 침입성은 광고가 소비자의 미디어 이용 목적을 방해했다고 개인이 지각하는 것을 의미한다.

광고 침입성에 대한 관심이 증대되고 있는 이유는 온라인 광고의 비중이 확대되는 것과도 깊은 관련이 있다. 온라인 매체에서 광고의 강제 노출이 늘어나고 있기 때문이다. 온라인 광고는 이용자의 시간, 장소, 개인적 맥락에 따른 맞춤형 광고를 집행할 수 있다는 장점이 있으나, 모바일은 화면이 크지 않은 관계로 이용자들이 상대적으로 광고 침입성을 더 크게 느낄 수도 있다. 또한 온라인 매체는 이용자가 원하지 않는 광고가 대량의 스팸 형식으로 들어오기 때문에 더 큰 방해와 짜증을 유발할 수 있다. 광고 침입성은 소비자의 짜증 같은 정서적 반응을 유발함으로써 소비자가 광고 회피 행동을 보이도록 한다. 또한 광고 침입성은 소비자들의 설득지식을 높여 광고 회피를 증가시키게 된다(Ham, Ryu, Lee, Chung, Buteau, & Sar, 2022). 광고 침입성은 광고 혼잡의 주요 차원으로 소비자의 광고 회피 행동을 설명하는 주요 요인이다(Rejón-Guardia & Martínez-López, 2014).

참고문헌

Ham, C. D., Ryu, S., Lee, J., Chung, U. C., Buteau, E., & Sar, S. (2022). Intrusive or Relevant?: Exploring How Consumers Avoid Native Facebook Ads through Decomposed Persuasion Knowledge. *Journal of Current Issues & Research in Advertising*, *43*(1), 68-89.

Rejón-Guardia, F., & Martínez-López, F. J. (2014). Online Advertising Intrusiveness and Consumers' Avoidance Behaviors. In Francisco J. Martínez-López (eds). *Handbook of Strategic e-Business Management*, New York: Springer.

146 | 광고 혼잡도 Advertising Clutter

한 매체 비히클 내에서 광고가 차지하는 밀집정도(density of advertisements in a media vehicle)의 객관적 측정치를 뜻한다(Ha, 1996). 대체로 TV의 경우 일정한 시간 내 전체 프로그램 중 비프로그램이 차지하는 비율이며, 잡지는 전체 페이지수 중에서 광고 페이지수가 차지하는 비율을 뜻한다. 광고 혼잡도는 광고 태도와 광고 회피(ad avoidance)로 나타난다. 연구 사례를 살펴보면, 엘리엇과 스펙(Elliott & Speck, 1998)은 신문, 잡지, 전화번호부(yellow pages), 다이렉트 메일, TV, 라디오 등 광고 매체를 대상으로 광고 혼잡도가 광고 태도와 광고 회피에 대해 미치는 영향을 조사했다. 연구 결과 TV와 다이렉트 메일에서 광고 혼잡도에 대한 지각이 가장 높고 TV와 잡지에서 광고와 연관된 커뮤니케이션 문제점 인식이 높은 것으로 밝혀졌다.

혼잡도는 크게 수량(quantity), 경쟁성(competitiveness) 및 침입성(intrusiveness)의 3가지 하위요소로 구성된다. 즉, 광고의 수량이 많거나 동종 제품군 광고가 높은 밀도로 배치되거나, 콘텐츠나 프로그램 내에 광고가 삽입될 때 지각된 침입성이 높아져 혼잡도가 증가한다. 이는 정보과부하(information overloading) 관점에서 광고 등 외부자극량이 과도할 경우 광고정보 처리에 부적 영향을 미친다고 이해할 수 있다. 침입성이 높을 경우 불안감이나 저항감이 높아져 광고를 회피하게 된다. 일반적으로 광고 혼잡도가 증가하면 광고 회상, 광고 재인 및 광고 태도에 부적인 영향을 미친다. 또한 기억효과나 광고 태도는 브랜드 친숙도, 소비자 관여도에 비례하나 광고길이에는 반비례한다. 이 밖에도 잡지의 경우에는 여러 중재요인으로 광고의 배치나 레이아웃에 따라 혼잡도에 상이한 영향을 미친다.

참고문헌

광고정보센터(2024. 4. 13.). 광고 혼잡도. https://www.advertising.co.kr/uw-data/dispatcher/lit/fulltext/Article/A1000071/02.html

Elliott, M. T., & Speck, P. S. (1998). Consumer Perceptions of Advertising Clutter and Its Impact across Various Media. *Journal of Advertising Research*, 38(1), 29-30.

Ha, L. (1996). Advertising clutter in consumer magazines: Dimensions and effects. *Journal of advertising research*, 36(4), 76-85.

147 | 교통 광고 Transit Advertising

교통 광고는 교통수단의 내부나 외부에 부착, 설치되거나 플랫폼, 셸터 등 교통시설에 전시되는 광고를 말한다. 버스, 지하철, 열차, 택시 등의 차량을 이용해 교통수단 내부와 외부에 광고물을 부착하거나 정류장, 역사, 플랫폼 등에 광고 메시지를 부착해 교통수단을 이용하는 사람과 통행자에게 노출되도록 하는 광고다. 옥외광고의 일종인 교통 광고는 교통수단 광고와 교통시설 광고로 구분된다(박현수, 2013; 심성욱, 박현, 2027). 교통수단 광고는 버스, 택시, 지하철, 철도 등의 교통수단 내외부에 부착되거나 송출되는 광고를 의미한다. 교통시설 광고는 지하철(경전철)역, 지하도, 버스터미널, 항만, 선착장에서 볼 수 있는 광고이다.

특히 '모빌리티 미디어'라고 할 수 있는 버스, 택시 등의 교통수단 광고는 가시거리가 가까워서 소비자들이 광고 메시지와 브랜드를 직관적으로 받아들일 수 있다. 또한 특정 타깃에게만 노출되는 것이 아니라 일반 도로나 교통 요충지에서 수많은 사람들에게 연중무휴로 쉽게 노출되는 특징을 지닌다. 세분화된 지역 마케팅이 가능한 커버리지 매체라는 성격도 띠고 있다. 교통 광고는 교통수단에 부착되는 형태의 광고에서 벗어나 시간과 장소, 주변 상황에 맞는 광고 집행, 광고 효과의 측정이 가능한 차세대 디지털 광고 서비스로 발전하고 있다. 나아가 광고 위치 기반과 모빌리티 데이터에 기반한 테크 회사와 파트너십을 통해 모바일 광고와 결합된 광고도 고려해 볼 수 있다. 전동차 내부 전체를 광고 면으로 활용해 승객들에게 깊은 인상을 주는 래핑 형태의 광고, 지하철 역사 내 다른 매체들과의 시너지 상품 등 다양한 판매 방식 개발이 가능한 매체이므로 사람들의 주목을 끌기에 충분한 광고 캠페인을 전개하는 데 유용한 광고매체다.

참고문헌

박현수(2013). 광고매체기획론(3판). 서울: 한경사.

심성욱, 박현(2017). 신옥외광고론(2판). 서울: 서울경제경영.

148 | 급속 채널이동 Channel Zapping

광고에 노출될 때 채널을 바꾸거나(channel switching) 음향을 작게 함으로써 광고를 회피하는 행위다(Zufryden, Pedrick, & Sankaralingam, 1993). 채널을 바꾸는 행위는 크게 2가지로 구분되는데 기억 속에 저장된 채널 번호를 직접 입력(direct channel access)하거나 리모컨의 업다운 버튼을 눌러 가며 이동하는 방법이 있다. 급속 채널이동에 관한 연구를 살펴보면, 사람들은 광고뿐만 아니라 일반 프로그램 시청 시에도 채널을 이동하며 특히 리모컨이 있거나 케이블 TV를 시청하는 경우 채널이동이 빈번해진다(Zufryden et al., 1993). 인구통계학적 특성을 보면 다인 가족, 18세 이하의 아동, 비디오 테이프 리코더 소유 및 대졸 이상의 가족 구성원이 있을 경우 급속 채널이동이 많은 것으로 나타났다. 광고 효과 측면에서 급속 채널이동이 브랜드 회상(brand recall)에 부적 영향을 미치며 브랜드가 광고의 끝부분에 배치될 때 급속 채널이동자(zappers)의 브랜드 회상이 가장 높다는 연구 결과도 있다(Tse & Lee, 2001).

최근 모바일과 앱 등 디지털 매체의 사용이 급증하면서 공중파나 케이블 등의 영상을 시청하는 행위의 주목도나 집중도가 감소하고 있다. 급속 채널이동은 무작위로 채널을 이동하면서 예상하지 못한 콘텐츠나 광고에 흥미를 느껴 수초에서 수분까지 머무를 수 있다. 예를 들어, 인

기 프로그램이 방영되는 공중파 방송 시간에 홈쇼핑 채널의 매출이 오
히려 증가하는데 이는 재핑을 하는 시청자의 노출 및 구매 빈도가 높아
졌기 때문이며 이를 '재핑 마케팅'이라고도 한다. 최근 케이블 광고 등은
'채널전환공간광고' 또는 '재핑광고'를 속속 도입해 시청자가 채널을 돌
릴 때마다 이미지 광고를 1~2초간 노출시키고 있다(뉴스 1, 2015). 시청
자의 반발도 있으나 업계 입장에서는 노출 효과를 기대할 수 있고 시청
자에게 무의식적으로 영향을 미칠 수 있다는 점에서 관심을 받고 있다.

참고문헌

뉴스1(2015). 광고 싫어 채널 돌린다? 누를 때마다 튀어나오는 재핑 광고.
　　　https://www.news1.kr/articles/?2364732

Tse, A. C. B., & Lee, R. P. (2001). Zapping Behavior during Commercial
　　　Breaks. *Journal of Advertising Research*, *41*(3), 25-29.

Zufryden, F. S., Pedrick, J. H., & Sankaralingam, A. (1993). Zapping and Its
　　　Impact on Brand Purchase Behavior. *Journal of Advertising Research*,
　　　33(1), 58-67.

149 | 급속 화면이동 Channel Zipping

　비디오 같은 영상을 시청하는 도중에 광고 등 불필요한 부분에서 리
모컨을 이용해 일부 구간을 급속도로 건너뛰는 행위(fast-forwarding)
를 뜻한다(Cronin & Menelly, 1992). 급속 화면이동은 특히 광고주들
에게 문제였는데 높은 수준의 급속 화면이동은 평균 프로그램 시청
률보다 크게 낮은 광고 시청자수의 급감으로 이어진다고 했다(Cronin
& Menelly, 1992). 특히 둘 이상의 광고를 동시에 건너뛰는 블록 지핑
(block zipping)이 가장 흔하게 발생한다. 의도적이고 목적성을 지닌 비

디오 시청 행위라는 점을 고려할 때 광고를 급속 화면이동 전에 평가하기보다는 무차별적으로 모든 광고를 건너뛰는 행위가 발생한 것으로 추론해 볼 수 있다. 한편, 다른 연구에서는 상반된 결과를 보고하고 있다. 예를 들어, 급속 채널이동과 마찬가지로 영상 내에서 광고가 즐거움(pleasure)과 각성(arousal)을 주는 경우 광고에 대한 지핑과 재핑 현상이 감소한다고 밝혔다(Olney, Holbrook, & Batra, 1991). 구체적으로, 피험자에게 약 150개의 광고물을 75분간 자유롭게 시청하게 한 후 광고물에 대한 내용과 감정 반응을 측정했는데 광고물에 대해 긍정적 감정이나 각성의 정도가 높을수록 광고물을 오랫동안 시청한다고 했다. 케이블 TV의 경우 중간광고는 지핑이 적어 프로그램시청률에 근접하는 노출효과가 기대되며 프로그램 중간에 삽입되는 광고수가 제한적이기 때문에 주목도도 높은 것이 특징이다(오세성, 2011).

참고문헌

오세성(2011). 스마트미디어시대 방송광고 효과를 극대화하기 위한 멀티플랫폼 광고 대응 방안. 한국방송광고공사.

Cronin, J. J., & Menelly, N. E. (1992). Discrimination vs. Avoidance: Zipping of Television Commercials. *Journal of Advertising*, 21(2), 1-7.

Olney, T. J., Holbrook, M. B., & Batra, R. (1991). Consumer Responses to Advertising: The Effects of Ad Content, Emotions, and Attitude toward the Ad on Viewing Time. *Journal of Consumer Research*, 17(4), 440-453.

150 | 도달률과 유효 도달률 Reach and Effective Reach

도달률은 어느 광고 캠페인이 집행되는 기간 동안 특정 매체나 매체 스케줄을 통해 최소한 한 번 이상 해당 광고 캠페인에 노출된 표적 수용자의 크기를 말한다. 광고주의 일차적 관심사는 광고 캠페인을 통해 광고 메시지가 얼마나 많은 표적 수용자에게 도달하는가에 있다. 도달률은 광고 메시지가 얼마나 많은 사람들에게 확산되었는지를 나타내는 지표로 일정 기간 내에 광고에 노출된 개인이나 가구의 수를 백분율로 표현한 것이다. 도달률은 한 사람이 같은 광고를 몇 번 보았는지는 고려하지 않는다. 즉, 같은 광고에 여러 차례 노출되었다고 해도 한 번 노출한 것으로 계산한다. 한 번이라도 광고를 보거나 들은 모든 사람을 중복되지 않게 합산한 결과가 도달률이다. 동일 광고를 KBS, MBC, SBS 뉴스에 모두 송출했다고 했을 때 2개 이상 비히클에 중복 노출된 표적 수용자는 한 번만 계산해야 한다. 예를 들어, 표적 수용자 수가 100만 명이라고 할 때 특정 기간 동안 해당 광고에 노출된 표적 수용자가 30만 명이라면 이 광고 캠페인의 도달률은 30%가 된다. 30%라고 하는 도달률이 의미하는 것은 전제 표적 수용자의 30%가 특정 기간 동안 이 광고 캠페인의 매체 스케줄에 노출되었다는 것을 의미한다.

유효 도달률(effective reach)은 노출분포를 기준으로 유효 빈도 범위 내에 노출된 표적 수용자의 수의 비율을 가리키는 개념이다. 유효 도달률을 측정하기 위해서는 먼저 특정 제품의 광고물에 대한 효과적인 반복노출 횟수인 유효 빈도(effective frequency)를 파악해야 한다. 도달률과 유효 도달률은 매체 기획 시 반드시 고려해야 한다(박현수, 2013; 이경렬, 2016). 도달률과 유효 도달률은 〈표 4-1〉에 제시한 예를 보면 보다 쉽게 이해할 수 있다. 이 예의 도달률은 광고 캠페인이 집행된 기간 중 8.0%의 소비자가 광고를 듣거나 보지 않았으므로 92.0%가 된다. 유효 도달률은 사전 설정한 커뮤니케이션 효과를 얻기 위해 광고 메시지를 몇 번 정도 반복해서 전달해야 하는가를 알 수 있도록 해 주는 지표다. 너무 적게 노출되면 광고 효과가 발생하지 않으며, 또 너무 많이 노출되면 오히려 효과가 반감되는 것으로 알려져 있다. 보통 반복 횟수와 관련해서는 3번 이상 노출되어야 효과가 발생하며, 10번을 넘어서면 효과가 미미하거나 효과가 증가하는 정도는 낮아지게 된다. 물론 몇 번 정도 노출되어야 적절한 수준인가를 가리키는 유효 빈도는 제품, 경쟁사, 소비자, 마케팅 상황에 따라 차이를 보인다. 경우에 따라서는 1회 노출만으로도 효과가 발생하는 유효 빈도가 될 수도 있다. 전략적으로 신제품 출시 시기나 계절적 성수기에는 4회, 5회 이상의 유효 도달률을 활용하기도 한다. 이 노출분포에서 유효 빈도를 3회 이상 10회까지로 한다면, 유효 도달률은 3회 이상 10회까지의 도달률을 더한 값인 54.8%가 된다. 마찬가지로 0회에서 2회에 해당하는 33.0%는 비효과적 노출이 되며, 11회 이상인 12.2%는 과잉 노출된 것으로 해석할 수 있다.

〈표 4-1〉 **도달률, 유효 도달률 이해와 산출방법**

노출횟수	도달률(%)	노출 횟수	도달률(%)
0회	8.0		
1회	11.0	11회	2.4
2회	14.0	12회	2.0
3회	16.0	13회	1.8
4회	11.0	14회	1.4
5회	8.1	15회	1.2
6회	6.1	16회	1.0
7회	4.6	17회	0.9
8회	3.4	18회	0.7
9회	3.0	19회	0.5
10회	2.6	20회 이상	0.3

참고문헌

박현수(2013). 광고매체기획론(3판). 서울: 한경사.

이경렬(2016). 광고매체론. 서울: 서울경제경영.

151 | 디지털 사이니지 Digital Signage

디지털 사이니지란 디지털 간판 또는 DID(Digital Information Display)로 불리며 LED, LCD, 인터랙티브 디스플레이, 디지털 키오스크를 활용한 디스플레이 광고게시판을 말한다. 디지털 사이니지는 디스플레이 및 컴퓨터 기술을 중심으로 콘텐츠 제작 및 관리, 네트워크 연결, 관리 및 운영이 종합적으로 결합되어 사용자에게 다양한 경험을 제공한다(DIDBANK, 2024). 디지털 사이니지는 전통 옥외광고와 달리 실시간 업데이트와 콘텐츠 변경이 용이해 맞춤형 콘텐츠 제작이 가능하고 시각적 효과를 극대화할 수 있다. 또한 광고, 정보 제공, 방문자 유도 및 오락적 목적으로 지속적인 효과를 제공하고, 종이나 플라스틱 등의 재료를 사용하지 않기 때문에 친환경적이다. 최근 디지털 사이니지는 3D 입체 효과를 보여 주는 아나몰픽 가상증강현실(VR · AR), 확장현실, 홀로그램, AI 기술, 생체 인식 기술, 이머시브(immersive) 콘텐츠 등과 융합되는 추세다.

한광석(2024)은 아나몰픽(anamorphic)을 이용한 디지털 사이니지에서 인지, 감정, 미디어 차원의 프레즌스(presence)와 미디어 인게이지먼트 수준에 따른 기억 접근성이 태도에 미치는 효과를 분석했다. 연구결과로 감성적 프레즌스가 인지적 및 미디어 프레즌스에 비해 광고 태도에 긍정적 영향을 미치는 것으로 나타났다. 인지적 프레즌스는 인게이지먼트 수준이 낮을 때 종합적 기억 정보(global-related memory)에 개별적 속성 기억 정보(attribute-related memory)보다 유의미한 영향을 미쳤다. 반대로 감성적 프레즌스는 인게이지먼트 수준이 높을 때 종합적 기억 정보에 개별적 속성 기억 정보보다 더 큰 영향을 주는 것으로 밝혀졌다. 즉, 인지적 프레즌스와 감성적 프레즌스는 인게이지먼트 수준에 따라 상반된 패턴을 보여 주었다. 이 연구는 다양한 프레즌스 유형과 인게이지먼트 수준에 따른 기억 정보 효과를 밝혔다는 데 의의가 있다.

참고문헌

한광석(2024). 아나몰픽(Anamorphic)을 이용한 디지털 사이니지 광고의 프레즌스(Presence)와 미디어 인게이지먼트 수준이 기억 접근성과 태도에 미치는 효과. OOH광고학연구, 21(1), 53-73.

DIDBANK(2024). 디지털 사이니지(Digital Signage)란? 디지털 광고판?. https://didbank.co.kr/%EB%94%94%EC%A7%80%ED%84%B8-%EC%82%AC%EC%9D%B4%EB%8B%88%EC%A7%80-digital-signage%EB%9E%80-%EB%94%94%EC%A7%80%ED%84%B8-%EA%B4%91%EA%B3%A0%ED%8C%90

---

152 | 리슨시 플래닝 Recency Planning

리슨시 플래닝은 소비자의 제품 구매시점에 가깝게 광고를 노출시키는 것만으로도 광고 효과가 발생할 수 있음을 설명하는 미디어 플래닝 방법의 하나다. 리슨시 플래닝은 소비자의 구매시점에 가까운 단 한 번의 광고 노출만으로도 구매행동에 충분한 영향력을 발휘하게 된다고 설명한다.

광고 효과는 보통 도달률(reach)과 빈도(frequency)의 조합으로 설명되어 왔다. 이 중 빈도는 몇 번이나 광고에 노출되는가와 관련되어 있다. 빈도는 인지도를 증대시키고, 관심을 불러일으키고, 욕구를 자극하고, 결국 행동을 유발하게 된다. 광고에 대한 노출 빈도가 증가하면 소비자들은 그들이 당장 필요한 제품이 아니어도 구매하게 된다는 것이다. 그러나 광고 메시지의 반복이 아니라 구매를 원하는 시점에 사람들에게 광고가 전달됨으로써 효과가 발생한다는 주장도 제기되었다. 반복 노출보다 노출 시점에 주목하는 매체기획이 리슨시 플래닝이다.

리슨시 플래닝은 특정 브랜드의 광고에 노출된 후, 소비자들은 가까운 시점에 관련 제품을 구매할 경우가 발생하면 바로 직전에 노출된 광고 브랜드를 선택할 가능성이 높다는 결과에 기초한다(Ephron, 1997; Jones, 1995). 이러한 연구결과에 의하면, 이미 잘 알고 있는 친숙한 제품에서는 한 번의 노출만으로 소비자들의 구매자극을 이끌어 낼 수 있다. 따라서 광고의 역할은 소비자의 구매시점에 맞춰 브랜드를 '상기(remind)'시켜 주는 것만으로도 충분하다. 이미 소비자들은 광고 제품이나 브랜드를 인지하고 있으므로 노출 시점에서 필요한 메시지만 받아들이게 된다. 광고의 반복 노출보다 1번이라도 많은 소비자들이 노출되도록 강조하는 '도달(reach)' 중심의 관점이 리슨시 플래닝이다. 리슨시 플래닝이 미디어 플래닝에서 중요한 의미를 갖는 까닭은 반복을 중시하는 빈도 중심의 매체 기획에서 탈피해 구매 시점(recency) 중심으로 이루어져야 한다는 데 크게 기여하고 있기 때문이다. 리슨시 플래닝에서는 구매주기가 일정하거나 비교적 짧은 제품군에는 노출 시점을 적절히 관리하면 한 번의 노출만으로도 효과가 발생한다고 설명한다.

참고문헌

Ephron, E. (1997). Recency Planning. *Journal of Advertising Research*, 37(4), 61-65.

Jones, J. P. (1995). Single Source Research Begins to Fulfill Its Promise. *Journal of Advertising Research*, 35(3), 9-16.

153 | 마음 점유율 Mind Share

　시장 점유율과 달리 마음 점유율(Mind Share)은 광고 제품이나 기업에 대한 소비자의 이해도, 이미지 등 소비자의 심리과정상의 점유율을 말한다. 마음 점유율은 광고 효과를 측정할 때 중요한 개념인 동시에 구매행동과 상관관계가 높기 때문에 소비자 행동을 이해하는 데 중요한 개념이다(Baker, Nancarrow, & Tinson, 2005). 하나의 광고가 만들어지기 위해서는 광고 제품과 그것을 구매할 소비자, 그리고 이들을 둘러싸고 있는 여러 가지 상황 요인을 분석해야 한다. 이후 광고나 커뮤니케이션 활동으로 해결해야 할 문제를 찾아내고 그 문제를 해결하는 것이 광고 목표다. 소비자가 제품이나 브랜드를 알지 못하면 인지도를 높이는 것이 목표가 될 수 있고, 호감도가 상대적으로 낮으면 태도 변화를 이끌어 낼 수 있어야 한다.

　이러한 광고 목표는 브랜드를 알리기 위한 '브랜드 인지', 브랜드에 대한 호의적인 태도를 형성하기 위한 '브랜드 태도', 제품 구매를 일으키기 위한 '구매의도' 목표로 구분할 수 있다. 광고 목표는 광고 캠페인 집행 이후 광고 효과의 측정과도 연결된다. 설득 커뮤니케이션 관점에서 광고 효과를 설명하는 대표적인 이론 가운데 하나가 위계적 효과 모형(hierarchy of effects model)이다. 위계적 효과 모형에 의하면 광고 효과는 인지적(cognitive), 감정적(affective), 행동적(conative) 차원의 일련의 과정을 거치는 것으로 이해할 수 있다. 이를 마케팅 지표로 바꾸어 말하면 인지는 '브레인 셰어(Brain Share)', 태도는 '마인드 셰어(Mind Share)', 구매의도는 '마켓 셰어(Market Share)'에 해당한다.

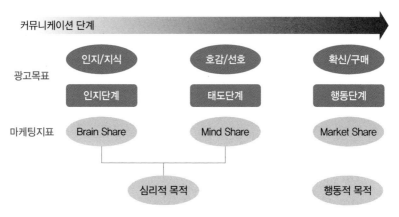

[그림 4-1] 커뮤니케이션 단계에 따른 광고 목표

참고문헌

Baker, C., Nancarrow, C., & Tinson, J. (2005). The Mind versus Market Share Guide. *International Journal of Market Research*, 47(5), 523-540.

154 | 매체사 Publisher

　매체사는 텔레비전, 라디오, 신문, 잡지 등과 같이 광고를 소비자들에게 전달할 수 있는 매체, 플랫폼을 보유하고 있는 기업을 말한다. 광고가 노출되는 방송, 신문, 온라인 플랫폼, 옥외광고시설 등의 광고매체를 운용해 광고매출이 발생하는 사업체가 곧 매체사다(이명천, 김요한, 2022).

광고와 광고산업을 둘러싼 환경을 살펴보면 크게 광고주, 광고회사, 매체사, 협력회사 등으로 이루어져있다. 광고주는 광고를 집행하는 주체로 광고회사에 제품이나 서비스에 대한 광고기획, 제작 등 광고 관련 업무를 광고회사에 위탁하는 광고 커뮤니케이션 활동의 출발점이다. 광고회사는 광고주의 의뢰를 받아 광고주가 처한 마케팅 문제들을 해결하기 위한 역할을 담당하는 사업체다. 매체는 광고를 소비자들에게 전달해 주는 매개체 역할을 한다. 과거에는 방송매체와 인쇄매체 등 4대 매체가 중요한 비중을 차지했으나, 오늘날에는 디지털 중심의 매체 소비 추세가 강화되면서 디지털 매체가 국내 총 광고산업에서 차지하는 비중은 60% 이상이다. 협력회사로는 마케팅 조사회사, 광고제작 프로덕션, 이벤트, 프로모션 전문 업체를 들 수 있다.

광고에서 매체사는 광고를 소비자에게 노출하는 매체를 보유하고 있다는 사실과 더불어 전반적인 광고산업의 규모를 추정하는 데 도움을 주기도 한다. 광고주가 지불하는 광고주의 매체 이용료가 광고회사라는 광고산업의 매개 사업체의 부가가치까지 모두 포함하고 있으므로 광고산업의 시장 규모로 볼 수 있다. 방송, 인쇄, 온라인, 옥외, 기타 등 매체별로 광고 취급액이 어떻게 되는가를 가지고 국가 전체의 광고산업 규모를 추정한다(김희진, 2018). 매체별 분류 방식은 해당 국가의 총 광고비 규모를 파악하기 위한 목적에 적합하다.

참고문헌
김희진(2018). 다매체 환경을 반영한 광고산업 분류 체계 개선을 위한 일고찰. 사회과학연구, 25(4), 289-320.
이명천, 김요한(2022). 광고학개론(개정판). 서울: 커뮤니케이션북스.

155 | 매체와 비히클 Media and Vehicle

광고는 기본적으로 매체를 이용한 전략적 커뮤니케이션 활동이다. 흔히 광고매체라고 통칭해서 사용하지만 광고에서 매체는 구분해서 살펴볼 필요가 있다. 신문, 잡지, 라디오, 텔레비전, 인터넷을 통칭해 미디어(media)라고 하며, 특정 신문이나 특정 프로그램 같이 특정 매체 내의 구체적인 개별 메시지의 전달 도구나 수단을 비히클(vehicle)이라고 한다. 일반적으로 광고매체를 일컫는 텔레비전, 신문, 인터넷은 매체에 해당하고, 비히클은 개별 프로그램이나 특정 포털과 언론사를 지칭한다. 예를 들어, 'KBS 9시 뉴스', '조선일보', '네이버' 등은 매체 내에 존재하는 개별 비히클이다. 광고매체는 이와 같은 미디어, 비히클 외에도 유닛(unit)을 포함하는 개념이다. 유닛은 비히클을 구성하는 개별 광고물의 형태다. 비히클 내의 광고물의 크기, 게재 위치, 길이, 색상 등을 말한다.

다시 한번 정리하자면, 광고는 제품이나 서비스를 제공하는 광고주

〈표 4-2〉 매체, 비히클, 유닛

매체(media)	비히클(vehicle)	유닛(unit)
텔레비전	KBS 9시 뉴스	15초, 20초, 30초, 60초
라디오	별이 빛나는 밤에	15초, 20초
신문	조선일보, 중앙일보, 동아일보	종합면, 스포츠면, 5단
잡지	월간조선, 우먼센스	표4면, 표2면, 표2대면
온라인	네이버, 카카오	배너
옥외	빌보드, 포스터	100, 75, 50, 25

가 전달하고자 하는 메시지를 운반해 주는 매체를 기반으로 한 활동이다. 광고주가 의도한 효과가 나타나기 위해서는 광고 메시지를 전달하는 매체와 비히클을 선택하고 기획하는 과정이 무엇보다 중요하게 다루어져야 한다. 매체는 뉴스, 정보, 오락 등을 전달하는 매개체 또는 수단을 의미한다. TV, 라디오, 신문, 잡지, 포스터, 전광판, 견본(sample), 인터넷, 모바일 등이 모두 매체에 해당한다. 비히클은 광고활동을 위해 실제 광고 메시지를 실어 운반하는 운반체 역할을 하는 것을 가리킨다. 흔히 매체와 비히클을 같은 개념으로 사용하는 경우가 많은데, 매체 관점에서 보면 매체와 비히클은 반드시 구분해 접근해야 한다(박현수, 2013; 이경렬, 2016).

참고문헌
박현수(2013). 광고매체기획론(3판). 서울: 한경사.
이경렬(2016). 광고매체론. 서울: 서울경제경영.

156 | 미디어렙 Media Representatives

미디어렙은 매체사를 대신해서 광고시간이나 지면을 전문적으로 판매하는 회사를 말한다. 인쇄매체는 매체사가 직접 광고영업도 함께 수행하고 있으므로 미디어렙이라고 하면 방송매체에 국한해 방송사의 시간을 광고주나 광고회사에 판매하는 방송광고 판매대행사를 가리키는 경우가 일반적이다. 미디어렙이 별도로 존재함에 따라 매체사는 매체가 보유하고 있는 지면이나 시간을 판매하기 위한 영업에 구애받지 않고 프로그램 제작에 전념할 수 있게 되었다. 또한 광고 판매 전문 인력에 의한 전문적인 영업활동을 통해 비정상적인 거래는 사라지게 되었고 이에 따라 매체사의 경영합리화에도 긍정적인 역할을 담당한다. 나아가 광고주나 광고회사와 돈독한 관계를 유지해 광고 판매 영업을 원활하게 하는 등의 기능을 수행한다. 우리나라의 경우 한국방송광고진흥공사(KOBACO)에서 독점적인 방송광고 판매대행을 담당했으나, 2012년 미디어법 개정 이후 공영방송과 민영방송을 대행하는 2개의 미디어렙 체제로 이루어져 있다. 공영방송인 KBS, MBC, EBS는 한국방송광고진흥공사에서, 민영방송인 SBS는 SBS M&C에서 미디어렙 역할을 담당한다. 종합편성채널은 2014년부터 1사 1미디어렙 체제로 운영된다.

　　현행법상 지상파 방송사와 종합편성채널방송사는 각각의 미디어렙을 통해서만 방송광고 거래를 할 수 있도록 규정되어 있다. 이에 따라 미디어렙은 방송광고 외의 광고, 즉 모바일이나 인터넷(PC) 같은 온라인 광고를 판매할 수 없다. 만약 광고주가 KBS 프로그램에 광고를 하고 싶다면 한국방송광고진흥공사와 JTBC에 광고를 하기 위해서는 JTBC 미디어렙과 별도 계약을 맺어야 한다. 또한 OTT를 통해 송출되는 JTBC 프로그램 광고는 JTBC 미디어렙과 해당 OTT와 각각 계약을 해야 한다. OTT를 통해 송출되는 JTBC 광고는 TV 광고가 아닌 디지털 광고로 분류되기 때문이다. 이러한 이유로 방송통신위원회에서도 미디어렙사가 방송과 연관된 온라인광고를 방송광고와 결합 판매하도록 하는 '크로스미디어렙' 도입을 검토하고 있다(오창우, 오세성, 박노성, 2007; 한은경, 이희복, 2019).

참고문헌

오창우, 오세성, 박노성(2007). 크로스미디어렙 제도의 특징 및 이의 기능 및 효과에 대한 광고대행사 종사자들의 인식. 광고학연구, 18(5), 119-139.
한은경, 이희복(2019). 전문가들은 방송광고 판매 제도에 대해 어떻게 생각하는가?. 광고연구, 121, 151-180.

157 | 미디어 믹스 Media Mix

　미디어 믹스는 광고기획 시 소구 대상자에게 광고 메시지를 전달하기 위해 각 매체의 특성을 고려해 가장 효과적이고 효율적인 매체를 조합하는 것을 말한다. 인구통계학적으로 같은 특성을 지닌 소비자들이라고 해도 개인별로 미디어 소비행태는 다양하게 나타난다. 이에 따라 각 매체들이 갖는 장점과 단점을 보완하기 위해 매체 기획을 수립할 때 어떤 미디어를 어떻게 활용할 것인지 고려하지 않으면 안 된다. 어떤 광고매체를 이용했는가에 따라 같은 프로모션 활동을 진행했다고 해도 효과는 차이를 보인다(Liu, LeBlanc, Kanso, & Nelson, 2023). 광고매체마다 각각 장점과 단점이 있으므로 실제로 매체 기획 시에 어느 하나의 매체만을 사용하는 경우는 거의 없으며, 보통 여러 개의 매체를 동시에 이용하게 된다. 이를 가리켜 미디어 믹스라고 한다.

　광고 관점에서 기업의 매체 전략은 어떤 미디어를 선택하고 배분할 것인지를 결정하는 것과 관련되어 있다. 전통적 관점에서 미디어를 선택하는 것은 기본적으로 미디어 자체가 가지고 있는 속성에 기초한다. 미디어 믹스를 구성할 때 고려해야 할 요소로는 광고 제품이나 브랜드의 시장 상황, 매체 예산의 규모, 경쟁사의 매체 운용 방식, 광고 제품과 광고매체의 적합성, 매체 간 보완 또는 시너지 창출 정도, 커버리지 등을 종합적으로 검토해 최적의 미디어 믹스를 구성하는 것이 매우 중요하다. 미디어 믹스는 미디어가 갖고 있는 기본 속성과 특징을 바탕으로 어떤 미디어를 선택할 것인지 결정하는 활동이다. 미디어의 선택에는 경쟁 관점에서 특정 미디어의 점유율도 검토해야 하고, 또 새롭게 부상하거나 표적 수용자가 많이 소비하는 미디어를 활용하는 것도 필요하다.

참고문헌

Liu, F., LeBlanc III, H. P., Kanso, A., & Nelson, R. (2023). Improving the Media Mix: How Promotional Products Enhance Advertising Impact. *Journal of Marketing Communications*, 29(6), 577-596.

158 | 미디어 플래너 Media Planner

광고회사에서 미디어 플래너의 역할은 특정 제품이나 브랜드의 잠재고객에게 광고를 효율적으로 전달하기 위해 광고 예산과 광고 계획을 세우고, 이를 집행한 후 매체효과 분석을 통해 향후 개선안까지 제시하는 일을 담당한다. 한정된 광고 예산으로 광고 효과를 극대화하기 위해 가장 적절한 미디어 믹스 계획을 수립하는 역할을 수행하는 사람을 미디어 플래너라고 한다. 미디어 플래너가 수립한 미디어 믹스 계획에 따라 미디어 구매자(media buyer)가 시간이나 지면, 공간을 구입하게 된다. 미디어 플래너는 광고 커뮤니케이션을 전개할 때 매체 기획의 주도권을 행사하고, 광고기획 단계에서 매체 전략을 개발하며, 어느 매체를 구입할 것인지 결정하는 데 큰 영향력을 행사한다.

미디어 플래너는 미디어 플래닝 과정 전반에 관련된 업무를 담당한다. 미디어 플래너가 광고회사에서 어떤 업무를 담당하는가를 정리하면 다음과 같다(권오범, 2010; 양윤직, 2010; 이경렬, 2016). 첫째, 매체 기획을 수립하고 예산을 편성한다. 매체 기획을 위해 잠재고객의 도달범위(reach)를 어느 정도로 해야 하는지, 어느 매체에 광고를 게재해야 하는지, 잠재고객에게 몇 번 광고를 노출시켜야 하는지, 언제 광고를 집행해야 하는지, 어느 시장과 지역(region)에 노출해야 하는지, 각 매체에 어느 정도의 광고비를 투입해야 하는지를 분석하고 조정하는 업무를 한다. 둘째, 매체 집행 과정을 관리한다. 광고 목표를 달성하기 위해 가장 영향력 있고 효과 좋은 비히클을 확보해야 하는지를 결정하고, 다양한 미디어 전략을 수립하고 제안한다. 셋째, 매체 집행 결과를 분석하고 보고한다. 이는 추후 미디어 플래닝을 위한 기초 자료로 활용된다. 넷째, 매체 시장의 변화와 흐름에 관심을 기울여야 한다. 다섯째, 매체의 효과 분석을 담당한다. 매체 집행 이전의 사전 기획을 포함해 광고 집행 이후 그 결과를 월별로 정리해 자사와 경쟁사의 광고 미디어 효과 분석을 실시한다. 미디어 플래너는 매체 기획과 구매 업무를 동시에 담당하기도 하지만 매체 기획과 매체 구매 업무를 따로 하는 경우도 있다.

참고문헌

권오범(2010). 실전 미디어 플래닝 노트(개정판). 경기: 한국학술정보.
양윤직(2010). 디지털 시대의 광고 미디어 전략. 서울: 커뮤니케이션북스.
이경렬(2016). 광고매체론. 서울: 서울경제경영.

159 │ 미디어 플래닝 Media Planning

미디어 플래닝(Media Planning)이란 광고전략을 달성하기 위해 매체와 관련된 여러 가지 사항들을 종합적으로 검토해 구체적인 실행 계획을 수립하는 제반 과정을 말한다. 즉, 광고 예산 범위 내에서 다양한 매체의 적합성 여부를 검토한 후 가장 효과적인 미디어 믹스(Media Mix)를 결정하는 활동이 매체 기획이다(권오범, 2010; 박현수, 2013; 양윤직, 2010).

현대 사회에서 광고는 중요한 마케팅 커뮤니케이션 도구의 하나다. 성공적인 마케팅을 위해서는 제품, 가격, 유통, 촉진 활동을 효과적으로 계획, 조직, 통제해 궁극적으로 목표 소비자들이 광고주의 제품이나 서비스를 구매하거나 이용하도록 해야 한다. 이러한 마케팅의 큰 테두리 내에서 광고 캠페인의 메시지가 목표로 하는 소비자에게 효과적이고 효율적으로 전달되는 것이 필요하다. 광고에서 매체 기획은 보다 효율적이고 과학적으로 광고가 집행될 수 있는 방법을 기획하는 것이며, 이러한 기획은 광고가 집행되는 시점보다 앞서서 진행되어야 한다.

일반적으로 광고비라고 하면 광고 메시지를 전달하기 위해 매체의 시간과 지면을 구입하는 데 사용되는 광고 매체비다. 이러한 이유로 사전 설정한 광고 목표를 달성하기 위해 적합한 소비자를 찾고 전달하기 위해 한정된 예산 또는 적정 예산 규모를 제안하는 것은 광고 캠페인을 전개할 때 반드시 선행되어야 할 내용이다. 특정 제품이나 서비스의 잠재고객들을 대상으로 광고 메시지를 가장 효과적이면서 효율적으로 전달하기 위해 최적의 매체의 시간, 지면, 공간 등을 어떻게 활용할 것인지 설계하는 활동이 미디어 플래닝이다. 구체적으로 미디어 플래닝은 마케팅, 광고예산, 매체예산에 대한 제언, 미디어 믹스 및 비히클 믹스, 광고를 해야 할 시기와 운영 시기, PR 및 프로모션 활동과의 연계를 모색하는 등 전략적 전술적 활동이며, 궁극적으로 일정 기간의 구체적인 광고 스케줄과 광고활동에 대한 사전 광고 효과를 예측하고 제안하는 내용을 포함하고 있다.

참고문헌

권오범(2010). 실전 미디어 플래닝 노트(개정판). 경기: 한국학술정보.

박현수(2013). 광고매체기획론(3판). 서울: 한경사.

양윤직(2010). 디지털 시대의 광고 미디어 전략. 서울: 커뮤니케이션북스.

160 | 발행부수공사 Audit Bureau of Circulations (ABC)

발행부수공사제도(ABC)는 신문이나 잡지 등 주로 인쇄매체의 발행 부수를 외부 전문 기구에서 공개적으로 검증하는 제도를 말한다. ABC 제도는 신문, 잡지, 뉴미디어 등 매체사에서 자발적으로 제출한 부수 및 수용자 크기를 객관적 차원에서 공정하고 정확하게 조사·발표함 으로써 광고요금을 지불하고 광고 지면을 구매하는 광고주나 광고회 사에 공정한 자료를 제공하는 역할을 수행하도록 되어 있다. ABC 제도 가 정착되기 위한 정부의 역할에 대한 논의도 적지 않다(김봉철, 박종렬, 2010; 안대천, 김상훈, 2010). 하지만 우리나라에서 공표되는 발행부수에 대해서는 신뢰감이 높지 않은 것도 사실이다(정철운, 2021). ABC를 통 한 매체의 부수 및 수용자 크기는 매체사의 주요 재원인 광고수입과 깊 은 관계가 있으며, 이는 광고주의 매체에 대한 광고비 집행 근거가 된 다. 이에 따라 발행부수에 대한 정보는 매체사, 광고주, 광고회사의 경 영과 광고의 과학화, 합리화를 위한 기본 자료로 필수적이다. 매체사에 게 발행부수는 올바른 매체 가치를 평가받고 경영투명성을 확보하며 매체의 공신력을 확립할 수 있고, 객관적인 기준으로 광고 마케팅을 원 활히 할 수 있고, 효율적인 경영관리에도 도움이 되고, 매체사 간 투명 하고 합리적인 경쟁으로 매체의 양적 성장뿐만 아니라 질적 발전을 도 모할 수 있다. 광고주나 광고회사에게 객관적인 발행부수가 공개됨으 로써 객관적이고 과학적인 매체계획을 수립해 효율적인 매체집행을 할 수 있고, 효율적인 매체 기획과 합리적인 광고거래를 유도해 광고의 과 학화를 도모할 수 있다. 객관적인 광고요금을 책정할 수 있게 되어 매 체사와 광고주, 광고회사 간에 신뢰를 구축하고 광고거래질서를 확립할 수도 있다(한국ABC협회, 2024).

참고문헌

김봉철, 박종렬(2010). ABC 제도의 정착을 위한 정부의 역할. 광고PR실학연구, 3(1), 49-66.

안대천, 김상훈(2010). 신문광고산업의 발전을 위한 ABC 제도 발전방안. 광고학연구, 21(1), 51-67.

정철운(2021). 신문사 부수 조작 의혹의 전말: 열독률은 줄었는데 부수는 그대로, 이 격차를 어떻게 설명해야 할까. 신문과 방송, 605, 8-13.

한국ABC협회(2024). http://www.kabc.or.kr/

161 | 방송광고 Broadcast Advertising

　방송 매체를 이용해 광고를 하는 것을 방송광고라고 한다. 텔레비전과 라디오 광고가 대표적인 형태다. 방송광고는 전체 광고산업에서 디지털 미디어가 본격화되기 전만 하더라도 가장 중요한 광고매체였으나, 소비자들의 매체 소비 행태와 기업의 광고비 집행 패턴의 변화에 따라 광고시장 내 지위는 많이 약화했다. 이에 따라 방송광고 제도 개선을 위한 논의도 두루 이루어지고 있다(천현숙, 2021; 홍문기, 2017). 광고매체로써 방송광고는 다음과 같은 특징을 지니고 있다(김병희, 김찬석, 김효규, 이유나, 이희복, 최세정, 2017). 방송광고는 영상과 음성이라고 하는 시청각 요소를 모두 이용하므로 표현을 다양하게 할 수 있으며, 텍스트 중심의 인쇄광고에 비해 상대적으로 호소력이 높다. 또한 다수의 소비자들에게 한날 한시에 동일한 광고 메시지를 전달할 수 있어 커버리지가 넓고 단기간에 도달률(reach)을 높일 수 있다. 반면, 광고단가가 상대적으로 비싸고, 광고혼잡도도 높고, 자세한 정보를 제공하는 것이 어렵다는 한계가 있다.

　방송광고를 위한 매체는 송출방식에 따라 지상파와 케이블, 위성방송 등으로 구분할 수 있다. 지상파방송은 TV, 라디오, DMB 등을 포함한다. KBS, MBC, SBS, EBS, 일부 종교방송, 교통방송도 지상파방송에 해당한다. 케이블 방송은 전문 분야별로 특정 장르에 한정해 방송을 송출하는 PP(Program Provider)와 SO(System Operator)가 있다. 종합편성 채널 4사, tvN과 Mnet 등을 운용하는 CJ ENM, YTN 등을 운용하는 보도전문채널 사업체, 홈쇼핑 사업체 등이 PP에 속한다. SO는 PP로부터 프로그램을 공급받아 가입자에게 전송하는 방송사로, LG헬로비전, 에스케이브로드밴드, 딜라이브 등이 대표적인 SO다. 위성방송은 인공위성의 무선설비를 소유 또는 임차해 무선국을 관리, 운영하며 이를 이용해 방송을 행하는 사업자다. 스카이라이프 1개사에서 위성방송 사업을 영위하고 있다. IPTV는 실시간 방송프로그램을 포함한 복합 콘텐츠를 TV를 통해 시청자에게 제공하는 서비스다. 이동통신사들이 IPTV 시장에 진출해 있다. 한편, 방송광고는 다양한 형태로 제시되고 있다. TV 광고로는 프로그램광고, 토막광고, 중간광고, 자막광고, 시보광고, 가상광고, 간접 광고, 방송협찬 등이 있다.

참고문헌

김병희, 김찬석, 김효규, 이유나, 이희복, 최세정(2017). 100개의 키워드로 읽는 광고와 PR. 서울: 한울.
천현숙(2021). 방송 중간광고 규제에 대한 시청자 인식: 실시간 설문조사를 중심으로. 광고학연구, 32(2), 41-66.
홍문기(2017). 지상파 방송광고 활성화를 위한 제도개선 방안: 중간광고 없는 방송광고총량제의 한계와 문제점을 중심으로. 방송과 커뮤니케이션, 18(1), 41-77.

162 | 비티엘 BTL

　　비티엘(Below The Line: BTL)은 인터넷, SNS, 개별 소비자를 대상으로 한 이벤트, 프로모션 활동 등 ATL을 제외한 미디어를 말한다. 매체비를 지불하는 경우가 ATL이라면, ATL 외의 모든 매체 활동이 BTL이다. BTL은 매체 광고를 제외한 좁은 의미의 판매촉진활동에서 벗어나 넓은 의미의 프로모션 활동으로 개념이 확대되고 있다고 할 수 있다. ATL이 일방향적 성격을 띠는 것과는 달리 BTL은 상호작용이 가능한 인터랙티브 미디어를 주로 이용한다는 특징이 있다. BTL은 표적 소비자와 직접적, 쌍방향적 소통이 가능하고 상대적으로 적은 예산 범위 내에서 비교적 융통성 있게 운영할 수 있다는 장점도 있다. BTL은 브랜드 인지도를 포함해 매출 증진에 미치는 효과 또한 적지 않다. 다만 BTL은 어떠한 마케팅 커뮤니케이션 수단을 활용하는지, 이를 활용하는 제품이나 서비스는 무엇인지에 따라 큰 차이를 보인다(Barik & Mukherjee, 2023).

　　BTL의 중요성이 더해지는 이유는 통합적 마케팅 커뮤니케이션(IMC)이 시대적 흐름으로 자리 잡게 된 것과 밀접한 관련이 있다(양윤직, 2010). BTL에 대한 관심이 대두된 것은 미디어 환경의 변화에서 찾을 수 있다. 미디어의 확산과 세분화, 광고의 증가로 인해 전통적인 광고의 효과나 효율은 낮아졌다. 미디어와 채널이 기하급수적으로 확장되면서 광고 혼잡도와 더불어 소비자들의 광고회피 현상도 비례해 증가했다. 특히 디지털 중심으로 미디어가 재편됨에 따라 마케팅과 커뮤니케이션이 엄격하게 구분되지 않고 서로 혼재되어 나타나는 경우도 빈번하다. 미디어 환경의 변화는 광고주들에게 단순한 광고 노출만이 아니라 PPL 형태로 TV 프로그램을 후원하거나 기사형 광고나 네이티브 광고 같은 PR의 성격도 띠고 있는 커뮤니케이션 활동에 더욱 관심을 갖게 만들었다.

참고문헌

양윤직(2010). 디지털 시대의 광고 미디어 전략. 서울: 커뮤니케이션북스.

Barik, B., & Mukherjee, S. (2023). BTL Advertising Tools and Marketing Communication: A Literature Review. *Academy of Marketing Studies Journal*, *27*(1), 1-11.

163 | 빈도와 유효 빈도 Frequency and Effective Frequency

빈도(frequency)는 일정 기간 동안 특정 광고 캠페인에 얼마나 많이 노출되었는지 그 횟수와 그에 해당하는 표적 수용자의 비율을 노출분포(exposure distribution)로 표시한 것을 말한다. 예를 들어, KBS 뉴스, MBC 뉴스, SBS 뉴스에 각각 1개씩의 광고를 집행했다면, 이 세 개의 광고를 한 번도 보지 않은 사람이 있을 것이고, 한 번 본 사람, 두 번 본 사람, 세 번 모두 본 사람이 있을 수 있다. 이러한 각 노출횟수에 대한 표적 수용자의 수를 비율로 나타낸 값을 노출분포 또는 노출빈도라고 한다. 노출빈도에 한 걸음 더 나아간 개념으로 유효 빈도(effective frequency)가 있다. 유효 빈도는 일정 기간 동안 특정 광고물에 대한 소비자의 인지, 태도, 행동과 같은 커뮤니케이션 반응을 얻기 위해 필요한 횟수 또는 반복의 수준을 의미한다. 즉, 같은 광고에 몇 번 정도 노출되었을 때 사전에 의도한 목표를 달성할 수 있는지를 설명하는 개념이 유효 빈도다. 실무적으로 소비자들이 광고에 대한 반응을 보이는 데 필요한 최소한의 노출 수준은 3회 이상은 되어야 한다. 이어 일정 수준의 노출까지는 광고 효과도 비례해 증가하지만 어느 포화점(satisfaction point)을 지나면 광고 효과는 정체되거나 반감하는 곡선을 그리게 된다. 다만 3회 이상 광고에 노출되어야 효과가 발생한다고는 하지만 이를 절대적인 횟수로 이해해서는 안 된다. 리슨시 플래닝에서 볼 수 있듯이 광고에 대한 반복 노출보다 노출 시점이 중요하다는 연구결과도 있다. 유효 빈도의 결정은 여러 가지 요인들과 관계되어 있으므로 매체 관리자는 유효 빈도를 고려할 때 최소한의 도달빈도(노출횟수)뿐만 아니라 최대 노출횟수도 고려해야 한다(권오범, 2010; 이경렬, 2016). 왜냐하면 광고 효과의 감퇴현상(소비자가 같은 광고 메시지에 과다 노출되면 더 이상 반응을 보이지 않거나 부정적인 반응을 보이는 현상)이 존재하기 때문이다.

참고문헌

권오범(2010). 실전 미디어 플래닝 노트(개정판). 경기: 한국학술정보.

이경렬(2016). 광고매체론. 서울: 서울경제경영.

164 | 순 도달범위 Net Coverage

순 도달범위는 광고에 노출된 전체 이용자의 수를 말한다. 순 도달범위는 비히클 간 혹은 매체 간 중복 노출을 제외하고 단 한 번이라도 광고에 노출된 표적 수용자의 크기가 순 도달범위가 된다. 디지털 매체의 경우 순 도달범위는 다양한 기기, 형식, 사이트, 앱, 네트워크에서 광고를 본 사용자 수를 파악하는 데 도움이 된다. 예를 들어, 어떤 사람이 모바일, 데스크톱, 태블릿PC에서 특정 광고를 본 경우 노출은 3회 발생한 것이 되지만, 순 도달범위는 같은 이용자가 기기만 다를 뿐 같은 광고에 노출된 것이므로 1로 계산된다. 또 만약 어떤 이용자가 휴대기기에서 광고를 본 다음 TV에서 다른 사람과 함께 다시 보게 되었다면, 광고 노출 수는 3으로 앞의 예와 같으나, 이때 순 도달범위는 해당 노출이 이용자 2명으로부터 발생해 차이를 보이게 된다.

순 도달범위 계산에서 알 수 있듯이 '도달'은 '노출'과 다른 의미로 사용되고 있다는 점에 유의해야 한다. 도달 수는 어느 비히클이나 매체에 관계없이 광고를 본 사람들의 수를 말한다. 이에 비해 노출 수는 각각의 비히클, 매체를 통해 광고를 본 횟수를 지칭한다. 따라서 한 명이 여러 번 광고에 노출될 수 있으며, 이러한 이유로 도달 수는 노출 수보다 적을 수 있다. 광고에서 도달과 노출이 중요한 이유는 광고 효과와 광고예산과 맞물리는 문제이기 때문이다. 보통 광고 효과는 최소 3회 이상의 노출이 필요한 것으로 보고되고 있다(Krugman, 1972). 이후 연구 결과는 TV광고에서 광고 인지를 위해서는 최소 2회 이상의 반복 노출이 필요하며, 커뮤니케이션 측면의 광고 효과를 기대하기 위해서는 최소 6회 이상의 광고 노출 인지가 필요하다는 결과도 제시되었다(김효규, 2012). 또한 디지털 미디어의 도달 수준을 파악하기 위한 연구도 수행되었다(이인성, 정진완, 2020).

참고문헌

김효규(2012). 광고의 반복 노출과 광고 효과에 관한 연구: 노출 기회 및 노출 인지의 반복 횟수를 중심으로. 한국광고홍보학보, 14(1), 244-268.
이인성, 정진완(2020). 디지털 미디어 동영상광고 도달률 예측모델 연구: Youtube와 SMR을 중심으로. 동서언로, 49, 39-61.
Krugman, H. (1972). Why Three Exposures May Be Enough. *Journal of Advertising Research*, *12*(6), 11-14.

165 | 시선추적 Eye Tracking

아이트래킹은 동공중심부분(pupil center)과 각막반사(corneal reflex)를 인식해 눈의 움직임을 추적하는 기술이다(서은선, 2016). 시선추적은 시선의 지점 또는 동공의 움직임을 측정하는 행위이며 시선 또는 머리와 연계되어 움직이는 안구의 움직임을 추적하는 과정을 의미하기도 한다. 시선을 통해 집중력이나 심리상태를 판별할 수 있다. 시선추적 기술 또는 아이 트래킹 기술은 주의 집중, 광고, 마케팅, 교육 등의 분야에서 적극적으로 활용되고 있는데 특히 광고 관련 연구에서 광고자극물에 대한 피험자의 시선이나 주목도 등 심리생리적(psycho-physiological) 반응을 측정하는 데 유용하다. 시선의 방향과 지속시간은 지각, 기억, 언어, 의사결정 수준을 넘어 인지과정(cognitive process)의 영향을 받는다(Carter & Luke, 2020). 통상적으로 눈과 심리상태의 연관성이 절대적이지는 않지만 눈이 특정 순간에 주시하는 대상에 대한 정신적 처리(mental processing)를 반영한다. 시선추적은 최종 결과물을 밝히기보다는 매순간 인지과정과 상태를 밝히는 데 더 큰 의미가 있다. 언제, 어디를 보는지 등 눈의 움직임은 반사적(reflexive)이며 이러한 움직임을 의식적으로 기억하기는 어렵기 때문에 무의식적 처리과정(non-conscious processing)을 규명하는 데 도움이 된다.

참고문헌
서은선(2016). 아이트래킹 연구 활성화를 위한 모바일 아이트래커의 활용. 한국콘텐츠학회논문지, 16(12), 10-18.
Carter, B. T., & Luke, S. G. (2020). Best Practices in Eye Tracking Research. International Journal of Psychophysiology, 155, 49-62.

166 | 시청률 Rating

시청률은 개인이나 가구에서 특정 기간 동안 특정 TV나 라디오 프로그램을 시청 혹은 청취한 수용자의 크기를 비율(%)로 나타낸 것을 말한다. 즉, 얼마나 많은 사람이 어떤 방송을 시청하거나 청취했는가를 나타내는 지표다. 매체에 따라 TV는 시청률이라고 하고, 라디오는 청취율이라고 한다. 방송매체의 경우 광고량 못지않게 중요한 자료가 시청률 자료다. 시청률은 프로그램이 방송된 이후 방송사의 편성 담당자들이 프로그램을 평가하고 편성 전략을 수립하는 데 필수적이다. 광고주는 특정 연령대나 성별 시청률 정보를 바탕으로 한정된 광고 예산 범위 내에서 광고 효과를 극대화할 수 있는 비히클을 선정하는 데 활용한다. 시청률 자료는 방송광고 거래에서 중요한 지표가 되며, 여론 다양성을 측정하기 위한 기초 자료로 활용되기도 한다. 시청률 자료는 분석 단위에 따라 개인 시청률과 가구 시청률로 구분된다. 개인이 TV를 보거나 라디오를 들었다면 개인 시청률이 되고, 전체 텔레비전 보유 가구 중에서 특정 프로그램을 시청한 가구의 비율은 가구(households) 시청률이다. 예를 들어, 특정 지역의 텔레비전 보유 가구가 100만이고, 이중 특정 시간대에 ① 프로그램의 경우 30만, ② 프로그램 20만, ③ 프로그램은 15만의 가구가 시청하고, 그리고 나머지 35만의 가구는 시청하지 않았다고 하면 ① 프로그램 시청률은 30%, ② 프로그램 시청률은 20%, ③ 프로그램 시청률은 15%가 된다.

한편, 국내 시청률 조사의 한계와 더불어 대안에 대해서도 논의되고 있다(노지민, 2022). 이에 따르면, 전국 가구의 플랫폼별 패널 구성에 차이를 보여 케이블TV는 과소, IPTV는 과대 표집된다는 패널 구성상의 문제를 지적하고 있다. 미디어 소비행동의 변화를 현 시청률 조사로는 파악하기 어렵다는 비판도 제기되고 있다.

최근 매체환경이 변화하면서 기존 텔레비전 시청률 조사만으로는 부족하다는 주장도 제기되고 있다. 이는 영상시청환경이 다양한 디바이스로 확장된 반면, 시청률은 아직도 텔레비전만 조사하고 있기 때문이다. 오늘날 영상 소비패턴은 개인이 "언제 어디서든 자신이 원하는 시간에 원하는 매체를 통해 보는 것"으로 변화되었으나(황성연, 2014), 다양한 디바이스를 통한 TV 시청행태를 반영하지 못한다. 또한 시청률 조사로는 OTT와 같은 다양해지는 시청 경로와 콘텐츠 전체 시청자 수를 측정할 수 없다(유건식, 2023).

참고문헌

노지민(2022. 2. 23.). 30년된 TV시청률 집계에 언제까지 프로그램 운명 맡기나. 미디어오늘. http://www.mediatoday.co.kr/news/articleView.html?idxno=302490

유건식(2023). OTT 콘텐츠의 시청률 조사 방식 문제. https://www.kocca.kr/globalOTT/vol02/document/1_1_rating.pdf

황성연(2014). 방송환경 변화와 시청률 조사방식의 변화: 국내 통합시청행태 조사의 의미와 쟁점을 중심으로. 방송문화연구, 26(1), 63-84.

167 | 에이티엘 ATL

에이티엘(Above The Line: ATL)은 TV, 신문, 잡지, 라디오 등 4대 매체, 옥외광고 등 비대인적 미디어 또는 이들 매체를 활용한 마케팅 커뮤니케이션 활동을 말한다. 전통적으로 가장 많이 사용되어 온 미디어를 활용한 마케팅 커뮤니케이션 활동이 ATL이다. ATL은 개별 소비자나 표

적 수용자층을 대상으로 제한적으로 도달하도록 하는 데 이용되기보다
는 불특정 다수를 대상으로 한 마케팅 커뮤니케이션 활동을 수행할 때
사용한다. 대규모 미디어를 통해 광고 캠페인을 전개하는 데 초점을 맞
춘다. 불특정 다수를 대상으로 광고를 송출해 제품, 브랜드를 널리 알
리고 각인시킨다는 장점이 있으나, 특정 표적 수용자를 대상으로 광고
집행이 어렵고 광고예산이 많이 소요된다는 단점이 있다. 구매 행동을
유발하기 위한 광고보다 브랜드 인지도나 호감도를 높이기 위한 커뮤

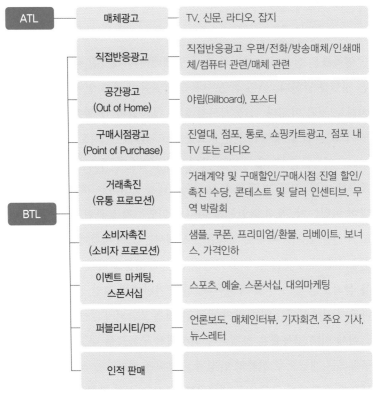

[그림 4-2] ATL/BTL 미디어

니케이션 활동으로 적합하다고 할 수 있다. 매체 이용에 막대한 예산이 소요되고 타기팅이 명확하지 않다는 점이 맞물리면서 비용 대비 효과가 낮다는 비판도 제기되고 있다(양윤직, 2010; 이경렬, 2016).

참고문헌

양윤직(2010). 디지털 시대의 광고 미디어 전략. 서울: 커뮤니케이션북스.
이경렬(2016). 광고매체론. 서울: 서울경제경영.

168 | 열독률 Readership

열독률은 신문이나 잡지와 같은 인쇄매체에 게재된 광고를 보고 읽은 정도를 말한다. 물론 신문이나 잡지 열독이 광고 열독과 반드시 일치하는 것은 아니다. 신문기사를 읽은 독자들의 약 절반가량(50.8%)만이 그 지면에 게재된 신문광고를 보고 있다는 결과도 있다(김효규, 2012). 열독률은 TV의 시청률, 라디오의 청취율과 비슷한 개념이다. 열독률은 가정, 직장, 가판 등 모든 구독행태를 포함하는 개념으로 신문을 많이 읽었는지, 적게 읽었는지 어디서 읽었는지 상관이 없다. 돈을 내고 구입을 했는지 여부도 열독률 조사에서는 고려 사항이 아니다. 어제 읽은 신문이 무엇인지, 특정 기간 동안 어떤 신문을 가장 많이 접했는지를 살펴보는 것이 주요 목적이다. 다만 가판대에 놓인 신문을 슬쩍 본다든지 지하철에서 옆 사람의 것을 본 것은 포함되지 않는다.

이에 비해 구독률은 가정이나 회사에서 구독료를 내고 신문을 정기구독하는 개념으로 신문의 안정적 매체력을 평가하는 척도다. 때문에 구독행태에 있어 구독료를 내고 신문을 보는 것만 포함될 수 있다. 가령 어떤 가정이나 회사에서 특정 신문을 보고 있을 경우 구독률만으로는 그 가구 구성원들이 그 신문을 보느냐 여부는 측정할 수 없게 된다. 종이신문 위주의 열독률 개념을 온라인을 통한 뉴스 소비에도 적용하려는 움직임도 포착되고 있다. 지금까지 언론사의 디지털 전략의 성과를 측정하는 주요 지표는 '페이지뷰(page view)'를 중심으로 이루어졌다. 페이지뷰는 인터넷 사용자가 실제로 클릭을 해서 열어 본 화면 수를 가리키는 개념이다. 최근에는 기사가 페이지뷰와 같이 '얼마나 많이 클릭됐는지'에 의존하는 것을 넘어서서 '얼마나 오랫동안, 처음부터 끝까지 읽혔는지'를 분석하려는 흐름도 존재한다. 페이지뷰만이 아니라 이를 보완하는 지표로 '열독률' '체류시간' 등도 활용하고 있다. 온라인 뉴스에서 열독률은 본문 길이, 마우스 스크롤 깊이, 체류 시간 등을 종합적으로 고려해 계산한다.

참고문헌
김효규(2012). 신문광고 효율성에 관한 연구: 기사/광고 열독률 및 지면 혼잡도를 중심으로. 한국광고홍보학보, 14(3), 156-187.

169 | 오오에이치 광고 Out of Home (OOH) Advertising

오오에이치(OOH) 광고는 집 밖 외부에서 각종 구조물을 이용해 설치된 광고매체를 말한다. OOH 광고는 불특정 다수의 공중을 대상으로 옥외의 특정한 장소에서 일정 기간 계속해서 시각적 자극을 주는 광고물을 의미한다. OOH 광고는 집 밖의 공공 및 상업적 장소에서 상업적 용도(commercially available)로 물리적으로 임대할 수 있는 자산(physically rentable assets)이다(Wilson, 2023). 옥외매체는 TV, 신문, 라디오, 잡지 등 전통적인 매체가 주로 집안에서 소비되는 것에 비해 집

밖에서 이용되는 모든 매체를 가리킨다. 흔히 길거리에서 볼 수 있는 빌보드, 포스터 혹은 네온사인과 같은 전통적인 옥외광고물을 포함해 지하철이나 버스정류장 광고, 쇼핑카트, 비행선, 건물 등 다양한 형태의 OOH 광고가 존재한다. OOH 광고는 생활형 간판부터 교통시설이나 교통수단에 표시되는 광고를 넘어 디지털 사이니지(digital signage), 대형할인마트, 극장, 쇼핑시설, 스포츠시설 등 매체의 설치 장소가 다양해짐에 따라 단순한 매체의 물리적 유형이 아닌, 광고 메시지를 전달하는 광고매체 개념으로 해석되고 있다.

옥외매체는 주로 사람들의 눈에 잘 띄는 곳에 설치되어 광고 메시지의 회상 능력이 뛰어난 편이지만 광고 메시지가 비교적 짧고 목표 청중을 선별하기 어렵다는 한계도 있다. 그럼에도 옥외매체는 브랜드명, 로고, 혹은 간단한 슬로건 등을 소비자에게 반복적으로 노출함으로써 브랜드에 대한 친숙성과 호감도를 증대시키는 데 도움을 준다.

우리나라에서 OOH 광고는 자유표시구역 사업을 계기로 한층 부각되고 있다(김예솔란, 이세진, 2019). 자유표시구역은 뉴욕의 타임스퀘어와 같은 도시공간을 조성하기 위한 목적으로 제정되었다. 자유표시구역을 추진하게 된 중요한 목적은 다양한 정보나 공공 서비스를 제공하고 시장 활성화를 불러일으킬 상업광고를 전면 허용함으로써 침체된 시장 경제를 활성화하는 데 있다. 자유표시구역에 송출되는 콘텐츠는 일정 부분을 공익적 목적으로 사용하도록 함으로써 소외된 계층에 대한 관심과 지원, 참여도를 촉진시키는 내용도 포함하고 있다(박진우, 김민정, 2021; 신일기, 2016). 현재 자유표시구역은 2016년 서울 강남구 코엑스 일대가 제1기 사업지로 선정되었으며, 2023년 12월 제2기 옥외광고물 자유표시구역으로 서울 명동, 서울 광화문, 부산 해운대 일대가 지정되었다.

참고문헌

김예솔란, 이세진(2019). 옥외광고물 자유표시구역 디지털 사이니지 광고의 특성과 효과에 관한 탐색적 연구. 광고PR실학연구, 12(1), 29-60.

박진우, 김민정(2021). 옥외광고물 자유표시구역의 가치와 쟁점 연구: 유관주 체들의 논의를 바탕으로. 공공정책연구, 38(1), 207-232.

신일기(2016). 옥외광고물 자유표시구역 추진 방안 연구. OOH광고학연구, 13(2), 89-120.

Wilson, R. T. (2023). Out-of-Home Advertising: A Systematic Review and Research Agenda. *Journal of Advertising*, 52(2), 279-299.

170 │ 이월효과 Carryover Effect

이월효과는 광고 캠페인이 종료된 후에도 광고 효과가 소멸되지 않고 일정 기간 동안 일부 남아 있는 현상을 말한다. 이를테면 전월, 이전 연도에 집행된 광고 캠페인의 효과가 이번 달, 올해에도 일부 이어진다면 광고의 이월효과가 있다고 할 수 있다. 광고에서 이월효과가 중요한 이유는 광고 효과가 시간이 경과함에 따라 어떻게 지속되고 소멸되는가의 규명을 통해 광고의 누적효과와 이를 고려한 효율적인 스케줄링 전략을 수립할 수 있기 때문이다. 예를 들어, 전월에 집행한 광고 캠페인의 이월효과의 크기를 알 수 있다면 금월의 광고 캠페인에서 이월된 광고 효과의 크기만큼 광고투입량을 줄여도 예상한 만큼의 광고 효과를 얻을 수 있다. 이월효과의 크기와 광고 효과가 지속되는 기간을 알면 이월효과의 크기와 지속기간을 고려한 매체 스케줄링 전략을 수립할 수 있다. 이를 통해 불필요한 광고비를 최소화하고 최적화된 광고예산을 집행할 수 있다. 이처럼 광고의 이월효과는 합리적인 광고활동에 기여하며, 광고비의 효율성과 효과를 극대화할 수 있게 해 준다(주대홍, 이병관, 한상필, 2008). 이월효과는 경쟁사 관련 변수를 포함하지 않고 어떤 특정 브랜드의 상황 하나만을 고려할 때 가장 설명력이 높게 나타나고 있었다(윤재웅, 박현수, 2015).

　광고의 이월효과는 표적 수용자의 기억력 같은 심리적 특성과 광고물의 질적 수준에 따라 다르게 나타난다. 광고의 이월효과는 다시 지연반응 효과와 고객이월 효과를 모두 포함하는 개념이다. 지연반응 효과(delayed-response effect)는 광고 효과가 일정 시점이 지난 후 발생한다는 것으로, 통상적으로 볼 때 어느 시기에 집행된 광고는 광고 집행 이후 약 3~6개월에 걸쳐 판매효과가 나타나는 것으로 보고되고 있다. 지연반응 효과는 광고 시점과 소비자의 제품 구매 시점 사이에 시간상의 차이가 생기기 때문에 발생한다. 고객이월 효과는 고객유지 효과(customer-holdover effect)라고도 하는데, 광고에 노출되어 특정 제품을 구매한 신규 고객이 향후에도 그 제품을 지속적으로 구매할 때 나타난다. 한 번 제품을 써 본 고객이 그 제품에 호감을 갖게 될 경우, 다음에 다시 그 제품을 구매할 수 있으며 이 경우 고객유지 효과가 나타난다.

참고문헌

윤재웅, 박현수(2015). 광고 이월효과 미디어모델을 활용한 광고 효과 예측 사례 연구: 모형의 유형과 경쟁사 변인 유무에 따른 차이를 중심으로. 광고학연구, 26(5), 75-100.

주대홍, 이병관, 한상필(2008). 텔레비전 광고의 업종별 이월효과 측정모형 비교 연구. 광고학연구, 19(1), 157-175.

171 | 임프레션 Impression

    광고 효과를 측정하기 위해서는 매체를 통해 집행된 광고가 얼마나 많은 사람들에게 노출되었는가를 우선적으로 살펴보는 것이 필요하다. 광고에 노출된 사람이 없다면 노출 이후 논의되는 인지, 태도 변화, 행동 등의 광고 효과는 설명할 수 없기 때문이다. 광고에서 노출(exposure)은 소비자들이 광고를 보거나 들을 기회를 의미한다. 온라인 광고에서는 이와 같은 노출을 임프레션(impression)이라고 한다. 임프레션은 광고가 이용자들에게 표시되는 횟수를 말한다. 특정 사이트에 광고가 한 번 노출되면 임프레션은 1이 된다. 단, 새로 고침 등을 통해 광고가 다시 노출되면 임프레션도 증가한다. 임프레션은 온라인 광고에서 가장 널리 통용되는 개념이다.

    임프레션은 디지털 미디어의 광고 효과를 가리키는 트래픽 효과(traffic effect)를 측정하는 주요 개념 가운데 하나다. 트래픽 효과는 임프레션, 시청(view), 클릭(click) 등을 통해 광고 효과를 확인하게 된다. 전통 매체의 경우 시청률, 열독률, 청취율 등의 노출 효과를 살펴보지만, 온라인 광고의 경우는 로그 파일(log file) 분석을 통해 광고 메시지에 대한 트래픽 효과를 측정할 수 있다. 트래픽 효과는 소비자들의 구매 여정을 파악하는 첫 단계다. 표적 수용자에게 트래픽을 발생시키지 않는다면 그 광고는 아무런 효과도 발생시키지 않는 것과 마찬가지다. 하지만 구체적인 트래픽 효과를 밝히기 위한 연구는 많지 않다. 이에 대해 이경렬(2019)는 크게 2가지 이유를 지적하고 있다. 첫째, 동영상 광고의 주요 속성인 길이, 포맷, 스킵 옵션 등의 트렌드 변화를 빠르게 따라가지 못하고, 둘째, 인터넷이나 모바일 광고의 실증적 데이터 확보가 어렵다는 점을 주된 원인으로 들고 있다. 전통 매체를 이용한 광고이든 온라인 광고이든 광고 효과가 발생하기 위해서는 광고 노출이 전제되어야 한다. 또한 효율적인 매체 집행을 위해서는 광고를 얼마나 많이 보았는지(reach, 도달률)와 몇 번 보았는지(frequency, 빈도)를 파악해야 한다. 디지털 미디어는 개개인의 광고 노출을 가리키는 임프레션, 시청, 클릭, 리드(lead) 같은 소비자의 구체적인 행동 반응에 대한 분석이 가능하다는 특징이 있다.

참고문헌

이경렬(2019). 온라인(PC) 및 모바일 스크린 유형 간 동영상 광고의 트래픽 효과의 차이에 관한 연구: 임프레션, 시청, 클릭, CPVC를 중심으로. 커뮤니케이션학 연구, 27(2), 189-209.

172 | 점유율 Share

점유율은 특정 시간대에 TV를 시청할 수 있는 세대나 표적 수용자가 아닌 실제 TV를 시청하고 있는 세대나 표적 수용자에 대한 각 채널별 점유 비율을 말한다. 예를 들어, 어느 시간대에 프로그램 ㉮, ㉯, ㉰가 방영되고 있고 이들 프로그램의 가구 시청률이 20%, 5%, 15%라고 하면 점유율은 각각 50%, 12.5%, 37.5%가 된다. 점유율은 HUT(Households Using TV)와 함께 시청률을 예측하는 데 이용할 수 있다. HUT는 특정 시간대에 각 채널별로 TV를 시청한 세대의 비율의 합계를 의미한다. 앞의 예에서 HUT는 40(20+5+15)이 된다. 프로그램 A의 점유율 50%를 HUT 40에 곱하면 프로그램 A의 시청률 20%(40×50%)를 구할 수 있다. 이러한 관계를 이용해 어떤 프로그램이나 시간대의 시청률을 예측할 수 있다. 즉, 과거 같은 기간의 HUT와 점유율을 이용해 시청률을 예측할 수 있다. 어떤 프로그램의 전년도 같은 기간의 HUT가 70이고, 그 프로그램의 전주 또는 전월의 점유율이 30%라고 한다면 다음 주 또는 다음 달 점유율의 변동이 없다고 가정하면 다음 주 또는 다음 달 시청률은 21%(70×30%)라고 예측할 수 있다. 시청률은 표적수용자 전체를 대상으로 산출한 결과다. 이에 비해 점유율은 표적 수용자 중 실제 시청하고 있는 사람들을 대상으로 특정 프로그램 또는 시간대에 대한 채널 간 시청자 점유 정도를 의미한다. 따라서 방송사의 편성 작업에서 경쟁상황을 압축해서 분석할 때 유용하게 활용될 수 있는 측정치가 될 수 있다 (권오범, 2010; 양윤직, 2010).

참고문헌

권오범(2010). 실전 미디어 플래닝 노트(개정판). 경기: 한국학술정보.
양윤직(2010). 디지털 시대의 광고 미디어 전략. 서울: 커뮤니케이션북스.

173 │ 정보성 광고 Informercial

정보성 광고는 '정보(information)'와 '상업 메시지(commercial)'가 결합한 형태의 광고이며, 인포머셜(informercial)이라고도 한다. 제품이나 서비스에 대한 정보를 제공하면서 동시에 그것들을 판매하기 위한 목적으로 만들어진 긴 형태의 TV 광고가 정보성 광고다. 기본적으로 정보성 광고는 전통적인 짧은 광고보다 훨씬 길며, 제품의 특징, 사용 방법, 사용자 후기 등을 자세히 다루는 것을 특징으로 한다. TV나 인터넷에서 자주 볼 수 있는 형태로 제품이나 브랜드 관련 정보를 제공해 소비자의 구매 욕구를 유발하는 광고형태로 소비자의 이성적 반응에 초점을 맞춘 광고 수단이다. 정보성 광고는 소비자에게 제품이나 서비스에 대한 충분한 정보를 제공한다는 특성이 있다.

정보성 광고는 유명인이나 전문가의 출연, 제품 시연, 제품 비교 등을 활용하면 그 효과는 더욱 증가한다(Martin, Bhimy, & Agee, 2002). 정보성 광고는 광고주, 소비자, 방송사(매체사) 모두의 이해관계가 얽히고 설켜 있는 형태의 광고다(Johnson, 2017). 광고에서 유익한 정보는 소비자의 합리적인 구매 결정을 하는 데 도움을 준다. 또한 프로그램 장르와 유사한 포맷은 소비자들의 몰입도를 높여 결과적으로 광고 메시지에 대한 기억과 연상을 쉽게 해 준다는 장점이 있다. 그러나 일반 프로그램과 비슷한 포맷을 사용함으로써 광고를 프로그램의 일부분으로 착각하게 하고 소비자에게 혼동을 가중시킴으로써 의도한 효과가 나타나지 않을 수 있다. 결과적으로 이러한 혼동은 윤리적으로 문제를 야기할 뿐만 아니라, 광고 효과에 있어서 역효과를 불러일으킨다는 비판도 적지 않다.

참고문헌

Johnson, R. (2017). The Appeal of the Infomercial. *The Political Economy of Communication*, 5(1), 51-76.

Martin, B. A., Bhimy, A. C., & Agee, T. (2002). Infomercials and Advertising Effectiveness: An Empirical Study. *Journal of Consumer Marketing*, 19(6), 468-480.

174 | 천 명당 광고비 Cost Per Mille (CPM)

천 명당 광고비(CPM)는 표적 수용자 1,000명에게 광고 메시지를 전

달하는 데 소요되는 비용을 말한다. 또는 신문의 경우 발행부수 1,000
부, 인터넷의 경우 클릭수 1,000회 등이 표적 수용자 1,000명 대신 사용
되기도 한다. CPM은 매체 비히클과 광고 캠페인(혹은 매체 스케줄) 전
체의 비용 효율성을 나타내는 개념으로 광고비를 얼마나 경제적으로
운용하는가와 관련된다. CPM은 기본적으로 비용 개념이므로 결괏값이
낮을수록 효율적임을 의미한다. CPM은 주로 동일한 유형의 매체 비히
클 간의 도달 효율성을 비교할 때 많이 사용한다. 다른 조건이 동일하
다면 CPM이 가장 낮은 매체 비히클이 가장 효율적이므로 매체 비히클
을 선정하는 데 우선적인 기준이 될 수 있다. 매체 기획 과정에서 매체
비히클을 선정할 때 우선적으로 고려해야 할 요소가 매체에 대해 얼마
나 많은 사람들이 노출되는가다. 매체 기획은 기본적으로 가능한 한 많
은 표적 수용자에게 메시지를 전달하는 데 있기 때문이다.

하지만 한정된 예산 내에서 매체 기획을 해야 하므로 매체 비히클의
비용 효율성을 고려하지 않으면 안 된다. 아무리 매체에 대한 노출이
높다고 해도 광고요금이 다른 비히클에 비해 지나치게 높으면 비효율
적인 매체를 선정하는 결과를 낳게 된다. 매체 기획에서 효율성은 매체
비용 대비 메시지를 도달시킬 수 있는 표적 수용자의 크기다. 1,000명
당 광고비인 CPM은 인쇄매체의 비용 효율성을 비교하기 위해 시작했
으나, 이후 방송매체는 물론 인터넷 등 모든 매체에 적용할 수 있다(권
오범, 2010; 양윤직, 2010). 이에 따라 CPM은 매체 간 비용 효율성이 어
떻게 되는가를 비교할 수 있는 지표로 사용할 수 있다. 총도달률을 가
리키는 GRP는 '얼마나 많이(how many)'라는 광고의 양적 효과(도달 정
도)를 나타내는 개념이다. 그렇다면 시청률 1%, 또는 1 GRP를 얻는 데
얼마의 비용이 소요될 것인지 설명하는 개념이 CPRP(Cost Per Rating
Point)다. CPRP는 개별 프로그램의 광고요금을 그 프로그램의 시청률

로 나누어 산출해 프로그램의 비용 효율을 계산할 수 있다. 총도달률 (GRP)은 표적 수용자의 크기를 알면 인구수로 환산할 수 있다. CPM 은 이들 표적 수용자 중 특정 광고 캠페인에 노출된 수 1,000명당 소요 된 비용이다. 인터넷 매체에서는 동일한 개념으로 CPC(Cost Per Click) 를 이용한다. CPC는 클릭 1회당 발생하는 데 들어가는 광고비용이다. CPM, CPRP, CPC 모두 수치가 낮을수록 효율적임을 의미한다. 천 명당 광고비를 가리키는 CPM은 복잡다단해져가는 미디어 환경에서 모든 미 디어의 비용 척도의 공통 기준으로 활용될 수 있다.

참고문헌

권오범(2010). 실전 미디어 플래닝 노트(개정판). 경기: 한국학술정보.
양윤직(2010). 디지털 시대의 광고 미디어 전략. 서울: 커뮤니케이션북스.

175 | 총도달률 Gross Rating Points (GRPs)

총도달률(GRPs)은 시청률, 청취율, 열독률 등 매체에 노출된 광고의 총량을 지칭하는 개념이다. 시청률의 합은 TV GRPs이고, 열독률의 합 은 신문 또는 잡지 GRP, 청취율의 합은 라디오 GRPs가 된다. 다시 말 해, 총도달률은 광고 캠페인의 표적 수용자가 매체 스케줄에 포함된 다 른 매체 비히클에 노출된 비율을 나타낸 값이다. 예를 들어, A프로그램 의 시청률이 20%, B프로그램의 시청률이 10%, C프로그램의 시청률이 15%라고 가정할 때 총시청률은 45%이다. 여기서 퍼센트(%) 단위를 빼 면 곧 GRPs가 된다. 만약 같은 1,000만 원의 광고비를 가지고 20% 시청 률의 프로그램에 광고를 집행하면 20GRPs를 획득한다. 그러나 5% 시 청률 프로그램에 광고를 집행했다면 이때 GRPs는 5GRPs가 된다. 같은 광고비이지만 소비자 도달 정도를 나타내는 GRPs는 큰 차이를 보인다. 이러한 이유로 매체효과 분석을 위한 중요한 지표로 GRPs가 많이 활용된다(권오범, 2010; 정인석, 2011).

총도달률은 단순히 광고 집행 횟수를 고려한 시청률만으로 구성되어 있어 산출하기가 비교적 용이하다. 또한 광고 스케줄의 노출효과를 평가하기 위해 가장 보편적으로 사용하고 있는 지표다. 주어진 광고매체 예산 범위 내에서 선택 가능한 스케줄의 GRPs를 이용해 비교해 봄으로써 가장 노출효과가 클 것으로 기대되는 스케줄을 선택할 수 있다. 하지만 GRPs는 중복 노출이 포함되어 있는 관계로 노출빈도 수준에 따른 추가적인 정보를 제공하지 못한다. 이에 따라 보다 정교한 노출결과를 살펴보기 위해서는 추가적으로 노출빈도분포를 활용해 노출빈도 수준별 도달률을 살펴볼 필요가 있다.

참고문헌

권오범(2010). 실전 미디어 플래닝 노트(개정판). 경기: 한국학술정보.
정인석(2011). 미디어 플래닝이 강해지는 GRP. 서울: 커뮤니케이션북스.

176 | 푸시 미디어 Push Media

푸시 미디어는 이용자의 요청과는 관계없이 해당 미디어를 이용하는 사람들에게 판매자가 전달하고자 하는 콘텐츠를 일방적으로 전달하는 미디어를 말한다. 배포 내용과 시기를 콘텐츠 제공자가 통제하는 것을 특징으로 한다. 이용자의 욕구가 없더라도 먼저 광고 메시지를 보여주는 것이 푸시 미디어다. 푸시 미디어는 사전에 정해진 편성표에 따라 각종 장르의 프로그램을 송출하는 TV나 라디오, 그리고 이들 매체를 통해 전달되는 광고, 또는 배너로 대변되는 디스플레이 광고가 대표적이다. 판매자가 제공하는 소식을 받기 원하는 이용자에게 프로모션 관련 내용이나 뉴스를 보내는 이메일 뉴스레터, 소셜미디어 피드도 푸시 미디어에 해당한다. 풀 미디어 못지않게 푸시 미디어도 장점과 한계점이 있다(안광호, 이유재, 유창조, 2020; 양윤직, 2010).

푸시 미디어의 주요 장점은 사용자가 콘텐츠를 적극적으로 찾을 필요가 없기 때문에 누구에게나 쉽게 노출될 수 있다는 점을 들 수 있다. 이용자 입장에서 볼 때 별다른 노력이나 인지적인 정보처리를 하지 않더라도 평소 관심 있는 콘텐츠를 편리하게 받아 볼 수 있다. 또한 푸시 미디어는 사용자에게 스스로 찾을 수 없는 새롭고 다양한 콘텐츠를 제공함으로써 다양한 분야의 정보에 대한 노출을 확대시킬 수도 있다. 그러나 푸시 미디어도 한계점이 있다. 이용자는 자신에게 푸시(전달)되는 모든 콘텐츠를 수락해야 하며, 경우에 따라서는 이용자 자신이 선택한 미디어나 채널이라고 해도 항상 자신의 관심사나 선호도를 반영하지 않는 정보가 제공될 수도 있다. 또한 푸시 미디어를 통해 전달되는 광고 메시지에 대해서는 이용자가 수동적인 상태이므로 풀 미디어에서처럼 깊게 관여하지 않을 수도 있다. 푸시 미디어를 통해 제공되는 광고 메시지의 효과는 콘텐츠 제공업체가 설정한 알고리즘과 일정에 크게 좌우된다. 이에 따라 특정 유형의 콘텐츠를 다른 콘텐츠보다 우선적으로 이용자에게 노출시킴으로써 편향되거나 왜곡된 정보 표시를 할 수도 있다. 그럼에도 불구하고 푸시 미디어는 여전히 미디어 환경의 중요한 부분이며, 잠재고객들에게 다가갈 수 있어 널리 활용되고 있다.

참고문헌
안광호, 이유재, 유창조(2020). 광고관리(4판). 경기: 학현사.
양윤직(2010). 디지털 시대의 광고 미디어 전략. 서울: 커뮤니케이션북스.

177 | 풀 미디어 Pull Media

풀 미디어는 이용자가 적극적으로 콘텐츠를 찾고 검색하는 모든 유형의 미디어를 말한다. 이용자의 욕구가 발생해 해당 제품이나 서비스와 관련된 정보를 비교하고 검색할 때 관련 화면에서 이용자의 검색 내용과 연관되는 광고를 노출시킬 수도 있다. 풀 미디어는 콘텐츠를 찾고 검색하는 데 이용자가 적극적으로 역할을 수행한다는 점을 특징으로 한다. 언제 어떤 콘텐츠를 이용할 것인지 이용자 스스로가 제어하고 결정한다. 풀 미디어의 특성을 감안한 미디어를 선택하고 활용하는 것은 광고 효과와도 밀접한 관련이 있으므로 전략적 판단이 요구된다(안광호, 이유재, 유창조, 2020; 양윤직, 2010).

풀 미디어의 비근한 예로는 인터넷 검색을 들 수 있다. 네이버나 구글과 같은 포털을 통해 이용자는 자신이 필요로 하는 정보를 검색하고 관련 정보나 내용을 소비할 것인지 혹은 소비하지 않을 것인지를 결정한다. 아니면 시청할 영화나 프로그램을 선택하는 스트리밍 서비스도 풀 미디어에 해당한다. 풀 미디어의 장점은 이용자 스스로가 콘텐츠를 찾고 이용한다는 점에서 참여도가 매우 높다. 이에 따라 제공되는 콘텐츠도 이용자 개인의 선호도와 관심사가 반영된 사항이 우선적으로 노출됨에 따라 정보검색 시간을 줄일 수도 있다. 이러한 주문형 특성을 통해 사용자는 편리할 때 콘텐츠에 노출할 수 있으므로 이용자 중심의 미디어가 될 수 있다.

참고문헌

안광호, 이유재, 유창조(2020). 광고관리(4판). 경기: 학현사.
양윤직(2010). 디지털 시대의 광고 미디어 전략. 서울: 커뮤니케이션북스.

디지털 시대의
광고 용어 300

제 5 장

디지털 광고와 마케팅

178 | 가망고객당 비용 Cost Per Lead (CPL)

가망고객당 비용은 일반적인 비즈니스에서 보통 월 고객과의 미팅에 드는 비용이다(Quanstrom, 2023). 온라인 광고에서는 광고로 인해 특정 행동인 회원가입, 구독, 상담 신청, 샘플 신청 등의 행동 또는 상담 신청당 과금을 뜻한다. 다른 의미로 광고를 통해 새로운 고객정보를 확보할 때 드는 비용을 말한다. 가망고객당 비용은 행동당 비용(Cost Per Action: CPA), 전환비용(Cost Per Conversion: CPC)과 혼용되어 사용된다(McCormick, 2024). 산식은 '가망고객당 비용 = 비용(cost) / 전환수(conversions)'다. 그러나 행동당 비용의 경우 일반적으로 크레딧 카드 사용 등 구매 거래가 성립되는 행위를 의미하는 경우가 많은 반면에 가망고객당 비용의 특정 행위는 고객과의 복수의 접점(touch points)에서 발생하는 뉴스레터 등록, 사이트 방문, 리워드 프로그램 또는 멤버 등록 프로그램에 참여하는 행위 등을 의미해 넓은 의미에서 고객 인게이지먼트(engagement)를 파악하는 데 유용하다. 가망고객당 비용은 광고노출 1,000회당 비용(CPM)이나 클릭당 비용(CPC)과 비교해 광고주에게 효율적인 가격 모형인데 노출수나 클릭수와 무관하게 실제로 특정 행동에 대한 고객의 사인업(sign-up)이 되었을 때만 비용을 지출하기 때문이다. 가망고객을 늘리기 위해 문맥 광고(contextual advertising)를 할 수 있는데 현재 이용자가 모바일이나 웹사이트에서 보고 있는 콘텐츠에 따라 관련 있는 광고가 제시된다(Kasthuri, 2010).

참고문헌

Kasthuri, M. (2010). Lead Generation in Web Marketing. http://dx.doi.org/10.2139/ssrn.1539299

McCormick, K. (2024). How to Lower Your Cost Per Lead in Google Ads: 8 Tried & True Tips, Word Stream. https://www.wordstream.com/blog/ws/2022/11/07/how-to-lower-cost-per-lead-google-ads

Quanstrom, E. (2024). Cost per Lead Metrics Exposed: An Insider's Look at Sales Development. Cience. https://www.cience.com/blog/price-of-lead

179 | 가상현실 광고 Virtual Reality Advertising

가상현실(VR) 광고는 VR 기술을 활용해 소비자에게 몰입감 있는 경험을 제공하는 광고를 말한다. 소비자가 단순히 광고 콘텐츠를 보는 것을 넘어 가상의 환경에서 상호작용할 수 있게 해 줌으로써 강력한 인상을 남길 수 있다(Barnes, 2016). 주로 VR 헤드셋을 통해 구현되며, 최근에는 스마트폰과 연동된 VR 기기를 통해서도 가능하다. 가상현실 광고의 장점 중 하나는 높은 몰입감과 현실감이다. 소비자는 360도 환경에서 광고를 경험하며, 이를 통해 제품이나 서비스에 대해 깊은 인상을 받게 된다. 예를 들어, 자동차의 경우 가상의 테스트 드라이브를 통해 실제 운전하는 듯한 경험을 제공함으로써 해당 자동차에 대한 관심도를 높일 수 있다(Slater & Sanchez-Vives, 2016). 소비자에게 개인화된 경험을 제공할 수 있다는 점 역시 큰 장점이다. 사용자의 취향과 행동 데이터를 기반으로 맞춤형 광고를 제작할 수 있기 때문이다. 예를 들어, 소비자가 선호하는 스타일의 옷을 가상으로 입어 보거나, 여행지를 가상으로 관광할 수 있다. 이러한 상호작용은 소비자의 참여도를 높이고, 해당 브랜드와의 정서적 연결을 강화한다. 데이터 분석을 통한 광고 효과 측정 및 최적화도 가능하다. 광고주는 소비자의 시선, 상호작용 패턴 등을 분석함으로써 어떤 요소가 광고 효과에 가장 큰 영향을 미치는지 파악할 수 있다. 예를 들어, 소비자가 특정 제품에 더 오랜 시간 시선을 두거나, 특정 상호작용을 자주 수행하는 경우 이를 바탕으로 광고전략을 조정할 수 있다. 이러한 데이터 기반 접근 방식은 광고 캠페인의 효율성을 극대화하는 데 기여한다(Barnes, 2016).

참고문헌

Barnes, S. (2016). Understanding Virtual Reality in Marketing: Nature, Implications and Potential. *Journal of Marketing Management*, *32*(1-2), 22-49.

Slater, M., & Sanchez-Vives, M. V. (2016). Enhancing Our Lives with Immersive Virtual Reality. *Frontiers in Robotics and AI*, *3*, 74.

180 | 감성 분석 Sentiment Analysis

텍스트 데이터에 포함되어 있는 텍스트 작성자의 의견, 감성, 평가 및 태도 등을 분석하는 일련의 과정이다(Seo & Kim, 2016). 즉, 감성분석은 긍정 또는 부정의 상반된 극성(polarity)부터 기쁨, 슬픔, 지루함, 흥분, 놀람 등 다양한 범주에 대한 분류까지 텍스트에 내포된 의견이나 감성 등의 의미를 분류하는 작업을 뜻한다. 감성분석은 텍스트 마이닝(text mining)의 한 영역으로 딥러닝(deep learning) 기법을 적용해 발전하고 있다. 감성분석은 제품이나 브랜드에 대한 만족도 조사부터 각종 여론조사까지 다양한 산업분야에 적용되고 있으며 다량의 텍스트를 수집할 수 있는 SNS를 통해 의견분석(opinion mining)이 활발히 진행되고 있다.

감성분석은 그 기법에 따라 어휘기반(lexicon-based)과 기계학습 (machine learning) 그리고 이 둘의 혼합방식(hybrid)으로 구분된다(Seo & Kim, 2016). 구체적으로 어휘기반 접근방식은 이미 가지고 있는 어휘자원(lexical resource)을 토대로 범주화 작업 후 감성사전(sentiment dictionary)을 구축한다. 이후 감성사전을 바탕으로 분석하려는 텍스트 데이터에 대한 감성점수를 계산해 범주화시킨다. 어휘기반 감성분석은 감성사전에 등재된 어휘자원에 의존도가 높기 때문에 성능 향상을 위해 감성사전 구축 및 업데이트에 많은 노력이 뒤따른다. 둘째, 기계학습 접근방식은 감독(supervised)과 비감독(unsupervised), 반감독(semi-supervised) 학습의 기법을 통해 수행된다. 기계학습 방식은 학습 데이터의 특성에 많은 영향을 받기 때문에 특정 분야의 데이터로 학습된 분류 모형이 타 분야에 적용될 경우 저조한 성능을 보이는 단점이 있다. 최근 딥러닝 기법의 적용으로 학습 데이터 추출 능력의 향상과 범주화의 정확성이 높아지고 있다.

마케팅 및 광고의 도구로 감성분석을 활용하려면 몇 가지 주의가 필요하다(신경식, 2018). 기존의 정형 데이터 외에 최근 소셜미디어나 인터넷을 통해 생성되는 문자나 이미지 등 비정형 데이터는 마케팅 및 광고 의사결정에 새로운 인사이트를 제공할 수 있다. 먼저 관련 분야에 특화된 감성사전을 잘 구축하고 지속적으로 업데이트해야 한다. 나날이 쏟아지는 신조어는 소비자 트렌드와 감성을 반영한다는 점을 고려해 사전의 고도화 및 업데이트를 소홀히 해서는 안 된다. 둘째, 데이터 수집 전략을 세워야 한다. 관련 분야의 방대한 고객 정보를 체계적이고 안정적으로 수집할 수 있는 계획을 수립해야 한다. 예를 들어, 어느 사이트의 데이터를 수집할지, 어떤 주기로 수집할지, 어떤 방법으로 할지, 법률적 기술적 유의점은 없는지, 종합적인 데이터 수집 전략을 고민해야 한다. 셋째, 다른 데이터와 연계해 다양한 분석을 수행할 필요가 있다. 텍스트나 이미지 등 비정형 데이터를 기존 양적 분석 방법으로는 직접적으로 분석하기 어렵다. 그러나 전처리 과정을 통해 문서, 단어, 빈도 등의 정보를 수치화해 데이터를 정형화한 후 회사가 보유하고 있는 기존의 양적 데이터와 연계해 다양하고 심도 깊은 분석을 실시할 수 있다.

참고문헌

신경식(2018). 구매후기 한 줄에 고객의 이런 속마음이: 마케팅 난제, 속 시원히 풀어주는 분석. 동아비즈니스리뷰. https://dbr.donga.com/article/view/1202/article_no/8891/ac/magazine

Seo, S. H., & Kim, J. T. (2016). 딥러닝 기반 감성분석 연구동향. *Korea Multimedia Society, 20*(3), 8-22.

181 | 검색 엔진 마케팅 Search Engine Marketing (SEM)

유기적 또는 오가닉 검색(organic search)뿐만 아니라 특정 웹사이트로의 방문, 유입, 구매 전환 등 광고 효과를 올리기 위해 광고비용을 지불하는 유료 전략이다(InterAd, 2020). 보통 특정 브랜드의 웹사이트가 구글 또는 네이버 광고를 통해 검색 상단에 광고 또는 스폰서 표시로 노출된다. 검색 엔진 마케팅(SEM)과 검색 엔진 최적화(SEO)의 차이를 간단히 살펴보면, 검색 엔진 마케팅은 유료로 즉시 노출 효과 및 다양한 키워드 활용이 가능하다. 반면에 광고 예산 의존도가 높고 방문자 퍼포먼스가 낮은 경향이 있다. 한편, 검색 엔진 최적화는 클릭률이 높고 방문자의 신뢰도가 높으며 적은 예산으로도 집행이 가능하다. 단점으로 노출 및 순위 향상을 위한 유지관리 및 시간이 소요되며 방문자 유입을 위한 흥미로운 콘텐츠 개발의 부담이 크다. 검색 엔진 최적화는 자연 검색 전략을 사용해 트래픽을 유도하는 반면에 검색 엔진 마케팅은 유료로 검색 엔진 결과 페이지(Search Engine Result Page: SERP)의 가시성을 극대화하는 데 차이가 있다(Amazon ads, 2024).

과거에는 검색 결과의 상단에 표시되는 키워드 광고로 인해 유기적 검색 결과(organic search result)로 이동할 수 있는 방문자 유입을 잠식한다는 오해가 있었다. 그러나 유료 검색 광고를 중지해도 89% 트래픽이 유기적 검색 결과로 전환되거나 완벽히 대체되지 않음이 밝혀졌다(Chan, Yuan, Koehler, & Kumar, 2011). 이는 검색 광고가 유기적 검색 결과 영역을 잠식하지 않는다는 점을 반증하는 결과다. 소비자는 신뢰성이 상대적으로 낮은 검색 광고를 선택하기보다 유기적 검색 결과를 우선적으로 검토한다. 최근 글로벌 마케터들은 검색 엔진 마케팅을 검색 엔진 최적화와 유료의 검색 광고를 포함한 포괄적인 융합 마케팅 전략으로 이해하는 추세다. 유기적 전략을 사용하는 검색 엔진 최적화와 유료의 검색 광고는 상호보완적 역할을 하며 전체적인 비즈니스 실적 향상에 기여한다. 즉, 유기적 검색을 최적화해 결과를 높은 순위에 위치시키며 비용을 지불해 검색의 가시성을 높여 상호보완적으로 사용한다.

참고문헌

Amazon ads (2024). Search Engine Marketing (SEM). https://advertising.amazon.com/library/guides/search-engine-marketing?ref_=a20m_us_fnav_lngsw_en-us

Chan, D. X., Yuan, Y., Koehler, J., & Kumar, D. (2011). Incremental Clicks: The Impact of Search Advertising. *Journal of Advertising Research*, 51(4), 643-647.

InterAd (2020). 마케팅을 최대로 활용하기: SEO와 검색 광고의 상호 작용. https://www.interad.com/insights/search-marketing-101

182 | 검색 엔진 최적화 Search Engine Optimization (SEO)

웹사이트나 웹페이지 유기적 트래픽(organic traffic)의 양과 질을 확대해 웹사이트의 가시성을 향상하고 원하는 키워드의 검색 결과 페이지의 상위에 노출되도록 자사 홈페이지를 최적화하는 방법(mechanism)이다(Almukhtar, Mahmoodd, & Kareem, 2021). 효과적인 검색 엔진 최적화로 웹페이지가 검색 엔진 결과 페이지(Search Engine Result Page: SERP) 내의 가시성이 높아지게 된다. 구글뿐만 아니라 다른 검색 엔진들도 자체적으로 문서를 수집해 색인화(indexing)하는 크롤링 알고리듬(crawling algorithm)을 갖고 있다. 검색 엔진 최적화를 통해 구글이나 타 검색 엔진에서 웹사이트의 순위를 높일 수 있다. 따라서 더욱 많은 사용자들에게 노출이 가능하며 회사의 성장에 도움을 준다. 일반적으로 가장 상위에 노출되는 첫 번째 사이트가 대부분의 클릭률을 가져가며 구글의 경우 상위 3%를 넘어가면 클릭률이 현저히 낮아진다. 검색 엔진 결과 페이지 중 비광고성 링크인 유기적 검색 결과(organic search result)는 유료 검색 결과보다 더 넓은 검색 영역을 포함하며 정보탐색 관여도가 높은 소비자에게 더욱 연관성과 신뢰성이 높은 정보로 인식된다.

검색 엔진 최적화는 크게 3가지 범위로 구분된다(Weon, 2024). 첫째, 온페이지 SEO(on-page SEO)로 자사 웹사이트에서 양질의 좋은 콘텐츠를 주기적으로 발행(콘텐츠 SEO)하고, 해당 콘텐츠를 검색 엔진에게 잘 전달해야 한다(테크니컬 SEO). 둘째, 온서프 SEO(on-serp SEO)는 검색 결과 페이지에서의 최적화 작업을 뜻한다. 이를 위해 구조화된 데이터, 즉 추가 데이터를 페이지에 삽입하면 경쟁사에 비해 풍부한 정보로 결과 페이지에서 가시성을 높일 수 있다. 예를 들어, 요리 레시피 관련 페이지라면 레시피의 평점, 리뷰 및 요리 소요 시간 등 다양한 정보를 사용자들에게 전달할 수 있다. 셋째, 오프페이지 SEO(Off-page SEO)는 외부 웹사이트에서 이루어지는 최적화 작업이다. 자사 웹사이트와 관련성이 높은 외부 사이트로부터 최대한 양질의 백링크(backlink), 즉 자사 웹사이트로 트래픽을 유입하는 링크를 확보하는 것이다. 양질의 백링크를 확보한다면 검색 엔진은 자사 웹사이트를 권위 있고 신뢰성 있는 사이트로 평가해 높은 순위를 받고 가시성이 높아진다.

참고문헌

Almukhtar, F., Mahmoodd, N., & Kareem, S. (2021). Search Engine Optimization: A Review. *Applied Computer Science, 17*(1), 70-80.

Weon, Y. (2024). SEO(검색엔진 최적화)란? 구글, 네이버 가이드 총정리. TBWA₩DATALAB. https://seo.tbwakorea.com/blog/seo-guide-2022/#part1

183 | 경계설정 위치정보 Geofencing

경계설정 위치정보는 GPS, RFID, Wi-Fi, 또는 셀룰러 데이터와 같은 위치 기반 기술을 활용해 가상의 경계를 설정하고, 사용자가 이 경계를 출입할 때 특정 행동을 유발하는 기술을 말한다. 마케팅, 보안, 물류 등 다양한 분야에서 활용되며, 사용자와의 상호작용을 강화하고 효율성을 높이는 데 기여한다. 경계설정 위치정보는 특히 마케팅에서 큰 잠재력을 가지고 있다. 기업은 특정 지역을 중심으로 가상 경계를 설정하고, 사용자가 해당 지역에 진입하거나 이탈할 때 맞춤형 메시지를 보낼 수 있다. 예를 들어, 쇼핑몰의 경우 고객이 쇼핑몰 근처에 도착하면 할인 쿠폰이나 프로모션 정보를 푸시 알림으로 전송할 수 있다. 이는 고객의 매장 방문을 유도하고, 구매 의욕을 증진시키는 데 효과적이다. 보안 및 안전 관리에도 활용된다. 직원들이 특정 구역을 출입할 때 자동으로 출입 기록을 저장함으로써 무단출입을 감지하는 방식이다. 공장이나 연구소와 같이 보안이 중요한 장소에서 특히 유용하다.

또한 부모의 경우 자녀가 안전 구역을 벗어날 때 알림을 받을 수 있어, 자녀의 안전을 보다 효과적으로 모니터링할 수 있다(Schilit, Adams, & Want, 1994). 물류 관리에서도 중요한 역할을 한다. 배송 차량이 특정 경로를 벗어나거나 목적지에 도착하면 자동으로 알림이 발송되어 실시간으로 차량의 위치를 파악하고 배송 상태를 모니터링할 수 있다. 이를 통해 물류의 효율성을 높이고, 배송 지연이나 관련 문제를 신속히 해결할 수 있다. 기업이 이런 기술을 효과적으로 활용하기 위해서는 무엇보다 먼저 사용자의 동의를 얻는 것이 중요하다. 개인정보 보호 규정에 따라 사용자는 자신의 위치 정보가 어떻게 사용되는지 명확히 알고 동의해야 한다. 이를 통해 사용자와 신뢰를 구축하고, 법적 문제를 방지할 수 있다. 경계설정의 정확성도 필요하다. 너무 넓거나 좁은 경계설정은 효과를 떨어뜨릴 수 있기 때문에, 적절한 반경을 설정해 목표로 하는 행동을 정확히 유도해야 한다(Hightower & Borriello, 2001).

참고문헌

Hightower, J., & Borriello, G. (2001). Location Systems for Ubiquitous Computing. *Computer, 34*(8), 57-66.

Schilit, B., Adams, N., & Want, R. (1994). Context-Aware Computing Applications. In 1994 First Workshop on *Mobile Computing Systems and Applications*, 85-90.

184 | 고객유입 경로 Referral Source

고객유입 경로는 레퍼럴 트래픽(referral traffic) 또는 트래픽 소스 (traffic source)라고도 한다. 일반적으로 디지털 애널리틱스나 개인 웹사이트 또는 모바일 환경에서 유저가 특정 URL로 직접 들어온 방문을 뜻한다(Chaffey, 2020). 고객유입 경로는 유기적 검색(organic search), 소셜미디어, 이메일 마케팅이나 개인 메시지 링크를 통한 유입, 다른 웹사이트의 추천(referral)을 통한 방문, 유료 검색(paid search)을 포함한다. 고객유입 경로는 검색 엔진 최적화(SEO)에 중요한데 특정 방문객이 링크를 클릭하거나 특정 행위를 완료하기 때문이다. 예를 들어, 구글 알고리듬은 이러한 링크의 클릭을 긍정적인 랭킹 요인(ranking factor)으로 간주하며 정보의 신뢰성과 타당성 수준을 파악하는 지표로 활용한다. 고객유입 경로를 파악함으로써 브랜드 노출(brand exposure)과 브랜드 재인(brand recognition)을 향상시킬 수 있다. 또한 백링크 (backlink)가 일관성을 가진다면 검색 엔진 최적화에 도움을 주며 잠재 소비자나 다양한 방문자를 유입할 계기를 제공한다(Sproutsocial, 2024).

한편, 고객유입 경로의 출처를 알 수 없는 경우도 많은데 URL이 이미 기록된 오프라인 미디어를 통해서 또는 캠페인 트래킹(tracking)이 불가한 소셜 네트워크 업데이트나 모바일 앱 등 다크 소셜미디어(dark social media)를 거쳐 유입될 수 있다(Chaffey, 2020). 흥미롭게도 전 세계 소셜미디어 사용자의 약 30%가 이메일, 인스턴트 메신저, 포럼 포스트 또는 폐쇄형 SNS 등 트래킹이 어려운 다크 소셜미디어로만 콘텐츠나 링크를 공유하는데, 고객유입 경로를 비교할 때 직접 페이스북을 통해 약 23%의 방문자가 유입되지만 다크 소셜미디어는 69%로 페이스북을 통한 공유보다 약 3배 많다(Radiumone, 2014). 기업은 다크 소셜미디어를 통한 유입에 많은 관심을 갖고 수치화하기 위한 노력을 하고 있다.

참고문헌

Chaffey, D. (2020). Referral Source. Dr Dva Chaffey: Digital Insights. https://www.davechaffey.com/digital-marketing-glossary/referral-source/

Radiumone (2014). The Light and Dark of Social Sharing. https://www.mmaglobal.com/research/light-and-dark-social-sharing

Sproutsocial (2024). Referral Traffic. https://sproutsocial.com/glossary/referral-traffic/

185 | 고객 퍼널 Customer Funnel

소비자 퍼널(consumer funnel) 또는 마케팅 퍼널(marketing funnel)이라고도 하며 궁극적으로 구매 행동으로 가는 인지적 단계(cognitive stages)의 전환을 뜻한다는 점에서 전환 퍼널(conversion funnel)이라고도 한다(Goldstein & Hajaj, 2022). 고객 퍼널은 구매 여정에서 보통 인지(awareness), 조사(research), 결정(decision), 구매(purchase)의 4단계의 전환 과정을 거친다. 보다 구체적으로, 인지단계에서 소비자는 필요(needs)와 욕구(wants)를 충족하기 위한 제품과 서비스를 인지한다. 조사단계에서는 이러한 필요와 욕구를 충족하기 위한 제품과 서비스에 대한 정보에 흥미를 가지고 탐색한다. 다음으로 결정단계에서는 여러 선택지를 정의하고 선택지 중 어떤 것을 정할지 결정한다. 마지막으로 구매단계에서는 관심 있는 특정 제품이나 서비스를 결정하며 구매를 완료하기 위한 절차를 진행한다.

한편, 모바일과 PC의 경우 고객 퍼널에 차이가 있다. 모바일을 통한 검색은 PC와 비교할 때 각 고객 퍼널 단계에서 인지적 노력과 주의를 덜 기울일 뿐만 아니라 탐색 과정에서 필요한 정보 습득에 집중하되 제한적으로 정보를 습득한다(Goldstein & Hajaj, 2022). 이는 모바일을 통한 고객 퍼널이 PC보다 목적 지향적 탐색을 하기 때문이다. 또한 모바일 이용자는 PC 이용자 대비 각 퍼널 단계에서 방문과 검색수가 더 적다고 밝혀졌다.

또한 고객 퍼널을 인지(awareness), 고려(consideration), 구매의도(purchase intent), 만족(satisfaction)으로 구분했다(Colicev, Kumar, & O'Connor, 2019). 연구 결과 소셜미디어 마케팅에서 고객 제작 콘텐츠(user-generated content)와 기업 제작 콘텐츠(firm-generated content) 모두 내구재와 비내구재의 인지도, 고려, 구매의도 및 만족도에 정적인 영향을 미치는 것으로 나타났다. 특히 기업 제작 콘텐츠의 효과가 고려와 구매의도에 미치는 영향은 기업평판(corporate reputation)이 높을 때가, 낮을 때에 비해 더 큰 것으로 나타났다.

참고문헌

Colicev, A., Kumar, A., & O'Connor, P. (2019). Modeling the Relationship between Firm and User Generated Content and the Stages of the Marketing Funnel. *International Journal of Research in Marketing*, *36*(1), 100-116.

Goldstein, A., & Hajaj, C. (2022). The Hidden Conversion Funnel of Mobile vs. Desktop Consumers. *Electronic Commerce Research and*

Applications, 53, 101-135.

186 │ 고객확보 비용 Customer Acquisition Cost (CAC)

신규 고객 1명을 확보하기 위해 필요한 마케팅 비용과 영업 비용을 뜻한다(Openads, 2021). 마케팅이나 세일즈에서 무작정 비용을 늘린다고 고객이 많아지는 것이 아닌 만큼 적절한 비용을 투자하는 것이 바람직하다. 이를 계산하는 공식은 '고객확보 비용 = 신규 고객 확보 비용 / 확보된 신규 고객수'다.

고객확보 비용을 계산할 때 주의할 요소는 4가지다. 먼저 광고 유형의 차이점을 파악해야 한다. 예를 들어, 클릭당 광고비용이 발생하는 PPC(Pay-Per-Click) 광고는 검색 엔진 최적화(Search Engine Optimization: SEO) 기술을 통한 광고에 비해 더 신속히 결과를 보여 준다. 특히 효과적인 광고 유형의 선택은 좋아요, 공유, 댓글달기 등 고객의 소셜미디어 인게이지먼트를 높이고, 이는 목표 수용자 발굴, 잠재 고객의 태도 변화와 신규 고객의 확보로 이어진다(Bugshan & Attar, 2020). 둘째, 고객확보 비용은 행동당 비용(Cost Per Acquisition: CPA)과는 엄연히 다르다. 행동당 비용은 고객 자체의 획득이 아닌 다른 결과물에 초점을 두는데 등록, 활성화 유저, 그리고 무료 체험판 다운로드 등이 포함된다. 셋째, 마케팅과 캠페인의 기간을 고려해야 한다. 고객확보 비용을 계산할 때 시간이 지날수록 환경이 달라지고 고객을 유치하기 위한 투자비도 증감될 수 있다. 또한 비용 투자 후에 바로 고객 전환으로 유입되지 않을 수 있다. 따라서 평균 전환 소요시간을 염두에 두어야 한다. 끝으로 모든 고객확보 비용은 전체 비용의 관점에서 고려해야 한다. 예를 들어, 외주업체의 인력 비용이나 임대, 장비, 마케팅 수단 같은 간접비용을 통합적으로 고려해야 한다.

참고문헌

Bugshan, H., & Attar, R. W. (2020). Social Commerce Information Sharing and Their Impact on Consumers. *Technological Forecasting and Social Change, 153*, 119-875.

Openads (2021). 고객 획득 비용 공식과 최적화 방법. https://www.openads.co.kr/content/contentDetail?contsId=6938

---

187 | **고착도** Stickiness

밀착도라고도 하며 소셜미디어나 앱 등 플랫폼이 고객을 유인 및 유지해 특정 브랜드의 광고를 지속적으로 보거나 재구매하도록 만드는 능력을 뜻한다(Lin, 2007). 보다 광의적으로는 웹사이트나 앱 등 디지털 콘텐츠가 유저에게 얼마나 유지되는지를 나타내는 인게이지먼트 지표를 말한다(윤선미, 2021). 이를 계산하는 공식은 '일간 활성 이용자(Daily Active Users: DAU) / 월간 활성 이용자(Monthly Active Users: MAU) × 100'이다. 때로는 일간 활성 이용자를 주간 활성 이용자(Weekly Active Users: WAU)로 나누어 계산하기도 하는데, 주간 순수 사용자 중 특정 일자에 접속한 이용자의 비율을 확인할 수 있다. 다만 일간, 주간, 월간 활성 이용자는 각 해당 기간 동안 순수방문자만 고려하며 재방문수는 고려하지 않는다. 예를 들어, a, b, c, d, e, f, g가 방문자라고 할 때 요일별 방문 결과가 월(a), 화(a, b), 수(a, b, c), 목(a, b, c, d), 금(a, b, c, d, e), 토(a, b, c, d, e, f), 일(a, b, c, d, e, f, g)과 같다면 일간 활성 방문자

는 28, 주간 활성 방문자는 7이다. 따라서 월요일의 고착도는 1/7 = .14
로 14%며, 금요일의 고착도는 5/7 = .71로 71%다. 예시를 통해 확인할
수 있듯이 고착도가 100%에 가깝다면 재방문율이 높다는 것을 알 수
있다. 분석 시기, 기간, 신규 및 기존 등 이용자의 분류에 따라 고착도가
달라지기 때문에 분석 목적에 따라 계산에 주의를 요한다.

   한편, 고착도와 잔존율(retention rates)은 비례하지만 해지율(churn
rate)은 반비례한다. 잔존율은 특정 앱에 대해 매달 또는 매년 일정 기
간 동안 돌아오는(returning) 이용자수를 뜻하지만 고착도는 이용자가
얼마나 특정 앱을 가치 있게 인식하는지를 보여 주는 지표다(Adjust,
2024). 또한 잔존율은 앱의 푸시 알림, 이메일 등 고객 인게이지먼트를
위한 노력의 결과물이지만, 고착도는 앱으로 돌아오는 이용자의 자연
적인 관심(organic interest) 상태를 보여 준다. 연구 결과 소셜 커머스
(social commerce)에서 지각된 용이성(perceived ease of use), 지각된 유
용성(perceived usefulness), 사회적 상호작용성(social interactivity)은 실
용적 쇼핑 가치와 쾌락적 쇼핑 가치 및 고착도에 정적 영향을 미치는 것
으로 밝혀졌다(Qu, Cieślik, Fang, & Qing, 2023). 따라서 고착도 제고를
위해 플랫폼의 지각된 용이성, 유용성 및 상호작용성을 향상시킬 전략
을 마련해야 한다.

참고문헌

윤선미(2021). 리텐션4: DAU, WAU, MAU 그리고 Stickiness. Datarian.
   https://datarian.io/blog/stickiness

Adjust (2024). What is User Stickiness?. https://www.adjust.com/glossary/
   user-stickiness/

Lin, J. C. C. (2007). Online Stickiness: Its Antecedents and Effect on
   Purchasing Intention. *Behaviour & Information Technology, 26*(6),
   507-516.

Qu, Y., Cieślik, A., Fang, S., & Qing, Y. (2023). The Role of Online Interaction in User Stickiness of Social Commerce: The Shopping Value Perspective. *Digital Business*, 3(2), 100061.

188 | 과금사용자당 평균매출
Average Revenue Per Paying User (ARPPU)

앱에서 유료 사용자 1인당 평균 결제 금액을 뜻한다. 이를 계산하는 공식은 '매출/중복을 제외한 순수 유료 사용자의 수'다. 해당 앱에 관심 있는 유저들이 얼마까지 지출할 의향이 있는지 파악하는 데 도움을 준다. 사용자가 허용할 수 있는 최대 가격선을 파악하는 데도 유용하다. 한편, ARPPU를 계산할 때 주의할 점은 기간이다. 일별 ARPPU와 월별 ARPPU는 완전히 다른 숫자를 가지고 논하는 것이기 때문이다. 예를 들어, 1명의 똑같은 사용자가 한 달 동안 여러 번의 지출 활동이 있었다고 가정할 때, 월별 ARPPU는 해당 사용자의 월사용 총액을 바탕으로 평균 금액을 계산한다. 반면, 일별 ARPPU는 한 달 내에 있었던 다른 일자의 지출 활동을 고려하지 못하기 때문에 해당 앱에 부여하는 사용자의 가치를 제대로 정량화할 수 없다.

한편, 기업은 해당 앱의 ARPPU를 증가시키기 위해 가격인상, 이용자 전환(conversion) 및 유료 사용자 대상 인센티브 등을 제공할 수 있다. 또한, 새로운 광고 포맷(ad formats)을 사용해 인게이지먼트를 높이는 실험을 해 볼 수 있다(Chatboost, 2024).

참고문헌

Chatboost (2024). Average Revenue Per Paying User(ARPPU). https://www.chartboost.com/glossary/average-revenue-per-paying-userdefinition/

Sukhanova A. (2016). Arpu and Arppu: One Symbol, but Fundamental Differences. Medium. https://devtodev.medium.com/arpu-and-arppu-one-symbol-but-fundamental-differences-2d45550698fa

189 | 광고구매 플랫폼 Demand Side Platform (DSP)

온라인 광고를 계획하는 광고주를 위해 광고 인벤토리(웹사이트 또는 앱)를 대신 구매하고 관리하는 소프트웨어 플랫폼이자 마케팅 자동화 도구다(Appsflyer, 2024; Estrada-Jiménez, 2019). 광고주들은 광고구매 플랫폼에서 광고 인벤토리에 대한 실시간 입찰(real time bidding: RTB)을 진행하고, 광고구매 플랫폼은 가장 높은 입찰가를 부른 광고주를 가장 적합한 인벤토리에 배치시켜 준다(Grigas et al., 2017). 실시간 입찰은 제2가격입찰제(second-price auction model)를 따른다(Choi, Mela, Balseiro, & Leary, 2020). 예를 들어, 내가 100원, B가 50원, C가 20원에 D광고를 입찰했다면 나는 D광고를 두 번째로 높은 50원에 집행할 수 있다는 의미다.

광고구매 플랫폼은 광고주의 니즈에 맞는 정교한 타기팅을 제공한다. 즉, 성별, 연령, 국가, 지역, 시간, 기기 종류 등에 따라 원하는 고객층의 타기팅이 가능하다. 또한 인공지능(artificial intelligence)과 기계학습(machine learning)을 통해 데이터를 학습해 자동으로 광고를 최적화해 배치할 수 있다. 그 밖에 거래의 투명성을 보장하고, 광고 구매를 위한 노동력과 비용을 절감해 주며, 더 넓은 광고시장에 접근할 수 있다는 것도 장점이다.

참고문헌

Appsflyer (2024). DSP (Demand-Side Platform). https://www.appsflyer. com/glossary/demand-side-platform/

Choi, H., Mela, C. F., Balseiro, S. R., & Leary, A. (2020). Online Display Advertising Markets: A Literature Review and Future Directions. *Information Systems Research*, 31(2), 556-575.

Estrada-Jiménez, J., Parra-Arnau, J., Rodríguez-Hoyos, A., & Forné, J. (2019). On The Regulation of Personal Data Distribution in Online Advertising Platforms. *Engineering Applications of Artificial Intelligence*, 82, 13-29.

Grigas, P., Lobos, A., Wen, Z., & Lee, K. C. (2017). Profit Maximization for Online Advertising Demand-side Platforms. In *Proceedings of the ADKDD'17* (pp. 1-7).

190 | 광고 기술 Advertising Technology

광고 기술(Ad Tech)은 디지털 광고의 계획, 실행, 관리 및 최적화를 위해 사용되는 다양한 기술과 도구를 말한다. 광고주, 광고회사, 광고 네트워크 등이 디지털 광고 캠페인을 효과적으로 운영할 수 있도록 지원한다. 디지털 광고는 타기팅, 배포, 모니터링 및 분석에 필수적인 요소로 자리 잡고 있으며, 프로그래매틱 광고, 실시간 입찰(RTB), 데이터 관리 플랫폼(DMP) 및 광고 서버 등의 요소를 포함한다. 특히 프로그래 매틱 광고는 광고 기술의 핵심 요소다. 자동화된 시스템을 통해 웹사이트 및 앱의 광고 슬롯을 구매하고 관리하는 방식으로써 실시간 데이터를 활용해 광고 집행을 최적화한다. 이를 통해 광고주는 타깃 소비자에게 효과적으로 도달할 수 있으며, 광고 효율성을 극대화할 수 있다. 광고주는 실시간 입찰을 통해 광고 슬롯을 구매하고, 특정 소비자에게 맞춤형 광고를 제공할 수 있다(Van der Burg, Vander Berg, & Pauwels, 2019).

데이터 관리 플랫폼 역시 광고 기술의 중요한 구성 요소다. 다양한 소스에서 수집된 소비자 데이터를 통합, 관리 및 분석해 광고주가 정교한 타기팅 전략을 수립할 수 있도록 지원한다. 이를 통해 광고주는 고객의 행동, 인구통계학적 정보 및 관심사 등을 바탕으로 맞춤형 광고를 제작할 수 있다. 한편, 광고 서버는 광고를 적절한 위치에 배치하고, 광고 노출 및 클릭 데이터를 수집하며, 광고 성과를 실시간으로 모니터링하는 등 광고 배포와 관련된 다양한 작업을 처리한다. 이를 바탕으로 광고주는 광고 캠페인의 성과를 정확하게 측정하고, 필요에 따라 캠페인을 조정할 수 있다(Broder et al., 2008).

광고 기술은 디지털 광고의 필수 요소로 자리 잡고 있다. 이를 사용해 광고주는 보다 효율적이고 정교한 광고 캠페인을 실행할 수 있으며, 광고 효과를 극대화할 수 있다. 광고주가 이를 더욱 효과적으로 사용하기 위해서는 최신 기술 동향을 주시하고, 이에 맞춰 광고전략을 최적화하는 노력이 필요하다.

참고문헌

Broder, A., Fontoura, M., Josifovski, V., & Riedel, L. (2008). A Semantic Approach to Contextual Advertising. *Journal of Marketing Research*, *45*(2), 255-264.

Van der Burg, R., Van den Berg, J., & Pauwels, K. (2019). Digital Advertising and Its Impact on the Marketing Mix. *International Journal of Research in Marketing*, *36*(3), 451-467.

191 | 광고노출 시간당 비용 Cost Per Time (CPT)

정액제, 기간당 과금(Cost Per Period: CPP) 또는 고정가 광고를 의미한다. 인터넷에서 정해진 시간(a set amount of time)만큼 광고를 노출한 후 광고비를 지불하는 방식이다(The IT Law Wiki, 2024). 노출된 횟수에 따라 비용을 지불하는 노출당 비용(cost per impression)과는 다르다.

광고노출 시간당 비용은 계약 기간 내 무제한으로 노출이 가능하지만, 계약 기간이 짧게는 하루, 길게는 일 년이 될 수 있다는 점에서 기간이 관건이다. 계약에 따라 최소 노출(minimum number of impressions)을 보장하는 경우도 있다. 과거 신문, 간판, TV 등 전통 오프라인 광고의 경우 대부분의 광고가 광고노출 시간당 비용으로 책정되었다. 또한 온라인 광고 초기 배너 광고에도 많이 사용되었다. 광고비만 내면 정해진 기간에 노출수나 클릭수와 상관없이 집행이 가능하고 특별히 관리할 필요가 없다는 장점이 있다(모비인사이드, 2024). 이와 달리 최근에는 행동당 비용, 클릭당 비용, 노출당 비용 등에 비해서 자주 사용되지는 않는다. 예를 들어, 네이버, 다음 등 국내 포털사이트의 경우 일주일간 특정 배너와 콘텐츠가 노출되며 노출 순서는 매 시간 바뀔 수 있다.

참고문헌

모비인사이드(2024). 온라인 마케팅에서 실패는 당연하다: CPC(Cost Per Click) 광고는 어렵다. https://www.mobiinside.co.kr/2021/05/24/cost-per-click/

The IT Law Wiki(2024). Cost Per Time. https://itlaw.fandom.com/wiki/Cost_per_time

192 | 광고비 대비 매출액 Return On Ad Spend (ROAS)

　　로아스 또는 광고 수익률이라고도 하며 광고비 지출에 대해 발생한 매출을 뜻한다. 즉, 경비(expense) 대비 광고로 발생한 수익의 비율을 의미하며, 광고 효과(advertising effectiveness)를 측정하는 데 사용된다. 이를 계산하는 공식은 '전환 가치(conversion value) / 비용(cost)'이다(Taylor, 2023). 또는 '캠페인 광고 매출(revenue from ad campaign) / 캠페인 비용(cost of ad campaign)'으로 계산할 수 있다. 예를 들어, 광고비 10만 원으로 20만 원의 전환 가치, 즉 수익을 발생시키면 광고비 대비 매출액은 2가 된다. 광고비 1만 원을 투자할 때마다 2만 원의 매출이 발생함을 뜻한다. 사실 광고비 대비 매출액은 투자 대비 매출액(Return On Investment: ROI)과 동일한 개념이나 모바일 디지털 광고에서는 광고비 대비 매출액을 사용한다.

　　광고비 대비 매출액의 장점은 가장 효과가 높은 채널을 선정할 수 있고, 광고 콘셉트의 반응이 가장 높은 크리에이티브를 확인할 수 있으며, 향후 마케팅 전략 수립을 위한 인사이트를 제공한다는 점이다. 반면, 단기적 지표로 장기적인 매출을 확인하기 위해서 특정 기간 동안 고객이 앱을 사용함으로써 발생하는 가치를 뜻하는 생애 가치(Lifetime Value: LTV) 등을 고려해야 한다는 것은 단점이다. 참고로 마케팅 용어인 고객 생애 가치(Customer Lifetime Value: CLV)와는 다른 의미다. 고객 생애 가치(CLV)는 고객 한명이 특정 기간 동안 발생시키는 매출액을 뜻한다. 반면, 생애 가치(LTV)는 한 명의 고객이 아닌 전체 고객 집단(customer base)을 통해 특정 기간 동안 발생되는 평균 가치(average value)를 뜻한다(Appsflyer, 2024). 따라서 광고비 지출을 높인다고 반드시 높은 전환율이 발생하지는 않는다. 예를 들어, 값은 비싸지만 전환이 없는 키워드나 검색어(search terms), 이용자들이 이해하기 어려운 부정적인 연상이 떠오르는 키워드일 수 있기 때문이다.

참고문헌

Appsflyer (2024). Lifetime Value(LTV). https://www.appsflyer.com/glossary/ltv/

Moon, H., Lee, T., Seo, J., Park, C., Eo, S., Aiyanyo, I. D., & Park, K. (2022). Return on Advertising Spend Prediction with Task Decomposition-Based LSTM Model. *Mathematics*, *10*(10), 1637. https://www.mdpi.com/2227-7390/10/10/1637

Taylor, K. (2023). Understanding Return on Ad Spend (ROAS), WordStream. https://www.wordstream.com/blog/ws/2019/01/16/return-on-ad-spend-roas

193 | 광고사기 Ad Fraud

광고 클릭 사기(ad click fraud) 라고도 불리며 클릭판매, 봇 트래픽(bot traffic) 등 인위적으로 광고 클릭 등 전환 성과를 반복해서 조작하는 행위를 뜻한다(Cloundflare, 2024). 금전적 이득을 위해 디지털 광고 네트워크를 속이려는 모든 시도를 포함한다(Agrawal & Nadakuditi, 2023). 고든 등(Gordon, Jerath, Katona, Narayanan, Swin, & Wilbur, 2020)은 광고사기를 광고 인벤토리를 부실하게 보여 주거나(misrepresent), 광고비를 도용하기 위해 기계(machine)를 인간으로 위장하는 행위로 정의했다. 통상적으로 전체 디지털 광고 수익(digital advertising revenue)의 10~30%를 차지한다. 광고사기의 대표적인 유형은 숨겨진 광고(hidden ads)다. 노출(impression) 기반의 과금 네트워크에서 사용자가 광고를 실제로 보지 않더라도 노출된 것으로 속이는 방식이다(Agrawal & Nadakuditi, 2023). 또 다른 방식인 클릭 하이재킹(click hijacking)은 사용자가 실제 광고를 클릭할 때 클릭을 다른 광고로 리디렉트해 클릭을 도용하는 행위다. 이런 유형의 경우 사용자의 컴퓨터, 광고 발행인의 웹사이트 또는 프락시 서버가 손상을 입게 된다.

가짜 앱 설치(fake app installation)도 흔히 사용되는 방식이다. 주로 모바일 앱에서 여러 명이 앱을 수천 번 설치하고 대량으로 앱과 상호작용을 한다. 예를 들어, 클릭농장(click farm)에서 저임금의 노동자를 클릭을 누르기 위해 고용한다. 적법한 방문자와 동일하게 서핑을 하고, '좋아요' 버튼을 누르거나, 뉴스레터에 등록하는 등 진위를 판별하기 어려운 경우가 많다. 또한 봇넷 광고사기(botnet ad fraud)는 봇넷을 이용해 광고에 수천 건의 가짜 클릭이나 가짜 방문을 생성하는 경우다. 이를 위해 사용되는 클릭봇(click bot)은 실제 사용자를 모방해 특정 링크를 자동으로 클릭하도록 프로그래밍되고 IP 주소도 달라 합법적인 방문자와 구별하기 어렵다.

성과 도출을 위한 인위적인 클릭수나 노출 조작 외에도 영역사기(domain fraud)나 위치사기(location fraud)도 있다. 광고가 노출되는 웹사이트의 영역이나 위치를 조작하는 경우를 말한다(Agrawal & Nadakuditi, 2023). 즉, 실제로는 광고가 신뢰도 및 품질이 낮은 사기성 웹사이트나 전혀 관련이 없는 위치에 노출되지만, 고품질의 평판이 높은 웹사이트나 목표로 한 위치에 노출된다고 광고주를 기만하는 경우를 뜻한다.

참고문헌
Agrawal, S., & Nadakuditi, S. (2023). AI-based Strategies in Combating

Ad Fraud in Digital Advertising: Implementations, and Expected
Outcomes. *International Journal of Information and Cybersecurity*,
7(5), 1-19.

Cloudflare (2024). What is Ad Fraud? Ad Click Fraud. https://www.
cloudflare.com/learning/bots/what-is-ad-fraud/

Gordon, B. R., Jerath, K., Katona, Z., Narayanan, S., Shin, J., & Wilbur,
K. C. (2021). Inefficiencies in Digital Advertising Markets. *Journal of
Marketing*, 85(1), 7-25.

194 | 광고 차단 Advertising Blocking

광고 차단은 사용자가 웹 브라우저나 모바일 애플리케이션에서 광고
콘텐츠를 차단하거나 제거하기 위해 사용하는 기술을 말한다. 웹페이
지에서 배너 광고, 팝업 광고, 동영상 광고 등 다양한 형태의 광고를 필
터링하고, 이를 사용자에게 보이지 않도록 하는 데 사용된다. 이를 통
해 사용자의 온라인 경험을 개선하고, 페이지 로딩 시간을 줄이며, 프
라이버시를 보호하는 것이 주목적이다(Barford, Canadi, Krushevskaja, &
Muthukrishnan, 2016).

다만 광고 차단은 디지털 광고 산업에 부정적인 영향을 미친다. 광고
주가 도달할 수 있는 잠재 고객의 수가 감소하고, 디지털 광고의 효율성
이 저하되는 결과를 초래하기 때문이다. 광고 수익의 감소로 이어질 수
있기 때문에 광고주와 웹사이트 소유기업에게 큰 위협이 되고 있다. 전
세계 인터넷 사용자 중에서도 젊은 세대와 IT 관련 지식이 많은 소비자
의 광고차단 소프트웨어 사용률이 특히 높다.

광고 차단을 극복하기 위해 광고주와 웹사이트 소유기업이 사용할

수 있는 전략은 다음과 같다. 우선, 네이티브 광고(native advertising)를 활용하는 것이다. 네이티브 광고는 콘텐츠의 일부처럼 보이도록 디자 인되어 광고 차단 소프트웨어에 의해 쉽게 차단되지 않는다. 아울러 네 이티브 광고는 사용자의 경험을 방해하지 않고 자연스럽게 콘텐츠에 녹아들어, 광고 차단의 가능성을 최소화할 수 있다. 둘째, 광고 경험을 개선하는 것이다. 많은 사용자들이 광고 차단 소프트웨어를 사용하는 이유는 성가신 팝업 광고나 페이지 로딩을 방해하는 광고 때문이다. 따 라서 광고의 형식과 내용을 개선해 사용자 경험을 향상시키는 것이 중 요하다. 이와 함께 광고 차단 소프트웨어를 사용하는 사용자에게 광고 를 허용하도록 유도하는 방법도 있다. 예를 들어, 일부 웹사이트는 광 고가 차단된 상태에서는 콘텐츠에 접근할 수 없도록 하거나, 광고 차단 해제를 요청하는 메시지를 표시한다. 이러한 방식은 사용자에게 광고 의 중요성을 이해시키고, 공정한 콘텐츠 소비의 대가로 광고를 허용하 도록 설득하는 데 도움이 된다(Wojdynski & Evans, 2016).

참고문헌

Barford, P., Canadi, I., Krushevskaja, D., Ma, Q., & Muthukrishnan, S. (2016). Adscape: Harvesting and Analyzing Online Display Ads. *Proceedings of the 23rd International Conference on World Wide Web*, pp.597-608.

Wojdynski, B. W., & Evans, N. J. (2016). Going Native: Effects of Disclosure Position and Language on the Recognition and Evaluation of Online Native Advertising. *Journal of Advertising*, *45*(2), 157-168.

195 | 광고판매 플랫폼 Supply Side Platform (SSP)

언론사, 블로거, 앱 소유자 등 미디어 또는 발행인(publisher)의 광고 인벤토리, 즉 구좌에서 최저가로 공급된 광고 인벤토리(advertisement inventory)를 확보해 주는 플랫폼을 말한다(Lee & Cho, 2020). 광고 인벤토리 플랫폼이라고도 한다. 인벤토리를 판매하는 발행인의 입장에서 광고판매 플랫폼은 광고주를 쉽게 연결시키고 발행인의 광고지면을 최고가에 판매하기 위해 최대한 많은 잠재 구매자에게 광고 노출 정보를 제공하는 역할을 한다. 애드 익스체인지(ad exchange)를 통해 광고구매 플랫폼(demand side platform: DSP)과 연동된다. 광고구매 플랫폼에서 광고주는 자동화된 실시간 경매(real time bidding: RTB) 방식으로 인벤토리에 입찰해 광고를 구매한다. 반면, 발행인은 광고판매 플랫폼을 통해 여러 애드 익스체인지에서 동시에 광고 지면을 판매할 수 있다.

광고판매 플랫폼의 장점은 광고 지면이 최고 입찰가에 판매되도록 해 광고지면 임대율(ad fill rate)이 상승한다는 것이다. 또한 소비자에게 동일한 광고가 반복 노출될 경우 소비자의 피로도가 높아질 것이다. 이에 광고구매 플랫폼 및 광고판매 플랫폼은 서로 협력해 노출빈도의 상한선을 결정할 수 있다. 또한 발행인이 광고판매 플랫폼에서 가격 하한선을 설정할 수 있기 때문에 터무니없이 낮은 가격으로 광고 공간을 채우지 않아 공정한 가격을 받을 수 있다는 것도 장점이다.

참고문헌

Appsflyer(2024). SSP(Supply-Side Platform). https://www.appsflyer.com/glossary/supply-side-platform/

Lee, H., & Cho, C. H. (2020). Digital Advertising: Present and Future Prospects. *International Journal of Advertising*, 39(3), 332-341.

196 | 구글 애드워즈 Google Adwords

구글 애드워즈는 구글이 제공하는 온라인 광고 플랫폼으로서 기업과 개인이 구글 검색 결과 페이지와 구글 디스플레이 네트워크에 광고를 게재할 수 있도록 해 준다. 주로 클릭당 지불 방식(Pay-Per-Click: PPC)으로 운영되며, 광고주는 사용자가 광고를 클릭할 때마다 일정 금액을 지불한다. 키워드, 지역, 언어, 시간대 등 다양한 타기팅 옵션을 설정할 수 있다. 이를 통해 특정 소비자 그룹을 효과적으로 공략할 수 있으며, 광고 예산을 효율적으로 사용할 수 있다. 예를 들어, 키워드 타기팅을 통해 특정 검색어를 입력한 사용자에게만 광고가 노출되도록 설정할 수 있다. 광고의 정확성을 높이고, 전환율을 증가시키는 데 효과적이다(Chaffey & Ellis-Chadwick, 2019). 또한 구글 애드워즈는 상세한 분석 도구를 제공해 광고 캠페인의 성과를 모니터링하고 최적화할 수 있게 해 준다. 광고주는 클릭수, 노출수, 전환율 등 다양한 지표를 실시간으로 확인할 수 있으며, 이를 바탕으로 광고전략을 조정할 수 있다. 이러한 기능은 광고 예산의 효율성을 극대화하고 목표 달성에 기여한다(Steiner, 2020). 구글 애드워즈는 광고주에게 높은 수준의 유연성과 통제력을 제공함으로써, 다양한 산업 분야에서 널리 사용되고 있다. 지속적인 기능 업데이트와 새로운 광고 형식의 도입으로 디지털 광고 시장에서의 중요성을 계속해서 유지하고 있다. 특히 중소기업에게는 제한된 예산으로도 높은 광고 효과를 기대할 수 있는 중요한 마케팅 도구다.

참고문헌

Chaffey, D., & Ellis-Chadwick, F. (2019). *Digital Marketing: Strategy, Implementation and Practice* (7th ed.). Harlow: Pearson.Google. (2023).

Steiner, G. (2020). *The Google Ads Bible: Everything You Need to Know about Google Ads*. New York: Marketing Press.

197 | 그로스 마케팅 Growth Marketing

실험 기반(experimentation-based) 및 데이터 중심 의사결정(Data-Driven Decision Making: DDDM)을 통해 제품과 서비스의 질적 개선을 도모하며, 소비자 퍼널(funnel)에서 지속적 유입과 확보(retention)를 통해 지속가능하고(sustainable), 측정가능한(scalable) 고객확보 및 수익을 극대화하는 마케팅 방법을 뜻한다(Ellis, 2010; Summerville, 2023; Troisi, Maione, Grimaldi, & Loia, 2020). 전통적 마케팅 기법과 달리 실험적 관점에서 가설 수립 후 성과의 결과를 테스팅을 통해 파악하고 수정한 뒤 다시 테스팅을 반복하는 방식이다. 빠르게 학습하고 적용하는 방식을 거듭하는 시행착오 접근(trial-and-error approach) 방식으로 이해할 수 있다. 그로스 마케팅의 목적은 성장이다. 이를 위해 3가지 축인 ① 소프트웨어 엔지니어링(software engineering)과 자동화(automation), ② 데이터 어낼리틱스(data analytics)와 테스팅, 그리고 ③ 창의적 마케팅(creative marketing)에 대한 통섭적·융합적 지식과 사고능력을 가진 사람을 필요로 한다. 이러한 사람을 그로스 해커(growth hacker)라고 부른다(Troisi et al., 2020). 구매와 고객 확보에 상대적으로 비중을 두는 전통적 마케팅과 달리 스타트업이나 신생 브랜드의 브랜드 인지도부터 고객 확보 이후까지 고객의 전체적인 구매 여정(customer journey)에 초점을 두고 있다. 이를 위해 퍼스트파티(first-party) 데이터 또는 써드파티(third-party) 데이터 기반 퍼포먼스 마케팅, 검색 엔진 최적화, 콘텐츠, 브랜딩, 제휴들을 활용한다. 또한 더 나은 서비스와 제품을 제공하기 위해 고객의 웹사이트 방문 기록, 체류 시간, 회원 가입으로 전환되는 비율 등 다양한 데이터를 사용한다.

참고문헌

Ellis, S. (2010). Find a Growth Hacker for Your Startup. Startup Marketing. https://www.startup-marketing.com/where-are-all-the-growth-hackers/

Summerville, D. (2023). The Ultimate Guide to Growth Marketing and Best Practices. Dealfront. https://www.dealfront.com/blog/growth-marketing-ultimate-guide-best-practices/

Troisi, O., Maione, G., Grimaldi, M., & Loia, F. (2020). Growth Hacking: Insights on Data-driven Decision-making from Three Firms. *Industrial Marketing Management*, 90, 538-557.

198 | 노출 대비 클릭률 Click Through Rate (CTR)

이용자 관점에서 광고의 적절성(relevance of advertisements)을 반영하는 지표로 노출 횟수 대비 클릭된 횟수의 비율을 뜻한다(Kim, 2024; Yang & Zhai, 2022). 노출 대비 클릭률로 사용자들이 광고에 어떻게 반응하고 있는지 알 수 있는 기본지표로 사용된다. PPC 광고나 배너 광고 등 디지털 광고에서 노출 횟수(impression)와 해당 광고를 클릭한 횟수를 이용해 계산한 것이다. 산식은 '노출 대비 클릭률 = 클릭 횟수 / 광고 노출 횟수 × 100'이다. 예를 들어, 100명이 포스팅에서 배너 광고를 봤다고 가정할 때 클릭수가 30이라면 노출 대비 클릭률은 30%가 된다. 노출 대비 클릭률이 높을수록 광고가 사용자의 주의를 끌었다고 이해할 수 있다. 그러나 주의해야 할 점으로 클릭당 비용(cost per click)이 기본적으로 비싸게 책정되거나 전환율(conversion rate)이 낮을 경우 노출 대비 클릭률이 높아도 효율성이 떨어진다고 볼 수 있다. 검색 광고 평균 클릭률은 6.5%이며 보통 4~12% 정도까지를 평균 클릭률로 본다.

노출 대비 클릭률을 높이기 위해서는 시각적으로 어필하는 행동유도 버튼이나 트리거 단어 사용, 브랜드 메시지와 어울리는 고품질 이미지 적용 및 관련성을 증진하고 A/B 테스트를 사용할 수 있다. 한편, 노출 대비 클릭률의 일부가 가치 없는(valueless) 또는 우연한 클릭(accidental clicks)으로 웹사이트에서 일정 시간 체류 없이 바로 이탈하는 경우가 발생한다(Tolomei, Lalmas, Farahat, & Haines, 2019). 이럴 경우 광고주 입장에서 허수의 클릭에 광고비가 낭비될 것이다. 애드 네트워크나 발행인에게도 이런 우연한 허수의 클릭은 노출 대비 클릭률을 과대평가해 정확한 광고 순위와 광고비 예측에 오류를 초래한다. 한 연구에서는 체류 시간(dwell time) 관련 방대한 데이터를 기계학습 클릭 모형(machine-learned click model)에 적용해 우연한 클릭을 포함했을 때 클릭률이 약 3.9% 그리고 광고 수입이 약 0.2% 증가함을 밝혔다(Tolomei et al., 2019). 이 연구에서는 광고 클릭 모형의 학습 및 정확한 광고비 산출을 위해 우연한 클릭의 효과가 보정될 필요가 있음을 제시했다.

참고문헌

Kim, A. (2024). 클릭률(CTR), Pro Solution. https://dnpro-solution.com/ctr/

Tolomei, G., Lalmas, M., Farahat, A., & Haines, A. (2019). You Must Have Clicked on This Ad by Mistake! Data-Driven Identification of Accidental Clicks on Mobile Ads with Applications to Advertiser Cost Discounting And Click-Through Rate Prediction. *International Journal of Data Science and Analytics*, 7, 53-66.

Yang, Y., & Zhai, P. (2022). Click-through Rate Prediction in Online

Advertising: A Literature Review. *Information Processing & Management*, *59*(2), 102853.

199 | 네이티브 광고 Native Advertising

네이티브 광고는 소비자에게 자연스럽게 다가가기 위해 콘텐츠와 일치하는 형태로 제공되는 광고를 말한다. 기사, 블로그, 소셜미디어 게시물 등 다양한 형태로 제공된다. 이러한 광고는 광고임을 인지하기 어렵도록 디자인되어 소비자의 콘텐츠 경험을 방해하지 않는다. 이로 인해 전통적인 배너 광고나 팝업 광고에 비해 참여율이 높다. 소비자가 네이티브 광고를 유기적인 콘텐츠로 인식하기 때문에 클릭률과 전환율이 높아지기 때문이다. 페이스북의 스폰서 게시물이나 인스타그램의 프로모션 포스트가 대표적인 사례다(Carlson, 2018). 네이티브 광고는 타기팅의 정밀성도 높은 편이다. 소비자의 관심사, 행동 패턴, 검색 기록 등을 기반으로 특정 그룹을 타기팅할 수 있기 때문이다. 이를 통해 광고가 적절한 타이밍에 적절한 소비자에게 전달되도록 함으로써 광고 효과를 극대화할 수 있고, 브랜드 인지도와 신뢰도를 높일 수 있다. 광고가 콘텐츠와 자연스럽게 융합되기 때문에 소비자는 이를 유용한 정보로 인식하고, 브랜드에 대해 긍정적인 이미지를 형성하게 된다(Smith, 2019). 이러한 특징들로 인해 네이티브 광고는 디지털 마케팅 전략에서 중요한 위치를 차지하고 있다.

참고문헌

Carlson, M. (2018). Native Advertising and Digital News: Filtering Economic, Technological, and Editorial Discourses. *Journalism Studies*, *19*(10),

1463-1480.

Smith, K. (2019). The Evolution of Native Advertising: Examining the Impacts and Ethics. *Journal of Digital Marketing*, *12*(2), 33-45.

200 | 다중채널 네트워크 Multi-Channel Networks (MCNs)

다중채널 네트워크(MCN)는 유튜브와 같은 동영상 플랫폼에서 다양한 크리에이터의 채널을 관리하고 지원하는 조직을 말한다. 크리에이터들이 콘텐츠 제작에 집중할 수 있도록 다양한 서비스를 제공하며, 광고 수익 공유, 브랜드 협업, 채널 성장 전략 등을 포함한다. 이를 통해 크리에이터가 더 나은 콘텐츠를 제작하고, 더 많은 구독자와 시청자에게 도달할 수 있도록 돕는다. 다중채널 네트워크의 주요 기능 중 하나는 광고 수익 관리다. 크리에이터의 채널을 통해 발생하는 광고 수익을 관리하고, 이를 크리에이터와 공유한다. 따라서 크리에이터는 안정적인 수익을 확보할 수 있으며, 광고주와의 협상에서 더 나은 조건을 이끌어 낼 수 있다. 또한 다중채널 네트워크는 크리에이터를 대신해 브랜드 협업을 진행함으로써 추가적인 수익 창출 기회를 제공한다(Hoffman & Fodor, 2010). 채널의 성장을 지원하는 것 또한 다중채널 네트워크의 중요한 기능이다. 이는 크리에이터가 더 많은 구독자와 시청자에게 도달할 수 있도록 돕는 것을 포함한다. 이를 위해 시청자 성향을 파악하고, 크리에이터에게 콘텐츠 제작 방향과 전략을 제안한다. 예를 들어, 특정 콘텐츠 형식이나 주제가 시청자에게 인기가 많다는 데이터를 제공함으로써 크리에이터가 이를 반영한 콘텐츠를 제작하도록 유도한다. 그 밖에 크리에이터가 유튜브, 인스타그램, 틱톡, 페이스북 등 다양한 플랫폼에서 활동하도록 지원하는 등 다중채널 네트워크의 역할은 매우 다양하다(Van der Burg, Van der Berg, & Pauwels, 2019). 이를 고려할 때 다중채널 네트워크는 중소규모의 크리에이터에게 특히 유리하다. 대형 크리에이터와 달리 자원과 인프라가 부족한 중소 크리에이터의 경우 다중채널 네트워크의 지원을 통해 효과적으로 성장할 수 있다. 다중채널 네트워크의 자원을 활용해 콘텐츠 품질을 높이고, 더 많은 시청자를 확보할 수 있기 때문이다. 또한 다중채널 네트워크를 통해 광고주와의 협상에서 유리한 위치를 점할 수 있고, 보다 안정적이고 높은 수익을 창출할 수 있다.

참고문헌

Hoffman, D. L., & Fodor, M. (2010). Can You Measure the ROI of Your Social Media Marketing?. *MIT Sloan Management Review, 52*(1), 41-49.

Van der Burg, R., Van den Berg, J., & Pauwels, K. (2019). Digital Advertising and Its Impact on the Marketing Mix. *International Journal of Research in Marketing, 36*(3), 451-467.

201 | 데이터 운영 플랫폼 Data Management Platform (DMP)

빅데이터를 토대로 관심사나 행동 등의 기준에 따라 정보를 분류해 광고에 활용하는 플랫폼을 지칭한다. 또는 다양한 복수의 접점(touch points)과 채널로부터 수집되는 데이터를 통합(data integration), 분석(analytics), 실시간 활성화(real-time activation)하는 플랫폼이다(Elmeleegy et al., 2013; Microsoft, 2024). 데이터 운영 플랫폼의 특성으로, 첫째, 데이터 분석을 통해 복수의 플랫폼과 채널로부터 수집되는 이질적인 데이터를 정제 및 통합해 준다. 이질적 데이터를 정제해 플랫폼 간 동일한 목표 수용자에 대한 인사이트를 도출하고 적용되도록 데이터를 가공해 준다. 둘째, 데이터 분석을 통해 채널 간 보고(cross-channel reporting)와 데이터 집합(aggregation), 이용자 행동 상관분석 및 분석 모델링 등 분석 역량(analytic capability)을 제공한다. 셋째, 데이터 운영 플랫폼은 실시간 활성화를 제공한다. 즉, 데이터를 실시간 수집할 뿐만 아니라 실시간으로 송출한다. 서로 다른 플랫폼과 채널 및 온오프라인 데이터를 실시간으로 수집하고 송출해 미디어 최적화 및 고객 경험을 향상시킨다. 즉, 데이터 운영 플랫폼을 이용해 광고 타기팅, 개인 맞춤화된 경험, 다른 플랫폼과 소통 및 데이터 수익화를 꾀할 수 있다.

데이터 운영 플랫폼에서 주로 3가지 유형의 데이터를 분석하는데, 먼저 기업이 보유한 이메일 주소, 행동, 인구통계 및 구매 내역 등의 퍼스트파티 데이터(first-party data)가 있다. 또한 고객과의 직접 상호작용이나 픽셀 추적, 쿠키를 통해 수집된 고객 및 고객 행동 정보인 세컨드파티 데이터(second-party data)가 있다. 무엇보다 세컨드파티 데이터는 자사가 아닌 다른 조직에 의해 수집되며 퍼스트파티 데이터를 강화하고 보완하는 기능을 한다. 마지막으로 서드파티 데이터(third-party data)는 다양한 소스로부터 수집되어 패키지화된 데이터로 구매가 가능하다. 보통 대용량 데이터 수집기가 게시자와 다른 데이터 소유자로부터 획득한다. 추가적으로, 퍼스트파티 데이터만 사용한다면 고객 데이터 플랫폼(Customer Data Platform: CDP)을 사용할 수 있는데 자사 고객의 온라인 행동, 인구통계 및 트랜잭션 정보 등을 자사의 데이터 스토리지에 보관해 영구적인 고객 프로필을 만들 수 있다. 2023년 현재 대표적인 데이터 운영 플랫폼으로 Adobe Audience Manager, Lotame,

Oracle Bluekai, Salesforce DMP 등이 있다(Sharma, 2023).

참고문헌

Elmeleegy, H., Li, Y., Qi, Y., Wilmot, P., Wu, M., Kolay, S., & Chen, S. (2013). Overview of Turn Data Management Platform for Digital Advertising. *Proceedings of the VLDB Endowment*, 6(11), 1138-1149.

Microsoft (2024). 데이터 관리 플랫폼(DMP)이란 무엇인가요?. Dynamic 365. https://dynamics.microsoft.com/ko-kr/ai/customer-insights/what-is-a-data-management-platform-dmp/

Sharma, D. (2023). Top 7 Data Management Platforms in 2023. adpushup. https://www.adpushup.com/blog/the-best-data-management-platform/

202 | 동영상 광고 Video Advertising

동영상 광고는 인터넷과 소셜미디어 플랫폼을 통해 사용자에게 비디오 형식으로 전달되는 광고를 말한다. 시각적인 요소와 청각적인 요소를 결합해 강력한 메시지를 전달할 수 있어 참여율과 전환율이 높다. 이로 인해 유튜브, 페이스북, 인스타그램 등 다양한 플랫폼에서 사용되고 있으며, 특히 젊은 층에게 효과적이다. 동영상 광고는 짧은 시간 안에 강렬한 인상을 남길 수 있다. 이를 통해 브랜드 인지도와 기억률을 높일 수 있다. 또한 제품이나 서비스의 장점을 시각적으로 강조함으로써 소비자의 구매 결정을 촉진할 수 있다. 다만 사용자의 관심을 끌기 위해서는 처음 몇 초가 매우 중요하다. 특히 유튜브 광고의 경우 처음 5초 안에 강력한 메시지를 전달해 사용자의 관심을 유도해야만 '건너뛰기'를 방지할 수 있다(Pashkevich, Dorai, Kellar, & Zigmond, 2012). 동영상 광고는 타기팅의 정밀성도 높다. 광고주는 사용자의 연령, 성별, 관심사, 검색 기록 등을 기반으로 특정 그룹을 타기팅할 수 있다. 이를 통해 광고가 적절한 타이밍에 적절한 소비자에게 전달되도록 함으로써 광고 효과를 극대화할 수 있다. 해당 브랜드의 스토리텔링에도 효과적이다. 브랜드의 역사, 가치, 미션 등을 시각적으로 전달함으로써 소비자와 감정적으로 연결될 수 있다. 이는 브랜드 충성도를 높이고, 장기적인 고객 관계를 형성하는 데 도움이 된다. 소셜미디어를 통해 쉽게 공유될 수 있어서 넓은 범위의 잠재 고객에게 도달할 수 있다는 점도 동영상 광고의 장점이다(Kaplan & Haenlein, 2011).

참고문헌

Kaplan, A. M., & Haenlein, M. (2011). Two Hearts in Three-quarter Time: How to Waltz the Social Media/viral Marketing Dance. *Business Horizons*, 54(3), 253-263.

Pashkevich, M., Dorai-Raj, S., Kellar, M., & Zigmond, D. (2012). Empowering Online Advertisements by Empowering Viewers with the Right to Choose: The Causal Effect of Skippable Video Advertisements on In-stream Ad Effectiveness. *Journal of Advertising Research*, 52(4), 451-457.

203 | 동영상 광고 종료율 Video Ad Completion Rate

동영상 광고 종료율은 시청자가 동영상 광고를 끝까지 시청한 비율을 말한다. 동영상 광고의 효과를 평가하는 중요한 기준 중 하나다. 광고의 전체 재생 시간 대비 실제로 시청한 시간을 측정해 산출한다. 예를 들어, 100명이 동영상 광고를 시청했을 때 그중 80명이 광고를 끝까지 시청했다면 해당 광고의 종료율은 80%가 된다. 광고주가 얼마나 많은 시청자에게 광고 메시지를 완전하게 전달했는지 확인하는 데 중요한 역할을 한다.

한편, 동영상 광고 종료율은 광고의 흥미도, 타기팅의 정확성, 콘텐츠의 품질 등 다양한 요인에 의해 영향을 받는다(Duane & Wilkinson, 2015). 예를 들어, 짧고 강렬한 메시지를 담은 15초 광고는 30초 광고보다 높은 종료율을 보이는 경향이 있다. 또한 타기팅이 정확하게 이루어질수록 시청자가 광고에 관심을 가질 확률이 높으며, 이로 인해 종료율 역시 높아질 가능성이 크다.

이를 고려할 때 기업이 동영상 광고 종료율을 높이기 위해서는 무엇보다 먼저 광고의 초반 몇 초 동안 시청자의 관심을 끌어야 한다. 초반에 시청자의 관심을 끌지 못하면 건너뛰거나 종료하는 경우가 많기 때문이다. 따라서 광고의 초반 몇 초에 강렬한 시각적 요소나 흥미로운 스토리를 제시하는 것이 중요하다. 광고의 길이를 적절히 조절하고, 메시지를 명확하게 전달하는 것도 중요하다. 너무 긴 광고는 시청자의 이탈을 초래할 수 있기 때문에 가급적이면 짧고 임팩트 있게 제작하는 것이 바람직하다. 지속적인 데이터 분석과 테스트도 필요하다. 광고 캠페인의 성과를 모니터링하고, 어떤 요소가 종료율에 긍정적 또는 부정적 영향을 미치는지 분석해야 한다. 이를 위해 A/B 테스트를 통해 다양한 광고 버전을 비교하고, 가장 효과적인 요소를 식별할 수 있다. 또한 시청자 피드백을 적극 반영해 광고 콘텐츠를 개선하고, 변화하는 트렌드에 맞춰 전략을 조정하는 노력이 필요하다(Hobbs, 2020).

참고문헌

Duane, P., & Wilkinson, D. (2015). The Impact of Video Ad Length and Format on Completion Rates. *Journal of Advertising Research*, 55(3),

304-316.

Hobbs, T. (2020). Maximizing Video Ad Effectiveness: Best Practices and Strategies. *Digital Marketing Insights*, *22*(1), 15-29.

204 | 디스플레이 광고 Display Advertising

디스플레이 광고는 웹사이트, 앱, 소셜미디어 등 다양한 온라인 플랫폼에서 배너나 이미지 형태로 제공되는 광고를 말한다. 시각적 요소를 강조해 소비자의 관심을 끌고 브랜드 인지도를 높이는 데 효과적이다. 텍스트, 이미지, 애니메이션, 동영상 등을 포함해 다양한 형태로 제공된다. 디스플레이 광고는 타기팅 기능이 뛰어나다. 소비자의 인구통계, 관심사, 행동 패턴 등을 기반으로 타깃 그룹을 결정할 수 있기 때문이다. 예를 들어, 구글 애드워즈는 소비자의 검색 기록과 웹사이트 방문 이력을 바탕으로 맞춤형 디스플레이 광고를 제공한다(Broder, Fontoura, Josifovski, & Riedel, 2007). 브랜드 인지도를 높이는 데에도 효과적이다. 웹페이지의 눈에 잘 띄는 위치에 배치되어 소비자의 시선을 끌며, 반복 노출을 통해 브랜드 인지도를 강화할 수 있다. 이를 통해 소비자가 추후 구매 결정을 내릴 때 해당 브랜드를 더 쉽게 기억할 수 있도록 한다. 클릭당 지불(Pay-Per-Click) 방식이나 천 명 노출당 지불(Cost-Per-Thousand Impressions: CPM) 방식으로 운영할 수 있어 예산 관리도 용이하다(Yuan, Wang, & Zhao, 2013). 광고주는 디스플레이 광고의 노출수, 클릭수, 전환율 등 다양한 지표를 실시간으로 모니터링할 수 있다. 이를 통해 광고 캠페인의 성과를 평가하고, 필요한 경우 전략을 조정할 수 있다. 이러한 기능은 광고 예산의 효율성을 극대화하는 데 유용하다.

참고문헌

Broder, A., Fontoura, M., Josifovski, V., & Riedel, L. (2007). A Semantic Approach to Contextual Advertising. In *Proceedings of the 30th Annual International ACM SIGIR Conference on Research and Development in Information Retrieval*, pp.559-566.

Yuan, S., Wang, J., & Zhao, X. (2013). Real-time Bidding for Online Advertising: Measurement and Analysis. In *Proceedings of the Seventh International Workshop on Data Mining for Online Advertising*, pp.1-8.

205 | 디지털 마케팅 Digital Marketing

이용자들에게 제품이나 서비스의 구매를 설득하기 위해 인터넷에서 발전한 기술의 조합으로 정의할 수 있다(Avery, Steenburgh, Deighton, & Caravella, 2012). 또는 디지털 기술을 사용해 제품 및 서비스를 홍보하는 마케팅으로 온라인 마케팅으로도 불린다(Seo, 2023). 디바이스별로 스마트폰, 컴퓨터, 태블릿 등 전자기기를 활용하며 웹 및 각종 소셜미디어 플랫폼을 기반으로 한 마케팅을 총칭한다. 디지털 마케팅의 종류는 검색 엔진 최적화(SEO), 소셜미디어 마케팅(Social Media Marketing: SMM), 인플루언서 마케팅, 콘텐츠 마케팅, 이메일 및 바이럴 마케팅, 모바일 마케팅, 그로스 마케팅(growth marketing) 등이 있다. 주요성과지표(key performance indicators: KPIs)로 클릭률, 페이지당 평균 체류 시간, 웹 트래픽 소스, 재방문율, 마케팅 ROI(Return On Investment)가 활용된다.

최근 데이터 과학(data science)의 기술은 디지털 마케팅 전략의 효과성을 높이는 데 일조하고 있다. 예를 들어, 데이터 과학을 통해 기업이 이용자로부터 수집된 정보 및 기업의 데이터베이스에 있는 데이터 소스나 유형을 관리하고 최첨단의 데이터 분석과 혁신적 기술을 이용해 새로운 지식을 창출한다(Saura, 2021). 근래 전통매체의 영향력이 감소하는 반면에 하루 평균 스마트폰의 이용이 5시간을 넘어가면서 디지털 마케팅은 필수적 채널로 인식된다. 예를 들어, 인스타그램을 통해 유행한 '김씨네 과일' 사례의 경우 티셔츠에 과일을 프린팅해 마치 과일을 파는 듯한 마케팅을 펼쳐 MZ세대에게 엄청난 인기를 끌었다. 디지털 마케팅은 디지털 환경에서 실행되기에 국가와 시간에 상관없이 거의 모든 사용자에게 접근성이 높다. 무엇보다 데이터 기반의 마케팅 전략을 수립할 수 있어 투자 대비 정확한 결과를 확보할 수 있다.

참고문헌

Avery, J., Steenburgh, T. J., Deighton, J., & Caravella, M. (2012). Adding Bricks to Clicks: Predicting the Patterns of Cross-channel Elasticities over Time. *Journal of Marketing*, 76(3), 96-111.

Saura, J. R. (2021). Using Data Sciences in Digital Marketing: Framework, Methods, and Performance Metrics. *Journal of Innovation & Knowledge*, 6(2), 92-102.

Seo, J. (2023). 디지털 마케팅 이란? 전략, 종류, 2023 트렌드. TBWA₩ DATALAB. https://seo.tbwakorea.com/blog/all-about-digital-marketing/

206 | 디지털 OOH광고 Digital Out-Of-Home Advertising

디지털 OOH광고는 전통적인 옥외광고의 디지털 버전으로 디지털 디스플레이를 통해 실시간으로 변경 가능한 광고를 말한다. 대형 LED

스크린, 디지털 빌보드, 키오스크 등 다양한 형태로 표출되며, 도시 중
심가, 쇼핑몰, 공항 등 유동인구가 많은 장소에 주로 설치된다. 광고 내
용을 실시간으로 업데이트할 수 있어 상황에 맞게 집행할 수 있다. 시
각적 충격과 주목도를 높일 수 있는 다양한 기능을 제공하는 것 역시 큰
장점이다. 고해상도 디스플레이와 동영상 콘텐츠를 통해 소비자의 관
심을 끌고, 브랜드 메시지를 효과적으로 전달할 수 있기 때문이다. 예
를 들어, 뉴욕 타임스퀘어의 디지털 빌보드는 다양한 브랜드의 광고를
실시간으로 보여 주며 화려한 비주얼로 많은 사람의 주목을 끌고 있다
(Gambetti, 2010).

실시간 데이터와 결합해 정교한 타기팅도 가능하다. 또한 날씨, 시간
대, 교통 상황 등 다양한 데이터를 기반으로 광고 내용을 탄력적으로 변
경할 수도 있다. 더 나아가 인터렉션 기능을 통해 소비자의 참여를 유
도할 수도 있다. 터치스크린 키오스크나 QR 코드 등을 활용해 소비자
가 직접 광고와 상호작용할 수 있게 함으로써 브랜드에 대해 긍정적인
경험을 제공한다. 이로 인해 소비자의 브랜드 인지도를 높이고, 제품에
대한 관심도를 증대시키는 데 효과적이다(Wilson & Till, 2012). 기업이
디지털 옥외광고의 이러한 특징을 효과적으로 활용하기 위해서는 창의
적인 콘텐츠와 정교한 타기팅 전략이 필요하다. 또한 광고 내용은 짧고
명확해야 하며, 실시간 데이터를 활용해 상황에 맞는 광고를 제공해야
한다.

참고문헌

Gambetti, R. (2010). Ambient Communication: How to Engage Consumers in Urban Touch-Points. *California Management Review*, 52(3), 34-51.
Kennedy, H. (2013). Digital Out-of-Home Advertising: New Opportunities for Content Providers. *Journal of Advertising Research*, 53(4), 377-382.
Wilson, R. T., & Till, B. D. (2012). Targeting of outdoor alcohol advertising:

A study across ethnic and income groups. *Journal of Current Issues & Research in Advertising, 33*(2), 267-281.

207 │ 디지털 전환 Digital Transformation

디지털 전환은 기업이 디지털 기술을 활용해 비즈니스 모형, 운영 방식, 고객 경험 등을 혁신하는 과정을 말한다. 단순한 기술 도입을 넘어, 기업의 전반적인 구조와 문화를 변화시키는 것을 포함한다. 이를 통해 고객 중심의 접근 방식을 강화하고, 효율성을 높이며, 새로운 비즈니스 기회를 창출하는 데 기여한다. 디지털 전환의 핵심 요소 중 하나는 데이터 분석이다. 기업은 방대한 양의 데이터를 수집하고 분석해 고객의 행동 패턴, 선호도 등을 파악할 수 있다. 이를 통해 맞춤형 제품과 서비스를 제공하며 고객 경험을 향상시킬 수 있다. 예를 들어, 넷플릭스는 시청 데이터를 분석해 개인화된 추천 시스템을 구축함으로써 소비자의 만족도를 높인다(Marr, 2018).

디지털 전환은 자동화를 통해 효율성을 극대화한다. 인공지능(AI)과 로봇 프로세스 자동화(RPA) 등의 기술을 활용해 반복적인 작업을 자동화함으로써 생산성을 높이고 비용을 절감할 수 있다. 이를 통해 직원들은 보다 창의적이고 전략적인 업무에 집중할 수 있다. 새로운 비즈니스 모형을 창출하는 데에도 중요한 역할을 한다. 전통적인 비즈니스 모형을 디지털화하거나 완전히 새로운 디지털 기반의 비즈니스 모형을 도입함으로써 시장에서 경쟁력을 강화할 수 있다. 우버와 에어비앤비는 이러한 방식으로 전통적인 산업에 변화를 가져온 대표적인 사례다(Brynjolfsson, E., & McAfee, A., 2014). 기업이 디지털 전환을 성공적으로 이끌기 위해서는 조직 문화의 변화가 필수적이다. 디지털 기술을 효과적으로 활용하기 위해서는 열린 마음과 혁신적인 사고를 지닌 인재들이 필요하기 때문이다. 또한 지속적인 학습과 변화를 수용하는 문화가 조성되어야 한다. 이를 통해 기업은 급변하는 디지털 환경에 유연하게 대응하고, 지속적인 성장을 이룰 수 있다.

참고문헌

Brynjolfsson, E., & McAfee, A. (2014). *The Second Machine Age: Work, Progress, and Prosperity in a Time of Brilliant Technologies*. New York: W.W. Norton & Company.

Marr, B. (2018). How Netflix Uses Analytics to Select Movies, Create Content, and Make Multimillion Dollar Decisions. *Forbes*. Retrieved from https://www.forbes.com/sites/bernardmarr/2018/08/14/how-netflix-uses-analytics-to-select-movies-create-content-and-make-multimillion-dollar-decisions/

208 | 랜딩 페이지 Landing Page

랜딩 페이지는 온라인 광고나 검색 결과를 통해 방문자가 처음 접하게 되는 웹페이지를 말한다. 특정 제품이나 서비스에 대한 정보를 제공함으로써 방문자의 특정 행동(구매, 가입, 문의 등)을 유도하는 데 목적이 있다. 광고 캠페인의 성공을 좌우하는 전환율을 높이는 데 필수적이다. 이를 위해 랜딩 페이지는 명확하고 집중된 메시지를 제공해야 한다. 특히 방문자가 랜딩 페이지에 도착했을 때 무엇을 해야 하는지 즉시 이해할 수 있도록 주목도 높은 헤드라인과 간결한 설명이 필요하다. 예를 들어, 신제품 출시를 홍보하는 랜딩 페이지의 경우 해당 제품의 주요 특징과 혜택을 간결하게 설명하고, '구매하기' 버튼을 눈에 잘 띄는 위치에 배치하는 것이 효과적이다(Halvorson, 2010).

시각적 요소와 사용자 경험(UX) 역시 중요하다. 고해상도 이미지, 비디오, 그래픽 등을 활용해 시각적으로 매력적인 페이지를 구성함으로써 방문자의 관심을 끌어야 한다. 또한 페이지의 로딩 속도를 최적화하고, 모바일 기기에서도 원활하게 작동하도록 설계하는 것이 중요하다. 이는 방문자가 페이지를 떠나지 않고 계속해서 탐색하도록 하는 데 효과적이다. 랜딩 페이지의 신뢰도를 높이기 위해 고객 리뷰, 인증 마크, 사용 사례 등을 포함시키는 것도 효과적이다. 효과적인 랜딩 페이지를 만들기 위해서는 A/B 테스트를 통해 다양한 요소를 실험하고 최적화해야 한다. 헤드라인, 이미지, 호출 버튼(Call-to-Action)의 위치 등 다양한 요소를 테스트함으로써 가장 높은 전환율을 제공하는 조합을 찾아야 한다. 이러한 데이터 기반 접근 방식은 랜딩 페이지의 성과를 지속적으로 개선하는 데 필수적이다(Wind, 2008).

참고문헌

Halvorson, K. (2010). *Content Strategy for the Web*. New York: New Riders.
Wind, J. (2008). *Beyond Advertising: Creating Value through All Customer Touchpoints*. San Francisco: Jossey-Bass.

209 | 리드 Lead

자사 상품이나 재화에 관심을 가진 잠재 고객을 뜻한다(SendPulse, 2024). 리드 고객을 다양한 채널을 통해 구매 퍼널(sales funnel)로 유입하는 것이 중요하며 이후 충성 고객으로 전환시켜야 한다. 리드 생성(lead generation)은 온라인 이용자를 사업의 잠재 고객으로 변환 (transform), 유인(attract) 및 발견(identify)하는 과정이다(Salespanel, 2024). 리드 생성을 위해 온라인 채널을 이용하거나, 광고, 이메일 캠페인, 소셜미디어 또는 랜딩 페이지를 통해 다운로드 가능한 콘텐츠 제공 등의 전략 및 전술을 활용할 수 있다. 대표적인 예로 비즈니스 웹사이트로 트래픽 전환 및 잠재고객의 연락처 등 정보 수집이다. 먼저 이방인(strangers)은 방문자(visitors)와 리드(leads)를 거쳐 고객(customers)과 촉진자(promoters) 순으로 발전한다(Salespanel, 2024). 이 과정에서 이방인이 유인(attract)되어 방문자가 되고 방문자는 변환(convert)을 통해 리드가 된다. 리드는 교환행위가 종료(close) 되면서 고객이 된다. 끝으로, 고객이 기쁨(delight)을 느낀다면 촉진자가 된다.

Tableau(2024)에 따르면, 리드의 종류는 퍼널 경로의 진입 과정에 따라 3가지가 있는데 먼저 퍼널의 가장 초입에 있는 고객으로 '정보 적합 리드(Information Qualified Lead: IQL)' 또는 '차가운 리드(cold lead)'다. 이들은 고객 구매 여정의 첫 단계에서 그들의 요청에 따라 유용한 정보를 제공하는 대신 이름, 이메일 주소, 위치 등 개인 정보를 수집할 수 있다. 다음으로 '마케팅 적합 리드(Marketing Qualified Lead: MQL)' 또는 '따뜻한 리드(warm lead)'는 구매 퍼널의 중간 단계에 존재하는 고객으로 기업이나 브랜드에 지속적인 관심을 표한다. 이들은 문제를 파악하고 회사나 브랜드가 어떻게 그들의 문제를 해결해 줄 수 있을지 기대한다. 마지막으로, '판매 적합 리드(Sales Qualified Lead: SQL)' 또는 '뜨거운 리드(hot lead)'는 구매 퍼널의 끝에 존재하는 고객으로 구매 의사를 적극적으로 표현한다. 리드를 만들기 위해서는 블로그를 포함한 적절한 프로모션 툴과 고객 타기팅, 유용한 콘텐츠 개발, 구독 폼(subscription forms)의 활용 및 리드의 동기 유발을 위한 인센티브 등이 제공되어야 한다.

참고문헌

Salespanel (2024). What is Lead Generation in Digital Marketing?. https://salespanel.io/blog/marketing/lead-generation-in-digital-marketing

SendPulse (2024). Marketing Lead. https://sendpulse.com/support/glossary/marketing-lead

Tableau (2024). What Is a Marketing Qualified Lead (MQL)?: Marketing Qualified Lead (MQL) Definition. Salesforce. https://www.tableau.com/learn/articles/marketing-qualified-lead

210 | 리타기팅 광고 Retargeting Advertising

리마케팅(remarketing) 또는 행동 타기팅(behavioral targeting)이라고도 하며 한 번 방문했지만 구매를 하지 않았던 사용자를 추적해 지속적으로 발신하는 방법론이다(Sahni, Narayanan, & Kalyanam, 2019). 브라우저 정보를 저장하는 쿠키(cookie)를 이용해 브랜드나 제품에 대해 지식과 친숙도가 높은 사람들을 대상으로 광고를 하는 독특한 형태의 디지털 광고. 타깃 고객들은 광고주의 웹사이트를 방문했거나 제품에 대한 정보를 담고 있는 제품 페이지(product page)를 이전에 방문했던 사람들이다. 리타기팅 광고는 웹사이트를 방금 떠난 사람들과 캠페인을 시작하는 시점과의 시차(time lag)가 거의 없도록 줄여 준다. 방금 떠난 사람들을 대상으로 하기에 리타기팅 광고는 새로운 정보가 거의 담기지 않은 디스플레이 배너 광고(display banner ad) 형태로 노출된다. 기존 연구 결과, 리타기팅 광고는 광고 효과성(ad effectiveness)과 광고 적절성(ad relevance)이 높아 대체로 이용자에게 긍정적으로 인식되며 프라이버시나 개인 정보가 다소 노출되더라도 양질의 정보탐색을 위해 이를 감수하는 것으로 밝혀졌다(Arli, 2024). 특히 리타기팅 광고의 지각된 도덕성(perception of ethicality)은 소비자 태도와 구매의도 간의 관계를 조절하는 것으로 나타나, 리타기팅 광고를 가치 있고 도덕적으로 여길수록 소비자 태도와 구매의도 간 정적 영향을 미친다.

참고문헌

Arli, D. (2024). Consumer Perceptions of the Ethicality of Re-targeting Online Advertising. *Asia Pacific Journal of Marketing and Logistics*, *36*(4), 878-898.

Sahni, N. S., Narayanan, S., & Kalyanam, K. (2019). An Experimental Investigation of the Effects of Retargeted Advertising: The Role of Frequency and Timing. *Journal of Marketing Research*, 56(3), 401-418.

211 │ 마케팅 Marketing

마케팅의 정의는 시대별로 학자에 따라 다양하게 진화해 왔다. 2004년 미국마케팅협회(American Marketing Association: AMA)는 마케팅을 조직과 이해관계자(stakeholders)의 이익을 추구하기 위해 고객과의 관계 관리(customer relationships) 및 고객가치 창출(creating value), 전달(delivering) 및 소통(communicating)의 일련의 과정이자 조직의 기능(an organization function and a set of processes)으로 정의했다. 한편, 피터 드러커(Peter Drucker)는 이 정의가 길고 난해해 마케팅의 본질을 놓쳤다고 하면서 마케팅은 '고객의 관점에서 보는 비즈니스(marketing is the business as seen from the customer)'라고 정의했다. 덧붙여 그는 고객은 기업이나 조직의 내부에서 어떤 일이 일어나는지 전혀 관심이 없는 데 반해 99%의 광고는 고객에 초점이 맞춰진 것이 아니라 기업 내부에 초점을 두고 있다고 비판했다(Darroch, 2009). 한편, 2007년 노스웨스턴 대학교 켈로그 경영대학원 석좌교수 필립 코틀러(Philip Kotler)는 저서 마케팅 관리(Marketing Management)에서 "마케팅은 기업이 고객을 위해 가치를 창출하고 강한 고객관계를 구축함으로써 그 대가로 고객으로부터 상응한 가치를 얻는 과정"으로 보았다. 2017년 미국마케팅협회가 인정한 가장 최근의 정의에 따르면 마케팅은 사회, 파트너, 클라이언트, 고객에게 가치 있는 제안(즉, 제품, 서비스)을 교환, 전달, 소통, 창조하는 일련의 과정, 제도 및 활동(Marketing is the activity, set of institutions, and processes for creating, communicating, delivering, and exchanging offerings that have value for customers, clients, partners, and society at large)으로 정의했다. 국내의 경우 2002년 한국마케팅협회(Korean Marketing Association: KMA)는 "마케팅은 조직이나 개인이 자신의 목적을 달성시키는 교환을 창출하고 유지할 수 있도록 시장을 정의하고 관리하는 과정"이라고 정의했다. 현재까지 보편적으로 인정되는 마케팅의 정의는 "교환과정을 통해 인간의 필요와 욕구를 만족시키는 데 목표를 둔 인간의 활동(Marketing is human activity directed at satisfying needs and wants through exchange process)"이다(강종헌, 2022).

참고문헌

강종원(2022). 강종헌의 마케팅, 마케팅(Marketing)의 정의. 월간창업경제. http://www.ksetup.com/news/news_view.php?idx_no=10741

마케팅정의 제정위원회(2002). 한국마케팅학회의 마케팅 정의. 마케팅연구, 17(2), 5-6.

American Marketing Association. Definition of Marketing. https://www. ama.org/the-definition-of-marketing-what-is-marketing/

Darroch, J. (2009). Drucker on Marketing: An Interview with Peter Drucker. *Journal of the Academy of Marketing Science*, 37, 8-11.

212 | 마케팅 페르소나 Marketing Persona

바이어 페르소나(buyer persona)라고도 하는데 자사 제품이나 서비스를 이용할 만한 타깃 시장 내의 가상 소비자 프로필을 뜻한다(Rivera, 2023). 즉, 커뮤니케이션 목표 달성을 위한 미세 단계 세분화(micro-level segmentation) 차원에서 현실 속에서 마치 상호작용 및 구매할 것으로 예상되는 고객의 특성과 행동을 모델링해 창조한 가상인물(fictional character)이다(Terho, Mero, Siutla, & Jaakkola, 2022). 마케팅 페르소나는 리서치, 데이터, 실제 고객의 인사이트를 통해 창조되며 콘텐츠 제작, 광고 및 제품 개발에 마케팅 페르소나가 이용될 수 있다. 과거 정성적 · 정량적 연구를 통해 페르소나가 만들어졌다면 지금은 고객 데이터 기반으로 인공지능이 이들을 만들어 낸다. 다시 말해, 마케팅 페르소나는 실제 제품과 서비스를 구매하는 고객들을 위해 전략 개발 과정에서 창조한 전형적 인물의 예시(examples)다. 마케팅 페르소나를 만들기 위해 다양한 정보가 필요한데 먼저 실제 고객의 인구통계학적 요인, 심리적 요인, 행동적 요인, 구매 패턴, 문제점(pain points), 구매 목적과 목표, 선호하는 마케팅 채널, 소통 스타일 등에 대해 파악해야 한다. 동시에 서베이, 인터뷰, 집단그룹인터뷰 등 다양한 연구방법론을 활용하고 고객 및 판매 데이터를 분석할 수 있다(Terho et al., 2022). 추가적인 정보가 필요하다면 고객에게 피드백을 요청할 수도 있다.

참고문헌

Rivera, M. (2023). *How to Create Marketing Personas in 2024*, ClearVoice. https://www.clearvoice.com/resources/create-marketing-personas-2024/
Terho, H., Mero, J., Siutla, L., & Jaakkola, E. (2022). Digital Content

Marketing in Business Markets: Activities, Consequences, and Contingencies along the Customer Journey. *Industrial Marketing Management, 105*, 294-310.

213 | 배너 광고 Banner Advertising

배너 광고는 웹사이트, 앱, 소셜미디어 등 다양한 온라인 플랫폼에서 배너 형태로 제공되는 광고를 말한다. 이미지, 텍스트, 애니메이션 등을 결합해 소비자의 관심을 끌고, 특정 제품이나 서비스에 대한 정보를 전달하는 데 목적이 있다. 다양한 크기와 형식으로 제공될 수 있어, 웹사이트나 앱의 레이아웃에 맞게 유연하게 배치될 수 있다. 일반적으로 사용되는 크기는 리더보드(728×90), 스카이스크래퍼(120×600), 미디엄 렉탱글(300×250) 등이다. 이러한 다양성으로 인해 광고주가 원하는 메시지를 효과적으로 전달할 수 있을 뿐만 아니라, 광고 캠페인의 주요 요소인 클릭률(CTR)을 높이고, 전환율을 증대시키는 데 효과적이다. 배너 광고의 효과를 높이기 위해서는 명확하고 매력적인 시각적 요소를 사용해야 한다. 짧은 시간에 소비자의 주목을 끌어야 하기 때문이다. 이를 위해 광고 디자이너는 고해상도 이미지와 선명한 텍스트를 사용하고, 애니메이션이나 동적 요소를 추가해 시각적 흥미를 유발해야 한다.

타기팅 기능은 배너 광고의 대표적인 장점이다. 광고주는 인구통계, 관심사, 행동 패턴 등을 사용해 타깃 그룹을 설정할 수 있다. 이를 통해 광고가 적절한 타이밍에 타깃 소비자에게 전달되도록 함으로써 광고 효과를 극대화할 수 있다(Tsang, Ho, & Liang, 2004). 이러한 타기팅은 광고비를 절감하고, ROI(Return on Investment)를 향상시키는 데에도 기여한다. 배너 광고의 또 다른 장점은 실시간으로 광고 효과를 모니터링하고 분석할 수 있다는 점이다. 이를 통해 광고주는 노출수, 클릭수, 전환율 등 광고 캠페인의 다양한 효과를 평가하고, 필요한 경우 전략을 조정할 수 있다(Dreze & Hussherr, 2003). 브랜드 인지도를 높이는 데에도 중요한 역할을 한다. 지속적인 노출을 통해 소비자에게 브랜드 메시지를 강화하고, 브랜드에 대한 친숙함을 높일 수 있다. 이는 소비자가 구매 결정을 내릴 때 해당 브랜드를 우선적으로 고려하게 만드는 데 기여한다. 따라서 배너 광고는 단기적인 판매 촉진뿐만 아니라 장기적인 브랜드 구축에도 유용한 도구다.

참고문헌

Dreze, X., & Hussherr, F. X. (2003). Internet Advertising: Is Anybody Watching?. *Journal of Interactive Marketing*, 17(4), 8-23.

Tsang, M. M., Ho, S. C., & Liang, T. P. (2004). Consumer Attitudes toward Mobile Advertising: An Empirical Study. *International Journal of Electronic Commerce*, 8(3), 65-78.

214 | 보상형 광고 Reward Advertising

소비자들이 앱의 프리미엄 콘텐츠(premium contents)를 이용하는 대가로 광고를 보도록 하는 수익화 메커니즘(monetization mechanism)으로 정의할 수 있다(Guo, Zhao, Hao, & Liu, 2019). 또는 사용자에게 상품권, 포인트, 이모티콘 등 어떤 특정 보상을 지급하는 조건으로 앱 설치나 이후 특정 행동을 유도하는 광고다(Google AdMob, 2024). 보상형 광고와 달리 비보상형 광고는 특별한 보상 없이 앱 설치나 앱 설치 후 행동을 유도한다. 예를 들어, 모바일 게임 등에서 사용자는 결정적인 순간에 임무를 완수하지 못하면 게임을 중단하게 되는데 이때 사용자는 레벨을 끝내지 못해 실망하게 된다. 그러나 처음부터 다시 시작하기보다는 보상형 광고를 시청함으로써 계속 게임을 진행하거나 추가 수명 또는 파워업과 같은 다른 혜택을 받을 수 있다. 사용자 입장에서 비용 지출 없이 시간만 들이면 게임을 계속하거나 더 빠르고 쉽게 게임을 할 수 있는 아이템을 획득할 수 있다. 사용자 입장에서 스스로 광고 경험을 통제할 수 있으며 이러한 자율적 선택권을 통해 보상형 광고가 없을 때 비해 50% 이상 앱만족도가 증가한다고 한다.

개발자 입장에서 보상형 광고는 수익을 증대하고 사용자 참여를 유지시킬 수 있다. 비용 지출 없이 사용자의 핵심적인 앱 경험을 유지하면서 수익을 창출할 수 있는데 특히 높은 동영상 시청 완료율과 참여율로 1,000회 노출당 비용(CPM)이 매우 높다. 또한 사용자가 앱 내에서 콘텐츠, 상품 또는 서비스를 구매하는 인앱 구매(In-App Purchase, IAP)가 통합된 하이브리드 수익 창출 모형을 구현할 수 있다(Appsflyer, 2024). 끝으로 광고주 입장에서 보상형 광고는 가치 있는 노출을 창출한다. 다른 광고 유형에 비해 높은 사용자 참여로 광고비 대비 매출액(Return On Ad Spend: ROAS)이 높으며 사용자가 보상을 받고자 광고를 끝까지 시청하는 경우가 빈번하다. 따라서 전환율이 증가하고 브랜드 인지도와 브랜드 회상 제고에 도움이 된다.

참고문헌

Appsflyer (2024). In-App Purchase (IAP). https://www.appsflyer.com/
    glossary/in-app-purchase/

Google AdMob (2024). 보상형 광고: 사용자, 개발자, 광고주 모두에게 혜택
    제공. https://admob.google.com/home/resources/rewarded-ads-win-
    for-everyone/

Guo, H., Zhao, X., Hao, L., & Liu, D. (2019). Economic Analysis of Reward Advertising. *Production and Operations Management*, *28*(10), 2413-2430.

215 | 브랜드 검색광고 Brand Search Advertising

검색광고의 일종으로 검색 포털에서 브랜드와 관련된 특정 검색어나 연관성이 높은 검색어를 입력했을 때 검색결과 화면에 해당 브랜드를 강조하는 영역과 함께 브랜드 관련 다양한 정보를 노출하는 광고를 뜻한다(Naver 검색광고, 2024). 네이버의 브랜드 검색광고의 경우 이미지, 텍스트, 동영상과 최근 브랜드 콘텐츠를 함께 노출할 수 있으며 세분화된 URL을 링크해 구매전환율(conversion rate)을 높일 수 있다. 즉, 광고주와 연관이 있는 상호명, 상품명 등의 브랜드 키워드로만 집행이 가능하며 브랜드 키워드가 아닌 일반 키워드로는 브랜드 검색을 할 수 없다.

또한 네이버 통합검색 페이지 상단 영역에 광고주가 구매한 브랜드 키워드에 대해 1개의 광고가 단독 노출된다(Naver 검색광고, 2024). 다음카카오도 유사한데 브랜드 키워드 또는 브랜드 연관성이 높은 검색어를 입력 시 다음통합검색에 노출되는 정보성 콘텐츠 상품이다(Kakao business, 2024). 마찬가지로 이용자에게 이미지, 텍스트, 동영상을 노출해 광고가 가능하다. 최소 10일 최대 90일 사이에 유연하게 광고를 구매할 수 있다. 한편, 브랜드 검색광고의 효과는 특정 브랜드의 저명성(prominence)이 높을수록, 주요 경쟁 브랜드가 없을수록 키워드에 대해 더 많은 유입을 발생시킬 수 있다(Simonov, Nosko, & Rao, 2018). 주요 경쟁 브랜드가 키워드 비딩(bidding)에 참여할 경우 경쟁사의 트래픽 절도(traffic stealing)를 감소시켜 자사 브랜드가 유료광고 영역의 최상단을 점하도록 해야 한다.

참고문헌

Kakao Business (2024). 브랜드 검색광고. https://business.kakao.com/info/brandsearchad/

Naver 검색광고 (2024). 네이버 브랜드검색 소개. https://saedu.naver.com/adbiz/searchad/brandSearch.naver

Simonov, A., Nosko, C., & Rao, J. M. (2018). Competition and Crowd-out for Brand Keywords in Sponsored Search. *Marketing Science*, 37(2), 200-215.

216 │ 브이오디 광고 VOD Advertising

브이오디(Video On Demand: VOD) 광고는 소비자가 원하는 시간에 영상을 시청할 수 있는 VOD 플랫폼을 통해 제공되는 광고를 말한다. 넷플릭스, 유튜브, 아마존 프라임 비디오 등의 플랫폼에서 주로 제공되며, 소비자가 콘텐츠를 시청하는 도중 또는 전후에 삽입된다. 전통적인 방식의 동영상 광고 외에도, 인터랙티브 광고, 제품 배치 광고, 스폰서십 광고 등 다양한 형식을 통해 시청자와 상호작용할 수 있다. 브이오디 광고의 장점 중 하나는 타기팅 정확도가 높다는 점이다. 광고주는 시청자의 연령, 성별, 관심사, 시청 기록 등을 바탕으로 특정 그룹을 타기팅할 수 있다. 이를 통해 광고가 적절한 시점에 적절한 시청자에게 전달되도록 함으로써 광고 효과를 극대화할 수 있다(Dennis, 2016).

고화질 영상과 몰입감 있는 사운드를 통해 소비자의 주목을 끌어 해당 브랜드의 메시지를 강력하게 전달할 수 있다는 것도 큰 장점이다. 시청자의 참여를 유도하는 데 효과적인데, 시청자가 광고를 무시하거나 건너뛰기 어려운 방식으로 제공되는 경우가 많아 광고 노출률과 참여도가 높은 편이다. 또한 시청자가 원하는 시간에 해당 콘텐츠를 시청할 수 있기 때문에 광고 역시 소비자의 일상에 더 자연스럽게 노출될 수 있다. 브이오디 광고의 또 다른 장점은 광고 효과를 실시간으로 모니터링하고 분석할 수 있다는 점이다. 광고주는 노출수, 클릭수, 전환율 등 다양한 지표를 실시간으로 확인할 수 있으며, 이를 바탕으로 광고 캠페인의 성과를 평가하고 필요한 경우 전략을 조정할 수 있다. 예를 들어, 특정 광고의 시청 완료율이 낮다면, 광고의 길이나 내용, 타기팅 전략을 수정해 성과를 높일 수 있다(Dreze & Hussherr, 2003).

참고문헌

Dennis, A. R. (2016). *Media, Advertising, and Entertainment in the 21st Century*. New York: Routledge.

Dreze, X., & Hussherr, F. X. (2003). Internet Advertising: Is Anybody Watching?. *Journal of Interactive Marketing, 17*(4), 8-23.

217 | 사용자당 평균매출 Average Revenue Per User (ARPU)

앱의 활동 사용자 1인당 평균 결제 금액을 의미한다. 특정 기간 동안의 매출을 그 기간 동안의 활성 사용자 수로 나누면 ARPU가 된다. 즉, 산식은 '앱 활동 사용자의 1인당 평균 결제 금액 = 매출 / 중복을 제외한 순수 활동 사용자 수'다. 특정 기간 동안의 매출인 ARPU는 일, 월 또는 년의 단위로 설정할 수 있다. ARPU는 유/무료 사용자를 구분하지 않고 모든 사용자를 대상으로 한다. 따라서 ARPU는 프로젝트가 평균적으로 어느 정도의 수익을 가져오는지 파악하는 지표로 사용된다. 환언하자면, ARPU가 높을수록 일인당 가져오는 수익이 커진다고 볼 수 있다. 또한 ARPU를 알면 현재 사용자 트래픽으로 목표 매출을 얼마 정도 달성할 수 있는지 예측할 수도 있다. ARPU는 특정 목표 매출을 달성하기 위해 트래픽을 증가시키는 마케팅 캠페인 등을 추가 기획하는 데 지침을 제공한다.

참고로 ARPU는 과금사용자당 평균 매출(ARPPU)를 통해 계산할 수 있는데 산식은 'ARPU = ARPPU × (전체 사용자 대비 유료 사용자의 비율)' 이다. 예시로, 전체사용자 1,000명 중 20명이 유료 사용자이며 한 달 매출액은 2,000,000원이라고 가정한다. 이때 ARPU는 2,000원, ARPPU 는 100,000원이다. 산식에 투입하면 '2,000 = 100,000 × (20 / 1,000)'이 성립한다. 한편, ARPU와 비슷한 메트릭으로 생애가치(lifetime value: LTV)가 있다. 차이점으로 ARPU는 특정 기간 동안 사용자로부터 발생하는 평균 매출액인 반면에 생애가치는 특정기간이 아닌 전체 생애주기(entire lifecycle) 동안 발생하는 가치다(Adjust, 2024).

참고문헌

Adjust (2024). What is Average Revenue Per User (ARPU)?. https://www.adjust.com/glossary/arpu-definition/

Sukhanova A. (2016). ARPU and ARPPU: One Symbol, but Fundamental Differences. Medium. https://devtodev.medium.com/arpu-and-arppu-one-symbol-but-fundamental-differences-2d45550698fa

218 │ 사용자 확보 비용 Cost Per Conversion (CPC)

웹 애널리틱스와 온라인 광고에서 고객전환 비용이라고도 하며 1명의 고객을 상품의 구매까지 성공시키기 위해 필요한 광고비를 의미한다(Rouse, 2024). 광고효율을 판단하는 기준으로 1인당 사용자 확보 비용은 항상 제품 마진 금액보다 낮아야 한다. 산식은 '사용자 확보 비용 = 캠페인 전체 비용(total cost of campaign) / 전환수(number of conversions)'이다(Dataflo, 2024). 한편, 사용자 확보 비용은 고객 확보 비용(Customer Acquisition Cost: CAC)과 다른데, 고객 확보 비용은 신규 고객 확보 비용을 확보된 신규 고객수로 나눈 것이다.

또한 사용자 확보 비용은 전환율(conversion rate)과 밀접한 관련이 있다(Gharibshah & Zhu, 2021). 전환은 보통 광고주가 의도한 행동인 구매뿐만 아니라 서비스 구독, 등록, 소프트웨어 설치 등을 모두 포함한다. 전환율은 포털 등 온라인을 방문한 이용자 대비 구매, 서비스 구독 등의 행동을 한 비율을 뜻한다. 즉, 전환율은 광고 시청수(number of advertisement views) 대비 성공적인 전환 횟수(number of successful conversions)를 의미한다. 사용자 확보 비용을 계산하기 위해 광고회사들은 보통 트래픽 패키지(traffic packages)를 제공하는데, 그 대가로 특정 시청수나 고정 금액을 지불한 시간대 방문자수 정보를 확인할 수 있다. 특히 전환의 순서(sequence of conversion), 클릭수, 노출된 광고수가 모두 파악된다면 전환율 예측이 가능한데, 이를 사후 클릭 전환율 예측(post-click conversion rate prediction)이라고 한다(Gharibshah & Zhu, 2021).

참고문헌

Dataflo (2024). What is Cost Per Conversion?. https://www.dataflo.io/

metricbase/cost-per-conversion

Gharibshah, Z., & Zhu, X. (2021). User Response Prediction in Online Advertising. *ACM Computing Surveys*, 54(3), 1-43.

Rouse, M. (2024). Cost per Conversion, Techopedia. https://www.techopedia.com/definition/23316/cost-per-conversion-cpc

219 | 설치당 비용 Cost Per Install (CPI)

사용자가 모바일 기기에 앱을 설치할 때마다 지불하는 비용을 뜻한다. 산식은 '설치당 비용 = 광고비용 / 설치수'다. 구글의 경우 설치당 비용 캠페인에서 최대 설치당 비용 입찰가를 설정해야 한다(Google ads, 2024). 설치당 비용은 캠페인 성공여부의 지표 역할을 한다. 성공적인 캠페인이라면 설치율이 높을 것이다. 또한 광고주 입장에서 다른 가격 정책 모형에 비해 위험성이 낮다. 즉, 실제 앱을 설치한 수만큼의 비용을 지불해 마케팅 예산을 낭비하지 않는다. 한편, 설치수가 늘어나면 앱스토어에서 인기와 가시성이 높아져 입소문 효과를 누릴 수 있다. 이 같은 장점에도 불구하고 설치가 반드시 인앱 인게이지먼트(in-app engagement)로 이어지지 않을 수 있다. 또한 원하는 수용자를 타깃으로 올바른 채널, 크리에이티브, 애드 네트워크가 선택되지 않는다면 오히려 다른 가격 정책 모형에 비해 비용이 더 발생할 수 있다.

설치당 비용은 여러 가지 요인, 예를 들어 디바이스(즉, 안드로이드, 애플), 지역이나 국가, 채널(즉, 페이스북, 엑스), 앱의 장르(즉, 일반 게임, 하드코어 게임), 광고 유닛 단가(cost of ad unit) 등에 따라 달라진다. 한편, 앱의 인기도는 이용자의 다운로드(downloads)수로 측정되기도 하는데 앱개발자들이 이용자들에게 앱을 설치하는 대가로 비용을 지불 (즉, buying downloads)해 디지털 광고시장 생태계를 교란하는 행위가 발생했다(Li, Bresnahan, & Yin, 2016). 구글에서도 정책적으로 앱에 대해 쿠폰이나 가격 할인 등의 인센티브를 주고 앱에 대한 높은 평점, 리뷰, 다운로드 및 설치수를 부풀려 신뢰성을 저해하는 행위를 금지하고 있다(Google Play Console, 2024). 광고주 입장에서는 순수한 앱이용자의 다운로드 및 설치수 대비 불필요한 광고비 증가로 이에 대한 주의가 요구된다.

참고문헌

Appsflyer (2024). Cost Per Install (CPI). https://www.appsflyer.com/glossary/cost-per-install/

Google ads (2024). 설치당비용(CPI): 정의. https://support.google.com/google-ads/answer/13278731?hl=ko

Google Play Console (2024). User Ratings, Reviews, and Installs. https://support.google.com/googleplay/android-developer/answer/9898684?hl=en-GB&sjid=12694033196164106192-AP

Li, X., Bresnahan, T., & Yin, P. L. (2016). Paying Incumbents and Customers to Enter an Industry: Buying Downloads. Available at SSRN: http://dx.doi.org/10.2139/ssrn.2834564

220 | 소셜미디어 마케팅 Social Media Marketing

소셜미디어 마케팅은 페이스북, 인스타그램, 트위터, 링크드인 등 다양한 소셜미디어 플랫폼을 활용해 제품이나 서비스를 홍보하고 브랜드 인지도를 높이는 마케팅 전략을 말한다. 텍스트, 이미지, 동영상, 라이브 스트리밍 등 다양한 형식의 콘텐츠를 사용해 소비자의 관심을 끌수 있다. 사용자와 직접적인 소통을 통해 참여를 유도하고, 관계를 구축하는 데 중점을 둔다. 소셜미디어 마케팅의 장점 중 하나는 광범위한 도달 범위다. 광고주는 전 세계 수억 명의 사용자를 보유한 소셜미디어 플랫폼을 통해 다양한 소비자 그룹에게 접근할 수 있다. 이를 통해 브랜드 메시지를 빠르게 확산시킴으로써 잠재 고객을 확보할 수 있다(Kaplan & Haenlein, 2010). 예를 들어, 인스타그램의 스폰서 광고는 특정 관심사와 행동을 기반으로 사용자에게 맞춤형 콘텐츠를 제공함으로써 참여율을 극대화한다. 이러한 맞춤형 콘텐츠는 사용자의 관심을 끌고, 광고와 브랜드에 대한 호감도를 높인다.

소셜미디어 마케팅의 또 다른 장점은 실시간 피드백과 상호작용이 가능하다는 점이다. 소비자의 의견과 반응을 즉각적으로 파악하고, 이에 맞춰 마케팅 전략을 조정할 수 있다. 이로 인해 고객의 만족도를 높이고, 브랜드 충성도를 강화하는 데 효과적이다. 비용 효율성 역시 매우 높다. 전통적인 광고 매체에 비해 상대적으로 낮은 비용을 사용해 높은 효과를 기대할 수 있다. 소셜미디어 플랫폼 역시 다양한 광고 옵션을 제공함으로써 광고주가 예산과 목표에 맞게 캠페인을 설계할 수 있도록 한다. 클릭당 비용(PPC), 1,000회 노출당 비용(CPM) 등 다양한 지불 방식을 제공하는 페이스북 광고가 대표적인 예다(Tuten & Solomon, 2017). 브랜드 인지도를 높이는 데에도 매우 효과적이다. 지속적인 콘텐츠 업데이트와 사용자와의 상호작용을 통해 브랜드를 일관되게 노출시킬 수 있다. 이는 소비자에게 해당 브랜드를 더욱 친숙하게 만들고, 브랜드에 대한 긍정적 이미지를 형성하는 데 도움이 된다.

참고문헌
Kaplan, A. M., & Haenlein, M. (2010). Users of the World, Unite!: The

Challenges and Opportunities of Social Media. *Business Horizons*, *53*(1), 59-68.

Tuten, T. L., & Solomon, M. R. (2017). *Social Media Marketing*. London: Sage Publications.

221 | 소셜미디어 최적화 Social Media Optimization (SMO)

소셜미디어 최적화는 소셜미디어를 통해 소비자들의 마음속에 제품이나 브랜드 인게이지먼트, 인기 및 인지도를 높이는 과정이자 판매, 마케팅, 판매촉진을 도와주는 수단이다(Sahai, Goel, Malik, Krishnan, Singh, & Bajpai, 2018; Tien, 2022). 소셜미디어 최적화로 비즈니스, 콘텐츠 크리에이터, 소셜미디어 마케터 등이 소셜미디어 존재감(social media presence)을 높일 수 있다. 구체적으로, 소셜미디어 최적화를 통해 빠른 팔로워수 증가, 깊은 수용자에 대한 이해, 소셜미디어상 브랜드 인지도 및 도달률 제고, 잠재고객(leads)의 질적 수준 향상, 제품과 서비스 판매 실적 및 관여율(engagement rate) 향상 등의 효과를 기대할 수 있다(Tien, 2022). 소셜미디어 최적화는 크게 관여도(engagement), 팔로워수 성장(follower growth), 전환(conversions), 접근성(accessibility), 전반적 성과(overall performance)의 5가지 주요 분야에서 접근할 수 있다.

첫째, 관여도를 높이기 위해 적당량의 콘텐츠를 적절한 시간에 포스팅하고 질문 형식과 슬라이드 형태의 이미지 전환(carousel)을 사용할 필요가 있다. 둘째, 팔로워수 성장을 위해서는 소셜미디어상의 자기소개(bio)를 최적화하고 캡션의 적절한 키워드 배치, 태깅(tagging) 및 해시태그(hashtags)를 사용한다. 셋째, 전환 최적화를 위해 행동유도 버튼

(Call To Action: CTA)을 자기소개에 삽입하거나, 소셜미디어 채널과 포스트에 웹분석 및 추적을 위해 사용되는 정보인 UTM(Urchin Tracking Module) 파라미터를 추가할 수 있다. UTM 파라미터 추가로 해당 트래픽이 어떤 소스(source), 매체(medium), 캠페인(campaign), 콘텐츠(content), 검색어(term)를 분석해 어떻게 유입되었는지 알 수 있으며 추후 웹사이트, 콘텐츠, 랜딩 페이지 등으로 효과적인 트래픽을 유도할 수 있다. 넷째, 접근성 최적화를 위해 알맞은 이미지 사이즈와 특히 시각 장애를 가진 이용자를 위해 대안 텍스트(alternative text 또는 alt text)와 자막(subtitle)을 제공할 수 있다. 마지막으로, 전반적인 성과 최적화를 위해 목표(goal)와 목적(objective) 확인, 전반적인 디지털 마케팅 전략과 소셜미디어 전략의 정합성, 콘텐츠의 적합성 및 타깃 수용자의 반응을 확인해 소셜미디어를 최적화할 수 있다.

참고문헌

Sahai, S., Goel, R., Malik, P., Krishnan, C., Singh, G., & Bajpai, C. (2018). Role of Social Media Optimization in Digital Marketing with Special Reference to Trupay. *International Journal of Engineering & Technology*, 7(2.11), 52-57.

Tien, S. (2022). 13 Easy Ways to Tackle Social Media Optimization. Hootsuite. https://blog.hootsuite.com/social-media-optimization/

222 | 소셜 판매 Social Selling

소셜 판매는 소셜미디어 플랫폼을 활용해 잠재 고객과 관계를 구축하고, 신뢰를 쌓으며, 궁극적으로 판매를 증진시키는 마케팅 및 판매 전략을 말한다. 전통적인 판매 방식과 달리 직접적인 판매 압박보다는 유용한 정보를 제공하고, 고객의 문제를 해결하며, 고객과 긴밀한 상호작용을 통해 자연스럽게 판매 기회를 창출하는 접근법이다.

소셜 판매의 주요 요소는 다음과 같다. 첫째, 개인 브랜딩(personal branding)이다. 판매자는 자신의 전문성과 신뢰성을 소셜미디어 프로필을 통해 나타내야 한다. 이를 위해 정기적으로 업계 관련 콘텐츠를 공유하고, 자신의 의견을 게시하며, 활발히 소통하는 것이 중요하다. 둘째, 콘텐츠 공유(content sharing)다. 유용하고 흥미로운 콘텐츠를 공유함으로써 팔로워의 관심을 끌고, 가치를 제공해야 한다. 이를 위해 블로그 게시물, 동영상, 인포그래픽 등 다양한 형태의 콘텐츠를 통해 잠재 고객의 관심을 유도할 수 있다(Tyson, 2016). 소셜 판매의 또 다른 중요한 요소는 관계 구축(relationship building)이다. 이는 잠재 고객과의 개인적인 상호작용을 통해 이루어진다. 소셜미디어를 통해 고객의 질문에 답하고, 댓글에 반응하며, 직접 메시지를 보내는 등의 활동을 통해 신뢰를 구축할 수 있다. 이러한 상호작용은 고객이 판매자에게 더 친밀감을 느끼고, 신뢰를 갖도록 함으로써 구매로 이어질 수 있다.

기업이 소셜 판매를 효과적으로 활용하기 위해서는 몇 가지 사항을 고려해야 한다. 먼저, 적절한 소셜미디어 플랫폼을 선택하는 것이 중요하다. 예를 들어, B2B 기업은 링크드인, B2C 기업은 페이스북이나 인스타그램을 사용할 수 있다. 일관된 브랜딩과 메시지를 유지하는 것도 중요하다. 이를 통해 고객에게 신뢰감을 주고, 브랜드 인지도를 높일 수 있다. 소셜 판매의 성과를 측정하고 최적화하기 위한 데이터 분석도 필수적이다. 구글 애널리틱스와 같은 소셜미디어 분석 도구를 사용해 팔로워수, 참여도(예: 좋아요, 댓글, 공유), 전환율 등 주요 지표를 모니터링하고, 이를 바탕으로 전략을 조정해야 한다. 이를 통해 어떤 유형의 콘텐츠가 가장 많은 참여를 유도하는지, 어떤 시간대에 게시물을 노출

하는 게 가장 효과적인지 등을 분석함으로써 최적의 소셜 판매 전략을
수립할 수 있다(Minsky & Quesenberry, 2016).

참고문헌

Minsky, L., & Quesenberry, K. A. (2016). How B2B Sales Can Benefit from
Social Selling. Harvard Business Review.

Tyson, L. (2016). Using Social Media to Build Business Relationships. *Journal
of Digital & Social Media Marketing*, *4*(2), 143-158.

223 | 순방문자 Unique Visitor (UV)

순방문자(UV)는 특정 기간 동안 웹사이트의 한 페이지 이상을 방
문한 차별적 개인(distinct individuals)의 수를 측정하는 메트릭이다
(Omniconvert, 2024). 주의할 점은 중복을 허용해 얼마나 많은 방문자가
페이지나 웹사이트를 방문했는지 측정하는 방문자수(number of visits)
와는 다른 개념이다. 순방문자는 특정 기간 동안 몇 번을 방문하든지
오직 1회로 측정된다. 예를 들어, 어떤 방문자가 웹사이트를 방문해 다
른 두 페이지를 방문 후 떠났다가 다시 방문했다고 하더라도 한 명의 순
방문자로 계산된다. 한편, 페이지 노출(page impressions)은 웹사이트에
서 이용자가 본 페이지수를 뜻한다. 예를 들어, 전술한 바와 같이 순방
문자든 중복 방문자든 구분 없이 모든 방문자가 특정 기간 동안 노출된
또는 조회한 페이지수를 뜻한다. 순방문자를 통해 온라인 소매상은 고
객의 크기와 도달률에 관한 인사이트를 얻을 수 있다. 또한 마케팅 캠
페인의 효과성 및 웹사이트 업데이트를 통한 효과 측정, 그리고 고객 관
여도 수준을 파악할 수 있다. 때로는 쿠키를 사용한 순방문자수 파악

시 오류를 범하기도 한다(Ryte Wiki, 2024). 예를 들어, 두 명의 다른 사람이 같은 컴퓨터와 브라우저로 접근할 경우 실제로 2명의 순방문자인데도 1명으로 간주된다. 역으로 1명의 이용자가 다수 컴퓨터나 디바이스의 브라우저를 통해 접속할 경우 실제로 1명의 순방문자이지만 여러 명으로 계산된다. 또한 쿠키를 수락하지 않거나 브라우저가 닫힐 때마다 쿠키가 삭제된다면 실제로 1명의 순방문자인데도 여러 명으로 계산된다.

참고문헌

Omniconvert (2024). Unique Visitors. https://www.omniconvert.com/what-is/unique-visitors/

Ryte Wiki (2024). Unique Visitors. https://en.ryte.com/wiki/Unique_Visitors

224 | 실시간 입찰 Real-Time Bidding (RTB)

실시간 입찰(RTB)은 디지털 광고의 집행을 위해 광고주들이 자동화된 경매 프로세스를 사용해 실시간으로 입찰하는 방식을 말한다. 광고 네트워크나 애드 익스체인지(ad exchange)를 통해 이루어지며, 광고주가 타깃으로 삼고자 하는 소비자와 매칭되는 광고 슬롯에 대해 입찰을 진행한다. 특정 웹사이트나 앱에 광고를 게재하는 전통적인 방법과 달리 각 광고의 노출에 대해 개별적으로 입찰함으로써 광고 효율성과 ROI(투자 대비 수익)를 극대화할 수 있다. 이러한 방식을 통해 광고주는 특정 소비자들만을 대상으로 정밀한 타기팅을 할 수 있다. 따라서 광고 효과를 극대화하고 광고 비용을 절감할 수 있다. 또한 자동화된 시스템으로 인해 광고주와 웹사이트 모두 시간과 자원을 절약할 수 있다

(Lambrecht & Tucker, 2013). 광고 노출의 투명성을 높이는 데도 효과적이다. 실시간 데이터 분석과 검증 절차를 통해 부정확하거나 불법적인 광고 노출을 방지할 수 있기 때문이다. 이는 광고 사기(ad fraud)를 줄이는 데 효과적이며, 광고주가 신뢰할 수 있는 데이터를 바탕으로 광고전략을 수립할 수 있게 한다(Hoffman et al., 2017).

광고주가 실시간 입찰을 효과적으로 활용하려면 새로운 기술과 트렌드를 빠르게 수용하고, 이를 바탕으로 광고전략을 탄력적으로 조정하는 능력이 필요하다. 예를 들어, 머신러닝과 인공지능(AI) 기술을 활용해 입찰 전략을 최적화하거나, 새로운 광고 플랫폼과 통합해 더 넓은 타깃층에 도달하는 방법 등을 모색할 수 있다. 이를 고려할 때 광고주는 실시간 입찰 시스템과 관련된 최신 기술 동향과 시장 변화를 주기적으로 모니터링하고 이에 맞춰 광고전략을 수립해야 한다.

참고문헌

Hoffman, D. L., Novak, T. P., & Venkatesh, A. (2017). Has the Internet Become Indispensable?. *Communications of the ACM*, 60(2), 89-95.

Lambrecht, A., & Tucker, C. (2013). When Does Retargeting Work? Information Specificity in Online Advertising. *Journal of Marketing Research*, 50(5), 561-576.

---

225 | 서드파티 데이터 Third Party Data

제3자 구매 데이터라고도 하며 데이터를 수집하려고 하는 소비자와 직접적인 관련이 없는 외부 데이터 제공자(external data providers)가 수집한 데이터를 뜻한다(Langfelder, 2023). 서드파티 데이터는 단순히 기

존 구매자의 리스트가 아니며 다양한 플랫폼, 앱, 웹사이트에서 수집되어 데이터 세트(data sets) 패키지로 구성된다. 패키지화된 데이터 세트는 대체로 산업계, 중소기업, B2B, 보험, 비영리 단체 등의 자료로 만들어진다. 또한 소비자의 여행, 이사, 스포츠 관람 등의 소비자 카테고리(consumer categories) 데이터를 바탕으로 가공된다. 서드파티 데이터는 데이터 제공자로부터 구매하거나 라이선스를 통해 사용할 수 있다.

특히 데이터는 데이터 운영 플랫폼(Data Management Platform: DMP) 또는 소비자 데이터 플랫폼(Consumer Data Platform: CDP)과 연동된다. 이런 플랫폼에서 서드파티 데이터는 퍼스트파티, 세컨드파티 데이터 등과 통합되어 보다 적확한 소비자 타기팅과 소비자 프로파일링을 가능하게 한다. 이외 서드파티 데이터의 장점으로 퍼스트파티 데이터를 보완해 보다 완벽한 고객 인사이트 확보, 소통 향상 및 새로운 비즈니스 기회를 만들 수 있다. 또한 소셜미디어 모니터링 툴을 이용해 경쟁사 소셜미디어 팔로워나 고객을 타기팅하거나 관심을 유도할 수 있다. 이외 개인화된 캠페인(personalized campaigns)으로 신규 고객을 확보하는 데 도움이 된다. 한편, 써드파티로 부터 수집된 방대한 개인 정보는 오용이나 남용으로 이어져 프라이버시 침해나 데이터 보호(data protection) 관점에서 논란의 소지가 있다(Robertson, 2020).

참고문헌

Langfelder, N. (2023). The Complete Guide to Third-Party Data, Data Axle. https://www.data-axle.com/resources/blog/the-complete-guide-to-third-party-data/

Robertson, V. H. (2020). Excessive Data Collection: Privacy Considerations and Abuse of Dominance in the Era of Big Data. *Common Market Law Review*, 57(1), 161-190.

226 | 알고리즘 Algorithm

　수학과 컴퓨터 과학 분야에서 알고리즘은 계산을 수행하거나 문제를 해결하기 위한 일련의 절차다(Gills, 2024). 알고리즘은 하드웨어나 소프트웨어에서 데이터 패킷을 인터넷으로 보내기 위한 루틴(routine)을 단계적으로 실행하기 위한 일련의 지침이다. 대체로 반복되는 문제를 해결하기 위한 작은 절차(small procedure)로 구성되며 데이터 전송이나 자동화 시스템을 구현하는 데 중요한 역할을 하는 지침이다. 알고리즘의 종류와 역할은 다양하나 그중 검색 엔진 알고리즘(search engine algorithm)은 관련된 웹페이지나 결과를 데이터베이스에서 찾아 주는 역할을 한다. 기계학습(machine learning) 역시 대표적인 알고리즘의 예인데 자율적 학습(unsupervised learning)과 비자율적 학습(supervised learning)의 2가지 유형으로 구분된다. 먼저 자율적 학습은 레이블이 없는 데이터(unlabeled data)를 반복적으로 필터링해 패턴을 찾아 하위 데이터세트로 그룹화한다.

　반면에 비자율적 학습은 데이터 과학자가 레이블이 부여된 훈련 데이터(labeled training data)를 함께 제공하며 알고리즘이 상관관계를 측정하기 위해 변인을 지정해야 한다. 대부분의 딥러닝(deep learning)의 경우 자율적 학습 유형에 해당한다. 다만 알고리즘에 의존하는 기계학습은 데이터 자체의 내재적 편견(inherent bias)이 존재한다는 점에서 결과의 신뢰성과 해석에 주의를 요구한다. 특히 독립적으로 자동화된 알고리즘의 결과물은 민감성(sensitivity)이 인간보다 떨어질 수밖에 없기에 평가자(quality raters)의 검수과정, 즉 휴먼 체크(human check)를 거쳐야 한다. 그러나 모순되게도 인간 평가자 역시 알고리즘의 결과에 맞춰 익명의 온라인 노동자로서 인간성을 상실한 채로, 표준화된 (standardization) 평가를 하도록 트레이닝(discipline)된다는 비판이 존재한다(Meisner, Dufy, & Ziewitz, 2024).

참고문헌

Gills, A. S. (2004). What Is an Algorithm?: TechTarget. https://www.techtarget.com/whatis/definition/algorithm

Meisner, C., Duffy, B. E., & Ziewitz, M. (2024). The Labor of Search Engine Evaluation: Making Algorithms More Human or Humans More Algorithmic?. *New Media & Society*, *26*(2), 1018-1033.

227 | 애널리틱스 Analytics

애널리틱스는 데이터에서 발견되는 의미 있는 패턴을 소통하고 찾아가는 과학적인 과정이다(Rouse, 2024). 의사결정 최적화에 도움을 주기 위해 원자료(raw data)에서 인사이트를 찾아내는 것은 중요하다. 애널리틱스는 통계, 컴퓨터 프로그래밍, 수학적, 통계적 모형 등을 활용해 효율적인 의사결정을 돕는 기법인 운용 과학(operation research)을 이용해 데이터의 의미를 수치화하고 인사이트를 찾는 데 도움을 준다. 특히 방대한 데이터나 정보를 기록하는 분야에서 데이터에 묻힐 수도 있는 숨겨진 정보의 의미를 찾아낸다는 점을 고려할 때 조직의 리더나 관리자 또는 누구라도 애널리틱스를 통해 발굴한 정보라는 무기를 활용할 수 있다. 애널리틱스는 비즈니스 퍼포먼스, 소비자행동, 운동선수와 팀 퍼포먼스, 다양한 활동과 질병의 연관성 등 우리를 둘러싼 외부 환경 속에 존재하는 숨겨진 패턴을 찾는 데 유용하다. 애널리틱스가 사용되는 주요 분야로 웹애널리틱스(web analytics), 사기분석(fraud analysis), 위험분석(risk analysis), 광고와 마케팅(advertising and marketing), 기업의사관리(enterprise decision management), 시장최적화(market optimization), 마켓모델링(market modeling)이 있다.

특히 광고 및 마케팅 애널리틱스로 떠오르는 리서치 주제로 텍스트마이닝(text mining), 이모지 애널리틱스(emoji analytics), 비디오 애널리틱스(video analytics), 이미징 리서치(imaging research), 퍼지 로직(fuzzy logic), 포렌식 리서치(forensic research) 등이 있다(Sheth, 2021). 몇 가지 분야를 살펴보면, 텍스트 마이닝의 경우 자연어처리(Natural Language Processing: NLP)를 통해 문자나 비수치형 데이터(non-numerical data)를 통계적 추론에 적합한 수치형 데이터로 변환해 준다. 또한 문화연구나 이용자 제작 콘텐츠(user-generated content) 등의 분석에 유용하다. 이모지 애널리틱스는 특히 이용자 제작 콘텐츠상에서 이모지의 의미와 감성적 차원을 분석하는 데 도움이 될 것이다. 비디오 애널리틱스의 경우 최근 유튜브를 통한 비디오 콘텐츠나 줌(Zoom) 등 화상회의 플랫폼의 사용으로 비디오 콘텐츠 분석에 대한 필요성이 증가하고 있다. 이미징 리서치의 경우 기능적 자기공명영상(Functional Magnetic Resonance Imaging: fMRI)을 활용한 두뇌 연구나 안면인식(facial recognition) 등 생체인식기술 연구가 각광을 받고 있다.

참고문헌
Rouse, M. (2024). What Does Analytics Mean? Techopedia. https://www.techopedia.com/definition/30296/analytics

Sheth, J. (2021). New Areas of Research in Marketing Strategy, Consumer Behavior, and Marketing Analytics: The Future Is Bright. *Journal of Marketing Theory and Practice*, 29(1), 3-12.

228 | 애드 네트워크 광고 Ad Network Advertising

애드 네트워크 광고는 여러 웹사이트의 광고 공간을 묶어 광고주에게 제공하는 방식을 말한다. 이를 통해 광고주가 하나의 플랫폼을 통해 여러 사이트에 광고를 게재할 수 있도록 한다. 애드 네트워크는 광고주와 웹사이트를 중개하며, 광고주가 설정한 타깃에 맞는 광고를 적절한 웹사이트에 배치함으로써 광고 효율성을 높인다. 따라서 광고주는 직접 각 웹사이트와 협상할 필요 없이 한 번의 계약으로 여러 사이트에 광고를 노출할 수 있다. 이러한 방식을 통해 광고주는 더 넓은 범위의 소비자에게 도달할 수 있으며, 예산을 효율적으로 관리할 수 있다. 또한 각 광고의 노출 데이터를 실시간으로 활용해 광고 성과를 모니터링하고 최적화할 수 있다(Broder, Fontoura, Josifouski, & Riedel, 2008).

광고주가 애드 네트워크 광고를 효과적으로 활용하려면 해당 브랜드에 적합한 네트워크를 선택해야 한다. 애드 네트워크마다 다양한 웹사이트를 포함하고 있기 때문이다. 따라서 타깃 소비자가 자주 방문하는 웹사이트를 포함한 네트워크를 선택해야 한다. 광고 효과를 지속적으로 모니터링하고 데이터를 분석함으로써 광고전략을 조정하는 것도 중요하다. 예를 들어, 광고 노출 및 클릭률 데이터를 분석해 어떤 광고가 가장 효과적인지 파악하고, 이를 기반으로 광고 캠페인을 조정할 수 있다. 또한 광고 효과가 저조한 웹사이트를 제외하거나, 효과가 좋은 웹사이트에 더 많은 예산을 배분하는 등 탄력적인 조정도 가능하다. 이를 고려할 때 애드 네트워크 광고는 중소기업에게 특히 유리하다. 대기업과 달리 광고 예산이 제한적인 중소기업의 경우 애드 네트워크를 통해 다양한 소비자에게 도달할 수 있고 광고 비용을 절감할 수 있다. 이로 인해 애드 네트워크는 중소기업이 대기업과 경쟁할 기회를 제공한다.

참고문헌

Broder, A., Fontoura, M., Josifovski, V., & Riedel, L. (2008). A Semantic Approach to Contextual Advertising. *Journal of Marketing Research*, 45(2), 255-264.

229 │ 애드 익스체인지 Ad Exchange

프로그래매틱 바잉(programatic buying) 방식으로 광고를 구매할 때 사용되는 플랫폼이다(Choi, Mela, Balseiro, & Leary, 2020). 광고주와 매체사 또는 발행인(publishers)의 중개자 역할을 하며 실시간 입찰(Real Time Bidding: RTB) 기술을 이용해 노출단위로 전자동화되어 광고 인벤토리를 구매, 판매 및 소비자에게 제공한다(이경렬, 2022; Choi et al., 2020). 프로그래매틱 바잉은 타깃 웹이나 앱에 접속하는 순간 0.1초 이내에 타기팅과 경매가 동시에 이루어지는 방식이다. 애드 익스체인지의 출현 배경에는 애드 네트워크(ad network)가 있다. 애드 네트워크는 광고주와 매체를 이어주는 구심점의 역할을 한다. 그런데 다양한 애드 네트워크가 등장하면서 인벤토리에 대한 수요와 공급의 불일치가 나타난다. 예를 들어, 모바일 앱 위주의 인벤토리를 가진 애드 네트워크와 웹사이트 위주로 가진 애드 네트워크가 필요에 따라 서로 노출하고 인벤토리를 거래하는 상황이 발생한다. 이때 애드 익스체인지가 서로 다른 유형의 광고주와 인벤토리를 가진 애드 네트워크를 연결해 수요와 공급의 균형자 역할을 한다. 애드 익스체인지의 역할이 없다면 수많은 애드 네트워크가 난립해 광고주는 불필요한 광고를 중복 게재하고 비

효율적인 광고 집행이 계속될 것이다. 마케터가 인벤토리 구매를 위해 직접 조건을 협의하고 계약하는 수고를 덜 수 있으며 남는 광고 인벤토리 없이 단 한 개의 광고 지면이라도 구매가 가능하다. 또한 애드 익스체인지를 통해 거래과정과 더불어 광고가 어떤 매체에 노출되었는지 투명하게 알 수 있다.

참고문헌

이경렬(2022). 디지털 시대의 애드테크 신론. 서울: 학지사.

Choi, C. (2024). AD Exchange 그리고 DSP와 SSP. https://brunch.co.kr/@cheolhwanch/12

Choi, H., Mela, C. F., Balseiro, S. R., & Leary, A. (2020). Online Display Advertising Markets: A Literature Review and Future Directions. *Information Systems Research, 31*(2), 556-575.

230 │ 애자일 마케팅 Agile Marketing

요구 사항에 기민하고 민첩하게 대응하고 개발하는 마케팅 기법으로 급변하는 환경 속에 완벽하지는 않지만 고객 요구를 최소한 증명할 수 있을 정도의 개발을 진행하고 지속적인 피드백을 받아 개선 및 반영하는 접근방식이다. 애자일 마케팅의 핵심은 과거 페이스북 최고운영책임자(Chief Operating Officer: COO)인 셰릴 샌드버그(Sheryl Sandberg)의 모토인 "Done is better than perfect."로 요약될 수 있다(Groth, 2013). 과거 순차적, 선형적, 구조적인 낙수형 접근(waterfall approach)의 전략 수립은 각 단계별로 명확한 목표설정과 관리 및 팔로업이 용이한 장점이 있으나 실행에 이르기까지 많은 시간이 소요되어 변화하는 환경에 유연하고 민첩하게 대응하기 어렵다. 이미 실행 단계에서 환경은 변화되어 있기 때문이다(Intuitmailchimp, 2024). 전술적인 측면의 변화와 함께 보다 근본적인 문화 변혁이 애자일 마케팅의 성공 요인이다.

보다 근본적으로 성공적인 애자일 마케팅을 위해서 고려해야 할 요인들이 있는데 그중 첫 번째로 상술한 바와 같이 민첩성을 중시하는 기업의 문화 변혁(cultural shift)을 이루어 내야 한다(Lewnes, 2021). 예를 들어, 어도비(Adobe)는 소프트웨어 패키지 판매에서 클라우드 구독 비즈니스로 전환이나 고객 경험 관리(customer experience management: CXM)의 중요성을 깨달으며 새로운 기술의 습득뿐만 아니라 창의력과 데이터의 융합을 이루어 내는 마인드셋을 가진 인재를 발굴하는 데 집중했다. 둘째, 기업 내 다양성(diversity)과 포용(inclusion)의 문화는 서로 다른 지식과 관점의 교환 및 이종교배(cross-fertilization)로 새롭고 혁신적인 마케팅 아이디어를 발굴하고 높은 수익을 창출한다고 했다. 셋째, 민첩성은 위험을 두려워하지 않는 신속한 자율적 의사결정을 위해 권력의 집중이 아닌 분배(distributed empowerment)에 중심을 두어야 한다고 했다. 넷째, 기업 내 모든 팀이 동일한 목표, 즉 표준화된 주요성과지표(key performance indicators: KPIs)를 가지고 협업할 때 신속한 결과와 방향을 도출할 수 있으며, 이외 민첩성 기반의 기술력을 활용해 유용한 데이터를 수집하고 고객 인사이트를 도출할 수 있어야 한다고 강조했다(Argintaru, 2021).

참고문헌

Argintaru, D. (2021). Are You Running An Agile Marketing Organization? Adobe Blog. https://blog.adobe.com/en/publish/2021/01/28/are-you-running-an-agile-marketing-organization#gs.wk3vdo

Groth, A. (2013). Sheryl Sandberg: Women Need to Get More Comfortable With Power, Business Insider. https://www.businessinsider.com/sheryl-sandberg-lean-in-2013-2

Intuitmailchimp (2024). Implement Waterfall Methodology in Business
  Strategies. https://mailchimp.com/resources/waterfall-methodology/

Lewnes, A. (2021). Commentary: The Future of Marketing Is Agile. *Journal
  of Marketing*, 85(1), 64-67.

231 | 어뷰징 Abusing

남용과 학대를 뜻하는 영어 단어에서 파생되어 정당하지 않은 방법
으로 온라인이나 소셜미디어에서 광고 순위를 조작하거나 트래픽을 유
도하는 행위를 뜻한다. 프로그램을 사용해 실시간 검색어를 조작하거
나, 도배성 업로드로 블로그 노출 순위를 높이거나, 소비자가 아니면
서 구매한 것처럼 댓글을 다는 경우를 말한다. 보다 폭넓은 정의로 정
보보안, 컴퓨터 네트워크, 온라인 활동 등 관련해 개인정보 탈취, 악성
코드 전파, 사이버 스토킹 등 다양한 악의적 행위를 포괄하는 개념이다
(Bhatia & Sangwan, 2024). 어뷰징의 형태로 게임조작, 클릭조작, 가짜
계정 생성 및 접속, 스팸 및 봇(bot), 소셜 엔지니어링, 리뷰조작, 악성
소프트웨어, 악성 광고, 피싱(phishing), 콘텐츠 도용, 사이버 스토킹 등
이 포함된다.

최근에는 생성형 인공지능 이미지를 사용해 클릭수를 높이기 위한
미끼 사이트(clickbait sites), 즉 광고를 위해 만들어진 사이트(made-for-
advertising site)가 온라인 광고 생태계를 교란하고 있다(Google, 2024;
Kirkpatrick, 2024). 또한 광고 등 부당 이익을 위해 포털 뉴스사이트에
서 언론사가 비슷한 제목의 기사를 남발하는 경우도 어뷰징에 해당한
다. 구글의 경우 어뷰징 정책과 단속 프로그램을 명문화하고 있는데 모

든 구글 제품 사용자의 긍정적 경험을 제공하기 위함이다. 예를 들어, 계정 도용, 계정 비활성화, 위험하고 불법적 행위, 기만, 위협, 증오 발언, 멀웨어 콘텐츠(malware content), 동의받지 않은 사적 이미지, 피싱, 폭력적, 성적인 이미지나 제품 등에 대한 콘텐츠 노출과 공유가 제한된다. 적발 시 해당 콘텐츠 접근 금지 및 삭제, 나아가 이를 공유한 사용자 계정이 제한되거나 해지된다. 다만 상당한 공익성이 보장될 경우 예술적, 교육적, 기록적, 과학적 측면에서 예외가 허용된다.

참고문헌

Bhatia, M. P. S., & Sangwan, S. R. (2024). Soft Computing for Anomaly Detection and Prediction to Mitigate IoT-based Real-time Abuse. *Personal and Ubiquitous Computing*, 28(1), 123-133.

Google (2024). Abuse Program Policies & Enforcement. https://support. google.com/docs/answer/148505?hl=en#zippy=%2Caccount-hijacking

Kirkpatrick, K. (2024). Abusing AI for Advertising. Communications of the ACM. https://cacm.acm.org/news/abusing-ai-for-advertising/

232 | 에이비 테스팅 A/B Testing

분할 테스트 또는 버킷 테스트라고도 하는데 A/B 테스트는 B2B 또는 B2C 마케팅 맥락에서 두 가지 콘텐츠를 통제된 실험(controlled experiment)으로 비교해 방문자 또는 뷰어가 더 높은 관심을 보이는 버전을 통계적으로 검증하는 절차다(Zhang & Kang, 2022). 조건이 n개 이상일 경우도 가능하며, 이때는 A/B/n 테스트라고도 한다. 가장 성공적인 버전을 측정하기 위해 주요 측정지표를 사용해 변형(B) 버전과 컨트롤(A) 버전을 비교한다(Oracle, 2024). 예를 들어, 웹사이트에서 텍스

트, 이미지, 색상 설계, 행동유도 버튼(Calls To Action: CTA)을 다르게
설계한 후 모니터링해 전환(conversion)이 높거나 의도한 반응(desired
action)이 높은지 비교한다. 이메일 마케팅의 경우 이메일 제목, 이미지,
행동유도 버튼(CTA) 등을 변경해 수신자 세그먼트에 따라 더 높은 오픈
율(open rate)을 보여 준 버전을 선택한다. 편집자가 임의로 선택한 콘
텐츠와 행동 기반 알고리듬에 의해 선택된 콘텐츠 중 참여나 반응이 좋
은 버전을 고를 수도 있다. 소셜미디어의 네트워크 이용자들은 서로 직
간접적으로 연결되어 있어 사용자의 반응은 서로 영향을 미친다. 이에
A/B 테스팅을 통해 다수의 고객에게 최적화된 경험을 제공할 수 있다.

참고문헌

Oracle (2024). What is A/B Testing?. https://www.oracle.com/cx/marketing/
    what-is-ab-testing/

Zhang, Q., & Kang, L. (2022). Locally Optimal Design for A/B Tests in the
    Presence of Covariates and Network Dependence. *Technometrics*,
    64(3), 358-369.

233 | 오투오서비스 Online to Offline(O2O) Service

　　디지털 환경 내의 소비자를 오프라인의 물리적 상점(physical store)
을 방문해 상품이나 서비스를 구매하도록 유도하는 시스템을 말한
다(Hayes, 2021; Lee, Feiyu, & Chau, 2022). 때로 오투오 커머스(O2O
commerce)나 오투오 비즈니스(O2O business)로 불리기도 한다. 온라인
에서 주문 후 상점에서 물건을 수령하거나, 온라인에서 구매한 물건을
상점에 반품하거나, 상점에서 온라인으로 상품을 주문하는 행위 등을

모두 포함한다. 오투오서비스를 위해 미국의 아마존(Amazon)은 홀푸드
(Whole Foods)를 인수했고 월마트(Walmart) 역시 제트컴(Jet.com)을 인
수해 사업을 확장하고 있다. 아마존은 아마존 크레딧 카드로 온라인에
서 구매하는 혜택과 동일하게 홀푸드에서 사용 시 5%의 리워드를 제공
하고 있다. 또한 타깃(Target), 크로거(Kroger), 노드스트롬(Nordstrom)
및 다른 소매점 역시 소비자들의 안전한 쇼핑 경험을 위해 가정배달
(home delivery) 또는 차에서 대기 중인 운전자에게 직접 전달해 주는 비
접촉 도로변 픽업(contactless curbside pickup) 서비스를 제공하고 있다.
오투오서비스는 택배를 기다리는 불편함을 해소하고 인근 물리적 상점
방문을 마다하지 않고 경험을 중시하는 소비자들에게 적합한 서비스다.

참고문헌

Hayes, A. (2021). Online-to-Offline (O2O) Commerce Definition and
Trends. Investopia. https://www.investopedia.com/terms/o/
onlinetooffline-commerce.asp

Lee, P. T. Y., Feiyu, E., & Chau, M. (2022). Defining Online to Offline (O2O):
A Systematic Approach to Defining an Emerging Business Model.
Internet Research, *32*(5), 1453-1495.

234 | 온라인 구전 마케팅
Electronic Word-of-Mouth(eWOM) Marketing

소셜미디어에 노출된 상품 및 서비스 정보를 탐색(seeking) 및 추천
(recommendation)하고 사용자가 자발적으로 온오프라인의 다른 소비
자에게 전파해 효과를 내는 마케팅을 뜻한다(Duan, Gu, & Whinston,
2008; Hennig-Thurau, Gwinner, Walsh, & Gremler, 2004). 웹 2.0으로

소비자는 친구와 SNS로 연결된 타인을 통해 제품과 서비스 관련한 정보를 습득한다. 웹 2.0과 온라인 기술의 발전에 힘입어 마우스 클릭만으로 제품과 브랜드 관련 정보를 습득할 수 있다는 점에서 'Word-of-Mouse'라고도 한다(Xia & Bechwati, 2010). 사실 구전 마케팅의 역사는 기술적 발전의 시대적 흐름과도 함께하는데 안트(Arndt, 1967)는 구전(word-of-mouth)을 브랜드, 제품, 서비스, 조직과 관련한 긍정적 또는 부정적 메시지를 송신자가 비상업적 의도를 갖고 수신자에게 입으로 전달하는 개인적 커뮤니케이션(oral and personal communication)으로 정의했다. 웨스트브룩(Westbook, 1987)은 판매자나 특정 제품 또는 서비스의 특징, 사용, 소유에 관해 소비자를 대상으로 한 모든 비형식적인 커뮤니케이션(informal communication)으로 정의했다.

최근 바레토(Barreto, 2014)는 구전을 송신자와 개인 또는 집단의 수신자 간 동일한 사회관계망(social network) 여부와 무관하게 비형식적으로 정보를 공유하고 습득하는 구두 및 서면 의사소통 과정(oral and written communication process)으로 개념화했다. 이들 정의를 종합해 보면 송수신자 간 제품, 브랜드, 서비스, 조직, 판매자 등 일체의 대상(objects)이나 그들의 소유나 사용 등의 경험(experience)을 공유하고 습득하려는 비상업적 의도(noncommercial intent)를 가진 비형식적 소통(informal communication)으로 정리할 수 있다. 온라인 구전 마케팅 연구의 역사가 길어지고 SNS 등 소통 채널의 고도화로 향후 관련 연구 분야 제안을 위한 내용분석이나 주제(즉, 데이터 마이닝, 인공지능, 기계학습, 감성분석)에 대한 학문적 관심이 깊어지고 있다(Verma & Yadav, 2021).

참고문헌
Arndt, J. (1967). Role of Product-Related Conversations in The Diffusion of a New Product. *Journal of Marketing Research, 4*(3), 291-295.

Barreto, A. M. (2014). The Word-Of-Mouth Phenomenon in the Social Media Era. *International Journal of Market Research*, 56(5), 631-654.

Duan, W., Gu, B., & Whinston, A. B. (2008). Do Online Reviews Matter?: An Empirical Investigation of Panel Data. *Decision Support Systems*, 45(4), 1007-1016.

Hennig-Thurau, T., Gwinner, K. P., Walsh, G., & Gremler, D. D. (2004). Electronic Word-of-Mouth via Consumer-Opinion Platforms: What Motivates Consumers to Articulate Themselves on the Internet?. *Journal of Interactive Marketing*, 18(1), 38-52.

Verma, S., & Yadav, N. (2021). Past, Present, and Future of Electronic Word of Mouth (EWOM). *Journal of Interactive Marketing*, 53(1), 111-128.

Westbrook, R. A. (1987). Product/Consumption-Based Affective Responses and Postpurchase Processes. *Journal of Marketing Research*, 24(3), 258-270.

Xia, L., & Bechwati, N. N. (2008). Word of Mouse: The Role of Cognitive Personalization in Online Consumer Reviews. *Journal of Interactive Advertising*, 9(1), 3-13.

235 | 온라인 구매 행동 Online Buying Behavior

온라인 구매 행동은 소비자가 인터넷을 통해 상품이나 서비스를 검색하고 구매하는 과정과 관련된 다양한 활동을 말한다. 온라인 구매 행동은 여러 요인에 의해 영향을 받는다. 첫째, 편의성은 온라인 구매의 주요 동기 중 하나다. 온라인 구매를 통해 소비자는 집에서 편하게 쇼핑할 수 있으며, 시간과 장소에 구애받지 않고 언제든지 쇼핑을 즐길 수 있다. 이는 특히 바쁜 현대인들에게 큰 장점으로 작용한다. 둘째, 가격 비교의 용이성도 중요한 요인이다. 온라인 쇼핑은 여러 사이트를 쉽게 비교할 수 있게 함으로써 소비자가 최적의 가격을 찾는 데 도움을 준다. 이는 가격 민감도가 높은 소비자에게 특히 매력적이다(Ratchford, Talukdar, & Lee, 2003). 셋째, 소셜미디어와 온라인 리뷰 역시 온라인 구매 행동에 영향을 미친다. 소비자는 제품을 구매하기 전에 다른 소비자들의 리뷰와 평가를 참고하는 경향이 있다. 이러한 리뷰는 제품의 신뢰성을 높이거나 낮추는 중요한 요소로 작용한다. 또한 소셜미디어를 통해 제품 관련 정보를 쉽게 접할 수 있으며, 이는 소비자의 구매 결정을 돕는 중요한 정보원이 된다. 넷째, 개인화된 마케팅 전략은 온라인 구매 행동에 영향을 미친다. 기업은 데이터 분석을 통해 소비자의 구매 패턴과 선호도를 파악하고, 이를 바탕으로 맞춤형 광고와 추천 상품을 제공한다. 이로 인해 소비자에게 더 큰 만족감을 제공하며, 구매 전환율을 높이는 데 기여한다(Bucklin & Sismeiro, 2003).

그 밖에 신뢰성, 보안성, 그리고 웹사이트의 사용 편의성도 중요한 고려 사항이다. 온라인 쇼핑에서는 개인 정보의 보호와 결제의 안전성 보장이 필수적이다. 소비자는 신뢰할 수 있는 웹사이트에서 구매를 진행하며, 이는 전자상거래 기업들이 신뢰성을 구축하는 데 중점을 두어야 하는 이유의 하나다. 특히 모바일 쇼핑은 소비자에게 더욱 즉각적인 쇼핑 경험을 제공하며, 이동 중에도 구매를 할 수 있게 한다. 이로 인해 젊은 세대에게 인기를 끌고 있다. 모바일에 최적화된 웹사이트와 앱의 중요성은 향후 더욱 커질 것이다(Shankar, Smith, & Rangaswamy, 2010).

참고문헌

Ratchford, B. T., Talukdar, D., & Lee, M. S. (2003). A Model of Consumer Choice of the Internet as an Information Source. *International Journal of Electronic Commerce*, 5(3), 7-22.

Shankar, V., Smith, A. K., & Rangaswamy, A. (2010). Customer Satisfaction and Loyalty in Online and Offline Environments. *International Journal of Research in Marketing*, 20(2), 153-175.

236 │ 온라인 동영상 서비스 Over-the-Top(OTT)

온라인 동영상 서비스(OTT)는 인터넷을 통해 제공되는 동영상 스트리밍 서비스를 말한다. 전통적인 케이블이나 위성 방송과는 달리 인터넷 연결만 있으면 언제 어디서나 다양한 디바이스를 통해 접근할 수 있다. 대표적인 OTT 서비스로는 넷플릭스(Netflix), 아마존 프라임 비디오(Amazon Prime Video), 디즈니플러스(Disney플러스), 유튜브(YouTube) 등이 있다. 이러한 서비스들은 사용자가 원하는 시간에 원하는 콘텐츠를 선택해 볼 수 있는 유연성과 편의성을 제공한다. 온라인 동영상 서비스는 콘텐츠 제공 방식에 혁신적인 변화를 가져왔다. 전통적인 방송은 정해진 시간표에 따라 프로그램을 시청해야 한다. 이와 달리 온라인 동영상 서비스는 사용자가 자신의 스케줄에 맞춰 콘텐츠를 소비할 수 있다. 또한 다양한 장르와 언어의 콘텐츠를 제공함으로써 글로벌 시청자를 타깃으로 삼고 있다(Jenner, 2018).

온라인 동영상 서비스의 또 다른 특징은 광고의 최소화와 구독 모형을 통한 수익 창출이다. 구독 모형은 안정적인 수익을 창출할 수 있는 구조를 제공하며, 콘텐츠 제작 및 라이선스 비용을 충당할 기반을 제공한다. 다만 일부 서비스의 경우 광고 기반 모형을 채택해 무료로 서비스를 제공하는 대신 광고를 통해 수익을 창출한다. 예를 들어, 유튜브는 광고가 없는 프리미엄 구독 서비스와 함께 광고 기반 무료 서비스도 제공한다. 데이터 분석을 통해 시청자의 성향을 파악함으로써 맞춤형 콘텐츠를 추천하는 것도 온라인 동영상 서비스의 특징이다. 이를 통해 사용자 경험을 향상시키고, 서비스에 대한 충성도를 높일 수 있다. 개인화된 추천 시스템은 사용자들이 새로운 콘텐츠를 발견하고 소비하는 데에도 도움을 준다(Morris & Powers, 2019). 이를 고려할 때 온라인 동영상 서비스의 중요성과 영향력은 계속해서 증가할 것이고, 다양한 형태의 콘텐츠와 서비스 모형이 등장할 것이다.

참고문헌

Jenner, M. (2018). *Netflix and the Re-invention of Television*. Springer.

Morris, J. W., & Powers, D. (2015). Control, Curation and Musical Experience in Streaming Music Services. *Creative Industries Journal*, *8*(2), 106-122.

237 | 옴니채널 마케팅 Omni-channel Marketing

다중채널 마케팅(multi-channel marketing)이라고도 하며 물리적 상점, 인터넷, 텍스트, 소셜미디어 등 어떠한 채널을 통해서라도 고객이 선호하는 채널을 통해 소통하는 마케팅을 뜻한다(McKinsey & Company, 2022). 접두사에서 알 수 있듯이 '옴니(omni)'는 '모든' 또는 '전부'라는 뜻이다. 단순히 교환행위에 그치지 않고 통합적인 고객 경험 차원(unified consumer experience)에서 전방위적인 접근을 지향하며 고객이 선호하는 채널을 통해 상호작용한다는 점에서 상당히 효과적이다. 고객의 선호를 반영해 옴니채널 마케팅은 끊임없이 연속적인(seamless) 통합적 소통 채널을 제공해 고객의 만족도를 극대화할 수 있다. 특히 옴니채널 마케팅은 고객 여정(customer journey) 단계인 탐색,

구매, 제품 사용 및 경험 공유 등 각 단계에서 다양한 소통 채널을 효과적으로 조합하고 운영해 고객 경험 및 채널별 성과를 최적화할 수 있다 (Cui et al., 2021).

　호텔을 예약하든가 제품을 구매할 때 웹사이트나 모바일 등 수시로 채널을 바꾸게 되는데 만약 일관되지 않은 정보가 제공된다면 고객은 불편을 감수할 수밖에 없다. 실례로, 미국의 전자제품 상점인 베스트바이(Best Buy)의 경우 온라인, 오프라인, 그리고 모바일이 연동된 통합적 서비스를 제공하고 있다. 구체적으로 매장 내에서 스마트홈 기술을 경험할 수 있도록 무료 가내 상담 서비스(free in-home advisory service)를 제공하고 있다. 동시에 모바일에서 고객이 카탈로그를 스마트폰으로 스캔해 구매하거나, 커브사이드 픽업, 또는 매장 내 픽업, 긱스쿼드(Geek Squad) 테크팀을 통한 24/7 기술지원을 제공하고 있다. 이처럼 온라인, 매장, 모바일 등이 끊임없이 연동된 토탈 솔루션은 높은 고객 만족도로 이어진다. 특히 코로나 19 같은 상황에서 비접촉 쇼핑을 원하는 고객들의 니즈를 만족시키며 다양한 접촉 채널의 확보 특히 온라인 채널을 통해 비즈니스의 지속가능성을 높인다.

참고문헌

Cui, T. H., Ghose, A., Halaburda, H., Iyengar, R., Pauwels, K., Sriram, S., Tucker, C., & Venkataraman, S. (2021). Informational Challenges in Omnichannel Marketing: Remedies and Future Research. *Journal of Marketing*, 85(1), 103-120.

McKinsey & Company (2022). What Is Omnichannel Marketing?. https://www.mckinsey.com/featured-insights/mckinsey-explainers/what-is-omnichannel-marketing

238 | 옵트 인과 옵트 아웃 Opt In and Opt Out

옵트 인과 옵트 아웃은 디지털 마케팅 및 개인정보 보호와 관련된 개념이다. 옵트 인은 소비자가 자신의 개인정보를 제공하고 마케팅 메시지를 수신하는 데 동의하는 것을 말한다. 반면, 옵트 아웃은 소비자가 더 이상 마케팅 메시지를 수신하지 않겠다고 선택하는 것을 말한다. 두 개념은 데이터 수집과 사용, 소비자와 기업 간의 신뢰 구축에서 핵심적인 역할을 한다. 옵트 인 방식은 소비자의 명시적인 동의를 필요로 한다. 이메일 마케팅, 뉴스레터 구독, 제품 업데이트 등을 진행할 때 소비자가 자신의 개인정보를 제공하기 전에 명확한 설명과 선택의 기회를 갖는 방식이다. 이와 달리 옵트 아웃은 이메일 하단의 '구독 취소' 링크나, 계정 설정에서 마케팅 메시지 수신을 중단하는 옵션 등을 통해 이루어진다. 이를 통해 소비자가 더 이상 불필요한 정보를 받지 않도록 보장하며, 소비자의 개인정보 보호 권리를 존중하는 방법이다(Schuetze & Orlowski, 2010).

옵트 인과 옵트 아웃은 모두 데이터 프라이버시와 관련된 법적 요구 사항과 밀접하게 연관되어 있다. 많은 국가에서 「개인정보 보호법」을 통해 기업이 데이터를 수집하고 사용하는 방법에 대해 규제하고 있다. 예를 들어, 유럽연합의 「일반 데이터 보호 규정(GDPR)」은 기업이 개인정보를 수집하기 전에 소비자의 명시적인 동의를 받도록 규정하고 있다. 또한 옵트 인 방식을 강제하여, 소비자가 언제든지 자신의 데이터를 삭제하거나 사용 중단을 요청할 수 있는 권리를 보장한다.

한편 옵트 인 전략은 기업이 소비자와 긍정적인 관계를 구축하는 데 중요한 역할을 한다. 소비자가 자신의 정보 제공에 대해 명확히 이해하고 동의할 때 더 높은 참여와 신뢰로 이어지기 때문이다. 이는 더 나아가 마케팅 메시지의 클릭률과 전환율을 높이는 데 긍정적인 영향을 미친다(Woodcock, Green, & Starkey, 2011). 반면 옵트 아웃 전략은 소비자의 불만을 줄이고, 기업의 평판을 보호하는 데 중요하다. 소비자가 원하지 않는 메시지를 계속 받을 경우 해당 기업에 대해 부정적인 인식을 갖게 될 가능성이 크기 때문이다. 따라서 명확하고 쉽게 접근할 수 있는 옵트 아웃 방법을 제공하는 것은 소비자의 만족도를 유지하고, 법적 문제를 방지하는 데 도움이 된다.

참고문헌

Schuetze, H., & Orlowski, M. (2010). Email Marketing: How to Create an Effective Email Campaign. *Marketing Research*, *22*(2), 18-24.

Woodcock, N., Green, A., & Starkey, M. (2011). Social CRM as a Business Strategy. *Journal of Database Marketing & Customer Strategy Management*, *18*(1), 50-64.

239 | 월간 활성 이용자 Monthly Active User (MAU)

월간 이용자수로도 불리며 한 달간 한 번 이상 서비스를 사용한 이용자수를 뜻한다. 구체적으로, 월간 활성 이용자는 한 달간 특정 제품, 서비스, 플랫폼을 사용한 순이용자수(the number of unique individuals)다. 주요성과지표(KPI)의 하나로 온라인 제품이나 서비스의 인기, 도달률, 인게이지먼트를 파악하는 데 중요한 메트릭이다. 월간 활성 이용자수를 계산하기 위해서는 '활성(active)'의 의미를 어떻게 정의하느냐에 따라 달라지는데, 예를 들어 소셜미디어에서는 한 달간 로그인, 포스트,

좋아요, 코멘트 등의 행동을 기준으로 할 수 있다. 또한 만약 여러 명이 특정 제품이나 서비스를 동일한 하나의 디바이스에서 사용할 경우 오버카운팅(overcounting) 하지 않도록 해야 할 것이다. 이 메트릭은 사용자 로그인, 세션, 또는 다른 인게이지먼트 지표들과 함께 제품의 사용자층을 효과적으로 측정하고 시간 경과에 따른 성장 또는 감소세를 평가하는 데 유용하다. 단순히 다운로드나 설치(installations)뿐만 아니라 실제 사용자의 인게이지먼트를 고려하며 제품이나 서비스와 정기적으로 상호작용하는 이용자수에 초점을 둔다. 이용자 인게이지먼트를 높이기 위한 인사이트를 제공할 뿐만 아니라 어떻게 이용자를 유지(retain)할 수 있는지 파악하는 데 도움을 준다. 또한 비즈니스 트렌드, 패턴, 플랫폼에서 이용자 행동을 규명하고 이용자의 데이터 분석을 토대로 이용자 경험과 인게이지먼트를 최적화해 수입과 성장률을 높이는 데 기여한다. 소셜미디어 회사인 메타나 틱톡도 월간 활성 이용자를 통해 이용자 인게이지먼트와 보유율(retention rates)을 측정한다. 한편, 월간 활성 이용자는 증강현실(augmented reality: AR) 게임 산업에서도 유용한 지표로 사용되나 온라인 검색량(online search volume), 위키 페이지뷰(wiki page view), 소셜미디어 포스트와 뷰 등이 대안 지표(proxies)로 제시되곤 한다(Liu & Wagner, 2023).

참고문헌

Klipfolio (2024). Monthly Active Users (MAU). https://www.klipfolio.com/resources/kpi-examples/saas/monthly-active-users

Liu, H. X., & Wagner, C. (2023). Proxies to the Monthly Active User Number of GEO AR Mobile Games-Online Search Volume as a Proposal. *Multimedia Tools and Applications, 82*(16), 25403-25425.

240 | 월순환 매출 Monthly Recurring Revenue (MRR)

구독 비즈니스 모형 기반의 SaaS(software as a service) 분야에서 월간 반복 매출로도 불리며 고객으로부터 발생하는 예상 가능한 반복된 월간 수입이다(Stripe, 2024; Venkatesh & Manglick, 2021). 특히 월순환 매출은 구독 기반 모형(subscription-based model) 사업의 미래의 수입을 예상하고 성과 및 트렌드의 성장과 전략적 의사결정을 내리는 데 도움을 준다. MRR은 두 가지 방식으로 계산이 가능한데 산식은 '월순환 매출 = 고객수 × 고객당 월평균 매출(average monthly revenue per customer: ARPU)'이다. 두 번째는 구독 플랜(subscription plan)당 가입한 고객수를 곱해서 더하면 된다. 예를 들어, 플랜 A(월 $10) 100명 구독, 플랜 B(월 $5) 50명 구독이라면, MRR = (100 × $10) + (50 × $20) = $2,000이 된다.

월순환 매출의 종류로 신규(new) MRR, 확대(expansion) MRR, 해지(churn) MRR, 재활성화(reactivation) MRR, 수축(contraction) MRR 등이 있다. 우선 신규 MRR은 제품이나 서비스의 새로운 구독자를 확보해 발생하는 월간 매출이다. 확대 MRR은 구독자가 업그레이드하거나 부가서비스를 추가하면서 발생한다. 해지 MRR은 구독을 해지해 발생하는 월간 매출 손실이며 수축 MRR은 기존 고객이 구독을 다운그레이드 하거나 서비스 수준을 낮추어 발생한 매출 손실이다. 재활성화 MRR은 해지한 고객이 다시 재가입해 발생하는 매출 증가다. 전술한 신규 및 확대 MRR을 합산한 후 해지와 수축 MRR을 차감하면 전체 신규 MRR(net new MRR)을 도출할 수 있다. MRR은 비즈니스 전략 수립에 지침을 제공하는데, 예를 들어 신규 MRR이 높지만 해지 및 수축 MRR도 높다면 마케팅보다 제품과 고객 관리에 집중해야 한다. 반면에 신규 MRR이 낮지만 해지 및 수축 MRR도 낮다면 마케팅에 집중해야 한다.

참고문헌

Stripe (2023). What Is Monthly Recurring Revenue (MRR)?: How to Calculate, Increase, and Use MRR to Guide Growth. https://stripe.com/resources/more/what-is-monthly-recurring-revenue

Venkatesh, S., & Manglick, D. (2021). Drivers of Software as a Service and Framework to Measure Its Growth. *International Research Journal of Engineering and Technology*, 8(6), 340-344.

241 │ 웹로그 분석 Web Log Analysis

　웹사이트로 유입된 사용자수부터 기기 접속환경, 이동경로, 체류시간, 페이지뷰, 이탈률, 전환율 등의 로그 데이터를 측정하고 분석하는 것을 뜻한다(Cooney, 2022; Jansen, 2006). 로그는 데이터로 이를 분석해 시스템과 시스템 이용자 간 교환된 유형, 콘텐츠, 시간 등을 추적할 수 있다. 즉, 교환 로그(transaction log)는 시스템과 시스템 이용자 간 커뮤니케이션이 기록된 파일이다(Jansen, 2006). 웹로그 분석은 크게 수집(collection), 준비(preparation), 분석(analysis)의 단계를 거친다. 수집단계에서는 특정 기간 동안 저장된 데이터를 수집한다. 준비단계에서는 수집된 로그 데이터를 분석하기 위해 클리닝(cleaning)을 하며, 마지막 분석단계에서 준비된 데이터를 분석한다(Jansen, 2006). 이 3가지 단계를 거쳐 이용자 웹사용성을 높이기 위한 방안을 도출한다. 예를 들어, 이용자가 가입 페이지 사용에 어려움이 있다면 가입 페이지의 항목을 축소하거나 가입을 위한 혜택을 상기시키는 등의 행동을 취할 수 있다.

웹로그 분석은 웹사이트 운영의 향상성을 높일 뿐만 아니라 마케팅 인사이트를 제공한다. 지연시간(latency), IP 주소, HTTP 코드, 요청된 리소스(resource requested) 및 바이트(bytes)를 통해 운영의 수준을 높이고 웹사이트의 비정상적 트래픽을 감지 및 예방할 수 있다. 또한 사이트 퍼포먼스(site performance) 향상을 위해 분석은 필수적인데, 예를 들어, 평균적으로 웹사이트가 뜨는데 4초가 걸리면 20%의 잠재고객이 이탈하며, 2초가 걸리면 그 시간에 평균 3.4 페이지를 적게 본다는 점을 고려할 때 트래픽 관리의 부재는 운영상의 문제를 넘어 잠재 고객을 유인하는 기회마저 잃게 된다. 이처럼 웹에 접속한 로그를 모니터링해 운영사의 문제점을 해결할 수 있을 뿐만 아니라 데이터를 통해 검색 엔진 최적화 및 이용자 경험 향상에 이르기까지 많은 인사이트를 얻을 수 있다. 이런 점에서 웹로그 분석은 검색 엔진 최적화 및 캠페인 성공을 위한 지침을 제공한다. 온라인상 90%의 콘텐츠 소비는 구글로부터 오는 자연적 또는 유기적 트래픽(organic traffic)이 아니라는 점에서 출처를 밝히기 어렵다. 따라서 웹로그 분석을 통해 검색엔진에 최적화된 웹사이트를 만들 때 출처의 가시성과 광고 효율성을 높일 수 있다.

참고문헌

Cooney, C. (2022). 3 Key Benefits to Web Log Analysis. Coralogix. https://coralogix.com/blog/benefits-web-log-analysis/

Jansen, B. J. (2006). Search Log Analysis: What It Is, What's Been Done, How to Do It. *Library & Information Science Research*, 28(3), 407-432.

242 | 유기적 도달 Organic Reach

소셜미디어상의 유기적 도달은 비용을 지불하지 않은 특정 포스트 (post)에 나타난 순이용자수(total number of unique users)를 의미한다 (Arimetrics, 2024). 또 다른 정의로 유기적 도달은 페이스북(Facebook) 등 SNS에서 비즈니스 페이지에 게시된 무료 포스트(unpaid post)를 읽은 사람의 수이다(Chawla & Chodak, 2021). 유료 도달(paid reach)은 유기적 도달과 대칭되는 개념이다. 대체로 유기적 도달은 비용을 지불하지 않기 때문에 특정 웹페이지에 임의로 방문하는 이용자나 타인의 소개로 방문한 이용자 등이 포함된다. 온라인 특히 소셜미디어에서 지속적이고 유용한 콘텐츠나 정보를 제공한다면 유기적 도달을 높일 수 있다. 한편, 페이스북의 경우 유기적 도달을 제한하고 있는데 이는 페이스북 광고(Facebook Ads)를 통한 광고성 포스트가 우선적으로 노출되기 때문이다. 유기적 도달을 제한함으로써 광고주들은 당연히 노출을 높이기 위해 유료의 페이스북 광고를 이용할 수밖에 없다.

페이스북의 광고 알고리듬은 사용자 경험을 향상시키는 방향으로 변화하는데 웹페이지나 콘텐츠의 질적 수준과 이용자 대상 콘텐츠의 적합성이 높을 때 콘텐츠의 노출을 높여 가시성을 증가시킨다. 페이스북은 100,000가지 요인에 따라 유기적 콘텐츠 노출을 결정하지만 단순한 산식으로 보자면 '유기적 범위(organic range) = 흥미(interest) × 발행물(publication) × 저자(author) × 포스트 유형(type) × 신기성(new)'이다. 즉, 포스팅이 이용자의 관심과 흥미를 불러일으키고, 발행물이 긍정적 반응과 인게이지먼트가 높아야 하며, 저자의 기존 포스팅에 대한 상호작용이 높고, 이용자가 선호하는 콘텐츠와 유형으로 작성되어야 하며,

최근에 발행된 새로운 콘텐츠일수록 유기적 도달이 높아진다. 따라서 유기적 도달을 높이기 위해 단기적인 관심사보다 시간이 지나더라도 오랫동안 읽을 가치가 있는 콘텐츠를 생산하는 것이 바람직하다. 높은 관심과 반응을 보이는 이용자를 핵심 그룹으로 만들고 관심사와 흥미를 분석해 이들을 타깃으로 콘텐츠를 발행하는 것도 전략이다.

참고문헌

Arimetrics (2024). What is Organic Reach. https://www.arimetrics.com/en/digital-glossary/organic-reach

Chawla, Y., & Chodak, G. (2021). Social Media Marketing for Businesses: Organic Promotions of Web-Links on Facebook. *Journal of Business Research*, 135, 49-65.

243 | 이탈률 Bounce Rate

상호작용의 인게이지먼트 가치(engagement value of interactions)를 측정하기 위한 지표로 사용자가 유입 또는 랜딩 페이지만 보고 바로 떠나 버리는 비율이다(Poulos, Korfiatis, & Papavlassopoulos, 2020). 즉, 사용자가 처음 방문한 랜딩 페이지만을 보고 관련된 다른 페이지로 이동하지 않고 사이트를 떠난 비율을 의미하는 지표다. 이탈률의 산식은 '이탈률 = 이탈수 / 페이지 세션 × 100%'다. 여기서 말하는 이탈은 페이지에서 소비자가 클릭, 스크롤다운(scroll-down), 스와이프(swipe) 등의 아무런 상호작용 없이 떠난 경우를 의미한다. 또한 보통 30분 단위로 구성되는 세션은 일정한 시간 동안 웹사이트에서 발생한 사용자 상호작용의 집합으로 이때 버튼을 클릭하거나 페이지 이동 및 구매 행동을 할 수 있다. 산업별 이탈률은 상이한데 일반적으로 이커머스는 20~45%, B2B 사이트는 25~55%, 랜딩 페이지는 60~90%, 콘텐츠형 웹사이트는 35~60%, 뉴스 및 미디어는 70~90%이다.

이탈률과 유사한 개념으로 종료율(exit rate)과 해지율(churn rate)이 있다. 종료율 산식은 '종료율 = 페이지 종료수 / 페이지뷰수 × 100%' 이다. 즉, 특정 사이트에서 고객이 여러 개의 링크된 페이지를 이동한 뒤 사이트를 떠난 비율을 말한다. 이탈률이 하나의 페이지(즉, 랜딩 페이지) 세션을 기준으로 떠난 비율을 지칭한다면 종료율은 여러 개의 페이지 세션을 대상으로 한다는 점에서 차이가 있다. 한편, 해지율은 구독 기반 비즈니스 모형(subscription-based business model)에서 서비스를 사용한 고객 중 이탈, 즉 해지한 고객을 측정하는 지표다. 이는 SaaS(Software as a Service) 분야에서 사용되는 주요 측정 지표인데 산식은 '해지율 = 해지한 고객 / 서비스 시작 시 가입한 전체 고객수'이다.

참고문헌

Beusable (2024). 이탈률(Bounce Rate)과 종료율(Exit Rate) 마스터하기. https://www.beusable.net/blog/?p=3912

Poulos, M., Korfiatis, N., & Papavlassopoulos, S. (2020). Assessing Stationarity in Web Analytics: A Study of Bounce Rates. *Expert Systems*, *37*(3), e12502. https://onlinelibrary.wiley.com/doi/epdf/10.1111/exsy.12502

Waveon (2023). Churn이란 무엇이고 왜 중요할까?. https://www.waveon.io/blog/what-is-churn-and-why-is-it-important-ko

244 │ 인공지능 마케팅 Artificial Intelligence Marketing

빅데이터 분석(big data analytics)이나 기계학습(machine learning) 등의 기술과 고객 데이터를 최적화해 고객 인사이트 확보 및 고객 경험의 향상을 꾀하는 마케팅이다(Jain & Aggarwal, 2020). 또 다른 정의로 데이터 모형, 알고리듬, 기계학습 등의 인공지능 도구와 방법을 이용해 마케터가 비용 최적화, 맞춤형 콘텐츠 제공 및 고객 여정 개인화를 위한 고객 인사이트를 생성하는 것이다(Cognizant, 2024). 인공지능 마케팅의 예로 챗봇(chatbots), 이미지 인식(image recognition), 인공지능 개인 비서(즉, 아마존 Alexa, 마이크로소프트 Cortana, 애플 Siri), 추천 엔진(recommendation engines), 전자상거래에서 탐색 기록 및 제품 또는 가격을 실시간으로 조정하는 전략인 다이내믹 프라이싱(dynamic pricing) 기반 타깃형 광고를 들 수 있다. 디지털 마케팅이 나날이 중요해지면서 마케터가 고객 취향에 맞는 개인화된 제품과 서비스를 제공하며 소비자의 습관을 이해하는 데 인공지능이 큰 역할을 하고 있다. 또한 고객 정서에 소구하는 양질의 콘텐츠 제작에도 많은 도움을 주고 있다. 앞으로의 인공지능 마케팅 트렌드는 보다 즉각적이고 개인화된 고객 경험, 옴니채널 쇼핑의 부상, 콘텐츠 최적화 및 개인정보 보호를 통한 경쟁력 확보가 주요 화두가 될 것이다(박소정, 2024).

참고문헌

박소정 (2024). AI가 가져올 2024년 마케팅 혁신은?… 애피어, AI 마케팅 트렌드 4가지 발표, 브랜드 브리프. https://www.brandbrief.co.kr/news/articleView.html?idxno=6734

Cognizant (2024). AI Marketing: What Is AI Marketing?. https://www.cognizant.com/us/en/glossary/ai-marketing

Jain, P., & Aggarwal, K. (2020). Transforming Marketing with Artificial Intelligence. *International Research Journal of Engineering and Technology*, 7(7), 3964-3976.

245 │ 인벤토리 Inventory

광고 인벤토리 또는 광고 구좌라고도 하며 매체사 또는 발행인 (publisher)이 확보하고 있는 광고를 노출 시킬 수 있는 웹 또는 앱상 에서의 모든 광고 공간(ad space)을 뜻한다(Adjust, 2024). 퍼포먼스 마케팅에서는 특정 웹사이트의 특정 지면들, 각종 SNS에서의 피드 지면 들, 이외 각종 앱 내의 특정 지면들을 통칭하기도 한다. 사실 인벤토리 는 지면 광고(print ads)에서 어원이 시작되었지만 데스크톱, 모바일, 인 앱 등 디지털 플랫폼에서 노출되는 디스플레이 광고, 비디오 광고, 네 이티브 광고 등 일체의 디지털 광고 인벤토리(digital ad inventory)를 포 괄적으로 칭한다. 인벤토리와 광고 포맷, 타깃 옵션, 가격, 성과 매트 릭스 등이 광고 데이터베이스에 저장되는데 이를 통해 광고주와 매체 사, 즉 발행인이 효과적으로 광고전략을 수립하고 소비자 타기팅 및 광 고 배치를 할 수 있는 유용한 정보를 제공한다. 특히 애드 익스체인지 (ad exchange)에서 프로그래매틱 바잉(programatic buying)으로 인벤토 리의 매매가 실시간 입찰(real-time bidding)로 이루어진다. 광고주 입장 에서 한정된 예산 내에 노출 효과를 극대화할 수 있는 최적화된 인벤토 리를 구매할 수 있는 장점이 있다. 그러나 프로그래매틱 광고 인벤토리 구매 시 우려할 점도 존재한다(Gordon, Jerath, Katona, Narayanan, Shin, & Wilbur, 2021). 예를 들어, 광고주는 목표 인구통계학적 특성, 광고수,

시간 등을 특정해 보장된 인벤토리(guaranteed inventory)를 구매할 경우 일부 대행사의 도덕적 해이(moral hazard), 광고주와 정보의 비대칭성 및 불투명한 수익구조 등으로 효율성이 저하된다는 연구 결과도 있다. 또한 대행사, 네트워크, 광고구매 플랫폼(DSP) 및 광고판매 플랫폼(SSP) 등의 광고 중개자(intermediary)들은 의도적으로 소유 중인 광고 인벤토리나 비딩을 조정해 광고가격, 광고판매 및 수수료(commissions)를 변경하는 잘못된 경우도 빈번히 발생한다(Gordon et al., 2021).

참고문헌

Adjust (2024). What Is Ad Inventory?. https://www.adjust.com/glossary/ad-inventory/

Gordon, B. R., Jerath, K., Katona, Z., Narayanan, S., Shin, J., & Wilbur, K. C. (2021). Inefficiencies in Digital Advertising Markets. *Journal of Marketing*, 85(1), 7-25.

246 | 인스트림 광고 In-stream Advertising

인스트림 광고는 동영상 콘텐츠 재생 중간에 삽입되는 광고를 말한다. 주로 스트리밍 플랫폼이나 소셜미디어에서 사용된다. 동영상 콘텐츠의 시작, 중간, 끝 부분에 배치될 수 있으며, 시청자가 콘텐츠를 보는 동안 자연스럽게 광고를 접하도록 한다. 프리롤(pre-roll), 미드롤(mid-roll), 포스트롤(post-roll)로 분류되며, 배치 위치에 따라 시청자에게 미치는 영향이 다르다. 우선 프리롤 광고는 동영상 콘텐츠 시작 전에 재생되며, 시청자가 콘텐츠를 보기 위해 광고를 시청해야 하는 방식이다. 반면, 미드롤 광고는 동영상 콘텐츠 중간에 삽입되어 시청 중간에 광고를 보게 되며, 포스트롤 광고는 콘텐츠가 끝난 후에 재생된다. 기존 연구에 따르면 프리롤 광고는 미드롤 및 포스트롤 광고보다 인지도가 높은 경향이 있다(Greenberg, 2012). 인스트림 광고의 장점 중 하나는 높은 시청 완료율이다. 특히 콘텐츠를 보기 위해 광고를 끝까지 시청해야 하는 프리롤 광고의 완료율이 높다. 또한 타기팅 기능을 통해 특정 인구통계학적 그룹이나 관심사에 맞춘 광고를 게재할 수 있어 광고의 효율성을 극대화할 수 있다. 다만 기업이 인스트림 광고를 효과적으로 활용하기 위해서는 광고의 길이와 내용을 시청자의 관심을 끌 수 있도록 제작하는 것이 중요하다. 일반적으로 15초 이내의 짧고 강렬한 광고의 시청 완료율이 높다. 따라서 광고 초반에 강렬한 시각적 요소나 중요한 메시지를 전달해 시청자의 관심을 끌어야 한다. 데이터 분석을 통한 인스트림 광고의 성과 측정 및 지속적인 최적화도 중요하다. 시청 완료율, 클릭률(CTR), 전환율(CVR) 등 주요 지표를 모니터링하고, 이를 바탕으로 광고전략을 조정해야 한다. 예를 들어, A/B 테스트를 통해 다양한 광고 버전을 비교하고, 가장 효과적인 요소를 파악할 수 있다(Katz, 2019). 이와 함께 시청자 피드백을 수집하고 분석해 광고 콘텐츠를 지속적으로 개선해야 한다.

참고문헌

Greenberg, J. (2012). The Effectiveness of Pre-Roll versus Mid-Roll Video Ads. *Journal of Advertising Research*, 52(4), 457-467.

Katz, H. (2019). The Impact of Ad Length and Placement on Video Ad Performance. *Journal of Digital and Social Media Marketing*, 7(2), 89-103.

247 | 인 앱 광고 In App Advertising

인 앱 광고는 모바일 앱 내에서 제공되는 광고를 말한다. 스마트폰과 태블릿PC의 보급이 확대됨에 따라 중요성이 더욱 커지고 있다. 게임, 소셜미디어, 뉴스 등 다양한 앱을 통해 집행된다. 배너 광고, 전면 광고, 비디오 광고, 네이티브 광고 등 여러 형태의 광고가 있으며, 각 광고는 앱 사용자의 인터페이스(UI)와 자연스럽게 통합될 수 있다. 이로 인해 사용자 경험을 최소한으로 방해하면서 광고 메시지를 효과적으로 전달할 수 있다. 특히 인터랙티브 광고는 사용자의 높은 참여도를 유도하며, 브랜드 인지도와 구매 의도를 높이는 데 효과적이다(Ducoffe, 1996).

인 앱 광고의 장점 중 하나는 타기팅의 정확성이다. 모바일 앱은 사용자의 위치, 관심사, 행동 패턴과 관련해 다양한 데이터를 수집할 수 있다. 이를 통해 광고주는 특정 사용자 그룹을 대상으로 정밀한 타기팅 광고를 집행할 수 있다. 예를 들어, 특정 지역에 거주하는 사용자에게만 제공되는 지역 기반 광고나, 사용자가 선호하는 콘텐츠와 관련된 광고 집행이 가능하다.

인 앱 광고의 효과를 극대화하기 위해서는 사용자 경험을 고려한 광고전략이 필요하다. 광고가 너무 빈번하게 나타나거나, 사용자 경험을 방해하는 방식으로 제공된다면 오히려 부정적인 반응을 초래할 수 있기 때문이다. 광고주는 사용자 경험을 해치지 않으면서도 효과적으로 광고를 노출할 수 있는 최적의 빈도와 타이밍을 찾아야 한다. 예를 들어, 게임 앱의 경우 레벨 완료 시점이나 휴식 시간에 광고를 배치하는 것이 효과적이다(Yang et al., 2013). 인 앱 광고는 해당 앱의 수익 창출에도 중요한 역할을 한다. 특히 무료 앱의 경우 광고가 주요 수익원이다. 따라서 인 앱 광고를 통해 사용자에게 무료로 앱을 제공하면서도 지속 가능한 수익 모형을 구축할 수 있다. 이로 인해 앱 개발자와 광고주 모두에게 승−승(win-win)의 상황을 제공하며, 사용자에게도 다양한 선택지를 제공할 수 있다. 다만 사용자 데이터를 활용한 타기팅 광고는 개인정보 보호 규정에 따라 엄격히 관리되어야 한다. 따라서 인 앱 광고는 개인정보 보호와 관련된 문제를 중요하게 다루어야 한다.

참고문헌

Ducoffe, R. H. (1996). Advertising Value and Advertising on the Web. *Journal of Advertising Research*, *36*(5), 21-35.

Yang, S., Kim, J., & Yoo, Y. (2013). The Integrated Mobile Advertising Model: The Effects of Technology and Emotion-Based Evaluations. *Journal of Business Research*, *66*(9), 1345-1352.

248 | 인터랙티브 광고 Interactive Advertising

인터랙티브 광고는 소비자와의 상호작용을 통해 메시지를 전달하는 광고를 말한다. 전통적인 광고와 달리 사용자의 참여를 유도하는 것이 특징이다. 웹사이트, 소셜미디어, 모바일 앱 등 다양한 플랫폼에서 활용될 수 있다. 소비자에게 깊은 인상을 남기고, 브랜드 인지도를 높이며, 궁극적으로 구매 의도를 높이는 데 효과적이다. 인터랙티브 광고의 장점 중 하나는 참여도가 높다는 점이다. 전통적인 광고는 수동적으로 메시지를 전달하는 반면, 인터랙티브 광고는 소비자가 직접 참여할 수 있는 요소를 포함해 적극적인 반응을 이끌어 낸다. 예를 들어, 퀴즈, 게임, 설문조사, 클릭 가능한 요소 등을 통해 소비자가 광고와 직접 상호작용하는 방식이다(Pavlou & Stewart, 2000). 이러한 상호작용은 소비자에게 흥미와 관심을 불러일으키며, 광고 효과를 극대화하는 데 긍정적인 영향을 미친다. 소비자의 경험을 개인화하는 데에도 효과적이다. 데이터 분석과 인공지능(AI) 기술을 활용해 소비자의 관심사와 행동 패턴을 파악하고, 이에 맞춘 맞춤형 광고를 제작할 수 있다.

　개인화된 광고는 소비자의 큰 호응을 얻으며, 브랜드와의 연결성을 강화하고, 브랜드 인지도를 높이는 데에도 효과적이다. 소비자가 광고와 상호작용할 때 단순히 광고를 보는 것보다 더 오래 기억에 남는 경향이 있기 때문이다. 소비자가 브랜드와의 상호작용을 통해 긍정적인 경험을 하면 브랜드에 대한 호감도가 증가하고, 충성 고객으로 발전할 가능성도 높아진다. 기업이 인터랙티브 광고를 효과적으로 활용하려면 몇 가지 전략이 필요하다. 첫째, 광고 콘텐츠가 재미있고 흥미로워야 한다. 이를 통해 소비자가 자발적으로 참여할 수 있도록 해야 한다. 둘째, 광고 메시지가 명확하고 직관적이어야 한다. 복잡한 메시지는 소비자의 참여를 저해할 수 있다. 셋째, 광고의 결과를 측정하고 분석하는 것도 중요하다. 인터랙티브 광고의 효과를 평가해 향후 광고 캠페인을 개선하는 데 활용해야 하기 때문이다(Dreze & Hussherr, 2003).

참고문헌

Dreze, X., & Hussherr, F. X. (2003). Internet Advertising: Is Anybody Watching?. *Journal of Interactive Marketing*, 17(4), 8-23.

Pavlou, P. A., & Stewart, D. W. (2000). Measuring the Effects and Effectiveness of Interactive Advertising: A Research Agenda. *Journal of Interactive Advertising*, 1(1), 62-78.

249 │ 인플루언서 마케팅 Influencer Marketing

　인플루언서 마케팅은 소셜미디어에서 높은 영향력을 가진 인플루언서를 통해 제품이나 서비스를 홍보하는 마케팅 전략을 말한다. 인플루언서는 특정 분야에서 많은 팔로워를 보유하고 있으며, 이들의 의견이나 추천은 팔로워들의 구매 결정에 큰 영향을 미친다. 인플루언서 마케팅은 인플루언서의 이러한 영향력을 활용해 브랜드 인지도를 높이고, 제품의 신뢰성을 강화하며, 궁극적으로 판매를 촉진하는 데 중점을 둔다.

　인플루언서 마케팅의 장점 중 하나는 높은 신뢰도와 진정성이다. 인플루언서는 팔로워들과의 강력한 유대감을 바탕으로 신뢰를 구축해 왔으며, 이들의 추천은 팔로워들에게 큰 영향을 미친다. 따라서 소비자가 전통적인 광고를 접했을 때 보다 더욱 긍정적인 반응을 이끌어 낼 수 있다(Brown & Hayes, 2008). 타기팅의 정확성 역시 인플루언서 마케팅의 장점이다. 인플루언서는 특정 관심사나 취미를 공유하는 팔로워 그룹을 보유하고 있다. 따라서 기업은 인플루언서를 통해 정확한 타깃층에 도달할 수 있다. 이로 인해 광고의 효율성을 극대화하고, 비용 대비 높은 ROI를 달성할 수 있다. 예를 들어, 피트니스 인플루언서의 경우 운동에 관심이 많은 팔로워를 보유하고 있어 스포츠 브랜드의 마케팅에서 이상적인 파트너가 될 수 있다.

　또한 인플루언서 마케팅은 콘텐츠의 다양성과 창의성을 제공하는 데 중요한 역할을 한다. 인플루언서의 고유한 스타일과 창의적인 접근 방식으로 브랜드 메시지를 전달할 수 있기 때문이다. 이로 인해 팔로워의 흥미와 관심을 불러일으킨다. 예를 들어, 여행 인플루언서의 경우 자신만의 독특한 여행 경험을 공유하면서 특정 여행지나 호텔을 홍보할 수 있다. 이러한 콘텐츠는 팔로워의 관심을 유도하고, 해당 브랜드에 대한 긍정적인 이미지를 형성한다(Evans, Phua, Lim, & Jun, 2017). 기업이 인플루언서 마케팅을 효과적으로 활용하기 위해서는 인플루언서가 전달하는 메시지가 브랜드의 가치와 일치해야 하며, 진정성을 유지해야 한다. 또한 인플루언서를 선택할 때 단순히 팔로워수에만 의존하지 말고, 팔로워들의 참여도와 인플루언서의 영향력을 고려해야 한다.

참고문헌

Brown, D., & Hayes, N. (2008). *Influencer Marketing: Who Really Influences Your Customers?*. Routledge.

Evans, N. J., Phua, J., Lim, J., & Jun, H. (2017). Disclosing Instagram Influencer Advertising: The Effects of Disclosure Language on Advertising Recognition, Attitudes, and Behavioral Intent. *Journal of Interactive Advertising*, 17(2), 138-149.

250 | 일간 활성 이용자 Daily Active User (DAU)

24시간 동안 앱을 이용하는 일순방문자수를 뜻하며 일일 활성 유저 또는 일이용자수라고도 한다. 일순방문자수는 보통 매일 앱을 이용하는 사용자가 있는 업계(즉, 게임)에서 사용된다. 일순방문자수에 대한 정의는 업종이나 기업별로 상이하지만 일반적으로 '로그인'한 유저를 기준으로 한다. 한편, 온라인 뱅킹 앱에서는 송금을, 이커머스 앱에서는 상품을 담은 유저를, 소프트웨어 회사에서는 소프트웨어를 사용했을 경우를 각각 지칭한다. 일순방문자수는 사용자의 광고주 식별자(Identity for Advertisers: IDFA), 이메일, 유저 ID, 쿠키 또는 이 모든 정보를 조합한 개인 식별정보를 통해 확인한다. 일순방문자수 모니터링을 통해 캠페인 효과, 앱의 인기도, 성장 가능성 및 고객 경험을 평가할 수 있다. 일순방문자수는 다른 주요 지표인 보유율 또는 잔존율(retention rates)을 계산하는 데 필요하며 잔존율을 바탕으로 고객 생애 가치(Customer Lifetime Value: CLV)를 계산할 수 있다.

다만 일순방문자수 이용 시 주의점이 있는데 단순히 일순방문자수 증가가 서비스에 대한 고객 만족도를 의미한다고 볼 수 없다. 따라서 다른 지표(즉, 사용자 획득, 인 앱 구매, 리뷰, 고객 피드백)와 함께 고려해야 전체적인 트렌드를 이해하거나 문제점을 파악하는 데 유용하다. 일순방문자수 증가를 위해 푸시 알람, 인 앱 메시지, 이메일/SMS, 딥링킹(deep linking)을 활용할 수 있다. 또한 일순방문자수를 월간 활성 이용자 또는 월간순방문자수(Monthly Active User: MAU)로 나누면 이용자의 재방문율이나 재구매율까지 추정할 수 있다. 일간 활성 이용자 대상 최근 연구 사례로, 코로나19 기간 동안 2,500명의 벨기에 성인을 대상으로 틱톡의 일간 활성 이용자의 인구통계학적 특성을 조사했다. 조사 결과 틱톡의 주이용자는 도시 근교에 거주하며 아이가 있는 저학력 및 저소득 가정의 젊은 성인으로 나타났다(Hellemans, Willems, & Brengman, 2021). 이 연구에서는 일간 활성 이용자를 분석해 코로나19 기간 동안 틱톡이 빠르게 젊은 성인을 대상으로 확산되었음을 보여 주었다.

참고문헌

Appsflyer (2024). Daily Active Users (DAU). https://www.appsflyer.com/glossary/daily-active-users/

Hellemans, J., Willems, K., & Brengman, M. (2021, May). The New Adult on The Block: Daily Active Users of Tiktok Compared to Facebook, Twitter, and Instagram during the Covid-19 Crisis in Belgium. In *Digital Marketing & E-commerce Conference* (pp.95-103). Cham: Springer International Publishing.

251 | 제휴 마케팅 Affiliate Marketing

제휴 마케팅은 온라인 마케팅 전략의 하나로 판매자가 제휴 파트너를 통해 제품이나 서비스를 홍보하고, 판매가 이루어질 때마다 제휴 파트너에게 커미션을 지급하는 방식이다. 성과 기반 마케팅(performance-based marketing)으로도 알려져 있다. 판매자가 마케팅 비용을 효율적으로 관리할 수 있다는 장점이 있다. 전자상거래의 발전과 함께 빠르게 성장했으며, 다양한 산업에서 광범위하게 활용되고 있다.

제휴 마케팅의 핵심 요소는 제휴 네트워크, 판매자, 제휴 파트너, 그리고 소비자다. 제휴 네트워크는 판매자와 제휴 파트너를 연결해 주는 플랫폼으로 각 당사자가 협력할 수 있도록 중개하는 역할을 한다. 판매자는 자사의 제품이나 서비스를 홍보하기 위해 제휴 프로그램을 운영하며, 제휴 파트너는 블로그, 소셜미디어, 이메일 마케팅 등을 통해 제품을 홍보하고 소비자를 유도한다. 이에 따라 소비자가 제품 또는 서비스를 구매하면 제휴 파트너는 커미션을 받게 된다(Evans, 2008). 판매자는 성과가 발생할 때만 비용을 지불하기 때문에 광고비를 효율적으로 관리할 수 있다. 이로 인해 예산이 제한된 중소기업에게 특히 도움이 된다.

또한 제휴 파트너는 자신만의 창의적인 방식으로 다양한 마케팅 방법을 시도할 수 있다. 리뷰 블로그를 운영하는 제휴 파트너의 경우 제품에 대한 상세한 리뷰와 사용 후기를 통해 소비자의 신뢰를 얻고, 이를 통해 구매를 유도할 수 있다. 타기팅 정확성이 높다는 것 또한 제휴 마케팅의 장점이다. 대부분의 제휴 파트너는 특정 관심사나 취미를 공유하는 팔로워 그룹을 보유하고 있기 때문에, 정확한 타깃층에 도달할 수 있다. 예를 들어, 피트니스 블로거는 운동에 관심이 많은 팔로워를 보유하고 있다. 따라서 스포츠 용품 판매에 이상적인 파트너가 될 수 있다.

한편, 기업이 제휴 마케팅을 효과적으로 운영하기 위해서는 몇 가지 전략적 고려사항이 필요하다. 첫째, 신뢰할 수 있는 제휴 파트너를 선정하는 것이 중요하다. 제휴 파트너의 평판과 영향력을 고려해 브랜드 이미지와 일치하는 파트너를 선택해야 한다. 둘째, 투명한 커미션 구조를 제공해 제휴 파트너에게 동기를 부여해야 한다. 공정하고 명확한 커미션 정책은 제휴 파트너와의 장기적인 협력을 위해 중요하다. 셋째, 제휴 마케팅의 성과를 지속적으로 모니터링하고, 데이터를 분석해 전략을 조정해야 한다. 이를 통해 효과적인 마케팅 캠페인을 유지하는 동시에 필요에 따라 전략을 수정할 수 있다(Dreze & Zufryden, 1997).

참고문헌

Dreze, X., & Zufryden, F. (1997). Testing Web Site Design and Promotional Content. *Journal of Advertising Research*, *37*(2), 77-91.

Evans, J. R. (2008). Retailing in Perspective: The Past Is a Prologue to the Future. *International Review of Retail, Distribution and Consumer Research*, *18*(1), 1-11.

252 | 증강현실 광고 Augmented Reality Advertising

증강현실(AR) 광고는 디지털 요소를 현실 세계에 결합해 소비자에게 혁신적인 경험을 제공하는 광고를 말한다. 스마트폰, 태블릿PC, AR 안경 등 다양한 디바이스를 통해 사용자 주변의 실제 환경에 가상 정보를 중첩(over-lay)해 보여 주는 방식이다. 사용자와의 상호작용을 촉진하고, 제품이나 서비스에 대한 새로운 접근 방식을 제시할 수 있다. 증강현실 광고의 가장 큰 장점은 몰입도 높은 경험을 제공한다는 것이다. 광고 콘텐츠와 상호작용하면서 제품을 보다 직관적으로 이해할 수 있다. 이로 인해 단순히 광고를 보는 것보다 더욱 깊은 인상을 남기고, 제품에 대한 호기심과 관심도를 높이는 데 효과적이다(Dacko, 2017). 예를 들어, 증강현실 광고를 통해 가구를 자신의 집에 배치해 보거나, 화장품을 얼굴에 적용해 보는 등의 체험이 가능하다.

개인화된 경험을 제공하는 데에도 효과적이다. 소비자의 위치, 시간, 선호도 등을 기반으로 맞춤형 광고를 제작할 수 있기 때문이다. 이런 방식으로 소비자에게 관련성 높은 콘텐츠를 제공함으로써 광고 효과를 극대화할 수 있다(Rauschnabel, Felix, & Hinsch, 2018). 특정 매장을 방문한 소비자에게 해당 매장의 할인 정보를 실시간으로 제공하거나, 특정 제품에 대해 맞춤형 정보를 제공하는 방식 등이 예다. 이처럼 개인화된 경험은 소비자에게 더욱 의미 있는 광고로 인식되고, 해당 브랜드에 대해 긍정적 이미지를 형성하는 데 기여한다. 증강현실 광고의 또 다른 장점은 데이터 분석을 통해 광고 효과를 측정하고 최적화한다는 점이다. 광고주는 소비자의 상호작용 데이터를 분석해 어떤 요소가 광고 성과에 영향을 미치는지 파악할 수 있다. 이를 통해 광고 캠페인을 지속적으로 개선하고, 보다 효율적인 전략을 수립할 수 있다.

참고문헌

Dacko, S. G. (2017). Enabling Smart Retail Settings via Mobile Augmented Reality Shopping Apps. *Technological Forecasting and Social Change*, *124*, 243-256.

Rauschnabel, P. A., Felix, R., & Hinsch, C. (2018). Augmented Reality Marketing: How Mobile AR-apps Can Improve Brands through Inspiration. *Journal of Retailing and Consumer Services*, *49*, 43-53.

253 | 체류시간 Duration Time

　　클릭을 통해 유입된 잠재고객이 얼마나 오랫동안 랜딩 페이지에 머무르는지 또는 특정 항목과 상호작용하는 총시간을 뜻한다(Adobe Analytics, 2024). 페이지뷰(page view)와 더불어 충성도를 보여 주는 지표다. 체류시간의 세부 지표로 초단위로 총체류시간, 방문당 체류시간, 방문자당 체류시간, 사이트에서 보낸 평균시간, 페이지에서 보낸 평균시간 등이 있다(Adobe Analytics, 2024). 체류시간은 네이버의 블로그(blog)에서 공식적으로 인정하는 주요 지표다. 사이트 평균 체류시간은 업계마다 다른데 2024년 1월부터 5월 현재 엔터테인먼트 및 게임이 12.09분으로 가장 길고, 유통 및 운송 6.73분, 쇼핑/종합몰 6.61분 순이다(Internet Trend, 2024). 특히 이커머스 기업들은 체류시간을 늘리기 위해 인 앱 게임, 커뮤니티 활성화, 시간대별 상품할인, 동영상 리뷰 제공 등 여러 가지 노력을 기울이고 있다(Realpacking, 2024). 체류시간이 증가하자 기업과 브랜드의 인지도를 향상시키고 긍정적 이미지를 구축하는 데 도움이 됐다. 또한 체류시간의 증가는 광고 수익을 증가시킨다. 고객이 특정 웹사이트나 앱에서 더 많은 시간을 보낸다면 광고주는 그 광고 공간을 확보하고자 더 높은 가격을 지불할 것이다.

　　더불어 고객 데이터 수집을 통한 개인화 마케팅이 가능하다. 체류시간이 길어지면 고객의 행동 데이터를 보다 구체적으로 수집할 수 있으며 추후 상품 추천 등의 마케팅이 가능해진다. 한편, 개인 블로그 등에서 체류시간은 중요한데 체류시간을 늘리기 위해서는 정보성 글과 스토리를 제공해야 한다(월벗, 2024). 블로그는 정보를 찾기 위해 방문하는 경우가 대부분이다. 유용한 정보와 함께 자신의 스토리로 개성을 입히면 더욱 공감할 수 있는 글이 된다. 또한 제목에 방법이나 순서 등의 키워드를 쓴다면 독자의 호기심을 자극할 수 있다. 그리고 해시태그 (hashtag)에 본인의 닉네임을 꾸준하게 포함하면 다른 글로 관심을 유도할 수 있다. 또한 포스팅에 모든 정보를 한번에 담으려고 하지 말고 주제 관련 내용에 초점을 두어야 한다. 끝으로 접근성과 가독성을 높이기 위해 적절한 카테고리 설정을 하고, 이미지, 영상, 인용구 등의 사용과 여백을 줄 필요가 있다.

참고문헌

윌벗 (2024). 블로그지수 올리는 체류시간 길게 하는 7가지 방법. https://blog. naver.com/seung4186/223348480453

Adobe Analytics (2024). 체류 시간 개요. https://experienceleague.adobe. com/ko/docs/analytics/components/metrics/time-spent

Internet Trend (2024). 사이트 평균 체류시간(분). http://internettrend. co.kr/report/trend_report.tsp?currRptType=pie&rptCode=3070&tps= 2012%2F04%2F07&tpe=2012%2F05%2F05&bigCat=&rptType=pie&rp tStep=week

Realpacking (2024). 이커머스 기업이 체류시간을 늘리는 방법, 이 3가지만 기억하세요. https://www.realpacking.com/ko/blog/how-e-commerce-companies-can-increase-time-on-site

254 | 컨버전율 Conversion Rate (CVR)

컨버전율(CVR) 또는 전환율은 마케팅 및 광고에서 매우 중요한 지표로 특정 행동을 취한 방문자나 사용자 수를 전체 방문자나 사용자 수로 나눈 백분율을 말한다. 주로 온라인 마케팅에서 사용되며, 웹사이트 방문자가 구매, 가입, 다운로드, 문의 같은 목표 행동을 얼마나 자주 수행하는지를 나타낸다. 예를 들어, 특정 웹사이트를 1,000명이 방문했고, 이 중에서 50명이 구매했다면 해당 웹사이트의 컨버전율은 5%가 된다. 디지털 마케팅의 효율성을 측정하는 데 필수적인 지표로 활용되고 있다.

컨버전율을 높이기 위한 전략은 다양하다. 기존 연구에 따르면 웹사이트의 디자인, 사용자 경험(UX), 로딩 속도, 콘텐츠의 질, 행동유도 버튼(Call to Action: CTA)의 명확성 등이 컨버전율에 영향을 미친다. 이를 고려해 방문자가 원하는 정보를 쉽게 찾을 수 있도록 이동 경로를 개선하거나, 간단하고 직관적인 구매 과정을 제공하는 것만으로도 컨버전율을 향상시킬 수 있다. 또한 고객 리뷰, 보안 인증 마크 같이 웹사이트의 신뢰성을 높이는 요소를 추가해도 효과적이다(McDowell, Wilson, & Kile, 2016).

A/B 테스트를 통해 두 가지 버전의 웹페이지를 비교함으로써 어느 쪽이 더 높은 컨버전율을 보이는지 확인하는 것도 좋은 방법이다(Kohavi, Longbotham, Sommerfield, & Henne, 2009). 이를 통해 어떤 요소가 방문자의 행동에 긍정적인 영향을 미치는지 구체적으로 파악할 수 있다. 아울러 지속적인 모니터링과 개선을 통한 최적화도 필요하다. 이를 위해 구글 애널리틱스(Google Analytics) 같은 웹 분석 도구를 활용해 방문자의 행동 데이터를 수집하고 분석할 수 있다. 데이터 분석으로 문제점을 식별하고, 개선 방안을 실행한 후 다시 데이터를 분석해 효과를 검증하는 순환 과정을 거쳐야 한다. 컨버전율은 단순히 마케팅의 효율성을 측정하는 지표일 뿐만 아니라, 비즈니스의 전반적인 성과를 평가하는 데에도 중요한 역할을 한다. 높은 컨버전율은 고객의 만족도와 충성도를 반영하기 때문이다. 따라서 컨버전율을 지속적으로 모니터링하고 개선하는 것은 비즈니스의 장기적인 성장과 성공을 위해 필수적이다.

참고문헌

Kohavi, R., Longbotham, R., Sommerfield, D., & Henne, R. M. (2009).
Controlled Experiments on the Web: Survey and Practical Guide. *Data
Mining and Knowledge Discovery*, 18(1), 140-181.

McDowell, W., Wilson, R. C., & Kile, J. (2016). Evaluating The Effectiveness
of Internet Marketing Initiatives. *Journal of Business Research*, 69(11),
5405-5412.

255 | 콘텐츠 관리시스템 Content Management System (CMS)

웹사이트를 구성하고 있는 다양한 콘텐츠들을 개발자의 도움 없이 운영자가 보다 쉽고 효율적으로 조직(organize), 통제(control) 및 관리(manage)할 수 있는 소프트웨어 시스템으로 텍스트, 링크, 이미지, 비디오, HTML 및 이외 모든 미디어 형태의 데이터를 운용할 수 있다(Hembram, 2022). 예시로 전 세계적으로 애용되는 워드프레스(WordPress)가 있으며 국내의 경우 기업 들이 많이 사용하는 I-ON CMS가 있다. 최근 클라우드 환경에서 프로그램 설치, 업데이트 및 유지보수가 필요 없는 서비스 개념의 소프트웨어 모형(Software as a Service: SaaS)이 주목을 받고 있다(Shah, 2023). 웹사이트는 구축 이후 지속적인 방문자 유입을 위해 콘텐츠의 업데이트 및 관리가 중요하다. 이때 HTML, CSS, 자바스크립트 등의 코딩 지식을 습득하고 매번 프로그램을 짜는 일은 번거롭다(빅스타, 2023).

이런 불편 없이 간단하게 콘텐츠를 서버에 저장하고 업로드 및 수정 등의 관리를 도와주는 시스템이 CMS이다. CMS의 장점으로 기업이나 공공기관 등에서 웹사이트 구축 및 운영을 위해 구조화된 템플릿이나 레이아웃을 미리 지정해 놓고 다양하게 변경할 수 있다. 개발자의 기술적 도움 없이도 마케터가 디자이너나 발행인과 함께 콘텐츠를 제작하고 홈페이지에 반영하는 방식으로 운영된다. CMS는 프론트엔드(front-end)와 백엔드(back-end)로 구성되는데 프론트엔드에서 CMS 사용과 상호작용으로 웹사이트의 시각적 구조 및 스타일을 설정한다. 백엔드에서는 제작된 콘텐츠를 데이터베이스와 서버에 저장하고 웹사이트에 게시될 수 있게 한다.

참고문헌

빅스타(2023). CMS 뜻? 콘텐츠관리시스템 의미와 3가지 대표적 사례. https://www.ktpdigitallife.com/cms-%eb%9c%bb%ea%b3%bc-%ea%b0%9c%eb%85%90/#more-4769

Hembram, M. (2022). Comparative Study of Open Source Content Management Systems (CMS) in Digital Era. *Asian Journal of Electrical Sciences*, *11*(1), 12-16.

Shah, H. (2023). SaaS CMS vs. On-Premises CMS: Which One Is Right for You?. ButterCMS. https://buttercms.com/blog/saas-cms-vs-on-premise-cms/

256 | 콘텐츠 마케팅 Contents Marketing

콘텐츠 마케팅은 타깃 소비자를 유치하고 유지하기 위해 가치 있고 일관성 있는 콘텐츠를 제작 및 배포하는 방식을 말한다. 직접적인 판매를 목표로 하기보다는 유용하고 흥미로운 콘텐츠를 통해 고객에게 가치를 제공하고, 이를 통해 브랜드에 대한 신뢰와 충성도를 구축하는 것을 목표로 한다(Pulizzi, 2012). 콘텐츠 마케팅의 효과를 입증한 연구들은 매우 많다. 일관성 있는 고품질의 콘텐츠는 검색 엔진 최적화(SEO) 및 웹사이트 트래픽의 증가, 궁극적으로는 더 높은 전환율을 달성하는 데 도움이 된다. 또한 신뢰할 수 있는 정보를 제공함으로써 브랜드 신뢰도를 높이고, 고객과의 장기적 관계를 구축할 수 있다(Rose & Pulizzi, 2011). 이를 고려할 때 블로그 게시물, 인포그래픽, 동영상, 팟캐스트 등 다양한 형태의 콘텐츠를 통해 고객에게 유익한 정보를 제공하는 것이 효과적이다.

기업이 콘텐츠 마케팅을 효과적으로 진행하려면 몇 가지 중요한 요소를 고려해야 한다. 먼저, 타깃 소비자를 명확히 정의하고, 그들이 어떤 유형의 콘텐츠에 관심을 갖는지 파악해야 한다. 이를 위해 고객의 페르소나를 작성하고, 고객의 요구와 관심사를 반영한 콘텐츠 전략을 수립해야 한다. 또한 콘텐츠의 질과 일관성을 유지해야 한다. 정기적으로 업데이트되는 콘텐츠의 품질은 고객의 신뢰를 얻고, 재방문을 유도하는 데 필수적이다. 아울러 다양한 채널을 통해 콘텐츠를 배포함으로써 최대한 많은 잠재 고객에게 도달할 수 있도록 해야 한다. 이와 함께 콘텐츠 마케팅의 효과를 측정하고 최적화하기 위한 데이터 분석도 중요하다. 이를 위해 구글 애널리틱스(Google Analytics) 같은 도구를 사용해 콘텐츠의 성과를 모니터링함으로써 어떤 콘텐츠가 가장 많은 트래픽과 참여를 유도하는지 분석할 수 있다. 한편 고객의 피드백을 적극 반영해 콘텐츠를 업데이트하고, 변화하는 시장 트렌드에 맞추어 전략을 조정해야 한다. 콘텐츠 마케팅은 단순한 광고나 프로모션을 넘어 고객과 깊이 있는 관계를 구축하는 데 중점을 둔다. 이를 통해 브랜드 인지도를 높이고, 고객 충성도를 강화하며, 궁극적으로는 비즈니스 성과를 향상시키는 데 기여한다. 따라서 기업은 장기적인 관점에서 콘텐츠 마케팅을 지속적으로 발전시켜 나가야 한다.

참고문헌

Pulizzi, J. (2012). The Rise of Storytelling as the New Marketing. *Publishing Research Quarterly*, *28*(2), 116-123.

Rose, R., & Pulizzi, J. (2011). *Managing Content Marketing: The Real-World Guide for Creating Passionate Subscribers to Your Brand*. CMI Books.

257 │ 클릭당 비용 Cost Per Click (CPC)

사용자가 광고를 클릭할 때마다 발생하는 비용이다(Hu, Shin, & Tang, 2016). 클릭당 비용은 트래픽을 유도하는 캠페인에 주로 사용되며 광고의 클릭률을 기반으로 비용 효율성을 평가할 수 있다. 즉, 광고의 클릭수를 바탕으로 광고주가 웹사이트 또는 소셜미디어에 배치하는 광고에 지불하는 금액을 결정하는 메트릭이다(Amazon ads, 2024). 높은 클릭수 또는 방문수는 많은 고객이 광고에 주목하고 있음을 뜻한다. 다양한 광고주가 웹사이트의 광고 배치, 인기 키워드에 입찰할 수 있기 때문에 각 브랜드의 클릭당 비용은 여러 요인, 예를 들어 브랜드의 광고 순위, 다른 연관 브랜드 및 상품의 순위 등에 따라 달라진다. 모든 브랜드의 목표는 클릭당 비용을 줄이는 것인데, 이는 낮은 비용으로 높은 가치를 창출하도록 광고를 최적화해야 함을 뜻한다. 또한 클릭당 비용의 궁극적 목표는 판매 증대이기 때문에 브랜드 전체 수익에도 비례해야 한다. 전환율을 높이기 위해서는 클릭당 비용 가격 책정 모형이 좋지만 기업이나 브랜드의 인지도를 높이기 위해서는 광고노출 1,000회당 비용(Cost Per Mille: CPM)을 고려하는 것이 바람직하다(Appsflyer, 2024).

한편, 다른 성과기반 온라인 광고 가격 책정모형(performance-based

online advertising pricing model)인 행동당 비용과 비교할 수 있는데, 광고주 관점에서는 행동당 비용 모형을 선호한다는 것이다(Hu et al., 2016). 그 이유로 광고비가 판매와 연동되기 때문에 광고주 입장에서 재무적 위험을 덜 수 있으며 웹사이트에서 클릭수가 아니라 판매로 이어지도록 발행인(publisher)의 노력을 유도할 수 있기 때문이다. 반면에 웹사이트 발행인의 입장에서는 클릭당 비용을 선호할 수밖에 없는데 클릭수가 아무리 높아도 판매가 되지 않으면 광고비를 받을 수 없기 때문이다. 또한 일부 광고주는 판매가 목적이 아니라 단순히 브랜드 인지도 제고를 위해 광고를 하기 때문에 클릭당 비용이 아니라 행동당 비용 모형을 선호한다고 비판하고 있다. 이는 클릭 이후에 판매로 이어지는 확률이 줄어든다는 점에서 광고주와 발행인 간 광고 책임 소재 및 비용 배분의 문제로 이어질 수 있다.

참고문헌

Amazon ads (2024). 클릭당 비용(CPC) 설명. https://advertising.amazon.com/ko-kr/library/guides/cost-per-click

Appsflyer (2024). Cost per click (CPC). https://www.appsflyer.com/glossary/cpc/

Hu, Y., Shin, J., & Tang, Z. (2016). Incentive Problems in Performance-Based Online Advertising Pricing: Cost per Click vs. Cost per Action. *Management Science*, 62(7), 2022-2038.

258 | 트래킹 Tracking

웹사이트나 앱 트래킹 수단을 사용해 사용자의 행동 추적 및 데이터를 수집하는 것으로 트래킹으로 수집된 데이터를 바탕으로 특정 현상의 인과관계를 파악하고 문제를 개선할 수 있으며 서비스, 광고성 과 분석 및 광고 효율성을 제고할 수 있다(메조미디어, 2020). 미국의 FTC(Federal Trade Commission)는 PC나 스마트폰 등 크로스 디바이스 (cross-device) 차원에서 이용자 개인정보나 선호도 및 디바이스 관련 정보를 수집(collecting), 저장(storing) 및 마케팅 용도로 공유(sharing)하 는 행위를 온라인 트래킹으로 정의하고 있다(FTC, 2023). 국내의 경우 방송통신위원회(2017)는 웹사이트 방문 이력, 앱 사용 이력, 구매 및 검 색 이력 등 이용자의 관심, 흥미, 기호 및 성향 등을 수집하고 분석할 수 있는 온라인상의 이용자 활동정보를 수집하는 행위로 정의한다(한국인 터넷진흥원, 2018, 재인용).

쿠키(cookie)가 트래킹의 가장 대표적인 기술인데 트래킹 디바이스 수, 트래킹 네트워크, 식별 내용 등에 따라 일반 쿠키, 슈퍼 쿠키, 핑거 프린팅, 디바이스 ID 트래킹, 크로스 디바이스 트래킹 등의 트래킹 유 형이 있다(한국인터넷진흥원, 2018). 트래킹 정보는 이용자의 페이지 이 동 정보, 체류 시간, 위치 정보 등이 있으며 이용자 디바이스나 브라우 저에 고유한 식별 ID를 심어 추적하기도 한다. 이를 통해 이용자의 특 성을 보다 효과적으로 파악하고 최적화된 광고를 노출할 수 있다. 이러 한 트래킹 정보는 애드 네트워크(Ad Network)나 애드 익스체인지(Ad Exchange)에서 수요자 측면의 광고대행업체와 공급자 측면의 발행인 또는 매체사가 실시간 입찰(Real Time Bidding: RTB)로 광고를 구매하 는 프로그래매틱 바잉(programatic buying)에 사용된다. 쿠키는 가장 대 표적인 트래킹 방법에 불과하며 향후 정보통신기술의 발달로 트래킹의 기술은 더욱 고도화될 것으로 예상한다.

참고문헌

메조미디어(2020). 트래킹 솔루션 기초개념 한방 정리. https://www.adic.

or.kr/lit/report/show.do?ukey=179795&oid=@2721%7C4%7C8

방송통신위원회(2017). 온라인맞춤형광고 개인정보보호 가이드라인. https://
kcc.go.kr/user.do?mode=view&page=A05030000&dc=&boardId=1113
&cp=1&boardSeq=44427

한국인터넷진흥원(2018). 온라인 트래킹으로부터 이용자 보호를 위한 법제
개선 방안 연구. https://www.kisa.or.kr/204/form?postSeq=0011807&
lang_type=KO#fnPostAttachDownload

Federal Trade Commission (FTC). How Websites and Apps Collect and
Use Your Information. Consumer Advice. https://consumer.ftc.
gov/articles/how-websites-and-apps-collect-and-use-your-
information#do

259 | 판매당 비용 Cost Per Sales (CPS)

광고를 통해 판매가 이루어져야만 비용이 지불되는 과금 형식이다
(WordStream, 2024) 유사한 용어로 전환당 비용(Cost Per Conversion:
CPC)이라고도 불린다. 즉, 특정 광고에 의해 발생하는 판매 또는 전환
에 대해 광고주가 지불하는 형식이다. 산식으로 '판매당 비용 = 전체 비
용 / 전체 판매 수익'이다. 산식으로 볼 때 판매당 비용을 줄이기 위해
비용을 감소시키든가 전환 또는 판매를 증가시킬 수 있다. 판매당 비용
은 전통매체인 TV나 라디오 인쇄매체, 빌보드 등에 적용 가능하지만 클
릭수나 페이지뷰 등의 단위로 광고성과가 측정된다는 점에서 디지털
광고에서 가장 효과적이다(Brush, 2024). 예를 들어, 전통매체의 경우
특정 캠페인에 의해 발생한 판매를 추적하기 어렵다는 점에서 우발적
인 판매를 판매당 비용에 포함하게 되며 이는 정확한 판매당 비용을 계

산하는 데 오류를 발생시킨다. 한편, 웹사이트 발행인(publisher)은 클릭당 비용을 선호하는데, 그 이유로 판매당 비용의 경우 광고주 혹은 브랜드 소매상(brand retailer)이 발행인에게 책임을 전가해 클릭을 판매로 연결시키는 것을 꼽으며, 이로 인해 광고주의 소극적 태도와 도덕적 해이의 문제가 발생한다고 비판한다. 반면에 브랜드 소매상은 광고비 효율성 측면에서 판매당 비용을 선호하는데 이는 발행인이 클릭수를 올리는 데만 관심을 기울이고 클릭의 질을 높여 판매로 연결하는 데 소홀하기 때문이다(Zhou et al., 2022).

참고문헌

Brush, K. (2024). Cost per Sale (CPS), TechTarget. https://www.techtarget.com/whatis/definition/cost-per-sale-CPS

WordStream (2024). Cost per Sale: What Is Cost Per Sale?. https://www.wordstream.com/cost-per-sale

Zhou, C., Xu, G., & Liu, Z. (2020). Incentive Contract Design for Internet Referral Services: Cost per Click vs Cost per Sale. *Kybernetes*, 49(2), 601-626.

260 | 퍼스트파티 데이터 First Party Data

광고주 또는 자사가 직접 수집한 고객 데이터(즉, 방문 웹사이트, SNS 포스팅, 검색 이력, 과거 구매정보)를 의미한다(Cooper, Yakin, Nistor, Macrini, & Pehlivan, 2023; Osmundson, 2023). 방문한 사이트에서 발생한 데이터, 회원 가입 및 고객 관계 관리(CRM) 데이터를 포함하며 쿠키(cookie)에 저장된 다양한 정보를 활용할 수도 있다. 세컨드파티 데이터(second party data)나 서드파티 데이터(third party data)와 비교할 때 고객의 정보를 직접 수집하기 때문에 가장 신뢰성이 높다. 데이터는 주로 웹사이트나 앱애널리틱스(app analytics), 이메일 마케팅 리스트, 또는 고객 관계 관리 시스템에서 수집할 수 있다. 특히 고객 관계 관리 시스템에서 고객의 구매 이후 고객의 프로필 정보, 구매 이력, 고객 서비스 상호작용 같은 정보가 저장되어 활용된다. 이외 소셜미디어, 서베이, 고객 피드백 등의 정보를 활용할 수 있다. 보통 고객이 처음 웹사이트나 앱을 방문할 때 배너나 팝업(pop-up)의 형태로 고객의 개인정보 습득 동의 여부를 확인할 수 있다. 고객의 동의를 얻어 고객 정보를 CRM 시스템으로 저장할 수 있다. 이런 정보는 개인화된 마케팅(personalized marketing)을 전개해 고객 경험을 향상시키는 데 유용하다. 또한 이들 정보를 분석해 비즈니스를 위한 더욱 정통한 의사결정을 내릴 수 있다.

참고문헌

Cooper, D. A., Yalcin, T., Nistor, C., Macrini, M., & Pehlivan, E. (2023). Privacy Considerations for Online Advertising: A Stakeholder's Perspective to Programmatic Advertising. *Journal of Consumer Marketing*, 40(2), 235-247.

Osmundson, B. (2023). What Is First-Party Data and How Do You Use It?. Search Engine Journal. https://www.searchenginejournal.com/first-party-data/502171/

261 | 페이지뷰 Page View (PV)

사용자의 요청에 따라 한 페이지가 표시되는 것 또는 요청의 수를 세는 단위다(Beusable, 2016). 페이지뷰에서 특정 기간 동안의 추이 또는 평균값이나 직전 데이터와 비교해 증감을 파악할 수 있다. 미래 페이지뷰의 증감을 예측해 마케팅이나 캠페인 집행 효과를 예상해 볼 수 있다. 마케팅이나 캠페인 집행과 같이 페이지 외부에서 발생하는 효과도 있지만 페이지 내부에서 사용자 유입 계기나 이용자 행동 동기를 파악해 증감의 원인을 추적할 수 있다. 페이지뷰는 순방문자(Unique Visitor: UV)와 재방문자(returning visitors)로 구분되거나 검색 방문자(search visitors), 직접 방문자(direct visitors), 추천 방문자(referral visitors)로 분류하기도 한다(Omidvar, Mirabi, & Shakry, 2011). 페이지뷰는 순방문자수보다 항상 높은데 사용자 한 명의 페이지에 대한 요청은 대개 한 번 이상이기 때문이다. 이를 산식으로 나타내면 '순방문자 대비 페이지뷰 비율값 = 페이지뷰 / 순방문자수 × 100(%)'다. 이 산식을 통해 한 명의 사용자가 하루 안에 몇 번 정도의 페이지 재요청을 하는지 추정할 수 있다.

페이지 재요청은 사이트에 대한 긍정적 평가로 재방문이나 재탐색을 한 것이다. 이 산식은 특정 일자가 아닌 기간으로도 적용가능한데 해당 기간 동안 지속적으로 방문하는 사용자와 신규방문자가 어느 정도 되는지 알 수 있다. 산식은 '전체 기간의 UV 대비 PV 비율값 = (전체 기간의 페이지뷰 / 전체 기간의 순방문자수) × 100(%)' 다. 다만 전체 기간의 순방문자수는 중복된 방문자가 아니라 신규 방문자로 제한된다. 또한 전체기간의 페이지뷰는 일자별 페이지뷰의 전체 합과 동일하다. 예를 들어, 기간별 비율값이 높다면 지속적 방문자의 비율이 높다는 의미로 충성고객을 확보하기 위한 회원 관리나 이벤트가 적합하다. 반면에 기간별 비율값이 낮다면 신규 방문자 비율이 높다는 의미로 이들을 지속적 방문자로 유인하기 위해 사이트 접근성을 높이고 흥미로운 콘텐츠를 제공할 필요가 있다.

참고문헌

Beusable (2016). 페이지뷰(page view)와 사용자(user) 이해하기. https://

www.beusable.net/blog/?p=1544

Omidvar, M. A., Mirabi, V. R., & Shokry, N. (2011). Analyzing the Impact of Visitors on Page Views with Google Analytics. ARXiv preprint arXiv:1102.0735. https://arxiv.org/abs/1102.0735

262 | 프로그래매틱 광고 Programmatic Advertising

프로그래매틱 광고는 소프트웨어와 알고리즘을 활용해 온라인 광고를 자동으로 구매하고 게재하는 디지털 광고 기술을 말한다. 사람의 개입 없이 광고 구매 과정을 자동화함으로써 효율성과 정확성을 향상시키는 데 초점을 둔다. 또한 실시간 입찰(Real-Time Bidding: RTB)과 같은 기술을 통해 특정 타깃 오디언스에게 적시에 적절한 광고를 노출시키는 것을 목표로 한다. 이를 통해 광고주는 예산의 사용을 최적화하는 동시에 높은 ROI(Return on Investment)를 달성할 수 있다(Yuan, Wang, & Zhao, 2013). 프로그래매틱 광고의 장점 중 하나는 데이터 기반의 타기팅이다. 광고주는 다양한 데이터 소스를 활용해 타깃 오디언스를 정의하고, 그들의 행동, 관심사, 인구통계학적 정보 등을 바탕으로 맞춤형 광고를 집행할 수 있다. 이를 통해 광고 효율성을 높임으로써 광고 캠페인의 성과를 극대화할 수 있다. 또한 광고주와 웹사이트 소유 기업은 광고 인벤토리를 실시간으로 거래할 수 있어 광고 게재 위치와 시간, 비용을 최적화할 수 있다.

기업이 프로그래매틱 광고를 효과적으로 활용하기 위해서는 몇 가지 요소를 고려해야 한다. 우선, 신뢰할 수 있는 데이터 관리 플랫폼(Data Management Platform: DMP)을 활용해 고품질의 타깃 오디언스 데이터를 수집하고 분석해야 한다. 이를 통해 타깃 오디언스에 대한 깊이 있는 이해가 선행되어야 정밀한 타기팅 전략을 수립할 수 있다. 또한 광고주와 웹사이트 소유기업은 신뢰할 수 있는 광고 수요 측 플랫폼(Demand-Side Platform: DSP)과 공급 측 플랫폼(Supply-Side Platform: SSP)을 선택해 광고 거래를 자동화하고 최적화해야 한다. 이와 같은 프로그래매틱 광고의 효과를 극대화하기 위해서는 지속적인 모니터링과 최적화가 필수적이다. 광고 캠페인의 성과를 실시간으로 모니터링하고, 데이터를 분석함으로써 개선할 수 있는 요소를 파악해야 한다. 예를 들어, 클릭률(CTR), 전환율(CVR), 비용 대비 수익률(ROAS) 등 다양한 성과 지표를 분석함으로써 광고전략을 조정할 수 있다(Hill, 2015). 이와 함께 브랜드 안전(brand safety)을 확보하고, 부정 클릭(fraudulent clicks)을 방지하기 위해 정교한 검증 시스템을 도입하는 것도 중요하다.

참고문헌

Hill, S. (2015). Optimizing Programmatic Advertising: Strategies for Maximizing ROI. *Marketing Science Review*, *14*(1), 78-92.

Yuan, S., Wang, J., & Zhao, X. (2013). Real-Time Bidding for Online Advertising: Measurement and Analysis. In *Proceedings of the 22nd International Conference on World Wide Web*. ACM.

263 | 해시태그 Hashtag

해시태그는 소셜미디어 플랫폼에서 콘텐츠를 분류하고 검색하기 쉽게 만드는 키워드나 문구 앞에 붙이는 기호인 '#'을 말한다. 2007년 트위터에서 처음 사용되었으며, 이후 인스타그램, 페이스북, 유튜브 등 다양한 소셜미디어 플랫폼에서 널리 사용되기 시작했다. 해시태그는 소셜미디어 사용자가 특정 주제나 관심사를 쉽게 찾고 참여할 수 있게 하며, 브랜드와 소비자 간의 소통을 강화하는 도구로 활용된다. 해시태그의 주요 장점 중 하나는 콘텐츠의 가시성을 높이는 것이다. 적절한 해시태그를 사용하면 해당 해시태그를 검색하거나 팔로우하는 사용자들에게 노출될 가능성이 커진다. 따라서 브랜드 인지도를 높이고, 새로운 팔로워를 유치하며, 참여도를 높이는 데 효과적이다(Fletcher, 2013). 이와 함께 특정 캠페인이나 이벤트를 중심으로 커뮤니티를 형성하고, 사용자들이 해당 주제 관련 대화에 참여하도록 유도하는 데도 효과적이다.

기업이 해시태그를 효과적으로 활용하려면 몇 가지 사항을 고려해야 한다. 먼저, 관련성 있는 해시태그를 선택해야 한다. 이는 대상 고객의 관심사와 일치하는 키워드를 사용하는 것을 의미한다. 예를 들어, 여행 관련 콘텐츠를 게시할 때는 #여행, #모험, #탐사 등 관련성 높은 해시태그를 사용하는 것이 중요하다. 또한 해시태그의 수와 길이를 적절히 조절해야 한다. 너무 많은 해시태그를 사용하면 스팸으로 인식될 수 있으며, 너무 긴 해시태그는 사용자가 쉽게 읽고 기억하기 어려울 수 있다. 해시태그를 활용해 성공을 거둔 캠페인 사례는 매우 많다. 예를 들어, 나이키의 #JustDoIt 캠페인은 전 세계적으로 큰 인기를 끌었으며, 사용자들이 자신의 운동 경험을 공유하도록 유도해 브랜드 커뮤니티를 활성화시켰다.

해시태그를 통해 사용자 생성 콘텐츠(User-Generated Content: UGC)를 유도하고, 이를 브랜드 마케팅에 활용하는 것도 효과적인 전략이다. 사용자들이 자발적으로 해시태그를 사용해 콘텐츠를 게시하도록 장려함으로써 브랜드에 대한 긍정적인 인식을 확산할 수 있다. 한편, 해시태그의 성과를 측정하고 최적화하려면 구글 애널리틱스(Google

Analytics) 같은 소셜미디어 분석 도구를 활용하는 것이 중요하다. 이러한 도구를 통해 해시태그의 사용 빈도, 도달 범위, 참여도 등을 분석할 수 있다. 이를 바탕으로 어떤 해시태그가 가장 효과적인지 파악하고, 향후 캠페인에서 이를 활용할 수 있다(Tuten & Solomon, 2017).

참고문헌

Fletcher, D. (2013). The Power of Hashtags in Social Media Marketing. *Marketing Review, 23*(4), 334-350.

Tuten, T. L., & Solomon, M. R. (2017). *Social Media Marketing* (3rd ed.). Sage Publications.

264 | 행동당 비용 Cost Per Action (CPA)

사용자가 구매나 폼 제출, 뉴스레터 구독, 회원 가입 등 특정 행동을 할 때마다 발생하는 비용이다(Adjust, 2024; Hu, Shin, & Tang, 2016). 산식은 '행동당 비용 = 전체 광고 비용(total advertising cost) / 정의된 이벤트 발생 횟수(number of event occurrences)'다. 행동당 비용은 목표로 하는 행동을 기준으로 광고의 성과를 측정할 수 있다. 즉, 광고주가 소비자가 해야 하는 특정 행동을 정의하고 소비자가 해당 행동을 수행했을 때 리워드를 제공하는 성과기반 온라인 광고 가격 책정모형(performance-based online advertising pricing model)이다. 예를 들어, 광고주가 '광고를 통한 매출 발생'을 특정 행동으로 정의했다면 광고회사가 광고를 세팅한 후에 해당 광고를 통해 매출이 발생한 경우에만 이에 대한 보상을 광고회사에게 지급해 준다(Adjust, 2024).

과거에는 광고를 하면 매출이 발생하지 않더라도 무조건 비용을 지불해 광고주들에게 금전적 손해가 발생했으나 행동당 비용은 실질적인 결과를 얻은 경우에만 광고비용을 지불하면 되는 새로운 방식의 광고 및 가격 책정 모형이다. 행동당 비용은 또한, 다른 성과기반 온라인 가격 책정모형인 클릭당 비용(Cost Per Click: CPC)과 비교할 수 있는데 연구 결과 행동당 비용은 클릭당 비용에 비해 발행인에게 구매율(purchase rate) 향상을 위한 노력을 기울이는 데 더 큰 인센티브를 제공한다고 밝혔다(Hu et al., 2016). 그러나 행동당 비용은 때로는 역효과가 발생하는데 광고주에게 행동당 비용이 클릭당 비용 대비 마진이 더 낮은 경우가 있다. 일반적으로, 광고주의 위험 회피(risk aversion) 성향과 시장의 불확실성이 높고 매출비율(sales ratios)이 낮을 때, 계절성 제품(seasonal product)의 수요가 불확실할 때 행동당 비용이 클릭당 비용보다 더 효과적인 선택이라고 알려져 있다.

참고문헌

Adjust (2024). What Is Cost Per Action (CPA)?. https://www.adjust.com/glossary/cost-per-action/

Hu, Y., Shin, J., & Tang, Z. (2016). Incentive Problems in Performance-Based Online Advertising Pricing: Cost per Click vs. Cost per Action. *Management Science*, *62*(7), 2022-2038.

265 │ 행동유도 버튼 Call To Action (CTA)

행동유도 배너 또는 목표달성 버튼이라고도 하는데 웹사이트에서 목표를 달성하고자 고객에게 특정 행동을 유도하는 버튼이나 배너를 뜻한다(Chen, Yeh, & Chang, 2020). 행동유도 버튼은 이용자가 특정 행동을 취하도록 하는 텍스트 라인 또는 이미지다. 예를 들어, 쇼핑몰 상세 화면의 하단에 '상품 구매하기' 버튼을 배치하는 것은 행동유도 버튼이다. 블로그에서 게시글을 퍼 가도록 하는 트위터, 페이스북 아이콘이나 예약을 접수하는 양식 등을 보여 준다면 이 입력 양식 역시 행동유도 버튼이다(마케톨로지, 2024). 또한 추가 정보를 요청하는 버튼을 누르는 것 역시 행동유도 버튼의 역할이다. 이를 통해 광고주가 제시하는 제품과 서비스의 다양한 정보를 추가로 받을 수 있다(Karr, 2024). 행동유도 버튼은 웹사이트에서 기본적인 운영 목적과 밀접한 관련이 높은 핵심요소다. 한편, 행동유도 버튼의 효과적인 사용을 위해 트리거 단어(trigger words)가 사용된다. 혜택(benefits)을 알려 주는 트리거 단어의 적절한 선택은 행동유도 버튼에 대한 사용자의 반응을 높이는 데 중요하다. 또한 주의를 끌 수 있는 버튼의 가시성(visibility)과 위치(placement)가 무엇보다 중요하며 단순명료한 포맷으로 제작한다. 희소성(scarcity) 가치로 인한 응급성(urgency)과 인센티브를 제공해 동기를 유발하고 빠르게 고객 전환을 할 수 있는 경로(conversion path)도 제공해야 한다(Karr, 2024).

참고문헌

마케톨로지(2024). 콜 투 액션(CTA, call to action)이란?. https://marketology.co.kr/all-category/marketing/%EC%BD%9C-%ED%88%AC%EC%95%A1%EC%85%98cta-call-to-action%EC%9D%B4%EB%9E%80/

Chen, T. Y., Yeh, T. L., & Chang, C. I. (2020). How Different Advertising Formats and Calls to Action on Videos Affect Advertising Recognition and Consequent Behaviors. *The Service Industries Journal*, 40(5-6), 358-379.

Karr, D. (2024). Harnessing the Power of Calls to Action: A Guide to Effective Strategy, Design, and GA4 Event Measurement. *Martech*. https://martech.zone/what-is-a-call-to-action/

266 | 행동 타기팅 Behavioral Targeting

행동 타기팅은 사용자의 온라인 행동 데이터를 분석해 특정 관심사와 습관에 맞춘 광고를 집행하는 방식을 말한다. 사용자의 웹사이트 방문 기록, 검색어, 클릭 패턴, 구매 이력 등을 바탕으로 개인화된 광고를 제작하고, 이를 통해 광고의 효과성을 극대화하는 데 초점을 둔다(Bucklin & Sismeiro, 2009). 행동 타기팅의 장점 중 하나는 광고의 정밀성과 효율성이다. 이를 통해 광고주는 특정 인구통계학적 그룹이나 관심사를 가진 사용자를 타깃으로 삼아 광고를 집행할 수 있다. 예를 들어, 최근 여행 관련 웹사이트를 방문한 사용자는 항공권 할인 광고나 여행 보험 광고에 관심을 가질 가능성이 크다. 이와 같이 사용자에게 관련성 높은 광고를 제공함으로써 긍정적인 반응을 유도하고, 광고 예산을 효율적으로 사용할 수 있도록 한다.

기업이 행동 타기팅을 효과적으로 활용하기 위해서는 무엇보다 먼저 관련 데이터를 수집하고 분석해야 한다. 쿠키, 픽셀 태그, 로그 파일 등 사용자의 온라인 행동 관련 다양한 데이터를 수집하고 이를 분석해 사용자의 관심사와 행동 패턴을 파악해야 한다. 이와 함께 A/B 테스트를 통해 다양한 버전의 광고를 실험하고, 가장 효과적인 광고를 선택해야 한다. 실시간 데이터 분석과 피드백 루프를 구축하는 것도 필요하다. 이를 통해 광고 캠페인의 성과를 실시간으로 모니터링하고, 필요에 따라 즉각적으로 광고전략을 조정할 수 있다. 행동 타기팅은 고객 경험을 개인화하고, 브랜드 인지도를 높이며, 판매를 증진하는 데 중요한 역할을 한다. 이러한 특징으로 인해 온라인 광고에서 중요한 전략으로 자리 잡았으며, 지속적으로 발전하고 있다. 광고주는 행동 타기팅을 통해 고객에 대한 이해도를 높이고, 이를 바탕으로 맞춤형 광고를 제작함으로써 시장에서 경쟁 우위를 확보할 수 있다(Turow, 2011).

참고문헌

Bucklin, R. E., & Sismeiro, C. (2009). Click Here for Internet Insight: Advances in Clickstream Data Analysis in Marketing. *Journal of Interactive Marketing*, *23*(1), 35-48.

Turow, J. (2011). *The Daily You: How the New Advertising Industry is Defining Your Identity and Your Worth*. Yale University Press.

267 | 혼합현실 광고 Mixed Reality Advertising

혼합현실(MR) 광고는 가상현실(VR)과 증강현실(AR)을 결합해 현실 세계와 디지털 세계를 융합하는 형태의 광고를 말한다. 이를 통해 사용자 주변의 실제 환경에 가상 요소를 통합해 상호작용할 수 있는 경험을 제공한다. 주로 홀로렌즈(HoloLens) 같은 MR 기기를 통해 구현된다. 이를 통해 소비자는 더욱 몰입감 있는 광고를 체험할 수 있다(Milgram & Kishino, 1994). 혼합현실 광고의 중요한 장점 중 하나는 소비자가 현실 세계와 가상 세계를 동시에 경험할 수 있다는 점이다. 이로 인해 제품이나 서비스를 더욱 직관적으로 이해할 수 있으며, 단순히 광고를 보는 것보다 더욱 향상된 상호작용을 할 수 있다. 특히 소비자가 가상 환경에서 제품을 체험하면서 실제 환경에서의 활용가능성을 동시에 평가하는 방식은 매우 혁신적이다. 소비자에게 제품 사용 경험을 미리 제공함으로써 구매 결정을 더욱 쉽게 내릴 수 있도록 돕는다. 고가의 제품이나 복잡한 서비스의 광고에 더욱 효과적이다. 고도의 개인화된 경험을 제공할 수 있다는 것 역시 큰 장점이다. 광고주는 소비자의 위치, 시간, 행동 패턴 등을 기반으로 맞춤형 콘텐츠를 제작할 수 있다(Carmigniani, Furht, Anisetti, Ceravolo, Damiani, & Ivkovic, 2011). 예를 들어, 특정 지역에 거주하는 소비자에게 해당 지역에서 이용할 수 있는 서비스 또는 제품을 광고하거나, 특정 시간대에 주로 활동하는 소비자에게 해당 시간대에 적합한 광고를 노출시킬 수 있다. 이러한 개인화된 접근을 통해 소비자에게 더욱 관련성 높은 정보를 제공함으로써 광고 효과를 극대화할 수 있다. 브랜드 인지도를 높이는 데에도 효과적이다. 소비자가 몰입감 있는 경험을 통해 브랜드를 기억하게 되면, 브랜드 인지도 역시 자연스럽게 상승하는 경향이 있기 때문이다. 이는 장기적으로 브랜드 충성도를 높이고, 소비자와의 관계를 강화하는 데 도움이 된다.

참고문헌

Carmigniani, J., Furht, B., Anisetti, M., Ceravolo, P., Damiani, E., & Ivkovic, M. (2011). Augmented Reality Technologies, Systems and Applications. *Multimedia Tools and Applications*, 51(1), 341-377.

Milgram, P., & Kishino, F. (1994). A Taxonomy of Mixed Reality Visual Displays. *IEICE Transactions on Information and Systems*, 77(12), 1321-1329.

268 | 확장현실 광고 XR Advertising

확장현실(XR) 광고는 가상현실(VR), 증강현실(AR), 혼합현실(MR)을 통합해 소비자가 더욱 몰입하고 상호작용할 수 있는 형태의 광고를 말한다. 스마트폰, 태블릿, XR 헤드셋 등을 통해 현실과 디지털 세계를 연결하는 방식으로 작동한다(Bonetti, Warnaby, & Quinn, 2018). 확장현실 광고의 가장 큰 장점은 기존 광고 방식과 달리 소비자가 직접 참여하고 상호작용할 수 있는 기회를 제공한다는 점이다. 예를 들어, 소비자는 XR 광고를 통해 제품을 3D로 살펴보거나, 가상의 시나리오에 따라 제품을 체험할 수 있다. 이러한 상호작용을 통해 소비자에게 더욱 생생한 경험을 제공함으로써 해당 브랜드에 대해 긍정적인 인식을 강화할 수 있다. 맞춤형 콘텐츠의 제작이 가능하다는 것 역시 큰 장점이다. 광고주는 소비자의 위치, 행동 패턴, 개인 선호도 등을 분석해 최적화된 광고를 제작할 수 있다. 따라서 일반적인 광고보다 높은 참여도와 전환율을 기대할 수 있다(Penttinen, Isomursu, & Lehto, 2020).

예를 들어, 특정 지역에 있는 소비자에게 해당 지역의 매장에서 제공하는 할인 혜택을 제공하거나, 특정 시간대에 활동하는 소비자에게 해당 시간대에 맞춘 제품을 추천할 수 있다. 개인화된 접근은 소비자에게 더욱 관련성 높은 광고를 제공함으로써 광고 효과를 극대화할 수 있다.

더 나아가 확장현실 광고는 다양한 산업 분야에서 활용될 수 있다. 예를 들어, 부동산 분야에서는 잠재 고객이 가상으로 집을 둘러보며 실제 방문 없이도 집의 구조와 디자인을 확인할 수 있다. 또한 교육 분야의 경우 학생들이 복잡한 개념을 시각적으로 이해하고, 실습을 통해 학습 내용을 잘 이해할 수 있도록 돕는 데 활용될 수 있다. 이렇게 다양한 응용 가능성은 확장현실 광고의 활용 범위를 넓히고, 소비자에게 새로운 경험을 제공할 기회를 제공한다. 다양한 IT 기술의 발전과 함께 앞으로 더욱 중요한 마케팅 도구로 자리 잡을 것이며, 여러 산업 분야에서 활용될 것이다.

참고문헌

Bonetti, F., Warnaby, G., & Quinn, L. (2018). Augmented Reality and Virtual Reality in Physical and Online Retailing: A Review, Synthesis and

Research Agenda. In Jung, T., tom Dieck, M. (Eds), *Augmented Reality and Virtual Reality*. Progress in IS. Springer, Cham.

Penttinen, H., Isomursu, M., & Lehto, P. (2020). Exploring the Role of Extended Reality in Advertising: A Consumer Perspective. *Journal of Interactive Advertising*, *20*(3), 169-182.

디지털 시대의
광고 용어 300

제 6 장

광고와 브랜드

269 | 브랜드 Brand

브랜드는 특정 기업이나 제품을 다른 기업이나 제품과 구별하는 독특한 이름, 기호, 디자인, 또는 이들의 조합을 말한다. 이는 단순한 상표 이상의 의미를 가지며, 소비자에게 일관된 가치를 제공하고 긍정적인 감정을 유발하는 중요한 마케팅 요소다. 브랜드의 주요 기능은 차별화, 신뢰성 구축, 감정적 연결, 그리고 상징적 의미 전달 등이다.

브랜드는 소비자의 구매 의사결정 과정에서 중요한 역할을 한다. 이와 관련해 브랜드 충성도(brand loyalty), 브랜드 인지도(brand awareness), 브랜드 연상(brand association), 브랜드 자산(brand equity) 등 다양한 요소에 대한 연구가 진행되었다. 아커(Aaker, 1991)에 따르면 특히 브랜드 자산이 기업의 경쟁 우위를 창출하는 데 중요한 역할을 한다. 브랜드 자산은 브랜드 충성도, 인지도, 연상, 지각된 품질(perceived quality), 기타 자산(특허, 상표 등) 등을 포함하는 개념이다.

한편, 최근 연구에서는 브랜드의 감정적 측면이 강조되고 있다. 이와 관련해 슈미트(Schmitt, 1999)는 경험적 브랜드 관리(experiential brand management)라는 개념을 제안하며 브랜드가 소비자에게 제공하는 경험의 중요성을 강조했다. 브랜드 경험은 소비자가 브랜드와 상호작용하면서 느끼는 감정, 생각, 행동을 포함한다. 이러한 경험은 브랜드에 대한 소비자의 충성도를 높이고, 긍정적인 구전 효과를 유발함으로써 궁극적으로 브랜드 가치를 높이는 데 기여한다. 브랜드는 단순한 이름이나 로고 이상의 의미를 가지며, 소비자와의 감정적 연결을 통해 장기적 관계를 구축하는 중요한 요소다.

참고문헌

Aaker, D. A. (1991). *Managing Brand Equity: Capitalizing on the Value of a Brand Name*. Free Press.

Schmitt, B. (1999). *Experiential Marketing*. Free Press.

270 | 브랜드 가치 Brand Value

브랜드 가치는 특정 브랜드가 시장에서 형성한 경제적, 심리적, 그리고 사회적 가치를 말한다. 브랜드가 소비자에게 제공하는 유·무형의 혜택과 기업에 가져다주는 경제적 이익의 총합으로 정의할 수 있다. 브랜드 충성도, 브랜드 인지도, 브랜드 연상, 지각된 품질 등 다양한 요소로 구성되며, 이는 다시 브랜드 자산(brand equity)에 영향을 미친다 (Aaker, 1991). 소비자는 브랜드를 통해 제품이나 서비스의 품질을 예상하고, 선택의 불확실성을 줄일 수 있다. 이는 브랜드 가치가 제공하는 신뢰성과 일관성 덕분이다. 또한 브랜드 가치는 소비자에게 심리적 혜택을 제공한다. 브랜드의 상징성과 소비자의 자아 표현 욕구를 충족시킬 뿐만 아니라 소비자가 속한 사회적 집단의 일원임을 느끼게 하기 때문이다. 기업에게 미치는 영향도 크다. 브랜드 가치가 높을수록 해당 브랜드의 시장 점유율 증가, 가격 프리미엄 설정, 소비자 충성도 향상 등 여러 측면에서의 경제적 이익을 기대할 수 있다. 코카콜라, 애플, 나이키 등 글로벌 브랜드 역시 높은 브랜드 가치를 통해 시장에서의 경쟁력을 유지하고 있다. 브랜드 가치를 측정하는 방법은 매우 다양하다. 가장 일반적인 방법은 브랜드 자산 평가 모형(brand equity evaluation models)을 활용하는 것이다. 예를 들어, 아커(Aaker, 1991)는 브랜드 자산을 브랜드 충성도, 브랜드 인지도, 브랜드 연상, 지각된 품질, 기타 자산의 다섯 가지 구성 요소로 나누어 평가했다. 반면, 켈러(Keller, 1993)는 브랜드 지식 구조(brand knowledge structures)를 사용한 브랜드 가치 평가 방법을 제안했으며, 브랜드 인지도와 브랜드 이미지를 주요 평가 요소로 강조했다. 브랜드 가치는 기업의 장기적인 성공을 좌우하는 중요한 요소다. 따라서 기업은 브랜드 가치를 지속적으로 관리하고 증대시키기 위해 노력해야 한다.

참고문헌

Aaker, D. A. (1991). *Managing Brand Equity: Capitalizing on the Value of a Brand Name*. New York: Free Press.

Keller, K. L. (1993). Conceptualizing, Measuring, and Managing Customer-Based Brand Equity. *Journal of Marketing*, 57(1), 1-22.

271 | 브랜드 개성 Brand Personality

브랜드 개성은 브랜드가 인간의 성격 특성을 지니고 있는 것처럼 소비자에게 인식되는 것을 말한다. 브랜드가 소비자와 정서적 연결을 형성하고, 충성도를 높이며, 경쟁 브랜드 대비 차별성을 강화하는 데 중요한 역할을 한다. 브랜드가 어떻게 소비자에게 다가가고, 소비자와 어떤 관계를 형성하는지를 결정하는 핵심 요소의 하나다. 브랜드 개성은 일반적으로 다섯 가지 차원으로 분류된다. 첫째, 성실성(sincerity)은 정직하고 진실한 성격을 나타낸다. 특정 브랜드가 이런 성격을 가지고 있다는 것은 소비자가 해당 브랜드를 신뢰할 수 있는 브랜드로 인식한다는 의미다. 둘째, 흥미(excitement)는 활력 있고 역동적인 성격을 나타낸다. 따라서 소비자는 해당 브랜드에 대해 재미와 흥분을 느낀다. 셋째, 유능함(competence)은 경쟁력을 나타낸다. 따라서 소비자는 해당 브랜드를 전문적이고 우월한 브랜드로 인식한다. 넷째, 세련됨(sophistication)은 고급스럽고 우아한 성격을 나타낸다. 따라서 소비자는 해당 브랜드를 세련되고 품격 있는 브랜드로 인식한다. 마지막으로, 강인함(ruggedness)은 강하고 튼튼한 성격을 나타낸다. 내구성이 탁월한 브랜드에 대해 소비자는 이러한 인식을 갖게 된다(Aaker, 1997).

브랜드 개성은 소비자가 브랜드를 선택하고, 장기적인 관계를 형성하는 데 중요한 역할을 한다. 대부분의 소비자는 자신의 성격과 일치하는 브랜드를 선호하며, 이를 통해 자신을 표현하려 하기 때문이다. 예를 들어, 나이키는 도전적이고 모험적인 브랜드 개성을 가지고 있다. 따라서 운동을 즐기고 활력 있는 삶을 추구하는 소비자들에게 인기가 있다.

브랜드 개성을 구축하려면 일관된 마케팅 커뮤니케이션과 브랜딩 전략이 필요하다. 브랜드의 모든 접점에서 일관된 메시지와 이미지를 전달함으로써 소비자에게 명확한 브랜드 개성을 심어 줄 수 있다. 광고, 패키지 디자인, 매장 환경, 고객 서비스 등 모든 요소가 브랜드 개성을 반영해야 한다. 혁신적이고 세련된 브랜드 개성을 강조하기 위해 미니멀한 디자인과 혁신적인 기술을 지속적으로 선보이는 애플이 대표적인 예다. 제품 개발과 서비스 제공 과정에서도 브랜드 개성이 중요하다. 브랜드 개성에 맞는 제품과 서비스를 제공함으로써 소비자는 일관된 경험을 하게 되고, 이로 인해 해당 브랜드에 대해 긍정적인 인식을 갖게 된다(Keller, 2013). 이러한 노력을 통해 브랜드는 소비자와 긍정적인 관계를 강화하고, 시장에서 경쟁력을 지속적으로 유지할 수 있다.

참고문헌
Aaker, J. L. (1997). Dimensions of Brand Personality. *Journal of Marketing*

Research, 34(3), 347-356.

Keller, K. L. (2013). *Strategic Brand Management: Building, Measuring, and Managing Brand Equity*. Boston: Pearson.

272 | 브랜드 경험 디자인 Brand Experience Design

브랜드 경험 디자인은 소비자가 브랜드와 상호작용하는 모든 접점에서 일관되고 긍정적인 경험을 제공하기 위해 브랜드를 설계하는 과정을 말한다. 소비자가 브랜드를 인지하고, 평가하며, 최종적으로 충성도를 갖게 되는 전체 여정을 포함한다. 따라서 브랜드가 소비자에게 전달하고자 하는 감정, 이미지, 메시지를 체계적으로 구성해 소비자와의 관계를 강화하는 데 중요한 역할을 한다. 소비자는 브랜드와 다양한 접점에서 상호작용하며 브랜드 경험을 형성한다. 이러한 접점에는 매장, 제품, 광고, 고객 서비스 등이 포함된다. 예를 들어, 애플 스토어는 고객에게 혁신적이고 세련된 이미지를 전달하기 위해 매장 디자인과 직원의 서비스 방식을 철저히 관리한다(Kotler & Keller, 2016).

브랜드 경험 디자인은 특히 소비자와의 감성적 연결을 중시한다. 소비자는 단순히 제품 구매를 넘어 브랜드와의 감성적 유대를 통해 더 깊은 관계를 형성하게 된다. 최근에는 온라인 상호작용도 브랜드 경험 디자인의 중요한 요소가 되었다. 웹사이트, 소셜미디어, 모바일 애플리케이션 등을 통해 브랜드는 소비자와 지속적인 소통을 유지할 수 있다. 기업 내부의 모든 구성원이 브랜드의 핵심 가치를 이해하고 이를 실천하는 문화를 조성하는 것도 중요하다. 이를 통해 소비자에게 일관된 브랜드 경험을 제공할 수 있기 때문이다. 따라서 내부 교육과 워크숍을 통해 직원들이 브랜드 경험 디자인의 중요성을 인식하고, 실제 업무에 반영할 수 있도록 지원해야 한다(Ind, 2007). 이처럼 브랜드 경험 디자인은 브랜드와 소비자 간에 깊은 유대감을 형성하고, 장기적인 브랜드 충성도를 구축하는 데 필수적이다. 이를 통해 브랜드는 차별화된 이미지를 구축하고, 시장에서 경쟁력을 강화할 수 있다.

참고문헌

Ind, N. (2007). *Living the Brand: How to Transform Every Member of Your Organization into a Brand Champion*. London: Kogan Page.

Kotler, P., & Keller, K. L. (2016). *Marketing Management* (15th ed.). Boston: Pearson.

273 │ 브랜드 네이밍 Brand Naming

브랜드 네이밍은 특정 제품, 서비스 또는 기업을 식별하고, 다른 경쟁사와 차별화하는 데 중요한 역할을 하는 명칭을 개발하는 과정을 말한다. 브랜드명은 소비자가 브랜드를 인식하고 기억하는 첫 번째 접점이기 때문에 브랜드의 성공에 큰 영향을 미친다. 따라서 브랜드명은 브랜드의 정체성과 가치를 반영하며, 소비자에게 긍정적인 이미지를 전달해야 한다. 이를 고려할 때 효과적인 브랜드명은 몇 가지 핵심 원칙을 따라야 한다. 우선, 간결하고 기억하기 쉬워야 한다. 복잡하거나 긴 브랜드명은 소비자가 기억하기 어렵고, 인식하는 데 어려움을 줄 수 있다. 또한 발음하기 쉽고 명확해야 한다. 발음이 어려운 브랜드명은 소비자에게 혼란을 줄 수 있으며, 브랜드 인지도를 낮출 수 있다. 독창성 역시 중요하다. 브랜드명은 경쟁 브랜드명과 혼동되지 않아야 한다. 더 나아가 독창적인 브랜드명은 브랜드의 차별성을 강화하고, 소비자에게 강력한 인상을 남길 수 있다(Aaker, 1991).

브랜드명을 결정할 때 문화적·언어적 차이를 고려하는 것도 중요하다. 글로벌 시장을 효과적으로 공략하려면 각 지역의 언어와 문화적 특성을 반영한 브랜드명을 사용해야 하기 때문이다. 이를 고려하지 않은 브랜드명은 특정 지역에서 부정적인 의미를 가질 수 있고, 이로 인해 브랜드 이미지에 심각한 영향을 미칠 수 있다(Schmitt & Simonson, 1997). 자동차 브랜드 쉐보레의 스페인 브랜드명 '노바(Nova)'가 스페인어로 '작동하지 않음'을 의미해 스페인어권 시장에서 부정적 반응을 불러일으킨 사례가 대표적이다.

브랜드 네이밍은 일반적으로 브랜드의 목표와 정체성을 명확히 정의하는 것으로부터 시작된다. 이후 다양한 브랜드명 대안을 개발하는 단계가 이어진다. 이를 위해 브레인스토밍, 언어 분석, 문화 연구 등 다양한 방법이 사용된다. 마지막으로, 소비자 조사, 법적 검토, 발음 및 기억 용이성을 고려해 대안을 평가하고 최종 선택이 이루어진다. 브랜드 네이밍은 브랜드의 장기적인 성공을 좌우하는 중요한 요소다. 따라서 기업은 소비자에게 강력한 인상을 남길 수 있는 브랜드명을 선택해야 한다.

참고문헌

Aaker, D. A. (1991). *Managing Brand Equity: Capitalizing on the Value of a Brand Name*. New York: Free Press.

Schmitt, B. H., & Simonson, A. (1997). *Marketing Aesthetics: The Strategic Management of Brands, Identity, and Image*. New York: Free Press.

274 │ 브랜드 리더십 Brand Leadership

브랜드 리더십은 시장에서 특정 브랜드가 차별화되고 선도적인 위치를 차지하고 있음을 말한다. 브랜드가 소비자에게 강력한 인상을 남기고, 경쟁사 대비 차별화를 통해 시장에서 독보적인 위치를 확보하는 데 중요한 역할을 한다. 브랜드의 지속가능한 성공 및 장기적인 발전을 도모하는 데 필수적인 요소다.

기업이 브랜드 리더십을 구축하기 위해서는 몇 가지 핵심 요소를 고려해야 한다. 무엇보다 먼저, 브랜드의 비전과 미션을 명확히 설정해야 한다. 브랜드의 비전과 미션은 브랜드가 소비자에게 제공하고자 하는 궁극적인 가치를 나타내며, 브랜드의 모든 활동에 일관성을 부여하기 때문이다(Kapferer, 2008). 브랜드의 혁신도 중요하다. 제품, 서비스, 마케팅 전략 등 다양한 측면에서의 혁신을 통해 소비자의 변화하는 요구와 기대에 부응할 수 있기 때문이다. 지속적인 기술 혁신을 통해 브랜드 리더십을 유지하는 애플이 대표적인 예다. 소비자와의 감정적 연결역시 브랜드 리더십을 구축하는 데 중요하다. 이를 위해 스토리텔링, 커뮤니티 형성, 맞춤형 경험 등을 제공할 수 있다.

브랜드 리더십이 구축된 후 이를 유지하는 것도 중요하다. 이를 위해서는 일관된 브랜드 커뮤니케이션이 중요하다. 브랜드 메시지는 다양한 마케팅 채널에서 일관되게 전달되어야 한다. 일관된 커뮤니케이션은 소비자가 브랜드를 명확하게 인식하고 기억하는 데 도움을 준다. 또한 브랜드 이미지를 강화하고, 소비자에게 신뢰감을 줄 수 있다(Keller, 2013). 브랜드 리더십은 기업 내부적으로도 강화되어야 한다. 내부 브랜딩 활동을 통해 직원들이 브랜드의 비전과 미션을 공유할 경우 외부적으로 브랜드 리더십을 유지하는 데 긍정적인 영향을 미친다. 브랜드 리더십은 시장에서 브랜드가 독보적인 위치를 차지하고, 지속적인 성공을 도모하는 데 필수적인 요소다. 이를 위해 기업은 브랜드의 명확한 비전과 혁신, 소비자와의 감정적 연결, 일관된 커뮤니케이션, 내부적인 브랜드 강화 등의 노력을 지속적으로 이어 가야 한다.

참고문헌

Kapferer, J. N. (2008). *The New Strategic Brand Management: Creating and Sustaining Brand Equity Long Term*. London: Kogan Page Publishers.

Keller, K. L. (2013). *Strategic Brand Management: Building, Measuring, and Managing Brand Equity*. Boston: Pearson.

275 | 브랜드 보증 Brand Endorsement

브랜드 보증은 유명 인사나 전문가가 특정 브랜드를 지지하고 추천하는 마케팅 전략을 말한다. 이를 통해 브랜드는 소비자에게 신뢰와 긍정적인 이미지를 전달하며, 브랜드 인지도를 높이고, 판매를 촉진할 수 있다. 유명 인사가 제품을 추천하면 소비자는 해당 인물의 명성과 신뢰성을 바탕으로 브랜드에 대해 긍정적인 인식을 갖게 된다. 예를 들어, 유명 운동선수가 스포츠 용품을 보증하면 소비자는 해당 제품이 성능이 뛰어나고 신뢰할 만하다고 인식하게 된다. 소비자는 자신이 존경하는 인물의 선택을 따라 하려는 경향이 있기 때문이다. 이를 통해 브랜드는 판매 증가와 브랜드 충성도를 강화할 수 있다(Erdogan, 1999).

한편, 소셜미디어의 발달로 인해 인플루언서를 사용한 브랜드 보증이 중요해졌다. 인플루언서는 자신의 팔로워와 긴밀한 관계를 맺고 있으며, 인플루언서가 추천하는 브랜드는 팔로워에게 큰 영향을 미친다. 기존 연구에 따르면 인플루언서를 활용한 브랜드 보증은 전통적인 광고보다 더 진정성 있고 개인적인 느낌을 형성하는 데 효과적이다. 이로 인해 특히 MZ세대에게 미치는 영향이 크다.

기업이 브랜드 보증을 효과적으로 활용하기 위해서는 몇 가지 중요한 요소를 고려해야 한다. 우선, 브랜드와 보증인의 이미지가 잘 맞아야 한다. 일관된 메시지를 전달하기 위해서는 보증인의 가치와 브랜드의 정체성이 조화롭게 어우러져야 하기 때문이다. 아울러 보증인의 신뢰성과 전문성도 중요하다. 소비자는 보증인이 해당 제품이나 서비스에 대해 실제로 지식이 있거나 경험이 있다고 믿을 때 더 큰 신뢰를 갖는다. 이를 고려할 때 보증인을 선택하고 협력하는 과정에서 보증인에게 브랜드의 목표와 전략을 명확히 설명함으로써 보증인이 이를 충분히 이해하도록 해야 한다. 또한 지속적인 모니터링과 피드백을 통해 보증 활동이 브랜드 이미지와 일관되게 진행되도록 관리하는 것이 중요하다(Tripp, Jensen, & Carlson, 1994).

참고문헌

Erdogan, B. Z. (1999). Celebrity Endorsement: A Literature Review. *Journal of Marketing Management*, 15(4), 291-314.

Tripp, C., Jensen, T. D., & Carlson, L. (1994). The Effects of Multiple Product Endorsements by Celebrities on Consumers' Attitudes and Intentions. *Journal of Consumer Research*, 20(4), 535-547.

276 | 브랜드 선호도 Brand Preference

브랜드 선호도는 소비자가 특정 브랜드를 다른 경쟁 브랜드보다 더 선호하는 정도를 말한다. 소비자의 구매 결정에 직접적인 영향을 미치는 중요한 요소로서 브랜드의 성공과 지속적인 성장을 좌우한다. 소비자가 브랜드와 맺는 감정적, 기능적, 상징적 관계에 의해 형성된다. 브랜드 선호도에 영향을 미치는 요소는 매우 다양하다. 품질과 성능이 대표적인 요소다. 소비자는 품질과 성능이 좋은 브랜드를 신뢰하고, 반복 구매할 가능성이 높다(Aaker, 1991). 브랜드 이미지와 연상 역시 브랜드 선호도에 영향을 미친다. 소비자는 자신의 가치관과 일치하는 브랜드를 선호하며, 브랜드 이미지가 긍정적일수록 선호도 역시 높아진다.

소비자 경험도 브랜드 선호도를 형성하는 데 중요한 역할을 한다. 소비자가 브랜드와 상호작용하면서 긍정적인 경험을 하게 되면 브랜드에 대한 선호도가 높아질 가능성이 크다. 이러한 경험은 매장, 고객 서비스, 제품 사용 등 다양한 접점에서 이루어진다. 예를 들어, 스타벅스는 편안한 매장과 우수한 고객 서비스를 통해 높은 브랜드 선호도를 유지한다. 이를 고려할 때 기업은 효과적인 광고와 프로모션을 통해 브랜드의 인지도를 높이고, 소비자가 브랜드에 대해 긍정적 인식을 갖도록 해야 한다. 이와 함께 소셜미디어, 콘텐츠 마케팅 등을 통해 소비자와의 상호작용을 강화해야 한다(Belch & Belch, 2017). 소비자는 지속적으로 소통하고, 최신 정보를 제공하며, 피드백을 반영하는 브랜드를 선호하기 때문이다. 브랜드의 사회적 책임 활동을 통해 소비자에게 긍정적인 이미지를 형성하는 것도 중요하다.

참고문헌

Aaker, D. A. (1991). *Managing Brand Equity: Capitalizing on the Value of a Brand Name*. New York: Free Press.

Belch, G. E., & Belch, M. A. (2017). *Advertising and Promotion: An Integrated Marketing Communications Perspective*. New York: McGraw-Hill Education.

277 | 브랜드 안전 Brand Safety

브랜드 안전이란 디지털 환경에서 브랜드 가치를 훼손할 수 있는 부적절한 콘텐츠나 맥락에 자사의 광고가 노출되지 않도록 기업이 자사의 브랜드 자산을 보호해야 한다는 개념이다. 부적절한 콘텐츠 옆에 광고가 게재되면 광고하는 브랜드의 가치가 손상될 수 있다. 가짜 뉴스 옆에 광고가 나가도 브랜드에 대한 신뢰가 훼손될 수 있다. 정치적으로 민감한 이슈 옆에 광고가 배치돼도 광고 브랜드가 불필요한 논란에 휘말릴 수 있다. 이처럼 브랜드 안전을 위협하는 사례가 부쩍 늘어났다. 브랜드 안전의 핵심 개념은 맥락효과다. 맥락에 따른 브랜드 안전은 콘텐츠 측면, 채널 측면, 적합성 측면에서 따져 봐야 한다(박소연, 정영주, 송영아, 2023). 브랜드 안전이 보장되지 않는다면 기업은 재정적 위험에 빠지고 평판도 나빠지며, 법적 문제도 발생할 수 있다. 기업의 브랜드 자산을 보호할 수 있는 특단의 대책이 필요한데, 브랜드 안전을 해치는 나쁜 환경을 퇴치할 방안은 크게 3가지 방안이 있다(김병희, 2024).

첫째, 법적 제도적 규제 방안이다. 광고가 게재될 콘텐츠의 기준을 구체적으로 명시하고 이를 준수하지 않는 플랫폼에 법적 조치를 취할 지침을 마련해야 한다. 자사 광고가 어디에 어떤 콘텐츠와 함께 게재되는지 광고주가 명확히 알 수 있도록 시스템을 구축하고, 플랫폼의 투명성과 책임성의 기준도 강화해야 한다. 둘째, 관련 업계의 윤리적 대처 방안이다. 업계 내에서 자율적으로 차별 금지나 선정성의 배제 같은 브랜드 안전의 공통 기준을 마련하고 이를 준수할 명확한 지침을 마련해야 한다. 광고주와 광고 플랫폼 및 콘텐츠 제작자를 비롯한 관련 당사자 모두가 부적절한 콘텐츠와의 연관성을 피하는 광고가 게재될 수 있도록 투명성과 책임감도 강화해야 한다. 셋째, 기술적 솔루션의 활용 방안도 모색해야 한다. 인공지능의 기계학습 기술을 활용해 텍스트, 이미지, 비디오 콘텐츠 내의 부적절한 내용을 자동으로 식별하도록 콘텐츠 인식 기술을 적극 활용해야 한다. 자연어 처리(NLP) 기술을 적용해 콘텐츠의 문맥을 이해하고 특정 단어나 문구가 사용된 맥락을 분석함으로써, 그 단어가 브랜드 안전 기준에 부합하는지 평가해야 한다.

참고문헌

김병희(2024. 2. 15.). 브랜드도 맹모삼천: 좋은 환경서 좋은 광고 꽃핀다. 한국경제, A29면. https://www.hankyung.com/article/2024021438401

박소연, 정영주, 송영아(2023). 브랜드 안전(Brand Safety)에 대한 탐색적 연구: 이해관계자 인터뷰를 중심으로. **광고연구**, 139, 87-128.

278 브랜드 액티비즘 Brand Activism

브랜드 액티비즘은 기업이 사회적, 정치적, 환경적 문제에 대해 적극적으로 목소리를 내고 행동하는 것을 말한다. 단순한 마케팅 전략을 넘어, 기업의 가치와 철학을 반영하는 중요한 활동이다(Moorman, 2020).

기업이 사회적 책임을 다하고, 긍정적인 변화를 추구하며, 소비자와 깊은 연결을 형성하는 데 중요한 역할을 한다. 이를 위해 기업은 인종 차별, 성 평등, 환경 보호, 인권 등 다양한 사회적 이슈에 대해 입장을 표명하고, 이를 해결하기 위한 구체적인 행동을 취할 수 있다. 예를 들어, 나이키는 'Black Lives Matter' 운동을 지지하기 위해 인종 차별에 반대하는 메시지를 담은 광고 캠페인을 전개했다. 단순한 홍보를 넘어, 사회적 이슈에 대해 브랜드의 명확한 입장을 나타낸 사례다.

브랜드 액티비즘은 소비자의 신뢰를 강화하는 데도 중요한 역할을 한다. 소비자는 자신이 지지하는 사회적 쟁점에 대해 기업이 어떤 입장을 취하는지 관심을 가지며 그에 따라 브랜드를 선택한다. 특히 MZ세대는 사회적 책임을 다하는 브랜드에 호감을 느끼는 경향이 있다. 브랜드 액티비즘은 내부적으로도 긍정적인 영향을 미친다. 직원들은 자신이 일하는 기업이 사회적 책임을 다하고, 긍정적인 변화를 추구하는 모습을 보일 때 자부심과 동기부여를 느낀다. 이로 인해 조직 내에서의 협력과 생산성을 높이고, 기업 문화에 긍정적인 영향을 미친다. 반면, 브랜드 액티비즘은 신중하게 접근해야 한다. 소비자는 기업이 진정성을 갖고 사회적 이슈에 대해 목소리를 내는지, 단순히 마케팅 전략의 일환으로 이용하는지에 대해 민감하기 때문이다. 따라서 기업은 진정성을 갖고 장기적 관점에서 사회적 쟁점을 해결하기 위해 노력해야 한다. 이는 단기적인 마케팅 캠페인이 아닌 실제로 긍정적인 변화를 가져올 수 있는 구체적인 행동의 필요성을 의미한다(Punn, 2020).

참고문헌

Moorman, C. (2020). Commentary: Brand Activism in a Political World. *Journal of Public Policy & Marketing*, 39(4), 388-392.

Punn, A. (2020). The Impact of Brand Activism on Consumer Behavior. *Journal of Brand Management*, 27(6), 605-617.

279 | 브랜드 앰버서더 Brand Ambassador

　브랜드 앰버서더는 특정 브랜드를 대표하고 홍보하는 역할을 맡은 개인이나 단체를 말한다. 브랜드의 가치를 전달하고, 소비자와 긍정적인 관계를 형성하는 데 중요한 역할을 한다. 주로 유명 인사, 인플루언서, 또는 해당 브랜드에 대해 충성도가 높은 고객으로 구성되며, 브랜드의 이미지와 메시지를 효과적으로 전달하는 데 도움을 준다. 브랜드 앰버서더는 소비자에게 브랜드를 친근하게 느끼도록 만드는 데 기여한다. 자신의 경험과 의견을 바탕으로 브랜드의 장점을 강조하고, 소비자에게 신뢰를 주는 역할을 한다. 예를 들어, 나이키는 유명 운동선수들을 브랜드 앰버서더로 활용해 스포츠와 관련된 브랜드 이미지를 강화한다. 이러한 방식은 소비자에게 브랜드의 진정성을 전달하고, 신뢰도를 높이는 데 효과적이다(Chaudhuri & Holbrook, 2001). 브랜드 앰버서더는 소셜미디어와 같은 디지털 플랫폼에서도 중요한 역할을 한다. 자신의 팔로워에게 브랜드를 소개하고, 제품을 사용해 본 경험을 공유함으로써 브랜드의 인지도를 높이는 방식이다.

　이런 방식은 젊은 세대에게 큰 영향을 미치며, 브랜드의 온라인 존재감을 강화하는 데 기여한다(Freberg et al., 2011). 단순한 홍보를 넘어 브랜드와 소비자 간의 감정적 연결을 강화하는 데도 효과적이다. 브랜드 앰버서더가 자신이 대표하는 브랜드에 대해 열정적으로 이야기할 때 소비자들은 해당 브랜드에 대해 더 신뢰를 갖는다. 기업이 브랜드 앰버서더를 효과적으로 사용하려면 몇 가지 중요한 요소를 고려해야 한다. 무엇보다 먼저 브랜드 이미지와 가치를 반영하는 인물을 선정하는 것이 중요하다. 앰버서더의 진정성과 일관된 메시지 전달이 소비자에게 긍정적인 영향을 미치기 때문이다. 또한 브랜드 앰버서더와의 지속적인 소통과 지원이 필요하다. 이들과 먼저 긴밀한 관계를 유지하고 최신 정보를 제공해야 한다(Walker, 2016). 브랜드 앰버서더는 브랜드의 장기적 성공과 충성도 형성에 중요한 역할을 한다. 소비자가 브랜드를 인간적으로 느끼게 만들고, 신뢰 관계를 강화하기 때문이다. 따라서 기업은 브랜드 앰버서더를 통해 브랜드의 가치를 효과적으로 전달하고, 소비자와 깊은 유대감을 형성하고 유지해야 한다.

참고문헌

Chaudhuri, A., & Holbrook, M. B. (2001). The Chain of Effects from Brand Trust and Brand Affect to Brand Performance: The Role of Brand Loyalty. *Journal of Marketing*, 65(2), 81-93.

Freberg, K., Graham, K., McGaughery, K., & Frebert, L.A. (2011). Who are the Social Media Influencers? A Study of Public Perceptions of Personality. *Public Relations Review*, 37(1), 90-92.

Walker, R. (2016). From Consumer to Brand Evangelist. *Journal of Brand Strategy*, 5(1), 45-57.

280 | 브랜드 약속 Brand Promise

브랜드 약속은 소비자에게 브랜드가 제공하겠다고 약속하는 핵심 가치와 혜택을 말한다. 브랜드가 지향하는 목표와 소비자에게 전달하고자 하는 메시지를 담고 있으며, 브랜드의 정체성과 차별성을 반영한다. 소비자와의 신뢰 관계를 형성하고, 브랜드 충성도를 높이는 데 중요한 역할을 한다. 이러한 약속은 브랜드가 제공하는 제품이나 서비스의 품질 및 일관성을 반영해야 한다. 브랜드에 대한 신뢰도와 충성도는 브랜드가 약속한 가치를 소비자가 실제로 경험할 때 높아지기 때문이다. 예를 들어, 애플은 "혁신을 통해 사용자 경험을 향상시키겠다."는 약속을 지속적으로 지킴으로써 소비자들에게 높은 신뢰를 얻고 있다(Jaworski & Kohli, 2003). 아울러 브랜드가 전달하는 메시지 역시 명확하고 간결해야 하고, 소비자에게 쉽게 전달되어야 한다. 이러한 메시지는 브랜드가 소비자와의 모든 접점에서 일관성을 유지하는 데 도움을 준다. 더나아가 소비자가 브랜드를 선택할 때 어떤 혜택을 기대할 수 있을지 명확히 이해하게 한다.

예를 들어, 나이키의 "Just Do It"은 단순하면서도 강력할 뿐만 아니라 운동과 도전을 상징하는 브랜드의 약속을 명확히 제시한다. 브랜드 약속은 소비자와의 정서적 연결을 강화하는 데에도 중요한 역할을 한다. 브랜드가 단순한 제품 이상의 가치를 제공하며, 소비자의 삶에 긍정적인 영향을 미치겠다는 약속을 담고 있기 때문이다. 이를 통해 소비자는 자신이 지지하는 브랜드와 감정적으로 연결될 수 있다. 이러한 연결성은 브랜드 충성도를 높이고, 장기적인 고객 관계를 형성하는 데 기여한다. 기업이 브랜드 약속을 지키기 위해서는 내부적으로 일관된 노력이 필요하다. 이를 위해 모든 직원이 브랜드 약속을 이해하고, 이를 실천하는 것이 중요하다. 브랜드 약속이 실현될 때, 소비자는 브랜드를 신뢰하고 지속적으로 브랜드를 선택하게 된다(Ind, 2007).

참고문헌
Ind, N. (2007). *Living the Brand: How to Transform Every Member of Your Organization into a Brand Champion*. London: Kogan Page.

Jaworski, B. J., & Kohli, A. K. (2003). Market Orientation: Antecedents and Consequences. *Journal of Marketing*, 57(3), 53-70.

281 | 브랜드 이미지 Brand Image

브랜드 이미지는 소비자가 특정 브랜드에 대해 기억하고 있는 연상들을 말한다. 브랜드의 정체성, 가치, 경험 등을 바탕으로 형성되며, 브랜드에 대한 소비자의 인식과 느낌을 반영한다(Keller, 1993). 제품이나 서비스의 품질뿐만 아니라, 브랜드가 지향하는 가치와 철학도 브랜드 이미지에 영향을 미친다. 예를 들어, 스타벅스는 품질 좋은 커피뿐만 아니라, 편안한 공간과 친환경적인 경영 방식을 통해서도 긍정적인 브랜드 이미지를 구축하고 있다. 이렇게 형성된 브랜드 이미지는 브랜드 충성도를 높이고, 궁극적으로 소비자의 구매 결정에 긍정적인 영향을 미친다. 브랜드 이미지는 광고, 프로모션, 제품 디자인, 고객 서비스 등 다양한 마케팅 커뮤니케이션을 통해 형성된다. 따라서 마케팅 커뮤니케이션의 일관성은 소비자에게 명확한 브랜드 이미지를 형성하는 데 중요하다. 브랜드가 모든 접점에서 일관된 메시지를 전달할 때, 소비자는 해당 브랜드를 더 신뢰하고 긍정적으로 인식하게 된다. 브랜드 이미지는 사회적 책임 활동을 통해서 더 강화될 수 있다. 기업이 환경 보호, 사회 공헌, 윤리적 경영 등 사회적 책임을 다하는 모습을 보일 때, 소비자는 브랜드에 대해 더 긍정적인 이미지를 갖게 된다. 이러한 활동은 브랜드의 진정성을 높이고, 소비자와 깊은 연결을 형성하는 데 도움이 된다. 한편, 브랜드 이미지를 효과적으로 관리하기 위해서는 지속적인 모니터링과 피드백이 필요하다. 브랜드에 대한 소비자의 인식과 느낌이 어떻게 변하는지 주기적으로 파악하고, 이를 바탕으로 마케팅 전략을 조정해야 한다. 이를 통해 기업은 해당 브랜드가 시장에서 차지하는 위치를 강화하고, 장기적인 성공을 도모할 수 있다(Aaker, 1996).

참고문헌

Aaker, D. A. (1996). *Building Strong Brands*. New York: Free Press.

Keller, K. L. (1993). Conceptualizing, Measuring, and Managing Customer-Based Brand Equity. *Journal of Marketing*, 57(1), 1-22.

282 | 브랜드 정체성 Brand Identity

브랜드 정체성은 브랜드가 소비자에게 전달하고자 하는 고유의 이미지와 가치를 말한다. 브랜드가 소비자에게 어떻게 인식되기를 원하는지를 나타내며, 브랜드의 시각적 요소, 메시지, 행동 등을 통해 표현된다(Aaker, 1996). 강력한 브랜드 정체성은 소비자에게 명확하고 일관된 이미지를 전달하고, 브랜드의 차별성을 강조하는 데 중요한 역할을 한다. 브랜드 정체성은 여러 요소로 구성된다. 그중에서 로고, 색상, 글자체와 같은 시각적 요소는 브랜드를 인식하고 기억하는 데 도움을 준다. 예를 들어, 나이키의 스우시 로고와 "Just Do It" 슬로건은 전 세계적으로 인지도가 높으며, 강력한 브랜드 정체성을 형성하고 있다. 브랜드의 메시지와 톤 역시 중요한 역할을 한다. 소비자와의 모든 접점에서 일관된 메시지와 톤을 유지하면 브랜드의 신뢰성을 높이고, 소비자와의 감정적 연결을 강화할 수 있다.

한편, 브랜드 정체성은 브랜드의 핵심 가치와 미션을 반영해야 한다. 브랜드가 추구하는 가치와 목표를 명확히 하고, 이를 소비자에게 효과적으로 전달하는 것이 중요하다. 예를 들어, 스타벅스는 "인간의 정신을 고양시키는 한 잔의 커피"라는 미션을 통해 소비자에게 고품질의 커피와 따뜻한 경험을 제공한다. 명확한 가치와 미션은 브랜드 정체성을 강화하고, 소비자에게 일관된 이미지를 전달하는 데 기여한다. 소비자와의 상호작용은 브랜드 정체성을 구축하는 과정에서 중요한 역할을 하므로, 소비자의 피드백을 반영해 브랜드 정체성을 계속 발전시키고, 변화하는 시장 환경에 맞춰 브랜드 정체성을 조정해야 한다. 이는 브랜드가 소비자와의 관계를 유지하고 신뢰를 쌓는 데 필수적이다(Keller, 2013). 기업 내부적으로 조직의 모든 구성원이 브랜드의 핵심 가치를 이해하고 이를 실천하는 문화를 조성하는 것도 중요하다. 이를 통해 소비자에게 일관된 브랜드 경험을 제공할 수 있기 때문이다. 따라서 내부 교육과 워크숍을 통해 직원들이 브랜드 정체성의 중요성을 인식하고 실제 업무에 이를 반영할 수 있도록 지원하는 노력이 필요하다.

참고문헌

Aaker, D. A. (1996). *Building Strong Brands*. New York: Free Press.

Ind, N. (2007). *Living the Brand: How to Transform Every Member of Your Organization into a Brand Champion*. London: Kogan Page.

Keller, K. L. (2013). *Strategic Brand Management: Building, Measuring, and Managing Brand Equity*. Boston: Pearson.

283 | 브랜드 커뮤니케이션 Brand Communication

브랜드 커뮤니케이션은 브랜드가 소비자와 소통하고 관계를 구축하는 모든 활동을 의미한다. 광고, 홍보, 소셜미디어, 직접 마케팅 등 다양한 채널을 통해 이루어지며, 브랜드의 메시지와 가치를 소비자에게 전달하는 중요한 역할을 한다(Keller, 2013). 효과적인 브랜드 커뮤니케이션을 위해서는 소비자에게 일관된 메시지를 제시하는 것이 중요하다. 일관된 메시지는 소비자가 브랜드를 명확히 이해하고 신뢰할 수 있게 만들기 때문이다. 예를 들어, 코카콜라는 '행복'과 '공유'라는 일관된 메시지를 통해 전 세계 소비자에게 브랜드의 가치를 전달하고 있다. 다양한 커뮤니케이션 채널을 활용하는 것도 중요하다. 각 채널은 고유의 특성과 장점을 가지며, 이를 효과적으로 조합해 사용할 때 브랜드 메시지를 더욱 강력하게 전달할 수 있다. 예를 들어, 소셜미디어는 소비자와의 직접적인 소통을 가능하게 하고, 광고는 브랜드 인지도를 높이는 데 효과적이다. 또한, 이벤트나 프로모션을 통해 소비자에게 직접적인 경험을 제공함으로써 브랜드에 대한 긍정적인 인식을 형성할 수 있다.

아울러 소비자의 피드백도 적극적으로 활용해야 한다. 소비자의 의견을 경청하고 이를 반영해 제품과 서비스를 개선함으로써 소비자와의 신뢰 관계를 강화할 수 있기 때문이다. 특히 소비자와의 양방향 커뮤니케이션은 브랜드에 대한 긍정적인 인식을 높이고, 충성도를 강화하는 데 영향을 미친다. 내부 커뮤니케이션도 간과할 수 없는 요소다. 브랜드의 메시지와 가치를 모든 직원이 공유하고 이해하도록 함으로써 일관된 브랜드 경험을 제공할 수 있다. 이를 위해 내부 교육과 워크숍 등을 사용해 직원들이 브랜드의 핵심 가치를 이해하고, 이를 고객과의 상호작용에 반영하도록 해야 한다(Ind, 2007). 이처럼 브랜드 커뮤니케이션은 단순한 정보 전달을 넘어 소비자와의 깊은 관계를 구축하는 일련의 과정이다. 일관된 메시지, 다양한 채널의 효과적인 활용, 그리고 소비자와의 양방향 커뮤니케이션을 통해 소비자와의 신뢰 관계를 형성할 수 있다. 이를 통해 브랜드는 지속적인 성장과 경쟁력을 유지할 수 있다.

참고문헌

Ind, N. (2007). *Living the Brand: How to Transform Every Member of Your Organization into a Brand Champion*. London: Kogan Page.

Keller, K. L. (2013). *Strategic Brand Management: Building, Measuring, and Managing Brand Equity*. Boston: Pearson.

284 | 브랜드 커뮤니티 Brand Community

브랜드 커뮤니티는 특정 브랜드를 중심으로 소비자들이 자발적으로 형성한 집단을 말한다. 브랜드에 대한 애착과 충성도를 공유하며, 브랜드와 깊은 관계를 형성하는 데 중요한 역할을 한다(Muniz & O'Guinn, 2001). 오프라인과 온라인에서 모두 형성될 수 있으며, 소비자들 간의 상호작용을 통해 브랜드에 대한 긍정적인 경험을 확산시키는 매개체 역할을 한다. 브랜드 커뮤니티는 소비자에게 소속감을 제공한다. 소비자는 같은 브랜드를 좋아하는 사람들과의 교류를 통해 자신이 속한 커뮤니티의 일원으로서 자부심을 느낀다. 예를 들어, 전 세계적으로 유명한 할리데이비슨의 라이더 클럽 회원들은 공동의 경험을 공유함으로써 브랜드에 대한 애착을 강화한다. 이러한 소속감은 브랜드 충성도를 높이는 중요한 요소다. 또한 브랜드 커뮤니티는 소비자들 간의 긍정적인 바이럴을 촉진한다. 커뮤니티 내에서 공유되는 브랜드 관련 정보와 경험을 통해 소비자는 브랜드에 대해 신뢰와 호감을 갖게 된다. 이는 새로운 소비자를 유치하는 데에도 도움이 된다. 브랜드와 소비자 간의 양방향 소통을 촉진하는 역할도 중요하다. 기업은 브랜드 커뮤니티를 통해 직접 소비자의 피드백을 받고, 이를 제품 개발이나 마케팅 전략에 반영할 수 있다. 소비자는 자신의 의견이 브랜드에 반영되는 것을 보면서 브랜드에 대해 신뢰와 만족감을 갖게 된다. 이러한 상호작용은 브랜드의 가치를 높이고, 소비자와 장기적인 관계를 구축하는 데 긍정적인 영향을 미친다. 기업 내부의 직원들에게 미치는 영향도 크다. 직원들은 브랜드 커뮤니티의 활동을 통해 소비자들과 직접 소통하면서 자신들의 브랜드에 대해 자부심을 갖게 된다(Schau, Muñiz, & Arnould, 2009). 이

를 고려할 때 브랜드 커뮤니티는 브랜드의 장기적인 성공과 경쟁력 강
화를 위한 전략적 자산이다. 따라서 기업은 소비자에게 소속감과 긍정
적인 경험을 제공하고, 브랜드와 강력한 관계를 형성할 수 있도록 브랜
드 커뮤니티를 관리해야 한다.

참고문헌

Muniz, A. M., & O'Guinn, T. C. (2001). Brand Community. *Journal of Consumer Research*, 27(4), 412-432.

Schau, H. J., Muñiz, A. M., & Arnould, E. J. (2009). How Brand Community Practices Create Value. *Journal of Marketing*, 73(5), 30-51.

285 | 브랜드 확장 Brand Extension

브랜드 확장은 기존 브랜드의 명성과 신뢰를 바탕으로 새로운 제품
이나 서비스를 출시하는 전략을 말한다. 이를 통해 기업은 새로운 시장
에 진입하거나 기존 시장에서의 입지를 강화할 수 있다(Aaker & Keller,
1990). 소비자는 이미 신뢰하는 브랜드의 새로운 제품을 더 쉽게 받아
들이는 경향이 있기 때문이다(Tauber, 1988). 이는 새로운 제품이나 서
비스의 초기 판매 촉진에 도움이 된다. 예를 들어, 애플은 아이폰의 성
공을 바탕으로 아이패드, 애플 워치 등 다양한 제품을 성공적으로 확장
했다. 브랜드 확장은 해당 브랜드의 인지도를 높이고, 마케팅 비용을
절감하며, 소비자에게 다양한 선택을 제공할 수 있다. 이로 인해 자신
이 신뢰하는 브랜드의 새로운 제품을 경험한 소비자는 해당 브랜드를
더욱 신뢰하게 된다. 기업의 자원을 효율적으로 활용하는 방법이기도
하다. 기존 브랜드의 마케팅 인프라와 채널을 활용함으로써 신제품 출

시 비용을 줄일 수 있기 때문이다. 이로 인해 기업은 신제품 개발에 더 많은 자원을 투자할 수 있고, 전체적인 경쟁력을 높일 수 있다.

브랜드 확장을 성공적으로 진행하기 위해 기업이 고려해야 할 사항은 다음과 같다. 우선, 신제품이 기존 브랜드의 핵심 가치와 일관된 이미지를 유지하도록 해야 한다. 그래야만 소비자가 브랜드 확장을 자연스럽게 받아들일 수 있기 때문이다. 기존 제품 대비 신제품의 품질을 유지하는 것도 중요하다. 품질 저하는 브랜드 전체의 신뢰성을 떨어뜨리며, 장기적으로 브랜드 가치에 부정적인 영향을 미칠 수 있다(Ries & Trout, 2001). 아울러 기업 내부에서 브랜드 확장을 지원하는 구조와 문화를 구축하는 노력도 필요하다. 모든 부서가 협력해 브랜드 확장 전략을 성공적으로 실행하도록 통합된 시스템을 구축해야 한다. 이는 일관된 브랜드 메시지와 경험을 소비자에게 전달하는 데 필수적이다. 브랜드 확장은 장기간에 걸쳐 브랜드 자산을 구축하는 데 필요한 전략이다. 이를 통해 기업은 새로운 시장에서 기회를 포착하고, 기존 시장에서의 입지를 강화하며, 소비자와의 관계를 더욱 공고히 할 수 있다. 다만 성공적인 브랜드 확장을 위해서는 신중한 계획과 실행이 필요하며, 소비자 기대에 부응하는 고품질의 제품을 지속적으로 제공해야 한다.

참고문헌

Aaker, D.A., & Keller, K.L. (1990). Consumer Evaluations of Brand Extensions. *Journal of Marketing*, 54(1), 27-41.

Ries, A., & Trout, J. (2001). *Positioning: The Battle for Your Mind*. New York: McGraw-Hill.

Tauber, E. M. (1988). Brand Leverage: Strategy for Growth in a Cost-Control World. *Journal of Advertising Research*, 28(4), 26-30.

디지털 시대의
광고 용어 300

제 7 장

광고산업과 제도

286 │ 공익광고 Public Service Advertising

　공익광고에 대한 정의는 다양하다. 국제광고협회는 공익광고를 "광고의 한 형태로 일반 대중의 지배적인 의견을 수용해 사회경제적으로 그들에게 이득이 되는 활동을 지원하거나 실행할 것을 권장하는 커뮤니케이션"으로(IAA, 1980), 미국광고협의회는 공익광고를 "공중 관심사에 부합하는 광고"로 정의했다(Ad Council, 2024). 일본의 우에조 노리오(植條則夫)는 공익광고를 "인간 사회 국가가 안고 있는 공공적·사회적 문제나 장래에 발생할 문제에 대해 커뮤니케이션 미디어를 매개로 일반 시민에 대해 주의의 환기, 문제의 인식, 계몽·계발을 촉구하고 그 해결을 위한 협력과 행동을 불러일으키려는 자발적인 광고 커뮤니케이션"이라고 정의했다(우에조 노리오, 2005, p. 27). 국내에서도 김병희(2016)는 일반적인 광고의 정의와 공익광고의 환경을 고려해 공익광고를 "광고 주체가 공중을 설득하는 데 영향을 미치기 위해 매체를 활용해 공공의 이익에 부합하는 아이디어와 서비스 내용을 전달하는 비영리적 커뮤니케이션 활동"이라고 정의했다.

　공익광고는 상품의 정보를 전달하는 상품광고, 기업의 이미지나 기업정보를 제공하는 기업광고, 특정 단체와 집단의 의견을 소구하는 의견광고에 이어 사회문제를 해결하기 위한 광고라는 점에서 '제4의 광고'로 분류하기도 한다. 한국의 공익광고는 1981년 이후 한국방송광고진흥공사(옛 한국방송광고공사, KOBACO)의 공익광고협의회에서 주관하며, 국가와 사회에 유익한 광고 유형으로 정착되었다. 한국방송광고진흥공사 홈페이지에서는 휴머니즘, 공익성, 범국민성, 비영리성, 비정치성 같은 다섯 가지를 공익광고의 기본 이념으로 제시했다(한국방송광고진흥공사, 2024). 이 밖에도 공익광고의 기본 이념에 합리성과 비편파성을 추가할 수 있다. 합리성(合理性)이란 공익광고 메시지가 그 나라의 역사적, 문화적, 사회적, 정치적 성격에 합리적으로 부응해야 한다는 뜻이다. 비편파성(非偏頗性)은 공익광고 주체가 특정 지역과 기업, 사회단체 또는 종교단체의 편파적인 이해관계나 이념을 배제하고 어느 쪽에도 구애됨이 없이 공공의 입장에서 커뮤니케이션을 전개해야 한다는 뜻이다.

참고문헌

김병희(2016). 공익광고의 정석. 서울: 커뮤니케이션북스.

우에조 노리오(植條則夫). (2005). 공익광고 연구(김민기 역). 서울: 한국방송광고공사.

한국방송광고진흥공사(2024). 공익광고. https://www.kobaco.co.kr/site/main/content/public_ad

Ad Council (2024). The Story of the Ad Council. https://www.adcouncil.org/

IAA (1980). How Advertisers Present of View in Public Affairs. in C. Gilson & H. W. Berkman. *Advertising: Concepts & Strategies*. New York, NY: Random House. Inc.

287 | 광고 건전성 Advertising Soundness

건전성(健全性)이란 온전하고 탈 없이 튼튼한 상태의 성질인데, 재정 건전성, 재무 건전성, 자산 건전성 같은 용어처럼 '광고 건전성'을 사회에 환기할 필요가 있다. 이 용어는 윤리성이나 공공성 같은 기존의 개념을 넘어서는 새로운 구성 개념이다. 광고주, 광고회사, 매체사, 미디어렙 간의 불공정 거래나 불투명 거래 문제는 공정하고 투명한 거래환경을 조성하는 데 필요한 광고산업의 '대내 건전성(내부적 건전성)'에 관련된다. 부당 광고, 유해 광고, 불편 광고, 뒷광고 같은 부정 광고에 대한 문제는 국민에게 광고 신뢰성을 회복하고 광고 투명성을 확보하는 데 필요한 광고산업의 '대외 건전성(사회적 건전성)'에 관련된다. 광고 건전성은 광고산업의 모든 구성 주체가 책임 의식을 바탕으로 자율성을 존중하고, 대등한 입장에서 서로를 보완하며, 시장에서 공정하고 자유롭게 경쟁하도록 보장하는 상태로 정의할 수 있다. 이 정의는 광고산업의 '대내 건전성(내부적 건전성)'을 강조하는 측면이 강하다(김병희, 김지혜, 이희복, 성윤택, 양승광, 2022).

또한 광고 건전성을 사회적으로 선한 영향을 미치는 광고를 만들어 광고에 대한 국민의 신뢰를 얻을 수 있도록 광고시장의 투명성과 공정성을 확보하고 광고 생태계를 정상화하는 것으로 정의할 수 있다. 이 정의는 광고산업의 '대외 건전성(사회적 건전성)'을 강조하는 측면이 강하다. 광고 건전성은 결국 사회 구성원에게 광고의 가치를 환기하는 동시에 광고산업의 균형 발전에 기여한다. 광고 건전성은 메시지 진실성, 직업적 진정성, 소비자 존중성, 사회적 책임성, 메시지 호감성이라는 5개의 요인으로 구성되며, 광고 건전성은 광고 신뢰, 광고 태도, 광고 이용에 영향을 미치는 것으로 보고되었다(김병희, 성윤택, 이희복, 양승광, 김지혜, 2022). 우리나라 광고산업이 지속적으로 성장하려면 광고의 여러 영역에 걸쳐 건전성을 확보해야 한다. 내부적 건전성은 제도적 차원과 산업적 차원에서 확보해야 하고, 사회적 건전성은 광고의 사회적 가치와 책임을 공적 측면에서 환기하는 데 있다. 광고 건전성은 우리 시대의 광고를 지탱하는 철학적 기반이다.

참고문헌

김병희, 김지혜, 이희복, 성윤택, 양승광(2022). 광고 건전성의 확보 방안에 대한 질적 연구. 한국광고홍보학보, 24(2), 161-207.

김병희, 성윤택, 이희복, 양승광, 김지혜(2022). 광고 건전성의 구성요인과 광고 효과의 검증. 광고연구, 132, 39-68.

288 | 광고 교육 Advertising Education

광고 교육은 학생들에게 체계적이고 과학적인 교육을 실시해 전문 광고인을 육성하기 위한 교육이다. 국내 광고 관련 학과에서는 보다 효과적인 광고 교육을 다각도로 모색해 왔다. 미국의 광고 교육에서도 전략 커뮤니케이션(strategic communication)을 비롯해 광고와 다른 영역의 접목을 시도해 왔다. 심각한 저출산 문제로 학령 인구가 급감하고 있는데도 환경 변화에 제대로 대응하지 못하는 전공 교육의 문제점도 나타나고 있다. 광고 전공 대학생의 전공 교육에 대한 만족도가 낮거나, 교육 수용자의 기대에 미치지 못하고 사회 변화를 따라가지 못하는 광고 교육은 심각한 문제를 야기한다. 광고 교육은 결국 수용자 지향적으로 진행되어야 한다(김병희, 이세진, 2010). 환경 변화와 트렌드에 민감하고 실용성이 높은 광고학은 학문적 역동성이 있으니, 디지털 시대에도 환경 변화에 제대로 대응한다면 전공의 생존력을 강화하고 사회적 평판을 높일 수 있다. 또한 전문적인 인재 양성을 위해 융합교육이 이루어져야 하며 그에 알맞게 교과 과정을 개편해서 적극적으로 지원해야 한다(이제영, 유현중, 2017).

특화된 전문가 양성으로 집약되던 과거의 전공 교육의 목표나 인재

상은 앞으로 다양한 직무 영역에서 뛰어난 능력을 발휘할 인재를 양
성하는 쪽으로 방향을 재설정하고(한규훈, 정원준, 2023), 비판적 사고
(critical thinking)와 창의적 사고(creative thinking)를 높이는 광고 교육
을 지향해야 한다. 창의적 사고를 중진하려면 과거에 학습한 광고 지
식을 비판하고 광고산업에 대한 비판적 사고력을 갖도록 교육해야 하
며, 현재 경험하는 학습 환경을 개선하고 활성화하며, 미래에 적용될 다
양한 신기술에 대해 교육해야 한다(이제영, 2019). 비판적 사고와 창의
적 사고가 높아지면 문제 해결 능력도 커지게 된다. 디지털 시대의 광
고 교육은 디지털 광고의 역량 강화, 졸업 후에 실무에서 바로 일할 수
있는 실무적 역량 강화, 그리고 인공지능을 이해하고 활용할 수 있는 뉴
칼라(New Collar) 학생을 양성하는 데 있다.

참고문헌

김병희, 이세진(2010). 수용자 지향적인 광고교육에 관한 질적 연구. 한국광고
　　홍보학보, 12(4), 7-42.

이제영(2019). 창의성 중진을 위한 광고홍보학 전공교육의 교과과정 개선 방
　　안. 이시훈, 홍문기, 박진우, 한규훈, 박동진, 정원준, 이제영, 조재영. 광
　　고홍보 교육의 현재와 미래(pp. 263-294). 서울: 한경사.

이제영, 유현중(2017). 새로운 광고 교육을 위한 융합교육과정 플랫폼에 대한
　　탐색적 연구. 광고PR실학연구, 10(1), 98-118.

한규훈, 정원준(2023). 광고홍보학 전공교육 현황 및 개선 방향에 대한 재학생
　　과 교수의 인식 연구: 대학소재지에 따른 비교분석을 토대로. 광고PR실학
　　연구, 16(2), 232-261.

289 | 광고 규제 Advertising Regulation

광고 규제는 광고의 역기능으로부터 사회와 소비자를 보호하자는 취지에서 시작되었으며, 허위나 과장 같은 소비자 권익을 침해하는 광고의 폐해를 줄이자는 타율적인 규제 형태가 대표적이다(조재영, 2024). 법적 규제는 부당 광고의 폐해가 커지기 시작한 19세기 말에서 20세기 초에 걸쳐 시작되었다. 부당 광고는 기업 간의 불공정 경쟁의 수단으로 이용되는 것을 방지하기 위한 차원에서 논의가 시작됐지만, 나중에는 소비자 보호를 위한 차원으로 규제의 방향이 정립되었다. 여러 선진국에서는 광고를 포괄적인 언론자유의 일부로 취급해 광고의 법적 성격을 광고를 통한 경제 활동의 자유로 인정하며「헌법」에서 보장한다. 광고는 표현의 자유를 구현할 수 있는 방법으로 그 지위를 확보하며,「헌법」의 보호를 받는 국민이라면 누구나 광고를 할 수 있다. 그러나 헌법적 보호의 범위 내에서 표현의 자유를 누릴 수 있지만 그 범위를 벗어나면 제재를 받는다. 따라서 광고 규제는 언론자유와 제 법익의 보호라는 측면에서 사회적인 보호 법익으로 분류한다.

타율 규제는 법적 규제로써 여러 가지 형태의 법적 통제를 받게 된다. 법적 규제는 공공이익의 우선 원칙과 기업 활동의 자유라는 두 가지 축에 근거하고 있다. 미국은 광고 규제를 위한 입법이 가장 먼저 성립되고 가장 발달된 법체계를 유지하고 있다. 1914년에 연방거래위원회(Federal Trade Commission: FTC)에서 제정하고 1938년에 개정된「연방거래위원회법」으로 광고를 규제한다. 연방거래위원회에서는 거의 모든 광고를 대상으로 규제의 범위를 설정하며, 기만 광고나 허위 광고를 규제한다(Boddewyn, 1986). 우리나라에서는 1980년에「독점규제 및 공정거래에 관한 법률」을 제정한 다음부터 광고에 대한 법적 규제의 논의가 본격적으로 전개되었다. 우리나라에서 광고 규제의 대표적인 실행 양태가 광고 심의다. 광고 심의는 해당 광고가 그 범위를 벗어난 것인지 아닌지 광고의 부당성을 판단하는 행위다. 광고 크리에이티브에 있어서 표현의 자유를 보장하느냐 규제하느냐의 방향성에서 광고규제보다 '광고 심의'라는 표현이 광고 크리에이티브를 최대한 보장해주고 살리면서 표현의 자유를 더 많이 보장한다는 관점도 있다(조재영, 2015). '규제'는 심의보다 다루는 분야가 더 폭넓어 광고와 관련된 모든 규제 관련 사안을 포괄하는 데 비해, '심의'는 보다 작은 범위를 다루었을 때 사용할 수 있는 용어라는 것이다.

참고문헌

조재영(2015). 광고심의기준. 서울: 커뮤니케이션북스.

조재영(2024). 기사형광고 규제에 관한 연구: 의료광고를 중심으로. 차세대융합기술학회논문지, 8(2), 535-543.

Boddewyn, J. (1986). *Advertising self-regulation: 16 advanced systems*. International Advertising Associations Inc.

290 | 광고단체 Advertising Organizations

광고단체는 「민법」 제32조에 근거해 설립되고 있다. 「민법」 제32조 (비영리법인의 설립과 허가)에는 "학술, 종교, 자선, 기예, 사교 기타 영리 아닌 사업을 목적으로 하는 사단 또는 재단은 주무관청의 허가를 얻어 이를 법인으로 할 수 있다."라고 명시되어 있다(법무부, 2024). 주무 부처는 이를 근거로 별도의 "소관 비영리법인의 설립 및 감독에 관한 규칙"을 제정해 소관 비영리법인의 설립 허가와 감독을 한다. 광고 관련 단체는 광고주와 광고회사 및 기타 광고 관련사의 광고 활동을 전문적으로 도와주는 기관이며, 광고인들은 회원사 공동의 문제점을 논의하기 위해 필요한 광고단체를 구성하고 있다. 광고단체의 주요 기능은 광고산업 전체의 진흥과 소속 단체의 발전을 위한 사업 추진과 회원 간의 상호이해를 증진하기 위한 사업의 추진이다. 우리나라의 주요 광고단체는 다음과 같다(김상준, 2020).

첫째, 광고환경 발전을 통한 국가 경제발전과 문화생활 창달에 기여한다는 목적에 따라 1971년에 창립된 한국광고총연합회(www.adic.or.kr)는 국제광고협회(IAA)의 세계광고대회 서울대회를 1993년 4월에 유치해 1996년에 개최했고, 2007년(제주)과 2024년(서울) 두 번에 걸쳐 아시아광고대회를 개최했다. 또한 대학생산학연계광고창작경연(KOSAC)을 개최하고 광고산업진흥법 제정을 촉구하는 등 광고계 전반의 목소리를 대변해 왔다. 둘째, 광고산업의 건전한 육성과 발전 및 회원의 권익을 도모하며 국가경제 발전과 국민 문화생활 향상에 이바지하겠다는 목적으로 1986년에 창립된 한국광고산업협회(www.kaaa.co.kr)는 광고산업 관련 규제를 철폐하고 제도 개선을 위해 노력해 왔고, 방송광고의 법적 사전심의가 위헌이라는 소송을 제기해 위헌 판결을 이끌어 냈고, 유공 광고인 정부 포상을 비롯해 광고인의 자긍심 함양을 위해 노력해 왔다. 셋째, 광고의 자유 신장과 국내 광고산업의 선진화라는 목적에 따라 1988년에 창립된 한국광고주협회(www.kaa.or.kr)는 1990년에 광고자율심의기구의 설립을 추진했고, 1993년에 '소비자가 뽑은 좋은 광고상'을 제정했고, 1999년에 제46차 WFA 세계광고주대회를 개최했고, 2012년에는 사이비언론에 대응하기 위해 인터넷신문 〈반론보도닷컴(www.banronbodo.com)〉을 창간했다. 넷째, 디지털광고산업의 위상과 대표성을 제고하기 위해 2011년에 한국온라인광고협회를 창립한 이후 이름을 바꾼 한국디지털광고협회(kodaa.or.kr)는 디지털광고대행사, 검색대행사, 미디어렙사, 매체사, 솔루션사업자, 모바일사업자 등 디지털 광고 주체와 유관 단체가 참여하는 민간 통합단체로, 급변하는 디지털 광고시장의 정착과 글로벌 경쟁 환경에 대응해 왔다. 이 밖에도 1968년에 구성된 국제광고협회(IAA) 한국본부(https://www.adic.co.kr/kfaa/sub08.html), 1970년에 창립된 한국옥외광고협회중앙회(www.koaa.or.kr), 1987년에 창립된 한국광고영상제작사협회(www.ad.re.kr), 1988년에 창립된 한국광고사진가협회(www.kapa.or.kr), 1989년에 창립된 한국ABC협회(www.kabc.or.kr), 1991년에 창립된 한국광고자율심의기구(www.karb.or.kr), 1991년에 창립된 한국OOH협회(한국전광방송협회, www.koeba.com), 2007년에 조직된 부산국제광고제(www.adstars.org) 등이 있다.

참고문헌

김상준(2020). 광고 관련 단체의 기능. 김봉철, 이수범, 신인섭, 윤석태, 전영범, 최지혜, 김상준, 조재영, 조병량, 박원기. 한국의 광고산업과 광고제도(한국광고학회 광고지성총서2)(pp. 169-206). 서울: 학지사.
법무부(2024). 찾기 쉬운 생활법령정보. http://easylaw.go.kr/CSP/Main.laf

291 | 광고 대행보수 Advertising Commission

광고 대행보수는 광고회사가 광고 캠페인의 기획, 제작, 실행 등 다양한 서비스를 제공한 대가로 광고주로부터 지급받는 대가를 말한다. 광고회사가 지속가능한 비즈니스 모형을 유지하고, 광고주에게 고품질의 광고 서비스를 제공하는 데 필요한 재정적 기반을 제공한다. 광고 대행보수의 형식은 매우 다양하다. 전통적으로 가장 많이 사용되는 방식은 커미션 기반 보수다. 광고회사가 광고주를 대신해 매체를 구매할 때 매체 비용의 일정 비율을 보수로 받는다. 예를 들어, 광고회사가 1억 원의 매체 비용을 지출할 경우 15%의 커미션율을 적용해 1,500만 원을 보수로 지급받는다. 광고회사와 광고주 간에 투명하고 예측가능한 거래 관계가 형성될 수 있는 방식이다(Belch & Belch, 2018).

이와 달리 프로젝트 기반 보수나 시간당 보수 방식도 사용된다. 프로젝트 기반 보수는 특정 광고 캠페인이나 프로젝트의 범위와 복잡성에 따라 사전에 정해진 금액을 보수로 지급받는 방식이다. 주로 대규모 광고 캠페인이나 장기 프로젝트에서 사용되며, 광고주와 광고회사가 명확한 예산을 미리 설정하고 관리할 수 있는 방식이다. 반면, 시간당 보수는 광고회사의 직원들이 프로젝트에 투입한 시간에 따라 보수를 계산하는 방식으로서 주로 컨설팅이나 크리에이티브 작업에서 사용된다. 최근에는 성과 기반 보수(Performance-Based Compensation) 방식도 많이 사용되고 있는데, 광고 효과나 매출 증가 등 구체적인 성과 지표에 따라 보수가 결정되는 방식이다. 광고회사가 광고주의 목표 달성에 더욱 집중하고, 높은 성과를 달성하기 위해 노력하도록 동기를 부여하는 장점이 있다(Drewniany & Jewler, 2013). 광고주와 광고회사 간에 신뢰를 구축하기 위해서는 광고 대행보수의 투명성과 공정성이 중요하다. 이를 위해 광고회사는 광고주와의 계약을 통해 명확한 보수 지급 방식을 설정하고, 비용 발생 내역을 투명하게 공개해야 한다.

참고문헌

Belch, G. E., & Belch, M. A. (2018). *Advertising and Promotion: An Integrated Marketing Communications Perspective*. McGraw-Hill Education.

Drewniany, B. L., & Jewler, A. J. (2013). *Creative Strategy in Advertising*. Cengage Learning.

292 | 광고비평 Advertising Criticism

광고물을 비롯한 광고의 제반 현상을 비평하는 광고비평은 문화 비평이자 생활 비평의 성격을 지닌다(이희복 외, 2020). 광고비평의 정보원과 프레이밍에 따른 수용자의 광고태도의 차이를 알아본 연구에서는 광고비평의 효과성이 일정 부분 확인되었다. 즉, 수용자들은 일반인이 긍정적으로 비평한 광고에 대해 보다 긍정적인 태도를 가지며, 중립적으로 비평한 광고에 대해서는 태도변화가 없었으며, 부정적으로 비평한 광고에 대해서는 보다 부정적인 태도를 나타냈다. 또한 전문 비평가의 긍정적 광고비평은 광고태도에 영향을 미치지 않았으나, 중립적 및 부정적 광고비평은 광고태도에 보다 부정적인 영향을 미치는 것으로 나타났다(김병희, 지원배, 한상필, 2007). 광고 전문가들도 하나의 광고물에 대해 각각 다른 평가를 내리고, 일반 수용자들 역시 하나의 광고물에 대해 각양각색의 의견을 나타낸다. 이런 상황에서 광고비평의 객관성을 확보할 필요가 있다. 보다 포괄적인 맥락에서 광고에 관한 담론들을 모두 광고비평으로 규정할 수도 있다(엄창호, 2004). 미디어 비평에서 공통적으로 언급된 비평 방법을 바탕으로 광고의 상황에만 적용되는 방법을 추가하면 10가지 광고비평 방법이 가능하다. 즉, 신화 비평, 기호학적 비평, 이데올로기 비평, 정신분석학적 비평, 사회학적 비평, 페미니즘 비평, 수용자반응 비평, 담론분석, 제도적 비평, 마케팅적 비평이 광고비평의 10가지 방법이다(김병희, 강승구, 원용진, 2009).

참고문헌

김병희, 강승구, 원용진(2009). 광고비평 방법. 경기: 나남.

김병희, 지원배, 한상필(2007). 광고비평의 정보원과 프레이밍이 광고태도에 미치는 효과. 광고학연구, 18(2), 127-151.

엄창호(2004). 광고비평은 가능한가?: 비평의 권력성과 광고의 종속성에 관한 탐색. 김영찬 편. 광고비평의 이해. 서울: 한울아카데미. 12-33.

이희복, 소현진, 지원배, 서영택, 최일도, 안주아, 정승혜, 최민욱, 오창우, 차유철(2020). 광고와 사회 그리고 광고비평(한국광고학회 광고지성총서3). 서울: 학지사.

293 | 광고산업 Advertising Industry

광고산업은 제품과 서비스의 판매를 촉진하기 위해 창의적이고 전략적인 커뮤니케이션을 개발하고 진행하는 다양한 기업과 전문가로 구성된 복합적인 산업을 말한다. 광고주, 광고회사, 매체사, 조사회사, 제작사 등 다양한 이해관계자로 이루어져 있으며, 이들 간의 협력을 통해 효과적인 광고 캠페인을 실행하는 데 목적을 둔다. 광고주는 제품이나 서비스를 홍보하기 위해 광고를 의뢰하는 기업이나 개인으로서 광고 캠페인의 목표와 예산을 설정하고 광고회사와 협력해 전략을 수립한다. 반면 광고회사는 광고주를 대신해 광고전략의 수립부터 광고물의 제작, 매체의 구매 및 집행, 캠페인 관리까지 다양한 서비스를 제공해 광고주의 마케팅 목표를 달성하도록 돕는다. 또한 매체사는 광고회사가 제작한 광고물을 텔레비전, 라디오, 신문, 잡지, 인터넷, 소셜미디어 등 다양한 매체를 통해 타깃 소비자 그룹에게 전달한다(Belch & Belch, 2018). 마지막으로 조사회사는 소비자 조사, 시장 분석, 광고 효과 측정 등을 통해 집행한 광고 또는 캠페인의 효과를 분석하고, 해당 데이터를 광고회사 또는 광고주에게 제공한다(Sissors & Baron, 2010).

 광고산업은 경제적, 사회적 측면에서 중요한 역할을 한다. 경제적으로는 다양한 일자리를 창출하고, 기업의 매출 증대를 돕는다. 반면 사회적으로는 소비자에게 제품이나 서비스에 대한 정보를 제공하고, 공익 메시지를 전달하며, 문화와 트렌드에 영향을 미친다. 따라서 광고산업은 지속적으로 발전해야 한다. 디지털 기술의 발전과 함께 광고산업 역시 급격한 변화를 겪고 있다. 전통적인 매체에서 디지털 매체로의 전환이 가속화되면서 온라인 광고, 소셜미디어 마케팅, 검색 엔진 최적화(SEO) 등 새로운 광고 형식이 등장하고 있기 때문이다. 이에 따라 광고주, 광고회사, 매체사, 조사회사, 제작사 모두 기존 역할의 변화 및 새로운 역할의 설정이 필요하다.

참고문헌
Belch, G. E., & Belch, M. A. (2018). *Advertising and Promotion: An Integrated Marketing Communications Perspective*. McGraw-Hill Education.

Sissors, J. Z., & Baron, R. B. (2010). *Advertising Media Planning*. McGraw-Hill Education.

294 | 광고산업 가치사슬 Value Chain in the Advertising Industry

 가치사슬(value chain) 용어를 처음으로 제시했던 마이클 포터는 부가가치 창출에 직간접적으로 관련되는 일련의 활동과 기능과 과정의 연계를 가치사슬이라고 정의했다(Porter, 1985). 특정 산업에서 생산하는 제품이나 서비스에 대해 구매자가 지불하는 대가가 가치인데, 그 가치를 창출하기 위해 특정 산업에서 수행하는 일련의 과정들을 가치 활동이라고 한다. 광고의 최종적 가치는 광고주, 광고회사, 매체사, 광고제작사, 인프라 같은 광고산업 각 분야의 호혜적인 결합에 따라 결정된다. 오세성(2012)은 광고산업이 '생산-인프라-유통-서비스'라는 가치사슬로 구성된다는 광고산업 가치사슬 모형을 제시했으며, 이 모형은 그동안 우리나라 광고산업의 구조를 파악하는 데 필요한 중요한 가이드라인으로 활용되어 왔다. 그러나 디지털 시대에 접어들어 광고의 본질이 '널리 알리는 목적'에서 '폭넓게 모이게 하는 목적'으로 변했고, 광고의 기능도 '미디어를 통한 메시지의 전달'이라는 전통적인 관점에서 '콘텐츠를 매개로 플랫폼에서의 만남'이라는 새로운 관점으로 변해 기존의 가치사슬 모형을 개정할 필요성이 제기되었다.

이에 따라 기존에 제시된 광고산업의 가치사슬 모형이 큰 틀에서는 여전히 유용하다는 평가를 반영해, 대폭 개편해서 제시하기보다 기본 틀을 바탕으로 보완해 광고산업이 '생산-기반-유통1-유통2-유통3-서비스-PR'로 광고산업의 가치사슬체계를 설명하는 모형이 제시되었다(김병희, 2022). 그리고 이를 더 발전시켜 광고 생태계 변화에 따른 광고산업 통계조사에 활용할 수 있도록 광고제작업(제1그룹: 생산), 광고기반업(제2그룹: 인프라), 광고대행업(제3그룹: 유통1), 광고플랫폼업(제3그룹: 유통2), 매체대행업(제3그룹: 유통3), 전문서비스업(제4그룹: 서비스), 브랜딩개발업(제5그룹: 브랜딩), 광고관련업(제6그룹: PR 일부)으로 광고산업의 가치사슬 체계를 설명하는 [그림 7-1]과 같은 모형도 제시되었다(김병희, 손영곤, 2023). 특기할만한 사실은 기존에 하나의 그룹이던 유통(제3그룹)을 세 분야로 세분화했고, 전문서비스업(제4그룹: 서비스)과 브랜딩개발업(제5그룹: 브랜딩)을 신설했고, 광고와 홍보(PR)는 엄연히 다르다는 점에서 광고와 기능이 중첩되는 부문만 별도로 모아

광고제작업 (제1그룹: 생산)	광고대행업 (제3그룹: 유통1)	전문서비스업 (제4그룹: 서비스)
① 영상광고 제작업 ② 온라인광고 디지털 광고 콘텐츠 제작업 ③ 인쇄광고 제작업(디자인, CI 등) ④ OOH광고 제작업(디지털 사이니지 등) ⑤ 라디오광고 제작업(녹음실, 소리디자인 등) ⑥ 프리랜서 카피라이팅 ⑦ 브랜디드 콘텐츠 제작(MCN 콘텐츠 등) ⑧ 네이티브 광고 ⑨ 1인 프로듀서(콘텐츠 크리에이터) ⑩ 게임광고 제작업	① 광고대행업(종합광고대행, 광고매체대행) ② 온라인 디지털 광고대행업(온라인 디지털 광고종합대행, 온라인 디지털 광고매체대행) ③ OOH 광고대행업(OOH 광고 종합대행) ④ 브랜디드 콘텐츠 기획(MCN 콘텐츠 기획 등) ⑤ 콘텐츠 유통업 ⑥ 이(e)-커머스 광고업	① 조사회사(마케팅, 빅데이터, SNS 분석 등) ② 판매촉진(SP, 전시, 이벤트, 공간디자인 등) ③ 코딩업 ④ 데이터베이스 플랫폼업 ⑤ BTL 프로모션업

광고기반업 (제2그룹: 인프라)	광고플랫폼업 (제3그룹: 유통2)	브랜딩개발업 (제5그룹: 브랜딩)
① 영상 포스트 프로덕션(영상 재료, 기기, 설비, 편집, 합성, 녹음실 등) ② 인쇄업(편집, 인쇄, 제판 등) ③ 광고사진 스튜디오 ④ OOH 구조물 ⑤ 광고 기술(VR, AR, MR, XR, 메타버스 등) ⑥ 생성형 인공지능(AI) 광고업 ⑦ 광고 디바이스 및 솔루션업	① 광고 플랫폼 운영업(광고 콘텐츠 커머스 등) ② 애드 네트워크업(프로그래매틱 광고의 DSP, SSP, Ad Exchange 등) ③ 인플루언서 광고업 ④ 광고 기반의 OTT 플랫폼업 ⑤ 퍼포먼스 마케팅업 ⑥ DTC(Direct to Consumer) 마케팅업 ⑦ CRM 기획업	① 상품 기획 및 개발업 ② 상품 생산 ③ 브랜드 컨설팅 ④ 브랜드 마케팅

매체대행업 (제3그룹: 유통3)	광고관련업 (제6그룹: PR 일부)
① 미디어랩 매체 대행 ② OOH 광고 임대업 ③ 디지털 미디어랩	① 기업 PR ② 마케팅 PR ③ 브랜드 저널리즘

[그림 7-1] 광고산업 가치사슬의 새로운 모형

광고관련업(제6그룹: PR 일부)을 별도로 신설했다는 점이다. 광고와 연관성이 높은 ① 기업 PR, ② 마케팅 PR, ③ 브랜드 저널리즘만 광고산업 통계에 포함시키고, 공공 소통과 위기관리를 비롯한 나머지의 수많은 PR 업종은 모두 PR산업에 포함시켜 광고산업조사와 별도로 PR산업조사를 실시할 필요가 있다는 취지다. 필요하다면 앞의 세 가지도 PR산업에 포함시켜 집계해도 큰 무리는 없다.

참고문헌

김병희(2022). 광고산업의 가치사슬 모델을 새롭게 정립하기 위한 질적 연구. 광고학연구, 33(7), 39-69.

김병희, 손영곤(2023). 광고 생태계 변화에 따른 광고산업 통계조사 개선 방안. 서울: 한국광고총연합회.

오세성(2012). 광고산업 주요 통계조사 및 DB화 연구. 서울: 한국방송광고진흥공사.

Porter, M. (1985). *Competitive Advantage: Creating and Sustaining Superior Performance*. New York: The Free Press.

295 | 광고 윤리 Advertising Ethics

광고 윤리란 광고의 기능을 수행하는 과정에서 발생가능한 옳고 그름의 문제를 판단하는 기준에 관한 윤리적 논의인데(추정완, 2019), 광고 윤리의 논의 범주는 통일되어 있지 않다. 광고윤리는 초기부터 소비자에 대한 광고 내용물의 윤리성 및 광고 수용자에 대한 윤리성 등을 중심으로 논의되어 왔다. 이는 법률을 통해 강제되기도 한다. 「표시·광고의 공정화에 관한 법률」제4조의 '부당한 표시·광고 행위의 금지'가 광고 내용물의 윤리성을 강제한다면, 「어린이 식생활안전관리 특별법」제

10조의 '광고의 제한·금지 등'은 광고 수용자에 대한 윤리성을 강제한다. 이와 같은 협의의 광고윤리 강제 조항은 규율 대상에 따라 법률, 시행령 및 행정규칙 등에 산재되어 있다. 한국광고자율심의기구의 「광고자율심의규정」 제4조에서 규정한 윤리성이나 한국인터넷자율정책기구의 「온라인광고심의위원회 심의규정」 제8조의 윤리성, 한국신문협회가 제정한 「신문광고 윤리강령 및 실천요강」에서 명시한 윤리성도 이를 의미한다. 광고 내용물에 관한 윤리로만 논의되던 광고 윤리는 광고인의 윤리적 인식이나 광고인 육성과정에서의 직업윤리 교육에 관한 사항까지 논의가 확장되었다. 이는 광고 내용물에 관한 윤리성은 광고를 기획하고 창작하는 광고인의 윤리성에 기반한다는 인식에서 기인했다.

광고인에게 요구되는 윤리성은 광고 내용물에 관한 것만을 포함하지 않으며, 경쟁 프레젠테이션 과정에서 불공정한 방법의 사용이나 불법한 광고주의 광고 대행 문제 같은 일반적인 직업윤리에 관한 사항까지 광고 윤리의 논의 대상이다(문영숙, 2001). 광고윤리의 본질은 소비자의 존엄성과 권리를 존중하고 보호하는 것인데, 이를 위해서는 제품과 서비스에 대한 상업적 메시지에 정직성과 공정성 및 투명성을 고려해야 한다. 디지털 시대에는 인공지능의 디지털 조작과 사기에 의한 기만광고를 막아 내는 윤리 문제가 더더욱 중요해졌다. 디지털 시대의 광고 윤리를 확립하려면 소비자 데이터의 프라이버시 존중, 투명성 및 설명가능성 강화, 공정성 보장 및 차별 금지 강화, 책임 있는 개인화 광고, 광고에 대한 책임 강화가 필요하다(유승철, 2023). 광고산업의 윤리성을 확보하려면 광고 내용의 윤리 문제도 중요하지만 광고산업의 윤리성도 확보되어야 한다. 기업의 윤리성은 기업 구성원에 대한 윤리와 다른 기업에 대한 윤리가 있다. 기업 구성원에 대한 윤리는 구성원의 인권 존중, 차별적 노동조건 금지, 안전한 노동환경의 조성이며, 다른 기업에 대한 윤리는 공정하고 투명한 거래와 합리적인 대가 지급이 있다.

참고문헌

문영숙(2001). 광고직업윤리에 대한 대학생과 전문인의 인식비교 연구. 광고학
　　연구, 12(1), 83-101.
유승철(2023). 인공지능 시대, 광고윤리의 가치와 필요성. 유승철, 상윤모, 엄
　　남현, 양승광. 인공지능 시대의 광고윤리(pp. 13-50). 서울: 학지사비즈.
추정완(2019). 광고윤리의 현황과 과제. 윤리연구, 124, 109-133.

296 | 광고의 정의 Definition of Advertising

　광고(advertising)의 어원은 '돌아보게 하다.' '주의를 돌리다.'라는 뜻
을 가진 라틴어의 '아드베르테르(adverter)'다. 지난 1963년 미국마케
팅협회의 광고정의위원회는 "광고란 명시된 광고주가 유료로 아이디
어와 제품 및 서비스를 비대인적으로 제시하고 촉진하는 일체의 형태
다(Advertising is any paid of nonpersonal presentation and promotion of
ideas, goods, services by an identified sponsor)."라고 광고의 개념을 정
의했다(미국마케팅협회, 1963). 연구자들은 광고를 마케팅의 도구로 보
는 관점, 커뮤니케이션의 수단으로 보는 관점, 그리고 두 관점을 통합한
통합적 관점에서 광고를 정의했다. 세 관점을 종합해 광고를 정의하려
면 ① 유료(paid), ② 비대인(nonpersonal), ③ 명시된 광고주(identified
sponsor), ④ 대중매체(mass media), ⑤ 설득 또는 영향력(persuade or
influence) 같은 5가지 요인이 포함되어야 한다(김병희, 2013). 디지털 시
대가 열리자 기존의 광고 개념으로는 설명하기 어려운 신유형 광고가
속속 등장하고 미디어 환경과 기술 변화가 소비자 행동을 확장하자, 광

고를 "사람들에게 영향을 미칠 목적으로 이루어지는 브랜드 주도의 커뮤니케이션 활동"으로 정의했다(Dahlen & Rosengren, 2016).

　그러나 광고를 너무 포괄적으로 설명함으로써 광고와 다른 분야를 구별하기 어렵게 만들었다고 비판한 커와 리처드는 광고를 "현재 또는 미래의 인지적, 정서적, 행동적 변화를 일으키도록 소비자를 설득하기 위한 의도와 식별 가능한 브랜드에 의해 활성화되는 유료(paid) 매체, 소유(owned) 매체, 획득(earned) 매체를 매개로 하는 커뮤니케이션"이라고 정의했다(Kerr & Richards, 2021). 디지털 시대의 광고산업 생태계를 고려해 국내에서 제시된 광고의 새로운 정의에서는 '광고주(advertiser)'를 '광고 주체(advertising subject)'로, 비용의 유료성을 미디어나 플랫폼으로, 내용의 제시성을 브랜드 콘텐츠 메시지 제시로, 비대인적 전달을 전달 또는 상호작용으로 메시지의 설득성을 전략적 마케팅 커뮤니케이션으로 바꾸었다(김병희, 손영곤, 2024). 디지털 시대의 "광고란 광고 주체가 미디어나 플랫폼을 통해 제품 정보나 브랜드 콘텐츠 메시지를 소비자에게 전달하거나 상호작용함으로써 소비자 행동에 영향을 미치기 위한 전략적 마케팅 커뮤니케이션이다(Advertising is a strategic marketing communication in which the advertising subject disseminates product information or brand contents messages to consumers for interaction via media or platform to influence their consumer behavior)."

참고문헌

김병희(2013). 광고의 새로운 정의와 범위: 혼합연구방법의 적용. 광고학연구, 24(2), 225-254.

김병희, 손영곤(2024). 디지털 시대의 광고산업 생태계를 고려한 광고의 새로운 정의. 한국광고홍보학보, 26(2), 5-45.

미국마케팅협회(AMA, 1963, 2024). American Marketing Association 홈페이

지, https://www.ama.org/

Dahlen, M., & Rosengren, S. (2016). If Advertising Won't Die, What Will It Be? Toward a Working Definition of Advertising. *Journal of Advertising*, 45(3), 334-345.

Kerr, G., & Richards, J. (2021). Redefining Advertising in Research and Practice. *International Journal of Advertising*, 40(2), 175-198.

297 | 광고제작사 Production

광고제작사는 광고 캠페인을 위해 필요한 영상, 이미지, 오디오 등 다양한 콘텐츠를 기획하고 제작하는 회사다. 광고회사나 광고주와 협력해 창의적인 아이디어를 창출하며, 이를 바탕으로 고품질의 광고 콘텐츠를 제작하며, 광고의 콘셉트 단계부터 최종 완성 단계까지 전 과정을 관리하며, 광고 효과를 극대화하기 위해 다양한 기술과 창의력을 활용한다(Morais, 2013). 광고제작사는 스토리보드 작성, 스크립트 개발, 촬영 계획에 이어지는 제작 단계에서 광고제작사는 다양한 전문 인력을 동원한다. 감독, 카메라맨, 디자이너, 편집자, 사운드 엔지니어 등 각 분야의 전문가들이 협력해 광고를 제작한다. 또한 최신 기술과 장비를 활용해 고품질의 영상을 촬영하고 편집하며, 필요한 경우 그래픽 디자인과 특수 효과를 활용한다. 이를 통해 광고의 시청각적 요소를 최적화해 광고 메시지를 효과적으로 전달하기 위해 노력한다(Kapferer, 2012). 광고제작사는 포스트 프로덕션(Post-production) 단계에서도 중요한 역할을 한다. 포스트 프로덕션은 촬영된 영상을 편집하고, 색 보정, 사운드 믹싱, 특수 효과를 통해 최종 광고를 완성한다. 광고의 완성도를 높이러면 광고의 품질과 메시지 전달력을 극대화하기 위한 광고제작사의 세심한 작업이 필요하다. 더 나아가 광고제작사는 제작된 광고물의 배포와 효과 분석을 지원한다. 광고주와 광고회사의 요청에 따라 다양한 매체에 맞춰 광고물을 편집하고 배포 계획을 수립한다. 광고물이 배포된 후 필요한 경우에는 수정 작업을 진행한다.

참고문헌

Kapferer, J. N. (2012). *The New Strategic Brand Management: Advanced Insights and Strategic Thinking*. Kogan Page Publishers.

Morais, R. J. (2013). *Advertising Creative: Strategy, Copy, and Design*. Rowman & Littlefield.

298 | 광고주와 광고 주체 Advertiser and Advertising Subject

광고주(Client, Advertiser)는 제품이나 서비스를 홍보하기 위해 광고회사에게 광고 캠페인을 의뢰하는 개인이나 기업이다(Belch & Belch, 2018). 광고주는 시장 조사와 소비자 분석을 통해 마케팅 목표를 정하고, 이를 달성하기 위해 구체적인 광고 목표를 설정한다. 브랜드 인지도를 높이거나, 특정 제품이나 서비스의 판매를 촉진하거나, 새로운 시장에 진입하는 등 다양한 목표를 설정할 수 있다(Kotler & Armstrong, 2017). 광고 목표는 광고 캠페인의 방향성을 결정하고 광고전략을 수립하는 기초가 된다. 또한 광고주는 예산을 설정하고 관리한다. 광고 예산은 광고 목표를 달성하기 위해 필요한 자금을 할당하는 과정이다. 예산이 설정되면 광고주는 광고회사와 긴밀하게 협력하며 광고전략을 수립하고 실행한다. 이 과정에서 광고주는 자사의 제품이나 서비스에 대한 정보를 제공함으로써 광고회사가 효과적인 광고 전략을 개발할 수 있도록 지원한다. 아울러 광고회사 또는 매체사와 함께 매체 전략을 수립하고, 타깃 소비자 그룹에게 메시지를 전달할 수 있는 최적의 매체를 선택한다. 광고주의 역할은 광고 캠페인 실행 후에도 지속된다. 캠페인의 성과를 모니터링하고 평가해 목표 달성 여부를 확인하고, 향후 광고 전략을 개선하기 위한 피드백을 제공한다. 한편, 디지털 시대의 광고주는 데이터 분석과 기술 활용의 중요성을 인식하고, 이를 광고전략에 반영해야 하며, 온라인 광고, 소셜미디어, 검색 엔진 최적화(SEO) 등 디지털 마케팅 도구를 활용해 보다 정교하고 개인화된 광고를 집행해야 한다(Evans, 2008).

광고주(advertiser)라는 말 대신에 광고주체(advertising subject)로 용어를 바꾸자는 연구 결과도 제시되었다. '광고주'라는 단어에는 광고주가 '갑'이고 광고회사가 '을'이라는 뉘앙스가 강하지만, '광고 주체'라는 표현에는 그런 뉘앙스가 많이 희석되고 광고를 관리하고 제작하는 누구라도 광고의 주인이라는 의미가 담겨 있다(김병희, 2013). 최근 연구에는 기업이 직접 콘텐츠를 제작하는 경우도 많다. 따라서 '광고주' 대신에 '광고 주체'라는 표현이 더 적합하다는 연구 결과도 있다(김병희, 손영곤, 2024). 디지털 시대의 광고산업 생태계 관점에서 광고를 바라볼 경우에는 '누가' 광고를 하느냐 하는 주체의 문제는 더 이상 핵심 사안이 아니기 때문이다.

참고문헌

김병희(2013). 광고의 새로운 정의와 범위: 혼합연구방법의 적용. 광고학연구, 24(2), 225-254.

김병희, 손영곤(2024). 디지털 시대의 광고산업 생태계를 고려한 광고의 새로운 정의. 한국광고홍보학보, 26(2), 171-211.

Batra, R., Myers, J. G., & Aaker, D. A. (1996). *Advertising Management*.

Prentice Hall.

Belch, G. E., & Belch, M. A. (2018). *Advertising and Promotion: An Integrated Marketing Communications Perspective.* McGraw-Hill.

Evans, D. S. (2008). The Economics of the Online Advertising Industry. *Review of Network Economics, 7*(3), 359-391.

Kotler, P., & Armstrong, G. (2017). *Principles of Marketing* (17th ed.). Pearson Education.

299 | 광고회사 Advertising Agency

광고회사는 기업이나 개인 광고주를 대신해 광고 캠페인을 기획, 제작, 실행하는 전문 서비스 회사다. 광고전략의 수립부터 광고물의 제작, 매체의 구매 및 집행, 캠페인 관리까지 다양한 서비스를 제공해 광고주의 목표를 달성하도록 돕는다(Russell & Lane, 2002). 구체적으로 광고전략의 수립이란 광고주의 광고 목표와 마케팅 목표를 분석하고, 타깃 시장과 경쟁 환경을 고려해 최적의 광고전략을 개발하는 과정을 말한다. 이를 바탕으로 카피라이터, 디자이너, 아트 디렉터 등의 전문가를 통해 광고물을 제작한다. 제작된 광고물에 대해 광고회사는 다양한 매체 옵션을 분석하고, 광고주의 예산 내에서 최적의 매체 믹스를 선정한 뒤 해당 광고물을 집행한다.

광고회사의 형태는 다양하다. 우선, 종합 광고회사(full-service agency)는 위에서 언급한 모든 서비스를 제공한다. 반면, 크리에이티브 에이전시(creative agency)는 광고물 제작에 중점을 둔다. 매체 전략의 수립 또는 구매에 특화되어 있는 미디어 에이전시(media agency)도 있다. 최근에는 온라인 광고, 소셜미디어 마케팅, 검색 엔진 최적화(SEO)

등 디지털 마케팅에 특화된 서비스를 제공하는 디지털 에이전시(digital agency)도 많다. 이러한 광고회사 중에서 특정 기업의 자회사 형태로 운영되는 회사를 계열 광고회사(in-house agency)라고 부르고, 독자적으로 운영되는 회사를 독립 광고회사(independent agency)라고 한다.

광고회사가 원활하게 업무를 진행하기 위해서는 광고주와의 긴밀한 협력이 중요하다. 이를 위해 광고주는 광고회사에 명확한 목표치를 전달해야 하며, 광고회사는 이를 바탕으로 효과적인 광고전략을 수립해야 한다. 또한 캠페인의 성과를 투명하게 보고하고, 피드백을 반영해 지속적으로 개선해야 한다(Arens et al., 2011). 광고회사는 변화하는 광고 환경에서 클라이언트의 성공을 돕는 중요한 파트너다. 디지털 미디어와 기술의 발전으로 인해 광고 시장이 급변하고 있으며, 이에 따라 광고회사도 혁신하고 변화해야 한다.

참고문헌

Arens, W. F., Weigold, M. F., & Arens, C. (2011). *Contemporary Advertising and Integrated Marketing Communications.* McGraw-Hill Education.

Russell, J. T., & Lane, W. R. (2002). *Kleppner's Advertising Procedure.* Prentice Hall.

300 | 정부광고 Government Advertising

정부광고법(「정부기관 및 공공법인 등의 광고시행에 관한 법률」) 제2조(정의)에서는 정부광고를 "정부기관 또는 공공법인이 국내외의 홍보 매체에 광고, 홍보, 계도 및 공고 등을 하기 위한 모든 유료고지 행위"라고 정의하고 있다. 여기에서 정부기관은 국가기관, 지방자치단체, 특별지

방자치단체, 교육감, 하급교육 행정기관이며, 공공법인은 공공기관, 지방 공기업, 특별 법인이다. 따라서 정부기관과 공공법인에서 정책 내용을 국민에게 알리기 위한 정책 메시지를 미디어를 통해 유료로 전달하는 일체의 광고 행위가 정부광고의 범위에 해당된다(김병희, 최일도, 최지혜, 2023). 그동안 정부광고는 사회질서 유지, 계몽 수단, 사회적 손실 방지 같은 기능을 담당해 왔다.

　　일반적으로 공시, 공고, 안내, 입찰, 공람 등 법적 의무 조항인 행정 광고, 중앙정부나 지방자치단체의 PR 성격이 짙은 시책홍보 광고, 정부의 공식적 견해를 밝히거나 제시하는 의견 광고, 긴급 상황 발생 시 적절한 대처나 국민의 이해를 구하는 긴급쟁점 광고, 공공의 이익을 추구하는 공공봉사 광고(공익광고), 정부 투자기관의 상품이나 서비스를 광고하는 상품 및 서비스 광고라는 6가지 유형으로 정부광고를 분류해 왔다. 그러나 정부광고의 효과를 분석하려면 정부 정책의 성격을 기준으로 분류하기보다 정부광고를 하는 목적에 따라 분류하는 것이 바람직하다(이희준, 조창환, 김병희, 손영곤, 김연진, 2017). 이해(comprehension)−태도(attitude)−행동(behavior)으로 이어지는 위계적 광고 효과 모형에 바탕을 둔 광고 목적에 따라 정부광고를 일반공지, 정보제공, 인식변화, 행동유발 같은 4개 유형으로 분류할 수 있다.

참고문헌

김병희, 최일도, 최지혜(2023). 알기 쉬운 정부광고법 해설. 서울: 학지사.
이희준, 조창환, 김병희, 손영곤, 김연진(2017). 정부광고 내용분석 연구: 분류체계의 수립 및 집행 기관과 광고 목적에 따른 차이를 중심으로. 광고연구, 113, 5-44.

저자 소개

김병희(Kim Byounghee)

서원대학교 광고홍보학과 교수다. 서울대학교를 졸업하고 한양대학교 광고홍보학과에서 광고학 박사를 받았다. 한국광고학회 제24대 회장, 한국PR학회 제15대 회장, 정부광고자문위원회 초대 위원장, 서울브랜드위원회 제4대 위원장으로 봉사했다. 『디지털 시대의 카피라이팅 신론: 챗GPT를 활용한 광고카피 쓰기』(학지사비즈, 2024)를 비롯한 다수의 저서를 출간했으며, 「디지털 시대의 광고산업 생태계를 고려한 광고의 새로운 정의」(2024)를 비롯한 다수의 논문을 국내외 주요 학술지에 발표했다. 한국갤럽학술상 대상(2011), 제1회 제일기획학술상 저술 부문 대상(2012), 교육부·한국연구재단의 우수 연구자 50인(2017) 등을 수상했다.
이메일 kimthomas@hanmail.net

소현진(Soh Hyeonjin)

성신여자대학교 미디어커뮤니케이션학과 교수다. 고려대학교와 미국 조지아대학교에서 매스커뮤니케이션학 석사 및 박사 학위를 취득했고, 제일기획 마케팅팀에서 실무를 익혔다. 소비자와 기업 모두에 도움이 되는 광고 마케팅을 연구하며, 민주적이고 창의적으로 소통 문제를 해결하는 데 관심이 많다. 광고전문 국제학술지 Journal of Advertising(2009), 한국광고PR실학회(2013, 2014), 한국광고홍보학회(2015)에서 우수논문상을 수상했으며 KMOOC '설득의 과학'을 강의하고 소통한 공로로 교육부장관 표창(2020)을 수상했다. 한국광고학회, 한국광고홍보학회, 한국광고PR실학회, 한국언론학회 등 여러 학회에서 연구이사, 총무이사, 편집이사, 편집위원장으로 봉사했다.
이메일 hjinsoh@sungahin.ac.kr

손영곤(Sohn Youngkon)

인천대학교 사회과학연구원 연구교수다. 한양대학교에서 학사, 석사, 박사학위를 취득했다. 한국갤럽, LG생활건강, KT에서 마케팅과 기획 업무를 담당했다. 마케팅 실무 경험을 바탕으로 이론과 현실을 넘나들면서 현상을 움직이는 과학적 방법과 그 이면에 담긴 본질을 탐구하는 데 관심을 두고 있다. 『빅데이터의 분석방법과 활용』(공저, 학지사, 2020) 등의 저술을 비롯해 다수의 논문을 발표했다. 한국광고홍보학회의 신진학자상과 우수논문상(2014), 한국PR학회의 최우수논문상(2016), 한국헬스커뮤니케이션학회의 최우수논문상(2016)을 수상했다. 한국광고PR실학회의 총무이사, 한국광고학회, 한국광고홍보학회, 한국OOH광고학회에서 연구이사와 기획이사를 역임했다.

이메일 noesis4@naver.com

이진균(Lee Jinkyun)

홍익대학교 광고홍보학부 교수다. 고려대학교와 동대학원을 졸업하고 미국 미시건주립대학교에서 석사, 텍사스어스틴대학교에서 광고학 박사를 받았다. 한국광고학회, 한국광고홍보학회 이사 및 한국광고PR실학회 부회장으로 봉사하고 있다. 『디지털 시대의 광고기획 신론』(공저, 학지사비즈, 2023)을 저술했으며, 『SNS 행복 마케팅』(한나래, 2019)은 2020년 교육부 및 대한민국학술원 선정 사회과학 우수학술도서로 지정됐다. 제9회 한국PR학회 학술상 최우수 논문상(2021)을 수상했다. 주요 논문으로「진보적 브랜드 액티비즘이 브랜드 태도에 미치는 영향: 인지된 브랜드 양극화와 SNS 사용강도의 조절된 매개 모형을 중심으로」(2024) 등이 있다.

이메일 feature94@hongik.ac.kr

지준형(Ci Cunhyeong)

국민대학교 미디어광고학부 교수다. 서울대학교를 졸업하고 미국 텍사스 어스틴대학교에서 광고학 박사를 받았다. 한국광고PR실학회 제6대 회장 및 편집위원장, 국민대학교 대외협력처장으로 봉사했다. 『브랜드 연상: 소비자는 브랜드를 보며 무엇을 떠올리는가』(한울, 2019; 대한민국 학술원 우수도서 선정)를 비롯한 다수의 저서를 집필했고, 「영상광고에 등장하는 애니메이션 캐릭터가 미취학 아동의 광고태도 및 제품태도에 미치는 영향」(2023)을 비롯한 학술 논문을 주요 학술지에 발표했다. 국민대학교 우수교원상(2015) 등을 수상했고, 옥외광고분야 발전에 기여한 공로를 인정받아 한국지방재정공제회 이사장 표창(2021)을 받았다.

이메일   joonjee@kookmin.ac.kr

디지털 시대의 광고 용어 300

300 Advertising Keywords in the Digital Age

2025년 1월 5일 1판 1쇄 인쇄
2025년 1월 15일 1판 1쇄 발행

지은이 • 김병희 · 소현진 · 손영곤 · 이진균 · 지준형
펴낸이 • 김진환
펴낸곳 • **학지사비즈**

　　　　04031 서울특별시 마포구 양화로 15길 20 마인드월드빌딩
대표전화 • 02-330-5114　　팩스 • 02-324-2345
등록번호 • 제313-2006-000265호

홈페이지 • http://www.hakjisa.co.kr
인스타그램 • https://www.instagram.com/hakjisabook

ISBN 979-11-93667-12-5 93320

정가 17,000원

출판미디어기업 학지사
간호보건의학출판 **학지사메디컬** www.hakjisamd.co.kr
심리검사연구소 **인싸이트** www.inpsyt.co.kr
학술논문서비스 **뉴논문** www.newnonmun.com
교육연수원 **카운피아** www.counpia.com
대학교재전자책플랫폼 **캠퍼스북** www.campusbook.co.kr